전시와 건강, 전쟁과 생명

이 저서는 2021년 대한민국 교육부와 한국연구재단의 지원을 받아 수행된 연구임
(NRF-2021S1A5B8096434)

신체정치 연구총서 05

전시와 건강, 전쟁과 생명

초판 1쇄 발행 2024년 1월 15일

엮은이 ┃ 청암대학교 재일코리안연구소
발행인 ┃ 윤관백
발행처 ┃ 선인
등 록 ┃ 제5-77호(1998.11.4)
주 소 ┃ 서울시 양천구 남부순환로 48길 1, 1층
전 화 ┃ 02) 718-6252 / 6257
팩 스 ┃ 02) 718-6253
전자우편 ┃ suninbook@naver.com

정가   38,000원

ISBN   979-11-6068-855-9 94900
       979-11-6068-321-9 (세트)

· 잘못된 책은 바꿔 드립니다.

신체정치 연구총서 05

전시와 건강, 전쟁과 생명

청암대학교 재일코리안연구소 편

▌머리말 ▌

    2018년에 청암대학교 재일코리안연구소가 「한국의 근대정치와 신체정치」라는 다년간 연구 주제로 한국연구재단의 '대학중점연구소지원사업'에 선정되었다. 그 5년째를 맞이하여 총서 5권 『전시와 건강, 전쟁과 생명』을 낸다. 제목만 보더라도 매우 범주가 크고 묵직한 주제임을 알 수 있다. 당연하게도 이번 총서 5권만으로는 우리의 문제의식을 다 담아내지 못했다. 조건만 허락한다면 이 주제만으로도 몇 권의 책을 더 내고 싶을 만큼 애착이 많이 가는 주제였다.

    본 연구진은 질병과 의료에 대한 인문학적 사유를 출발점으로 삼았다. 인문학의 문제의식은 결국 삶의 문제에서 비롯된다. 인문학은 원론적이고 고담준론적인 관행과 인식에서 벗어나 생활인과 함께한다는 문제의식을 담고 있어야 한다. 질병과 의료, 그리고 건강은 누구나 함께할 수 있는 인문학적 사유의 주제이다. 그 사유를 어떻게 구체화할 것인가. 돌봄 문화에 대한 계보학적 탐색, 신체에 대한 역사적 접근, 신체에 각인된 이데올로기와 문화, '의료 과학'과 일상의 변화, 질병의 표상 등을 주요 주제로 삼았다. 또한, '전쟁의 한국현대사'를 해명하고, 비교사적으로 검토하기 위하여 전쟁과 신체의 문제를 별도의 단계로 설정하기도 했다. 이 총서는 그러한 문제의식 가운데 한 자락을 1부와 2부로 나누어 실현했다.

〈1부 전시체제'의 의료와 건강〉에는 모두 5편의 논문이 있다.

「1930년대 민중보건운동의 굴절과 전시체제기 사회체육」은 1930년대 초 성행한 민중보건운동이 중일전쟁 이후 굴절되고 전시체제기 사회체육으로 전환되는 과정을 살펴보았다. 사회체육에 초점을 맞추었던 기존 연구의 한계를 돌파하려는 시도가 돋보인다.

「전시체제기 국민체력관리와 건민운동」은 전시체제기에 '체력봉공'이 중요한 이데올로기가 되는 과정을 살핀다. '체력봉공'이란 체력을 '연성'하여 건강을 증진하고 체위를 향상하여 국방국가 건설에 이바지하는 것이었다. 이 논문에서는 패색이 짙어지면서 일본의 건민운동은 인구증식 정책에서 벗어나 "곧바로 전력이 될 수 있는 사람의 양성"으로 전환했음을 밝혔다.

「전시체제기 식민지 조선의 '총후' 여성과 프로파간다」는 잡지『방송지우(放送之友)』를 분석한다. 라디오방송이라는 청각 미디어를 잡지라는 활자 미디어로 출판하기에 이른다. 그 잡지가 바로『방송지우』이다. 그동안 쉽게 볼 수 없었고 번역하기도 힘든 그 잡지를 분석한 것만으로도 이 논문은 충분한 가치가 있다. 더구나 이 논문은『방송지우』의 프로파간다 미디어의 기능과 전략을 잘 드러내었다.

「김승수의 삶을 통해 본 일제강점기 한지의업면허제도」는 최근 의사 부족이 사회문제가 되는 상황에서 의미가 더욱 크다. 의사 부족과 지역의 의료공백을 해결하기 위해 일제가 활용한 것은 의생제도만이 아니었다. 또 다른 방편으로 한지의업면허제도가 존재했다. 구체적으로 이 제도가 어떻게 작동했고 역사적으로 어떤 의미를 갖는지를 밝히고 있다. 이 논문에서 김승수의 가족이 소장하고 있는 각종 자료를 활용한 것은 주목할 만하다.

「1946년 부산 · 경남 지역의 콜레라 발병 · 만연과 아시아」는 "1946년 콜레라 대유행은 제국의 시대에서 민족의 시대로의 역사적 전환이 이루어지는 과정에서 발생하였"음을 주목했다. 저자의 일련의 콜레라 연구 가운데 하나로서 다른 논문과 짝을 맞추어 읽어보면 그 의미를 더욱 명료하게 알 수 있다.

〈2부 전쟁과 생명정치〉에는 모두 4편의 논문이 있다.

「전시체제기 조선인의 신체동원과 죽음의 미학」은 지원병 중 최초로 죽음을 맞은 '이인석 미담'을 통해 식민 지배체제를 뒷받침하는 미담 생산과정을 살펴보았다. 일제는 지원병의 죽음을 전장에서의 단순한 죽음이 아니라 정의로운 죽음으로 미화시키고 승화시켰다. 일제의 생명 정치는 '아름답게' 죽는 죽음의 정치와 맞닿아 있었다.

「재일조선인 역사 속 한국전쟁의 재난적 성격 검토」에서는 한국전쟁에 참전하는 재일조선인도 존재했고, 참전에 반대하는 사람도 있었음을 알린다. 그 가운데 재일조선인의 전쟁 반대를 소개하는 것은 적잖은 의미가 있다.

「생명 존중 공동체 확립을 위한 간호윤리 중요성」은 "간호사란 무엇보다 윤리적 접근에서의 돌봄을 실시한 전문직"이라고 선언했다. 전쟁 현장에서의 간호사의 역할과 한국전쟁 때 일반인을 위한 간호사의 역할을 분석했다.

「독일 나치정권의 식량정책과 생명정치」는 푸코의 '생명정치' 개념을 논의 전개에 적극 끌어들였다. 푸코의 지식/권력 관계에서 의학 분야의 생명정치에 주목했다. 또한, "통곡물빵은 가장 인종적으로 독일인과 잘 결합된 음식으로" 자리매김하는 과정을 살폈다. 통곡물빵은 독일인의 신체를 건강하게 하면서 동시에 주변 강대국으로부터 독립성을 가져다주는, 독일인의 회복 음식으로 2차 대전의 준비 상황에서 상징성을 담고 있었다. "인간의 신체에 대한 지식을 권력 삼아 아리안 독일인의 몸을 치유하고 강화하기 위한 수단으로 통곡물빵을 권장하고 강요하는 다른 방식의 생명정치가 진행되었다."

이 책에 실린 논문은 서로 다른 주제를 다루고 있지만, 전쟁 · 생명 · 건강이라는 묵직한 주제를 일상생활사와 접목하고 문화사적으로 해석하는 공통된 방법론을 활용했다는 데에 의미를 두고 싶다.

청암대학교 재일코리안연구소 소장
김인덕

▌목차▐

2부 전쟁과 생명정치 / 275

1부

'전시체제'의 의료와 건강

1930년대 민중보건운동의 굴절과 전시체제기 사회체육

최 재 성

I. 머리말

1920~30년대 신문을 보면, 조선인의 건강 상태를 우려하는 논조의 기사가 많다. 일례로 총독부 학무국의 조선 내 학동 보건 조사 결과 보도가 있다.[1] 이 보도에 따르면, 총독부 학무국은 1924년부터 1929년까지 5개년간 전 조선 초등학교 학동의 건강 상태 조사 결과를 발표했다. 그 결과 첫째 키(신장)에서 일본인 아동은 점점 자라가고 있으나, 조선인 남녀 아동은 해마다 줄어가고 있다는 것, 둘째 체중은 일반으로 늘어가는 상황을 보이고 있으나, 조선인은 일본인에 비하여 느리다는 것, 그리고 건강과 발육 상황은 매우 지지 완만한데, 이는 확실히 영양 부족, 주위 환경, 가정 사정에 비롯된 것이라는 분석 결과를 덧붙였다.

---

1) 『조선중앙일보』 1933.05.12.

그 밖에도 조선인 평균 사망률과 유아 사망률이 매우 높다는 사설(우려되는 민중 보건의 경향)[2], 폐결핵의 환자가 최근 4, 5개년간 매년 증가하는 상태라는 사설(민중보건의 중대 결함: 폐병 사망자의 격증 현상)[3], 소작인의 질병이 거의 전부 '거친 밥과 과로'라는 최저 생활에 인한 소화기병, 호흡기병, 신경계통의 질병이라는 사설(민중보건 문제: 세농의 질병은 粗食과 과로)[4] 등이 있다.

이런 상황을 배경으로 하여 조선체육연구회와 보건운동사를 중심으로 1932년 신년 벽두부터 두 가지 흐름의 민중보건운동이 시작되었다. '덴마크 체조 강습회의 연속적 개강과 이 강습생들의 조기 체조단 자진 조직'과 '보건위생 사상을 보급시키고자 시민의 검담과 보건강좌 등의 개강'이 그것이다. 민족 보건 문제는 곧 민중 보건 문제였다. 이 글에서 고찰 대상으로 한 것은 전자의 체육 부문이다. 이에 제2장에서 민중보건운동 중 민중체육(사회체육)으로서 성행했던 체조 강습회를 집중 검토하겠다. 그러나 지역적으로 서울의 단체가 추진했던 활동에 한정하여 살피고자 한다. 평양의 관서체육회[5]도 활발한 활동을 벌였으나, 지면 관계로 생략한다. 또 용어 면에서 당대 기사에서는 민족 보건과 민중 보건이 혼용되다가 민중 보건으로 수렴되는 경향을 보여 이글에서는 민중보건으로 통일하여 사용하고자 한다.

조선인에 의해 자발적으로 진행되던 민중보건운동 분위기는 중일전쟁 이후 급변했다. 중일전쟁 발발 1년여가 지난 1938년 8월 30일 정무총감이 각 도지사에게 통첩을 발했다. 통첩의 요지는 "국민체육의 목적 달

---

2) 『조선일보』 1929.05.07.
3) 『조선일보』 1930.05.25.
4) 『동아일보』 1930.12.13.
5) 관서체육회에 대한 간략한 설명은 임동현, 「일제시기 조선인 체육단체의 스포츠 문화운동」, 고려대학교 대학원 박사학위논문, 2022, 200쪽 참조.

성을 기하기 위하여 망라 통제"하는 것이었다. 정무총감 통첩 이후 조선의 사회체육은 강력한 통제 아래 타율적으로 재편되었다. 당시 사회체육의 구체적 내용은 『社會體育の原理及實際』라는 책에서 확인할 수 있다.[6] 전시체제기 사회체육은 제3장에서 다루겠다.

1930년대 중일전쟁 발발 이전과 발발 이후를 포괄하여 조선의 사회체육을 주제로 한 연구 성과는 찾기 어렵다. 몇 개의 연구는 저마다 한계를 갖고 있다. 먼저 나현성의 저서와 이학래의 저서에서 약간 언급되어 있을 뿐이다.[7] 전자는 학교 체육 위주이고, 후자에서 약간의 언급이 있으나 내용이 매우 소략하다. 나머지 연구들은 중일전쟁 발발 이전 또는 이후를 나눠 분절적으로 다루고 있다. 김재우 · 이학래는, 중일전쟁 발발 이전 시기를 대상으로 했다.[8] 그들은 '민중적 체육'이란 용어를 사용하여 조선체육연구회의 보건체조 위주로 서술했다. 그러나 조선체육연구회 주최 이외의 체조 강습은 거의 제외되었고, 극히 일부만 조선체육연구회의 서술 속에 포함되어 있다. 신주백은, 중일전쟁 이후 시기만을 대상으로 했는데,[9] 주로 학교 체육 내용을 다루고 있으며, 체육 조직 부분에서 사회체육을 간략히 언급하는 데 그쳤다. 손환은, 전시체제기 체육 통제 기관이었던 조선체육협회를 대상으로 하여 1919년 2월 설립부터 1942년까지의 조직과 활동을 개관했다.[10] 미시적인 연구 중 라디오체조

---

6) 宮原義見 著,『社會體育の原理及實際』, 社會體育公論社, 1938.
7) 나현성,『한국체육사연구』, 교학연구사, 1981; 이학래,『한국근대체육사연구』, 지식산업사, 1990.
8) 김재우 · 이학래,「일제하 민중적 체육에 관한 고찰」,『한국체육학회지』제40권 제4호, 한국체육학회, 2001.
9) 신주백,「일제 말기 체육 정책과 조선인에게 강제된 건강: 체육 교육의 군사화 경향과 실종을 중심으로」,『사회와역사』68, 한국사회사학회, 2005.
10) 손환,「일제하 朝鮮體育協會의 활동에 관한 연구」,『한국체육학회지』42(6), 한국체육학회, 2003.

에 대해서는 황의룡·손환의 연구와 박진수의 연구,[11] 대일본국민체조에 대한 이병진·황의룡의 연구[12)도 있다.

이 글에서는 학생 이외 일반인을 대상으로 실시된 체육이란 의미의 '사회체육'에 초점을 맞추고, 소략, 분절 등 기존 연구의 한계를 극복하고, 공백을 메우기 위해 1930년대 민중보건운동과 전시체제기 사회체육을 연속·통합·구체적으로 고찰하고자 한다.

II. 민중보건운동

1. 민중보건운동의 배경과 논리

1) 민중보건운동의 배경

1930년 벽두부터 『동아일보』는 '소아 위생'과 '소아병' 시리즈를 실었다. 경성제대 의학부 소아과의 이선근이 1월 3일부터 5일까지 '엄한기의 소아위생'을 3차례 게재하고, 1월 6일부터 25일까지는 '엄한기의 소아병'을 15차례 연재했던 것이다. 이 시리즈를 연재했던 『동아일보』는 사설 (민족 보건 문제)에서 "민족 보건 운동의 귀중한 첫 기여가 될 것"을 믿

---

11) 황의룡·손환,「일제강점기의 라디오체조 보급과 사회적 영향」,『한국체육사학회지』 14(3), 한국체육사학회, 2009; 박진수,「라디오 체조와 '국민'의 '일상': 국민가 〈라디오 체조 노래〉의 시대적 변천」,『아시아문화연구』 53, 가천대학교 아시아문화연구소, 2020.
12) 이병진·황의룡,「일제강점기 "대일본국민체조"의 보급과 활동에 관한 연구」,『한국체육학회지』 55(4), 한국체육학회, 2016.

으며 "이것이 동기가 되어 사회의 주의와 보건 문제로 끌리기를 바라"는 기대를 드러냈다.[13] 이 대목에서 확인할 수 있듯이 보건은 민족의 문제였다.

이어 조선 민중의 건강을 증진하려는 운동이 일어났다. 그 계기는 1931 년부터 9월 덴마크 체조의 창안자 닐스 북(Niels Bukh) 일행의 조선 방문과 덴마크 체조 실연이었다. 1931년 닐스 북 일행이 닐스 북 체조연구회와 일본 문부성 및 전일본체조연맹의 초빙으로 만주를 거쳐 9월 4일 경성에 도착했다. 이어 9월 5일 경성 운동장에서 체조대회를 개최했다.

한편 세브란스의전 교수 이용설은 그해 가을에 잡지 기고문(보건운동의 필요)[14]에서 보건운동의 실행방법으로 덴마크 체조와 체코의 쏘콜 운동을 소개하고, 치료법도 제시했다. 그중 쏘콜 운동(SoKol Movement) 이란 체코슬로바키아 국민의 애국적 체육 운동이다.[15] 또 김보영은 1932 년 1월 초부터 『동아일보』에 덴마크 체조를 '사회체육의 신기원'으로 평가하여 연재했다.[16]

이런 상황을 배경으로 하여 1930년대 초 민중보건운동의 주체 중 두 단체인 조선체육연구회와 보건운동사가 창립되었다. 전자는 1931년 6월에, 후자는 12월에 만들어졌다. 이후 이 두 단체는 1932년부터 활발한 활동을 벌였다. 1932년 신년 벽두부터 민중보건운동이 시작되었다. '새해 봄을 맞이한 조선의 새로운 운동 중 가장 의의 있게 실현화한 민중보건운동'이었다.[17] 그 흐름은 '덴마크 체조 강습회의 연속적 개강과 이 강습

---

13) 『동아일보』 1930.01.08.
14) 이용설(세전 교수), 「(건강난) 보건 운동의 필요」, 『동광』 제27호, 1931년 11월.
15) 『동아일보』 1935.10.27.
16) 『동아일보』 1932.01.09.
17) 『동아일보』 1932.02.20.

생들의 조기 체조단 자진 조직'을 하나의 흐름으로 하고, 또 하나는 '보건위생 사상을 보급시키고자 시민의 검담과 보건강좌 등의 개강'이었다. 민족 보건 문제는 곧 민중 보건 문제였다.

두 흐름 중 후자의 사례를 보자. 보건운동사는 보건 사상 보급을 위해 일반시민 건강 진단의 일환으로 가래 검사를 실시했다. 4개의 한글 신문사 앞에 검담기를 배치하고, 그릇과 검담권을 가지고 집에 돌아가서 가래를 담아 원래 장소 그릇 번호에 넣어두면 보건운동사의 조수가 수거하여 가래를 검사하고, 그 결과를 알려주는 방식이었다.[18] 또 보건운동사는 보건 강좌를 실시했다. 제1회 보건강좌는 1월에 가정부인, 직업 부인, 여학생을 대상으로,[19] 제2회 보건 강좌는 3월에 의학강좌를 진행했다.[20]

다른 하나의 흐름이었던 '덴마크 체조 강습회의 연속적 개강과 이 강습생들의 조기 체조단 자진 조직'은 '요원지세로 폭발하는 체육의 민중화 운동'이었다.[21] 민중 보건문제는 민중체육 문제라는 인식에서였다. 이 글에서 고찰 대상으로 한 것은 두 흐름 중 체육 부문이다.

2) 민중보건운동의 논리

1931년 가을부터는 여러 방면에서 민중보건운동이 준비되고, 1932년부터 대대적으로 전개되었다. 그 내용도 보건·위생 분야, 체력 증진 분야, 의료 분야 등 세 분야에서 진행되었다. 그 사정을 『동아일보』 사설(보건운동의 논리-사회적 정책이 아니면 불가)[22]에서 확인할 수 있다.

---

18) 『동아일보』 1932.02.20.

19) 『조선일보』 1932.01.30; 1932.02.01.

20) 『동아일보』 1932.02.26; 『조선일보』 1932.03.06; 1932.03.08.

21) 『동아일보』 1932.03.06.

22) 『동아일보』 1932.02.24.

이 사설에서 "한번 발한 보건 관념은 급속도로 전파되는 모양이다. 체조반의 설립, 체육 강습의 성황, 무도의 흥왕, 보건협회의 창립, 보건 잡지의 발간, 민중 검담의 시험 등이 그것이다."라고 하여 체육 분야와 보건·위생 분야에서 보건 운동이 빠르게 확산되고 있다고 당시 상황을 소개했다.

이어서 방향성을 제시했다. 즉 "우리들의 보건 운동은 일보를 나아갈 필요가 있다. 개인 개인의 운동으로부터 단체적으로, 단체적으로부터 전 사회적으로 나아가야 할 것이다. 그뿐 아니라 전 사회적 운동이면서 그 활동의 대상은 보건 자체에 국한할 것이 아니라, 모든 사회적 환경의 개선으로부터 출발해야 될 것이다."라고 하여 개인의 운동에서 전 사회적으로, 또 보건 외에 모든 사회적 환경 개선으로 나아가야 한다고 역설했다.

언론사와 단체 등이 중심이 되어 민중보건운동을 벌일 때, 일부 인사들이 신문 기고문을 통해 자신의 의견을 피력하기도 했다. 의료 분야에서는 조헌영이 '이(理) 요법'을 주창하여 1932년 3월 3일부터 『조선일보』에 3회 연재(민중 보건과 이 요법)했다.[23] 또 체력 증진 분야에서는 필명 이육사로 널리 알려진 조선일보사 대구지국 기자 이활[24]도, '대구 장연구회 창립을 보고서'라는 제목으로 『조선일보』에 연재 기고문을 남겼다.[25] 그가 말한 '장'은 격구와 비슷하나 말을 타지 않는 점에서 다르다. 그는 이 글에서, '농민 본위의 운동'인 이 '장'을 농민에게 조직적으로 보급하고, "조선 민중으로 경기를 만들고 따라 세계의 농민 대중에게 보급시키라!"고 주장했다.

---

23) 『조선일보』 1932.03.03; 1932.03.04; 1932.03.05.
24) 필명 이육사. 1930년 2월 중외일보 대구지사 기자로 임용되었다가 8월 『조선일보』 대구지국으로 옮겼고, 1932년 3월 조선일보사를 사직하고 중국으로 갔다.(인터넷 다음 백과: 이상각, 한국사인물열전)
25) 『조선일보』 1932.03.06; 1932.03.09.

세브란스의전 교수 이용설은 1931년 가을 보건운동을 주창했다.[26] 그는 "보건 운동이라는 것은 일반 민중의 건강을 증진케 하는 민중운동을 의미함이다."라고 개념 규정하고, 보건 운동을 촉진할 방법으로서 크게 세 가지를 들었다. 개인위생 상식의 보급, 가정위생의 보급, 체육의 장려이다. 나아가 개인위생 상식의 보급 대상으로는 청결, 규칙적 생활, 햇빛과 신선한 공기, 식료품에 대한 주의 등 4가지를, 가정위생의 보급 내용으로는 가구 정리와 채광 환기, 변소와 주방 개량, 두 가지를 들었다. 체육의 장려에서는 덴마크에서 사용하는 체조식이 보편화하기에 좋고, 신체에도 더 유익[27]하다고 했다.

3) 민중보건운동으로서의 체육 강조

민중보건운동이 한창 일어날 때 조선체육연구회 주사 김보영은 '체육 민중화'를 주장했다.[28] 그는 당시 급선무는 "소수의 세계적 선수를 내는 것보다도 전 민중에게 체육을 보편화시킴에" 있는 것이라고 하고, 현실의 조선에서 "청년의 사기를 진작시키고, 민중에게 용장, 강의의 기풍을 양성시키고, 협동 단결의 훈련을 시키려면 무엇보다도 체육의 민중화에 합력함이 최대 급무인 것을 잘 알아야" 한다고 주장했다.

1933년 7월 창간된 『조선체육계』의 편집 겸 발행인 이원용도 체육 강조 대열에 동참했다.[29] 그는 "억센 조선의 건설!은 사회의 온갖 조건의 구비를 요하는 것이니 정치, 경제, 산업, 교육 및 조직 훈련과 위생 의료

---

26) 이용설, 앞의 글, 92~94쪽.
27) 유익이라고 해야 문맥상 맞으나, 원문에 '不益'으로 되어 있음.
28) 김보영(조선체육연구회 주사), 「우리의 급무는 체육 민중화에 있다」, 『조선체육계』 제1권 제1호, 1933년 7월, 19~20쪽.
29) 마공, 「억센 조선의 건설(권두사)」, 『조선체육계』 제1권 제1호, 1933년 7월, 1~2쪽.

등 각반의 시정을 기다려 그 실현을 기할 것이요, 체육 경기 등 스포츠에 속한 것은 그 첨단적인 방편으로 됨일 뿐이다."고 하여 억센 조선의 건설을 위해 모든 분야의 시정이 필요하다고 전제하고, "이에서는 오직 체육 경기 또는 이런 목적 하에서 진행할 수 있는 집단적 훈련 따위만을 범위로 억센 조선의 건설!을 새로이 외치는 것이다."라고 주장했다. 또 "체코슬로바키아인이 쏘콜 운동에서와 덴마크인이 닐스 북 체조에서 얻은 것과 같은 국민적 또는 민족적 수확은 조선인에게는 지극히 필요한 민족적 한 과목이 될 것"이라고 강조했다.

양봉근도 "보성고보와 고창고보 등 수삼 학교에서 그 학교 선생의 지도하에서 보건체조의 습득을 힘쓰는 동시에 휴가를 이용하여 향촌에 가서 선전을 하게 되는 등 일은 체육에 대하여 무관심하고 있는 민중에게 막대한 자극을 줄 것"이라고 하여 기대감을 표시했다.[30]

『조선일보』 사회부장을 지냈던 이여성은 기고문(민중보건운동의 실제적 방략 토구)을 통해 '민중적 보건 운동'을 위해 중앙체육연구소의 운동 방법인 '현대 체력 증진법'을 제안했다.[31] 그는 "중앙체육연구소에서 실행하고 있는 '현대 체력 증진법'을 민중적으로 보편화시키는 것이 가장 이상적"이라고 전제하고, 중앙체육연구소의 운동 방법인 '현대 체력 증진법'을 조선 민중보건운동에 그 적극적 보건 운동 과목으로 집어넣자는 것, 단체를 체조 단체와 자매 관계를 맺게 하자는 것, 『민중보건』지를 그대로 이 사업에 기관지로 쓰자는 것을 주장했다. 그 이유는 이 책의 출판사에서 그 단서를 찾을 수 있다. 이 책은 이여성이 김세용과 운영한 출판사인 세광사에서 발행되었다.[32] 그리고 출판사 세광사는 중앙체육

30) 양봉근(보건운동사 주간), 「조선 민중 보건 운동의 방략」, 『삼천리』 제4권 제3호, 1932년 3월. 21쪽.
31) 『조선일보』 1932.01.01.

연구소와 같은 주소에 있었다.

이렇게 활발하게 진행되던 민중보건운동도 반대 소리에 직면했다. 양봉근은 "현재의 조선 민중 생활에서 덴마크 체조가 배를 부르게 하며, 보건운동이 동상(凍瘡)을 소유(消癒)시킬 수 있느냐? 우리에게는 빵이다. 내일 죽어도 오늘은 빵이다. 빵이다! 이러한 반향이 우리 보건운동의 선전 행렬을 구경하는 도열한 대중 가운데서 들린다."33)라고 그 비판을 소개했다. 이를 통해 볼 때 보건운동을 비판한 사람들은 민중에게 보다 필요한 것은 체조가 아니라, 민생과 의료라고 주장한 듯하다. 또 장권도 "저간에는 조선에서도 과거 다른 나라에서나 덴마크에서도 들리는 바와 같이 종종의 체험이 적은 바 탁상 이론적 비평과 주장을 듣게 된다."34)고 하여 그 비판을 소개하면서 '탁상공론적' 비평이라고 치부했다. 덴마크 체조에 대한 대표적 비판론자는 다음 절에서 보는 것처럼 최능진이다.

이 비판에 대해 양봉근은, 비판을 '일부의 비난하는 배부른 자들의 장난'으로 치부하고, 자신들의 보건운동을 옹호하면서 보건운동이 생활운동이 되게 할 것을 다짐했다.35)

2. 체조 강습과 체육 행사

민중체육, 체육의 민중화를 기치로 한 운동가들이 가장 먼저 주목한 것은 민중체조였다. 그 사정은 "일부 소수에 국한되고 기록 본위와 승패

---

32) 『조선일보』 1931.01.11. 광고.
33) 양봉근, 앞의 글, 20쪽.
34) 장권(중앙기독교청년회 주임 간사), 「보건체조의 보급과 닐스 북 기본체조: 대중적 체육으로서의 推奬」, 『조선체육계』 제1권 제1호, 1933년 7월. 32~33쪽.
35) 양봉근, 앞의 글, 21쪽.

주의 하에서 선수양성의 폐를 말하고 있는 현재 우리 체육계에 사회적 보급될 만한 민중적 체조가 없음을 누구나 통탄하는 바입니다."36)라는 김보영의 한탄에서 찾아볼 수 있다. 그리고 그 민중적 체조로서 덴마크 체조를 주목하게 되었다. 덴마크 체조란 닐스 북이 보급한 체조를 말하는 것이다. 그리하여 1932년에는 여러 단체들이 앞을 다퉈 체조 강습회를 열고, 보건 강좌를 실시하며, 여러 체육행사를 개최했다. 그 열기는 1933년에도 이어졌으며 1938년에 마지막 흔적이 보인다. 이를 기간과 명칭, 종류, 주최와 후원 등으로 구분하여 표로 요약하면 다음과 같다. 이를 주최·후원 단체별, 체조 종류별로 살펴보자.

〈표 1〉 주최·후원 단체별, 체조 종류별

기간/명칭	종류	주최/후원
1932.2.12.~18(제1회)	덴마크 체조	천도교청우당 본부/동아일보
2.19.~25(제2회)	덴마크 체조	〃
2.22.~27(제1기 시민보건체조 강습회)	덴마크 체조	YMCA, 조선일보사(공동)
3.3.~9(제2기)	〃	〃
1932.3(연구소원 모집)	체조, 체력 증진법	중앙체육연구소
9.1.~(추계회원 모집)	〃	〃
4.25(제1회 현상역기대회)	역기 운동	형평사 총본부/조선일보 운동부, 중앙체육연구소
4.30(제3회 보건강좌)	보건체조, 체육 무도 등	보건운동사, 조선일보사(공동)
3.14~19	덴마크 체조	승동면려청년회 체육부/동아일보, 조선체육연구회
~4.9(제2회)	덴마크 체조	〃

---

36) 『동아일보』 1931.09.05.

기간/명칭	종류	주최/후원
7.23~27(제1회 하기 체육강습회)	체조, 유희	조선체육연구회/동아일보사, YMCA
11.12(제2회 체육강연회)	강연 등	조선체육연구회/동아일보 학예부
1933.3.24.~30(특별강습회)	닐스 북 체조	YMCA/조선중앙일보 운동부
7.3.~(제1회 하기 보건체조 강습회)	보건체조	조선일보사/조선체육연구회, YMCA 체육부
7.25.~29(제2회 하기 체육강습회)	체조, 유희 등	조선체육연구회/천도교 청년당, 동아일보사
7.22.~(제1회 조선보건체조 순회 강습회)	보건체조	조선일보사/조선체육연구회
1935.2.25.~28(제8기)		YMCA 체육부, 서울보건체조단/조선일보
1935.10.14.~18(제10회 보건체조 강습회)	덴마크기본체조	YMCA, 보건체조단
1938.3.14.~19(제11회 보건체조 강습회)	덴마크기본체조	YMCA

1) 주최·후원 단체

체조 강습회를 주최하고 후원한 단체를 살펴보면, 먼저 종교 단체가 눈에 띈다. 천도교청우당 본부(천도교 청년당), 중앙기독교청년회(YMCA, 중앙기독청년부), 승동면려청년회(체육부)가 그것이다. 특히 1932년 2월에 체조 강습회를 시작한 것은 천도교청우당과 YMCA였다. 승동면려청년회는 승동교회 청년회로서 역시 종교 단체에 속한다.

두 번째로는 언론사이다. 동아일보(학예부), 조선일보, 조선중앙일보(운동부) 등 3개의 민간 한글 신문사도 주최 또는 후원 방식으로 체조 강습회에 적극적이었다. 신문사 가운데는 조선일보사가 주최로서 참여한 경우가 많았다. 조선일보사는 1932년부터 1933년에 걸쳐 여러 강습회와 강좌를 공동 주최했다. 같은 기간 동아일보사와 조선중앙일보사는 일부 행사의 후원을 맡았다.

세 번째는 전문 체육 단체이다. 첫째 조선체육연구회는 1931년 6월 22일 창립되었다. 체육을 연구 지도함을 목적으로 설립된 단체로서 조선체육회와 밀접한 관련을 맺었다. 이학래는, 박승빈, 김보영, 서상천, 장권, 이경석, 이길용, 이병삼 등이 조선체육회와 조선체육연구회 모두 발기인 또는 임원을 지낸 것으로 봐서 그것을 알 수 있다고 지적했다.[37] 또 조선체육회는 1920년 7월 13일 창립되었는데, 1920년부터 1934년까지 전국 각지에 설립된 90여 개의 체육단체 중 조선 체육계를 대표할 만한 단체였다.[38]

두 번째로 보건운동사는 1931년 12월에 창립되었다. 보건운동사는 먼저 보건위생 사상을 선전 보급시키기로 하고, 선전 방법으로 체육적 방면과 의학적 방면의 두 길로 나눠 각각 기관의 조직을 견고히 하고 혹은 단독적으로 혹은 합작적으로 전 민중에 향하여 신문, 잡지, 강좌, 전람회, 영화회 등으로 선전할 것을 표방했다.[39]

또 보건운동사의 창립과 운영과정을 보면, 먼저 이인규(경성제대 연구실), 양봉근(협화병원), 김순형(경성제대), 김정득 등 준비위원 4명의 명의로 창립대회 개최를 발표했다.[40] 이어 12월 15일에 창립대회가 열렸다.[41] 이 대회에서 결정한 주요 사업 부문을 보면, 보건운동에 관한 잡지, 도서 간행과 강연회, 영화회, 전람회, 강습회 수시 개최, 순회 진료, 학술연구, 실제 조사기관 설립 등이었다. 또 주요 부서를 구성하고, 간부를 선임했다. 간부 명단은 다음과 같다. 서무재정부장 양봉근, 조사연구

37) 이학래, 앞의 책, 164쪽.
38) 이학래, 위의 책, 154쪽.
39) 양봉근, 앞의 글, 20~21쪽.
40) 『동아일보』 1931.12.15.
41) 『조선일보』 1931.12.16; 『동아일보』 1931.12.17.

부장 이선근, 선전부장 이인규, 체육부장 서상천, 의료부장 김동익.

그리고 보건운동사는 최초 사업으로 월간잡지 보건운동을 신년호에 발행하기로 했다.[42] 이어 12월 19일 부장회의를 개최하여 다음 사항을 정했다.[43] 1월 중에 객담 검사를 하고, 여름에 기생충 검사를 실시하며, 1월 하순 보건문제 강좌를 개최하고, 민중보건체육에 관해서는 조선체육연구회 이사회에서 발표한 사업을 돕기로 했다. 이러한 보건운동사에 대해 당시 언론은 "경성 내의 의사, 의학의 도(徒) 또는 체육 전문가들이 연합"한 성격으로 파악했다.[44]

세 번째로 중앙체육연구소인데, 이를 소개한 기사는 다음의 것이 있다.[45] 1926년 겨울에 서상천, 이규현을 중심으로 4, 5인이 모여 창립했다. 1933년 무렵 천여 명의 회원을 지도하여, 역기 연구에서는 전 동양의 유일한 연구기관이라는 평가를 받았다. 1930년대 단련하고 있는 운동은 현대체력증진법을 중심으로 한 일반체조, 종목별로 보면 역기와 체력증진법, 기계체조, 기구체조, 일반보건운동법, 수영과 무도이다. 이 단체의 대표 인물인 서상천은 보건운동사의 체육부장에 선임되었다.

보건체조단은 YMCA 주최 체조강습을 수강한 개인들이 조직한 체조 실행 단체였다. 그 외에도 천도교청우당 주최 강습회 수강생들의 사회체조반, 승동면려청년회 체육부 주최 강습생들의 조기체조단도 있었다. 이상을 제외하고 형평사 총본부가 현상역기대회를 주최한 것이 이채롭다.

---

42) 『조선일보』 1931.12.17.
43) 『조선일보』 1931.12.21; 『동아일보』 1931.12.22.
44) 『조선일보』 1931.12.17.
45) 『동아일보』 1934.01.01.

2) 체조 종류

(1) 덴마크 체조

1932년 보건운동이 본격적으로 추진되면서 널리 보급될 '민중적 체조'
로 먼저 덴마크 체조가 선택되었다. 덴마크 체조가 조선에서 주목을 끌
게 된 배경은 다음과 같다.

1931년 덴마크의 닐스 북 일행이 닐스 북 체조연구회와 일본 문부성,
전일본체조연맹의 초빙으로 만주와 일본을 방문하는 길에 9월 4일 경성
에 도착했다. 이때 경성에서도 닐스 북 체조 경성연구회를 조직하고 조
선교육회 외 7개 단체의 후원으로 9월 5일 오후 1시부터 경성 운동장에
서 체조대회를 개최했다.[46]

당시 덴마크 체조가 주목받게 된 이유는 조선체육연구회 주사 김보영
이 했던 다음의 언급에서 알 수 있다.[47] "덴마크의 부와 국민의 체력이
강대해진 데는 결코 우연이 아니고, 인과의 법칙으로 이와 같이 되었습
니다. 그러면 그 원인은? 다시 말할 것도 없이 체육계에 세계적 위인 닐
스 북 선생의 위대한 공적에 있다고 단안을 내릴 수 있습니다. (중략) 그
리하여 매년 나오는 졸업생은 각각 향리에 돌아가 클럽을 조직하고 단
체적 훈련과 사회적 봉사에 헌신적 노력을 다하였습니다. 그러는 동안
에 보일보씩 애국심이 결정(結晶)되고 체력이 증진되고 체격이 개선되
었습니다. 과거 25년간 노력의 결과 덴마크 국민의 평균 수명이 5년 연
장되었다고 합니다." 닐스 북이 고안하고 교육하여 널리 보급한 결과 덴
마크 국민의 애국심이 결집되고, 체력 증진과 체격 개선의 효과를 보게

---

46) 『동아일보』 1931.09.05; 1932.01.09.
47) 『동아일보』 1931.09.04.

되었다는 것이다.

또 당대 덴마크 체조의 보급 상황을 보면 다음과 같다.[48] "덴마크 전국의 각 사회단체, 은행, 회사, 공장에서 이 체조를 실행 연마함은 물론이려니와 20호 이상 되는 동리면 반드시 체조장이 설치되어 있습니다. 가장 놀랄만한 것은 동리마다 설치하여 있는 체조장에는 60세 조, 50세 조라는 노인단이 20세 전후의 청년의 지도 밑에서 전신에 땀을 흘려가면서 단련하는 광경입니다." 당시 덴마크에서는 '사회 체육'의 일환으로 체조가 널리 실행되고 있었고, 그것도 상당히 조직적으로 진행되었음을 소개하고 있다. 덴마크 체조는 덴마크 내에서만 이뤄지고 있던 것은 아니다. 유럽 각국과 멀리 미국, 일본 등지에까지 확산되었다는 것은 같은 기사에서 확인할 수 있는데, "벌써 영국, 아일랜드, 독일, 네덜란드, 핀란드, 벨기에, 터키, 오스트리아, 헝가리, 체코슬로바키아, 미국 및 일본에서는 파견되었던 그들의 힘으로 열렬히 자국 내에 선전하고 있습니다. 더욱이 닐스 북 기본 체조법은 벌써 11개 국어로 번역되었으며"라는 언급이 그것이다.

덴마크 체조는 종래의 독일식, 스웨덴식에 비하여 진보된 점이 많다는 점, 또 농업국으로 유명한 덴마크에서 발달된 것이므로 8할 이상이 농민인 점한 조선에도 적합할 것이라는 점이 덴마크 체조에 관심을 기울인 이유 중 하나였다.[49]

중앙기독교청년회 주임 간사 장권도 덴마크 체조, 즉 닐스 북 체조를 대중적 체육으로서 추천했다.[50] 그는 "닐스 북 체조의 일부이나마 운동방식 그 자체가 체험자로 하여금 흥미를 가지게 하며 체육상 효과를 체

---

48) 『동아일보』 1932.01.10.
49) 『동아일보』 1931.09.05.
50) 장권, 앞의 글, 32~36쪽.

30 전시와 건강, 전쟁과 생명

험으로 인식케 하였음이 이러한 모임을 처처에서 거듭하게 하였으며 자발적으로 모여서까지 계속 실행하도록 하였다 하겠다."라고 하여 먼저 체험자의 흥미와 체육상 효과 체험 인식을 추천 이유로 삼았다. 그는 계속하여 체조는 "합리적인 한에서 여러 종의 스포츠와는 특별한 지위에 있다. 그리해야만 체조는 사람의 모든 신체적 교육 및 양성의 기초"라고 전제하고, 체조의 목표를 "간단 명료히 말하면 즉 문화인이 생활로부터 얻는바 자세에 종종의 결함과 부족을 제거하고 치료할 뿐만 아니라 다시 나아가서는 거기에 다시 선천적 조화의 미와 본래의 체력과 균제를 주는 것"이라고 밝혔으며, "이 닐스 북 체조가 현대의 행하는 바 체조 중에도 가장 이상적이라 하던 스웨덴식보다도 민중적 체조로서 더 합리적이 됨은 닐스 북의 경험담의 사실로 알 수가 있을 것이며 또 이 체조를 실제로 연구한 사람들은 그 체험으로 시인하는 바이다."고 말했다. 체조 이론에 따라 체조의 정의와 체조의 목표를 규정하고, 덴마크 체조가 이전의 스웨덴식 체조보다 민중적 체조로서 더 합리적이라는 결론을 내린 것이다.

덴마크 체조에 대한 당대 비판도 있었다. 그 비판론의 대표 주자는 평양의 숭실전문 코치였던 최능진이었다. 그는 '닐스 북 체조가 조선에 적당하나?'라는 제목의 기고문을 실었다.[51] 그는 이 기고문에서 덴마크 민족은 수백 년 동안 체육에 열중하여 그들의 자세는 곧고 몸가짐이 정확해서 체조나 운동을 할 만한 기초적 신체기능을 가지고 있고, 그들의 사회제도는 남녀 공동생활로 포크 댄스나 포크 송에 익숙하여 리드믹 체조가 적합하지만, 우리는 그렇지 않다는 것이 요지이다. 그래서 닐스 북의 체조를 그대로 모방하기 전에 먼저 터를 닦는 데 노력하였으면 한다

51) 崔能鎭, 「쏘콜欄: 닐스북 體操가 朝鮮에 적당하나?」, 『동광』 제30호, 1932년 1월, 69~70쪽.

고 주장했다.

최능진은 다른 글[52)]에서 "보건을 목적하는 자들은 혈액을 청결케 하며, 건전케 하고, 순환을 잘 시킬 운동을 해야 할 것"이라고 하여 혈액의 중요성과 자세를 단정하게 할 것을 강조하고, 기지개 등 8가지를 아침 운동으로, 피로회복 운동을 소개했다.

(2) 조선체육연구회의 민중보건체육법(민중보건체조)

덴마크 체조 외에 민중보건체조 강습도 널리 진행되었다. 이 보건체조는 덴마크 체조를 그대로 보급하는 대신 이를 토대로 조선 자체에서 고안된 체조였다. 보건체조의 고안 과정을 보면 다음과 같다. 조선체육연구회는 8개의 표준사항을 만들고, 1931년 9월부터 조선민중보건체육법 고안에 착수했다.[53)] 표준사항 8개항은 "남녀노소를 불문하고 개인으로, 보건단체로 협동적 훈련이 될 운동, 자발적이고 흥미를 가질 운동, 단시간에 운동량이 많고 피로 회복이 빠를 운동, 기구 · 기계를 불요하는 운동" 등이다.

조선체육연구회는 1932년 2월 10일 민중보건 체육법 고안심의회 제1차 회의를 개최하고, 22일 월례회를 제2차 심의회를 겸하여 최후 심의키로 했다.[54)] 이어 22일 회의에서는, 덴마크의 닐스 북 체조를 기본으로 삼아 조선 일반 민중에게 적합하도록 율동에 치중하고 얼마간 수정하여 최종 결정을 하기로 했으며, 기초위원으로 김보영, 장권 외 5명을 선정

---

52) 최능진(숭전 코치), 「쏘콜난(12), 재미잇는 아츰 운동 팔칙」, 『동광』 제31호, 1932년 3월, 89~91쪽.
53) 김보영(조선체육연구회 주사), 「민족보건문제, 민중보건과 체육보편화의 급무」, 『삼천리』 제4권 제3호, 1932년 3월.
54) 『매일신보』 1932.02.13.

했다.[55] 이후 심의를 마치고 28일 전형위원회에서 토의한 결과 덴마크 체조를 기본으로 삼아 15가지를 결정하고 그에 알맞게 독특한 율동을 만들고자 숙명여고보 김영환에게 작곡을 의뢰하기로 했다.[56] 제3차 심의회는 3월 11일 개최되었다.[57] 이 자리에서는 기초소위원회가 제출한 15종목의 체조 중 일일이 실연하여 13종목으로 결정하고, 작곡·호령·도해를 김보영에게 일임했다. 그런 다음 4월 28일 이사회에서 토의 결정한 내용은 다음과 같다. 보건체조의 발표회는 연구회 창립 1주년(6월 22일)되는 탄생일을 겸하여 제3 일요일인 6월 19일에 대대적으로 거행하기로 날짜를 정하고, 발표회 방법은 시내 각 체육단체와 각 학교에 미리 연습을 하게 하여 매스 게임(연합 실연)을 행하기로 했다.[58]

(3) 중앙체육연구소의 체력 증진법

덴마크 체조와 보건체조 외에 강습·보급 대상이 된 것은 중앙체육연구소의 체력 증진법이었다. 중앙체육연구소는 1932년 3월 연구소원 모집 광고를 냈다.[59] 연구 과목은 체조경기와 보건운동체력 증진법 및 역기였다. 요일에 따라 갑반과 을반으로 나눠 30명을 모집했다. 9월에도 추계 회원을 모집했다.[60] 봄철에 비해 반도 3반으로 늘었고, 모집 인원도 A·B 각 반 50명으로 증가했다. 당시 체육의 성행을 보여주는 지표라고 생각되는 지점이다.

---

55) 『동아일보』 1932.02.24.
56) 『동아일보』 1932.03.01.
57) 『동아일보』 1932.03.13.
58) 『동아일보』 1932.05.06; 『조선일보』 1932.05.07.
59) 『동아일보』 1932.03.10.
60) 『동아일보』 1932.09.03.

그에 앞서 『조선일보』는 1930년 연말과 1931년 연초에 '현대 체력 증진법'을 추천·장려했다.[61] 여기서 현대 체력 증진법이란 일반 명사로서 사용된 것이 아니라 고유 명사로써 사용된 용어이다.

『조선일보』는 사설(시민적 보건 운동은 무엇: 현대 체력증진법을 추장)[62]을 통해 "시민의 적극적 보건 운동으로서 그 어떠한 운동이 가장 적당할 것인가"라는 질문을 던져 놓고, 그 답으로서 '현대 체력 증진법'을 일반 시민 대중의 '일과적 보건 운동'으로서 추천했다. 종래의 보건 운동이 보건 운동에만 그치던 것에 비해 현대 체력 증진법에 의하면 보건운동, 체력증진, 체격 교정의 3요소가 있는 것으로서 더욱 그 효과가 큰 것이라는 이유에서였다. 그래서 그 방법이 간이하고, 실행이 가능하며, 효과가 현저한 점을 보아 일반시민 대중의 일과적 보건법, 적극적 체력 증진법, 이상적 체격 교정법으로 추천한다고 했다. 또 "살자면 건강! 내 힘이 보배! 이것을 건강증진 운동의 슬로건"으로 삼았다.

그리고 다른 기사(시민적 보건운동에는 '체력 증진법'이 적당)에서 일반 시민에게 가장 적당한 운동을 선택하는 표준으로 간이성, 경제성(비용 덜 드는 운동), 단기성 등 10개 요목을 제시하고, 그 10개 요목에 맞춰 개인적 운동 종목으로서 도출한 것이 현대 체력증진법이었다.[63] 그런데 현대 체력 증진법이란 바로 전날인 12월 27일 소개한 신간의 책 제목이기도 했다.[64] 이 책은 서상천, 이규현, 이병삼, 이병학이 집필한 것으로 산도우 운동법을 소개하고, 이를 기초로 일반 민중적 보건 운동, 적극적 체력 증진 운동, 이상적 체적 교정운동을 소개하는 내용이었다. 그에 앞

61) 『조선일보』 1930.12.28; 1931.01.01.
62) 『조선일보』 1930.12.28.
63) 『조선일보』 1931.01.01.
64) 『조선일보』 1930.12.27.

서 『조선일보』는 1929년 7월과 1930년 7월에 이 체력 증진법 강습회를 2회에 걸쳐 후원했다.[65] 강사는 서상천, 이규현, 이병삼, 박종영 등으로 앞에 소개한 책 현대 체력 증진법의 필자들이 다수였다.

이상을 통해 알 수 있는 것은 1932년 봄과 가을에 중앙체육연구소가 연구소원을 모집하여 강습한 주요 내용은 현대체력증진법이었다는 것이다. 또 이상의 세 가지 주요 프로그램 외에도 잡지 동광은 앞에서 소개한 최능진의 글에서 볼 수 있는 바와 같이 쏘콜난을 개설하여 여러 논설을 게재했다. 『동아일보』도 쏘콜운동을 소개(작금의 화제: 쏘콜 운동)했다.[66]

조선인의 민중보건운동은 일제에 의해 굴절되었다. 먼저 민중보건이란 용어는 총독부 경무국장이 '보건의 민중화'[67]를 언급하면서, 고유성과 독자성이 사라졌다. 이어 전시체제기에 이르면 조선의 모든 체육단체는 조선 내 일본인 체육단체인 조선체육협회의 통제를 받게 되었다. 또 내용에서도 변화가 생겼다. 조선인 건강 증진이라는 목표의 체조 강습회는, 전쟁 수행을 위한 황국신민의 양성이란 목적에 종속되었다.

내용의 변화는 1938년 3월에 있었던 YMCA 주최 제11회 보건체조강습회에서 확인할 수 있다. 이 강습회에서 군국주의적 체육 정책인 '국민체육법'이 교재가 되면서 성격이 변질되기 시작했다.[68] '국민체육법'의 내용과 관련하여 당시 신문 기사에서는 '국민교육', '국민체육'을 혼용하여

65) 『조선일보』 1929.07.21; 1930.07.17.
66) 『동아일보』 1935.10.27.
67) 池田淸, 「보건의 민중화」, 『조선(조선문)』 191호, 1933년 9월. 총독부 위생 행정 책임자인 그는 1933년 8월 각 도 위생과장회의를 소집하고, "조선의 보건위생시설은 점차 개선되어 면목을 갱신하고 있는 중이다."라고 주장했다. 그러나 미흡한 부분도 남아 있다고 하면서, "조선의 현상으로는 민중과 위생 사상의 향상을 꾀하여 그 자각을 촉구할 필요가 있다"고 강조했다.
68) 김재우 · 이학래, 앞 논문, 56쪽.

표기했다. 그러나 『조선일보』는 세 차례의 기사에서 일관성 있게 '국민
체육'으로 표현하였으므로 '국민체육'이 당시 강습 내용으로 맞는 것으로
보인다. '보건 체조' 대신 '국민체육'을 과목으로 한 것은 굴절이고, 전시
체제기의 사회 특성을 반영한 것이다.

3) 시기별 강습[69]

(1) 1932년 봄

1932년 2월 12일부터 체조 강습회가 일제히 시작되었다. 1932년 2월
12일은 음력 신미년 정월 초이레, 정초였다. 그러니 말 그대로 새해 벽두
였다고 할 만하다. 가장 먼저 시작된 것은 천도교청우당 본부 주최와
『동아일보』후원 덴마크 체조 강습이었다. 강사는 보성고보 교유 김보
영이었고, 내용은 덴마크 체조의 이론과 실제였다.[70] 이 강습회는 지원
자가 정원 초과하여 제2회 강습을 바로 이어서 19일부터 25일까지 1주일
동안 계속 개최했다.[71] 이 강습을 받은 수강생들은 자체적으로 체조를
실시하기로 했다.

천도교 – 동아일보사 조합에 맞서 기독교 – 조선일보사 조합도 비슷한
시기 체조 강습을 시작했다. 중앙기독교청년회와 조선일보사 주최 시민
보건체조 강습회가 그것이다. 이는 2월 22일부터 27일까지 6일간 개최되
었고, 교재는 덴마크 기본체조였으며, 강사는 장권(중앙기독교청년회 체

---

69) Ⅱ장 2절 체조 강습과 체육 행사의 3) 시기별 강습, 4) 확산 부분은 필자의 「1930년대
   민중보건운동의 전개」(『글로벌코리안연구』9, 청암대학교 재일코리안연구소, 2023.12)
   에서 발췌하여 추가한 것이다
70) 『조선일보』1932.02.11; 『동아일보』1932.02.13.
71) 『동아일보』1932.02.20.

육부 주임 간사, 조선체육연구회 이사), 김명덕(중앙기독교청년회학교 교원)이었다.[72] 특히 이 강습 종목에 대해 "청년회 체육부에서 연구를 거듭하여 그중에서도 누구나 혼자서 도수 체조를 할 수 있는 전신운동이 될 것만을 택하여 일반 학생에게 지도하여 본 결과 보건체조로는 절대한 효과, 일반 운동경기를 행하는 사람의 보조운동으로도 특별한 효과가 있는 것을 선택한 것"이라고 과시했다.[73] 이 강습회 역시 2기에 걸쳐 진행됐는데, 3월 3일부터 9일까지 6일간이었고, 나머지는 1기와 동일했다.[74]

승동면려청년회 체육부 주최, 『동아일보』, 조선체육연구회 후원의 덴마크 체조강습회도 3월과 4월에 걸쳐 2회 실시되었다.[75] 이 강습회의 강사도 김보영이었고, 신청자 중 멀리 해주에서, 그리고 일본인 신청자도 있었다. 강습회 이후 역시 1, 2회 강습생을 망라하여 조기 체조단을 조직하고, 해주에도 체조를 보급시키기도 했다.

보건운동사도 제3회 보건강좌를 체육강좌와 실연회 중심으로 개최할 예정이었다. 연사는 이용설, 이병학, 서상천이었고, 실연 종목은 보건체조, 체육 무도, 덤블링, 중국무술, 철봉, 역기, 중량 응용 운동법(중앙체육연구소원 일동)이었다.[76] 이 글에서 제1회와 제2회 강좌를 언급하지 않은 이유는 그 이전 두 차례 강좌(제1회 1월 30일, 제2회 3월 6일)는 의학 강좌 중심이어서 제외했기 때문이다.[77]

그밖에도 1932년 봄에는 중앙체육연구소가 연구소원을 모집하여 체

72) 『조선일보』 1932.02.19; 1932.02.21; 『동아일보』 1932.02.16.
73) 『조선일보』 1932.02.17.
74) 『조선일보』 1932.03.01; 1932.03.06.
75) 『동아일보』 1932.03.10; 1932.04.12.
76) 『동아일보』 1932.04.10; 『조선일보』 1932.04.12; 1932.04.30.
77) 『조선일보』 1932.01.30; 1932.02.01; 1932.03.06; 1932.03.08; 『동아일보』 1932.02.26.

조와 체력 증진법을 보급했고, 형평사 총본부는 현상 역기대회를 개최하여 체육 보급에 나섰다.

(2) 1932년 하반기

1932년 7월에는 조선체육연구회 주최, 동아일보사와 중앙기독교청년회 후원 제1회 하기 체육강습회가 개최되었다. 이 강습회에는 멀리 전라도, 함경, 황해 등 각지에서 참가 신청이 있었다.[78] 강습 부문은 체조부와 유희부로 나눠 체조부는 덴마크 체조법의 이론과 실제, 유희부는 ① 조선 창작동요 유희 및 초등학교, 유치원용 율동 유희의 신 발표, ② 여자미용 덴마크 체조법의 신 발표였다.[79] 신 발표는 새로운 내용을 발표했다는 것으로, 그에 앞서 조선체육연구회가 고안했던 보건체조와 관련지어 생각해 볼 수 있다.

조선체육연구회는 11월에 제2회 체육강연회를 개최했다. 연사는 양봉근(보건운동사), 이규재(여자미술교), 김보영(체육연구회), 조영하(정신여교)였고, 연제는 대체로 민중 보건, 체육 민중화, 생활과 체육 등이었다.[80]

(3) 1933년의 강습회

1933년 3월에는 중앙기독청년부 주최, 『조선중앙일보』 운동부 후원 닐스 북 체조 특별 강습회가 열렸다.[81] 이 강습회의 목적은 '닐스 북 체

---

78) 『동아일보』 1932.07.21.
79) 『동아일보』 1932.07.21. 광고; 1932.07.24; 1932.07.28.
80) 『동아일보』 1932.10.28; 1932.11.09.
81) 『조선중앙일보』 1933.03.02; 『조선일보』 1933.03.02.

조의 진수를 소개하여 조선의 학교 및 사회체육의 진작에 이바지'한다는 것이었다. 강사는 파울 힐더프랜드(동경 玉川학원 강사, 닐스 북의 제자)로, 1931년 가을 닐스 북 일행 조선 방문 시 동행했던 적이 있었다. 특히 수강자의 자격을 남녀학교 직원 및 사회체육 지도자로 한정했다.

1933년 7월에는 제2회 하기 체육강습회가 개최되었다. 이 강습반은 하기 휴가로 귀향하는 중등 이상 학교 학생들로 하여금 자기 고향에 돌아가서 일반에게 보건체조를 강습시키는 학생반과 여러 지도자들이 각지를 순회하며 학교 직원을 중심으로 하여 강습시키는 교원반의 두 가지로 나눠 실행되었다.[82] 학생반은 5일 동안 강습을 받고, 강습 후에는 귀향 후 그 지방의『조선일보』지국과 연락하여 강습회 열어 보건체조를 전습하게 했다. 또 교원반은 조선체육연회원 십수 인이 여름 한 철 동안 각지로 순회 강습케 하며, 강습을 받고자 하는 이의 자격은 교원이나 청년회의 간부 등을 목표로 했다.

학생체조반의 제1회 하기 보건체조강습회 개회식이 7월 3일에 종로 중앙기독교청년회 대강당에서 열렸다. 조선일보사 주최, 조선체육연구회 및 중앙기독청년회 체육부 후원이었다. 학생들은 개회식 첫날 장권 강사의 지휘로 조선체육연구회 선정 보건체조를 실시했다. 신청자가 쇄도하여 제2일부터는 천도교 기념관을 빌려서 두 곳에 나눠 강습을 진행했다.[83] 참가한 학생은 모두 183명이고, 학교별로는 협성실업학교생이 76명으로 가장 많았으며, 지방별로는 함경북도 출신이 81명으로 가장 많았다.[84]

이와 별도로 조선체육연구회 주최, 천도교 청년당, 동아일보사 후원으

---

82)『조선일보』1933.06.25.
83)『조선일보』1933.07.04.
84)『조선일보』1933.07.16.

로 제2회 하기 체육강습회가 열렸다.[85] 1년 전의 제1회 하기 강습회에 이어 두 번째로 열린 이 강습회는 7월 25일부터 유희부, 체조부로 나눠 개최되었다. 참가자는 멀리 북간도로부터 신의주, 남으로 전남 장흥과 경남 거창, 하동 등지에서도 참가했고, 교원을 중심으로 남녀 1백 명이 참여했다.[86] 강사는 이병삼, 박봉애, 이수복, 김보영 등이었고, 체조 외에 율동 유희, 창가유희, 행진유희, 동요유희 등 초등학생과 유치원생용 유희가 강습 내용이었다.[87]

(4) 1935년 이후

1935년 2월에는 제8기 시민보건체육 강습회가 열렸다.[88] 조선중앙기독교청년회 체육부와 서울보건체조단 공동 주최, 『조선일보』 후원이었다. 1932년 3월 제2기 강습회 이후부터 1934년까지 3~7회의 강습회가 있었음을 알 수 있다. 10월에는 중앙기독교청년회와 보건체조단 공동 주최로 제10회 보건체조 강습회가 개최되었다.[89]

제11회 보건체조강습회는 다시 3년이 지난 1938년 3월에 조선중앙기독교청년회 주최로 개최되었다.[90] 강사는 장권이었고, 교재는 국민교육(『동아일보』) 또는 국민체육(『조선일보』)과 덴마크 기본체조였다. 참가회원은 '30세가 훨씬 넘는 직업 전선에 얽매인 장년'들인 점이 이채롭다고 했다.[91] 제12회 보건체조강습회는 4월 18일부터 23일까지 열릴 예정

85) 『조선일보』 1933.07.11.
86) 『동아일보』 1933.07.26.
87) 『조선일보』 1933.07.23.
88) 『조선중앙일보』 1935.02.20.
89) 『매일신보』 1935.10.09. 『조선중앙일보』는 이를 '제14회'로 보도(『조선중앙일보』 1935. 10.08)했지만, 제10회가 맞는 것으로 보인다.
90) 『매일신보』 1938.03.09; 『동아일보』 1938.03.12.

이었고, 교재는 국민체육, 덴마크 기본체조, 강사는 장권이었다.[92] 이를 끝으로 '민중운동' 차원의 체조 강습회는 흔적을 감춘다.

11회 강습회에서 군국주의적 체육 정책인 '국민체육법'이 교재가 되면서 성격이 변질되기 시작했다는 지적이 있다.[93] 그런데 신문 기사에서는 '국민교육', '국민체육'으로 표기되었는데, 『조선일보』는 세 차례의 기사에서 일관성 있게 '국민체육'으로 표현했다. 아무튼 '보건' 체조 대신 '국민' 체조를 과목으로 한 것은 변화이고, 전시체제기의 사회 특성을 반영한 것이다.

4) 확산

(1) 서울

체조 강습을 마친 수강생들은 그들 자체적으로 체조단을 조직하여 주기적으로 연합 체조를 행했다. 먼저 천도교청우당 본부 주최 덴마크체조 강습회 수강생들은 사회 체조반을 조직했다. 1932년 2월 18일의 제1회 강습 종료 후 다과회 석상에서 2월 19일부터 시작하는 제2회 강습원이 강습을 마친 후 연합하여 앞으로 1주일에 한 번씩 새벽에 사회체조반을 조직하기로 의논하고, 1회 강습원 중 위원을 선정했다.[94] 그 결정에 따라 제1·제2회의 덴마크 체조 강습회원들은 3월 6일 오전 7시 경운동 천도교당 앞뜰에서 제1차로 백여 명이 모여 강사 김보영의 지도로 연합체조를 행했다.[95] 이어 제2회 연합체조를 3월 13일 아침 7시 경운동 천

91) 『조선일보』 1938.03.08; 1938.03.15.
92) 『조선일보』 1938.04.10.
93) 김재우·이학래, 앞 논문, 56쪽.
94) 『동아일보』 1932.02.20.

도교당 앞뜰에서 거행하고, 제3회는 3월 20일 아침 7시 동일 장소에서 하기로 했다.[96]

두 번째는 YMCA 주최 강습 수료생들이 2월 27일 조직한 서울보건체조단이다.[97] 그들은 3월 5일 오전7시 종로청년회관에서 제1회 전체 연습회를 마친 후 6일(일요일) 오전 7시부터 시내 일곱 군데(금화산, 사직공원, 신무문 뒷산, 취운정, 남산(약수 부근), 낙산, 장충단)에서 보건체조를 행하고, 3월 10일부터는 매일 오전 7시 각처에서 계속 실행하기로 했다.[98] 그들은 매주 토요일마다 YMCA에 모여 연합 체조회를 하다가 5월 7일 제10회부터 신무문 밖으로 변경했다.[99] 이후 서울보건체조단은 7월 16일(토) 오후 8시 반에 중앙기독교청년회 운동실에서 제20회 연합 체조회를 개최했다. 각 대가 그동안 산에서 매일 아침에 지내던 대로 행하게 하고, 특별반의 체조와 전체 연합 체조를 행했다.[100]

1933년 2월 27일에는 체조단 결성 1주년을 맞아 각지의 인원이 청년회관에 모여 연합체조를 행했다.[101] 1934년 2월 27일에도 2주년 기념으로 시내 각대 연합 체조를 행했다. 이 체조단에는 규약이 있었는데, 단원은 1일 1차 이상 보건 체조 실행하고, 매주 한 번씩 반드시 모여 전체 연습을 하기로 했다. 또 시내와 지방 13처에 분대를 설치하고, 분대 지도위원을 두었다. 13분대는 금화산대(정운룡, 나정환, 고운상), 사직대, 남산대, 신무대, 낙산대, 목포, 광주, 영월, 고성, 진남포, 이천(강원도), 수원, 인

---

95) 『동아일보』 1932.03.06.
96) 『동아일보』 1932.03.15.
97) 『동아일보』 1934.03.07.
98) 『동아일보』 1932.03.06.
99) 『조선일보』 1932.05.07.
100) 『동아일보』 1932.07.16.
101) 『조선일보』 1933.02.28.

42 전시와 건강, 전쟁과 생명

제 등이었다.[102] 체조단 창립 2년 만에 7개의 분대가 13개로 2배 가까이 증가했는데, 서울의 분대는 7개에서 5개로 감소했다.

체조단 분대 중 금화산 보건체조대는 강습을 받은 4, 5명이 3월 1일 금화산 마루턱에서 창립하여 2년 후에 회원이 2백여 명에 달했다.[103] 회원이 크게 늘어난 것은 적극적 회원 모집을 계속했기 때문이다. 1933년 5월에 모집 기사가 게재되었고,[104] 1934년 11월에는 '심신 단련의 호기'라는 명목으로,[105] 1936년 6월에는 '등산 시즌을 기회로'[106] 회원을 모집했다.

한편 조선중앙기독교청년회 체육부는 1933년도 사업으로 제1회 조선중앙기독교청년회 체육데이를 설정, 운영하기로 했다.[107] 그에 따라 2월 23일부터 매주 금요일을 시민보건체조데이로 정하고 그날 밤은 청년회 체육관을 일반에게 공개했다.[108]

세 번째로 승동면려청년회 체육부 주최 강습생들이 조직한 조기체조단이다. 1, 2회 강습생들로 조직된 체조단은 4월 10일(일요일) 오전 6시 반 승동교회 뜰에 모여 조기체조를 행하고, 매주 일요일 새벽에 계속 행하기로 했다. 특히 강습생 중 해주에서 온 오용환은 교재 수십 부를 가지고 10일 해주에 돌아가 그곳에서 체조 보급에 나서기로 했다.[109]

체조강습이 경쟁적으로 진행되던 1932년 새봄, 서울에서는 공장에서

---

102) 『동아일보』 1934.03.07.
103) 『동아일보』 1934.03.07. 이 기사에서 천도교청우당 주최 체조 강습생들이 금화산 체조대를 조직했다고 하나, 다른 기사를 보면, YMCA 주최 강습생들이 조직한 것으로 보인다.
104) 『동아일보』 1933.05.21.
105) 『동아일보』 1934.11.22.
106) 『조선일보』 1936.06.14; 『동아일보』 1936.06.14.
107) 『동아일보』 1933.01.03; 『조선일보』 1933.01.03.
108) 『동아일보』 1933.03.17.
109) 『동아일보』 1932.04.12.

체조강습을 한 사례도 있다. 3월 21일부터 6일간 시내 관수동 화광교원 수산부 직공 일동은 매일 점심시간을 이용하여 30분간씩 조선체육연구회 박청농 지도로 덴마크체조 강습회를 실시했다. 공장에서 덴마크체조를 실시한 것은 이것이 효시였다.[110]

(2) 지방

① 학생들의 농민 강습

체조 강습회는 지방으로도 확산되었다. 그 시작은 1931년 말~1932년 초 보성고보 학생들이 했다. 학교 동계 휴가 중 학생들이 귀향하여 고향의 농민들에게 보급하는 방식이었다. 보성고보에서는 학생 선택[隨意科]으로 11월 1일부터 특별체조단을 조직하고, 교유 김보영의 지도로 닐스북 체조를 기준으로 하여 교습을 했다. 수강 단원 80명은 단원 1명이 5명씩, 모두 400명의 농민에게 선전하기로 했다. 도별로 귀향한 단원을 보면, 경기도 23, 충남 7, 경남 13, 경북 10, 전남 3, 전북 3, 강원 1, 황해 1, 평북 4, 함남 7, 함북 2이었다.[111] 경기도, 경남·북, 함남·북 5개도 비중이 거의 7할에 가까웠다. 이 방식은 1932년 여름 방학 때도 반복되었는데, 7월 20일부터 제2차로 농촌 선전에 착수하여 단원 1명이 10명이상의 청년에게 지도했고, 농민 1984명에게 체조를 보급했다. 제1차 때보급한 900명과 합하여 2회 만에 약 3천 명의 실적을 올렸다.[112]

학생이 농촌에서 농민에게 체조를 보급하는 이 방식은 브나로드 운동과 결합되기도 했다. 경북 칠곡군에서 농가 자제를 대상으로 매일 밤 교

---

110) 『동아일보』 1932.03.24.
111) 『동아일보』 1931.12.27.
112) 『동아일보』 1932.10.22.

수 전 체조를 행했고,[113] 전남 해남군에서도 덴마크체조를 실시했다.[114]

② 1932년

가. 중앙체육연구소 계통 행사

경기도 수원에서는 '조선민족보건운동의 일단'이며 적극적 체력 증진법인 역기를 수원에도 보급 선전하기 위하여 『조선일보』 수원지국에서 경성의 중앙체육연구소원을 초빙하여 역기대회 개최했다.[115] 『조선일보』 수원지국과 수원보건조기등산회 공동주최로 4월 2일 밤 수원극장에서 수원역기대회를 개최하는 것이었다. 이 대회는, '조선 역기계의 원훈' 서상천, 이규현 양 사범 인솔로 중앙체육연구소원 10여 명이 출장하고, 역기 외 기계체조, 체육 댄스, 덴마크체조 등을 시연하는 것이었다.[116]

나. 조선체육연구회 계통 행사

함경남도 원산에서는 3월 21일부터 25일까지 5일간 원산 대원구락부 주최, 『동아일보』 원산지국 후원으로 제1회 보건체조 강습회를 개최했다. 강사는 조선체육연구회 주사 김보영이었고, 모집인원은 50명, 강습료는 50전이었다.[117] 이 강습회에는 교원, 회사원, 은행원 등 각층 인사를 망라하여 70여 명 남녀가 참가했다.[118]

경기도 개성에서도 5월 26일부터 6월 2일까지 밤에 개성중앙회관 주

---

113) 『동아일보』 1932.08.02.
114) 『동아일보』 1932.08.20.
115) 『조선일보』 1932.03.05.
116) 『조선일보』 1932.03.23.
117) 『동아일보』 1932.03.17.
118) 『조선일보』 1932.03.24; 『동아일보』 1932.03.24.

최,『동아일보』개성지국 후원으로, 보건체육강습회 개최했다. 조선체육
연구회 이사 허양헌의 지도로 덴마크체조, 산도우식 철아령법, 역기법
등을 강습했다.[119] 1935년에도 3월 25일부터 4월 4일까지 박성규, 이성
재의 지도로 고려청년회보건체조단 주최의 강습회가 개최되었는데, 수
업생은 80명이었다.[120]

황해도 안악에서는 안악체육회 주최,『동아일보』지국 후원으로 8월
18일부터 약 1주일간 보건체육강습회를 개최했다. 강사는 송도고보 교
유이고 조선체육연구회 이사 허양헌이었고, 종목은 덴마크체조, 산도우
식 철아령법, 역기법 등이었다. 오전 6시부터 7시까지는 남산공원, 오후
5시부터 6시까지는 안신보교 강당에서 행하며, 신청금은 30전이었다.[121]
강사와 종목은 개성에서의 강습회와 동일하다.

조선체육연구회는 동아일보사의 후원으로 8월에 제1회 원산 하기강
습회를 개최했다.[122] 강습 내용은 덴마크 체조의 이론과 실례, 수영이었
는데, 수영은 같은 기간 조선수상경기협회 주최 제3회 수영강습회[123]와
기간이 겹쳐 취소했다.

다. 보건운동사 계통 행사

고창에서는 3월에 고창고보 강당에서『동아일보』및『조선일보』지국
후원으로 덴마크체조강습회를 개최했다. 강사는 고창고보 교유 이병학

---

119)『동아일보』1932.05.29.
120)『고려시보』1935.05.01.
121)『동아일보』1932.07.30.
122)『동아일보』1932.08.03.
123) 2일부터 11일까지 강사 김보영(보성고보 교원), 조영하(정신여고 교원), 김명덕(중앙
    기독교청년회학교 교원), 서웅성(양정고보 교원)(『동아일보』1932.08.03). 이학래의
    논문에서는 수영 강습이 같이 실시되었다고 서술했는데, 그때 실시된 수영 강습(제3
    회 수영강습회)은 제1회 원산 하기강습회와 무관한 행사였다.

이었고, 회원은 30여 명이었으며, 강습회 이후 보건체조단을 발기했다.[124] 이병학은 보건운동사 주최 강연회에서 중국무술에 대해 강연하기도 했다.[125]

라. 지역 독자적 행사

평양에서는 평양기독청년회 주최, 『동아일보』 평양지국 후원으로 제1회 보건체조 강습회 개최되고, 동명체조단도 보건체조를 실시했다.[126] 전자는 3월 16일부터 22일까지의 기간으로, 강사는 강진구, 최능진, 손홍구이고, 과목은 보건체육법, 덴마크체조, 라디오체조, 닐스 북체조, 피로회복체조, 기타였다. 자격은 남녀 불문 만 17세 이상 65세 이내를 대상으로 모집 정원 60명이었으며, 무료였다. 음력 정월 1일을 기하여 회원 70여 명으로 출범한 동명체조단도 이후 매일 4, 5명씩 증원되는 현상을 보였는데, 3월부터는 오전 6시 반 정각에, 회장인 서묘 앞에 모여 15분간 보건체조 후 을밀대까지 구보를 했다.

마산에서는 『조선일보』 마산지국 주최로 동경 일본체조학교 졸업생 강원조를 초빙하여 4월 15일부터 1주일간 보통학교 강당에서 덴마크체조 강습회 개최했다. 강습료는 매일 1인 10전씩, 매일 오전 6시 반에 개강했다.[127]

목포의 목포부내 호남치과의원 원장 김세경은 조기회를 조직하고 덴마크체조 강습을 행하여 40여 명의 회원을 모아 7월 11일부터 목포시민 보건체육강습회를 개최했다. 7월 21일 강습을 마치고 다수의 사범을 양

---

124) 『동아일보』 1932.03.24.
125) 『동아일보』 1932.05.01. 『조선일보』 기사에서는 이백학(李百學)으로 오기(『조선일보』 1932.04.30)했다.
126) 『동아일보』 1932.03.15.
127) 『조선일보』 1932.04.16.

성하여 각 동별로 덴마크체조단을 조직하고자 했다.[128]

③ 1933년 조선체육연구회 지도자 강습반

조선일보사는 1933년 학생들에게 체조 강습을 시켜 지방에 파견하여 체조 보급 활동을 하는 한편, 조선체육연구회 회원 중 8명(이상민, 김보영, 배상봉, 장권, 문봉헌, 김명덕, 김태식, 조영하)을 7~8월 중 각 지방에 출장시켜 현지 체조 지도자를 육성할 계획을 세웠다.[129] 조선일보사 주최, 조선체육연구회 후원 제1회 조선보건체조 순회 강습회가 그것이다.[130] 이 계획의 일정은 두 세 차례 변경되었는데, 그 이유는 광고 이후 각 지방의 희망이 답지했기 때문이고, 그래서 강습 대상지는 늘어나고, 강습 일정은 5일에서 4일로 단축되어 실시되었다. 실행 도중 강습지가 추가되기도 했고, 또 강사의 출장지도 변경되기도 했다.[131]

그 결과 확정된 강사의 출장지는 다음과 같다. 장권(광주 목포 강진 나주 남원 장수), 김명덕(장연 안악 서흥 연안), 배상봉(서산 천안), 이상민(울산 상주 예천 안동), 김보영(밀양 진주 마산), 김태식(원산 의주 선천 강서), 조영하(함흥 성진 길주 청진 회령) 등.

이 행사는 광주에서 첫 개막을 보았다. 광주에서는 장권을 강사로 22일부터 광주기독교청년회와 공동 주최로 기독교청년회관 무도실에서 실시했다. '다소간 이에 교양이 있는 사람'으로 60명을 모집하여 '좀 더 고급적 교양을 시켜' 일반 민중에게 보급케 했다.[132]

---

128) 『동아일보』 1932.08.02.
129) 『조선일보』 1933.07.01.
130) 『조선일보』 1933.07.03. 사고.
131) 『조선일보』 1933.07.18. 사고.
132) 『조선일보』 1933.07.24.

김명덕이 담당한 황해도 서흥에서는 기간이 연장되기도 했다. 8월 14일에 마칠 예정이었으나 '너무 기간이 짧아서' 2일간 더 연장하여 16일에 마치기로 했다.[133]

『조선일보』 울산지국 주최, 울산체육협회 후원으로 이상민이 담당한 경남 울산에서는 당초 일정 보다 기간을 연기했다. 원래 8월 2일부터 8월 5일까지였으나,[134] 예정보다 2일을 연기하여 8월 4일부터 7일까지 4일간 매일 오전 오후 2회로 강습 진행했다. 유수 청년 35명의 강습생은 이른 아침과 오후 '염열하에 열을 지어 용감스럽게 구보로' 시내를 일주하고, 강습 후 이것을 오래 지속하며 널리 보급하기 위해 보건체조반을 조직했다.[135]

이상민이 맡은 상주 강습회는 중지되었다. 상주군체육협회 후원으로 개최 예정이었으나 8월 7일 강습회에 전부 가입하려던 상주체육구락부의 부가(部歌) 문제로 당국으로부터 해체 명령을 당하여 강습회까지 중지되었던 것이다. 이 구락부는 당국의 허가를 얻지 못하고 묵인 만으로 계속해 오다가 어떤 간부가 부가를 지었는데, 그 부가가 불온하다는 구실로 구락부의 해체와 부원의 회합 금지 명령을 받은 것이다.[136]

대신 포항 지역은 보건체조강습회가 추가되었다. 8월 21일과 22일 양일 간 포항해수욕장 사장에서 이상민을 강사로 하여 강습회를 실시했다. 『조선일보』 포항지국 주최와 포항체육협회 후원이었다.[137]

조영하가 담당한 성진에서도 중지 사태가 생겼다. 8월 8일부터 11일

133) 『조선일보』 1933.08.15.
134) 『조선일보』 1933.07.18. 사고.
135) 『조선일보』 1933.08.11.
136) 『조선일보』 1933.08.15.
137) 『조선일보』 1933.08.06. 사고.

까지 4일간 개강하려던 성진지국 주최 보건체조강습회는 당국이 사설강습회규정에 의해 정식으로 허가를 맡으라고 하였고, 예정 시일 내에 그 수속이 도저히 능치 못하겠으므로 부득이 중지한 것이었다.[138]

④ 1933년 농민사 주최 강습회

조선농민사는 평안남북도 4개소를 중심으로 부근 각군의 농민 운동자를 모아 농민지도자 강좌를 개최했다. 과목은 덴마크 체조(백세명), 농민운동의 이론과 실제(임문호)이고, 각 군의 일정은 9월 9일~10일 개천군, 11일~15일 영변군, 18일~23일 강서군, 25일~29일 순천군이었다.[139]

각 지역 농민사 주최 강습회도 실시되었다. 특히 선천군, 덕천군에서 활발했다. 선천농민사와 천도교청년당 선전부 주최 농민지도자 강습가 열렸다. 1933년 8월 6일부터 8일까지 3일간, 특히 체육 강습으로 경성에서 백세명을 청하여 덴마크 체조 강습을 실시했다. 회원 백여 명이었다.[140] 또 선천군 동면 노하동 농민사에서 8월 중순 체육대를 조직하여 일반 농민에게 덴마크 체조를 보급했다. 매일 오후 7시부터 1시간 동안 20여 명의 대원들이 같이 체조를 했다.[141]

덕천군 농민사는 9월 1일부터 4일 동안 제5회 농민강좌를 개최했다. 강사는 조선농민사 중앙이사 백세명과 김형준이었고, 백세명은 덴마크 체조 강연회를 실시했다.[142] 같은 기간 중 9월 2일부터 3일간 천도교 청년당 덕천부 주최 덴마크 체조 강습회도 열렸다. 강사는 천도교청년당

---

138) 『조선일보』 1933.08.08.
139) 『조선일보』 1933.09.08.
140) 『동아일보』 1933.08.14.
141) 『조선일보』 1933.10.04.
142) 『조선일보』 1933.09.08.

덕천부 체육부 위원 이용규와 백세명이었고, 강습생은 매일 50여 명이었다.[143] 이후 덕천군 농민사는 군내 각 면, 각 리 농민사에 체육대를 조직하고, 덴마크 체조를 강습했다.[144]

평남 맹산군 옥천면 농민사연합회 주최, 조선일보사 북창지국 후원으로 1933년 11월 덴마크체조 강습회도 열렸다.[145] 북창 농민들의 덴마크 체조 강습은 사진으로 남아 있다.

〈그림 1〉 북창 덴마크체조 강습(『조선일보』 1933.11.17)

⑤ 이후

1935년 개성 고려청년회(고청) 보건체조단은 『조선일보』 지국, 개성부 체육협회, 개성우편국장의 후원으로 4월 10일부터 23일까지 2주간 개성부내 관덕정 광장에서 매일 오전 6시부터 보건체조 강습을 시작했다. 강습 내용은 덴마크체조, 민중보건체조, 라디오체조의 이론과 실제이고, 강사는 고청 보건체조단장 이성재였다.[146] 1936년에도 개성고려청년회 체육부 사업의 하나로 4월 5일부터 8일간 보건체조강습회가 자남산 광

---

143) 『조선일보』 1933.09.08.
144) 『동아일보』 1933.09.14.
145) 『조선일보』 1933.11.13.
146) 『조선일보』 1935.04.08.

장에서 개최되었다. 12일에 폐강식을 거행했는데, 수강자는 40명이었다. 조선 청년들에게 보건사상을 고취할 목적으로 보건체육에 관한 교재를 무료 배부했다.[147]

1936년 진남포에서도 진남포체육회 주최, 『동아일보』 진남포지국 후원으로 8월 7일부터 11일까지 5일간, 삼숭보통학교 강당과 운동장에서 체조 강습회가 개최되었다. 강사는 안옥식이었는데, 그는 정주 '오산고보 체조 선생으로 명성이 혁혁'했다.[148]

이상을 요약하면, 다음과 같다. 조선인의 건강 증진이 시대의 화두가 되어 백가쟁명식 주의 주장이 분출하게 되었다. 1931년 가을부터 여러 방면에서 민중보건운동이 준비되고, 1932년부터 대대적으로 전개되었다. 보건·위생 분야, 체력 증진 분야, 의료 분야 등 세 분야에서 진행되었다. 민중체육, 체육의 민중화를 기치로 한 운동가들이 가장 먼저 주목한 것은 민중체조였다. 그리하여 덴마크 체조와 이를 기초로 하여 개조한 민중보건체조를 내용으로 한 체조 강습회가 성행하고, 널리 지방에까지 확산되었다. 체조 강습회의 주최 후원 단체는, 크게 종교 단체, 언론사, 전문 체육 단체로 나눌 수 있다. 또 강습 내용으로는 덴마크 체조, 조선 체육연구회가 고안한 민중보건체조, 중앙체육연구소의 체력 증진법 등으로 구분할 수 있다. 또 시기별로 볼 때 1932년 봄부터 시작하여 1932년 하반기, 1933년, 1935년 이후 등으로 구분할 수 있으며, 강습회 이후에 한 방향으로는 서울 안에서, 그리고 다른 방향으로는 지방으로 확산되는 추세를 보였다.

이와 같은 조선인의 민중보건운동은 일제에 의해 굴절되었다. 먼저,

147) 『조선일보』 1936.04.17.
148) 『동아일보』 1936.08.06.

민중보건이란 용어를 총독부 위생 당국자가 같이 사용함으로써 더 이상 조선인의 전유물이 아니게 되었다. 둘째, 중일전쟁 이후 체육 단체 통제가 실시되어 조선의 모든 체육 단체는 조선 내 일본인 체육 단체인 조선체육협회의 통제를 받게 되었다. 셋째, 체조강습회 내용 변질인데, 이전의 보건 체조 대신 전시체제기의 사회 특성을 반영한 국민체육을 강습 내용으로 했다. 굴절 중 두 번째, 세 번째 내용은 이하 제3장에서 구체적 실상을 확인할 수 있다.

III. 전시체제기 사회체육

1. 통제의 논리와 방법

1) 정무총감 통첩과 학무국장 담화

중일전쟁이 발발한 지 1년여가 지난 1938년 8월 30일 조선총독부 정무총감은 각 도지사에게 전조선 각 사회체육 운동단체 지도통제에 관한 방침을 통첩했다. 이 통첩의 요지는 다음 기사에 잘 나타나 있다.[149]

> 전 조선 체육단체를 국민체육의 목적 달성을 기하기 위하여 망라 통제하게 된 총독부에서는 전조선 각 사회체육운동단체를 지도통제 하기로 결정하여 8월 30일부로 각 도지사에게 정무총감 통첩을 발하 였는데, 그중 주의를 끄는 점은 전조선 체육운동단체를 각 도체육협

---

149) 『동아일보』 1938.09.03.

회를 강화·통제하고 다음에 부군도의 체육협회의 조직을 강화하여
이것을 도협회의 구성단체로 하고 나가서는 부군도내 공사체육단체
를 통제 지도하여 읍면을 단위로 한 체육협회를 조직하여 세포조직의
강화를 기하기로 되었다.

이 통첩 발령의 배경으로 총독부 학무국장은 다음과 같이 설명했다.[150]
그는 먼저 "국민체력의 향상이 고창되고 있는 금일 이들 체육단체가 확
호한 지도정신과 진실한 지도태도 하에 민중을 향도함은 가장 원망되는
바이다. 그러나 이들 단체는 전부가 지도정신이 확립되어 있는 것이라
고는 말하기 어렵다."고 하여 체육단체에 지도정신과 지도태도가 미흡
하다고 지적했다. 당시 총독부는 조선 내 사회체육 단체는 공·사·대·
소 합하여 2백여 단체라고 파악하고 있었다.

또 목적은 "국민체육의 목적 달성을 기하기 위하여" 전조선 체육단체를
망라 통제한다는 것이고, 방법은 각 도체육협회를 강화 통제하고, 다음에
부·군·도의 체육협회의 조직을 강화하여 이것을 도협회의 구성단체로
하고, 나가서는 부·군·도 내 공·사 체육단체를 통제 지도하여 읍면을
단위로 한 체육협회를 조직하여 세포조직의 강화를 기한다는 것이었다.

이어서 "체육운동경기를 통하여 현하 국가가 가장 요망하는 건전 유
위한 황국신민으로서의 자질을 향상케 하지 않으면 안된다는 강렬한 자
각이 필요한 것이다. 환언하면 사회체육 운동의 전부는 그 종류의 여하
를 불문하고 모두 국민체육의 진의에 철저함이 가장 간요한 일이다."고
하여 모든 사회체육 운동은 건전 유위한 황국신민으로서의 자질을 향상
케 해야 한다고 했는데, 이것이 이 통첩 발령의 이유였다.

이 무렵 『조선일보』는 사설(성인체육 장려에 대하여)을 통해, 체육의

---

150) 『매일신보』 1938.09.04.

대중화를 강조했는데, "체육 대중화만이 전시하 인적자원 확보의 첩경"
이므로 성인체육 장려를 주장하는 바라고 했다.[151] 성인 체육 장려 목적
은 전시하 인적 자원 확보라는 것이다. 또 『동아일보』도 사설(체력의 조
사)에서 "동아에 신 정치경제 기구의 장기건설은 목하의 과제가 되었거
니와 이에 동원될 인원과 자원은 그 수에서나 그 질에서 우수한 자를 요
구하는 것은 재언할 필요가 없다."고 하고, "체육을 한 개의 우리 생활화
하고 우리의 생활을 체위 향상에 치중해서 이것이 한 개의 운동으로 되
어 민중보건의 소극적 입장으로부터 국민체력의 증강에까지 가야 한다."
고 주장했다.[152] 당시 조선축구협회장과 조선권투연맹회장을 겸한 고원
훈은 "체육으로 참된 국민의 보건과 체위 향상을 기하려면 학교 체육만
으로는 불충분한 것이 많고, 사회생활의 전면에 퍼지게 하는 사회체육
에 일층 주력하여야 할 것"이라 하여 사회체육을 강조했다.[153] 모두 전
시체제기 필요한 인력 동원을 염두에 두고 체력 증강, 체육 장려를 주장
한 것이다.

한편 전시체제기 학교체육의 변화를 요약하면 다음과 같다.[154] 1938
년 3월 조선교육령과 각 학교규정이 개정 실시되었다. 이 개정은 조선인
학생으로 하여 황국신민이 되는 교육을 위한 것이었다. 바로 직전 육군
특별지원병령이 공포되었는데, 1938년의 조선교육령 개정은 결국 지원
병제의 효과를 극대화하기 위한 수단이었다. 또 학교체조교수요목 개정

---

151) 『조선일보』 1938.10.21. 이 사설에서는 공장, 회사 기타 단체에 체육부 같은 것을 두
고 간단한 운동시설을 하여 일반으로 하여금 자기가 즐기는 운동을 손쉽게 할 수
있도록 하며 농촌에는 농촌대로 그에 적당한 보건 방법을 지정 장려하여 전 국민으
로 하여금 다 같이 체육에 유의케 함으로써 소위 체육의 대중화에 힘써야 할 것이라
고 주장했다.
152) 『동아일보』 1938.12.25.
153) 『조선일보』 1940.01.01.
154) 최재성, 「전시체제기 일제의 병력 동원 정책과 학교체육」, 『역사연구』 45, 2022.

도 수반되었는데, 개정의 골자는 남자 학교에서는 검도 및 유도가, 여자 사범학교에서는 검도 및 유도의 기본동작이 새로 필수과목이 된 것이다. 기존의 체조와 교련 외에 새로운 체조도 도입되었다. 건국체조, 황국신민체조, 나체체조 등이 그것이다. 나체체조는 여학생에게도 강제하여 사회문제가 되기도 했다.

1941년 3월 국민학교규정, 1943년 3월 중학교규정, 고등여학교규정, 실업학교규정, 사범학교규정이 일제히 제정, 공포되었다. 이는 조선에서 '국민교육의 체계'를 완비하여 '일관적인 황민연성'을 완수하기 위한 조치였다. 국민교육의 체계라는 것은 결국 병역의무 이행을 궁극의 목표로 하는 일관된 체계였다. 1941년 국민학교규정과 1943년의 각 학교규정에서는 기존의 체조는 체련과로 개편되었다. 1943년 4월에 조선총독부는 증강 전력을 최고 목표로 하는 '전시학도체육훈련실시요강'을 발표했다. 조선에서 징병제도 실시를 앞두고 학도의 체육훈련을 종전보다도 한층 강화하기 위한 것이었다. 이 요강에서는 과외의 체육훈련을 강조했다. 이후 전투 기술 훈련에 치중하면서 '총검도'를 강조했다. 점차 학교는 병영이 되고, 학교 운동장은 군대 연병장이 되었다.

다시 1938년 8월 30일 정무총감의 통첩으로 돌아가 보자. 이 통첩은 크게 3부분으로 이루어졌는데, 첫 번째는 지도기준이었고, 이는 9개 항으로 구성되었다. 그 내용을 인용하면 다음과 같다.[155]

체육운동단체는 그 대소공사의 구별이 없이 국민체력행상(향상의 오기로 보임: 인용자, 이하 같음)의 기관으로서 긴요한 것이므로 이 조직을 강화 촉진 보급시키고 체육운동을 통화여 내선일체의 실을 공양하고 건전한 심신을 단련시켜 황국신민으로서의 자질을 행상시키는

---

155) 『동아일보』 1938.09.03.

것은 극히 긴요한 일이다. 이에 이 지도에 대하여서는 지방의 상황, 단체와의 환경 등을 참작하여 다음 여러 점의 철저에 유의할 일이다.

1. 사회 일반에 행(시행의 오식으로 보임: 인용자)되는 모든 체육운동으로 하여금 국민체육의 진의에 통토록 하고 이것의 실시에 제하여서는 심신의 수련, 특히 정신적 훈련에 중점을 두고 그중 내선일체의 기초하에 인격의 도야, 황국정신의 앙양으로써(이하 인쇄되지 않음: 인용자)

2. 단체훈련으로서 합동체조, 체조대회, 단체행진 등 다수인이 참가할 수 있는 집단적 체육행사의 실시를 장려하고 엄격한 규율의 연마를 할 것

3. 무도경기, 운동 등 다만 일부 선수의 범위에 그치지 않고 널리 사회 각층에 이를 실시하여 소수의 우수한 선수의 양성보다도 차라리 국민대중의 정신, 체력의 점진을 기할 것

4. 체육운동경기회, 체육대회 등의 실시에 당하여 개회식, 폐회식 등을 한층 엄숙히 행하고 반드시 황거요배, 국기 게양, 국가와 '우미유카바'('바다에 가면'이란 뜻의 일본 군가: 인용자)의 합창, 황운 무운장구 묵도, 황국신민의 서사 제창 등을 여행하여 황국신민의 의식의 앙양 심절에 노력할 것

5. 체육운동 경기회, 체육대회 등의 실시에 대하여는 간소를 주지로 하고 경비의 절약을 도하고 위로회와 같은 것은 이를 폐지할 것

(번호 6이 없으나, 누락된 것으로 보임: 인용자) 상품 등을 수여하는 경우는 가급적 양풍(洋風)의 것을 피하고 일본적 기분의 것을 수여할 사

7. 운동경기 등의 용어는 가급적 국어를 사용하고 표시 등에도 동 취지의 고려를 할 사

8. 체육운동경기에 사용하는 용품 복장 특히 양모 피혁 고무제품 등에 대하여서는 극력 사용 제한되는 소비절약을 도모하고 반드시 국산품을 사용할 사

9. 선수를 특우게(원문 표현: 인용자) 하여 교만 방종의 습성에 타락시키는 것과 같은 폐풍을 피할 뿐만 아니라 나아가 대중의 모범이 되도록 지도할 사

이 글을 통해 지도기준의 원칙은 '내선일체의 실'과 '황국신민으로서의 자질'이었음을 알 수 있다. 하나하나 구체적으로 보면, 정신적 훈련,

합동, 단체, 집단, 대중을 강조하고, 엄격한 규율과 엄숙한 의식, 경비 절약과 소비절약, 일본적 기분, 일본어 용어 사용 등을 강조했다.

학무국장은, 위 지도기준에 대해 다음과 같이 설명했다.156) 9항목은 당시의 조선으로서는 모두 중요한 것이나 특히 제1항은 조선에서 체육운동은 어떻게 나아갈 것인가 하는 근본정신을 명시하고 있는 것으로 체육지도를 맡고 있는 자는 꿈에도 잊어서는 안 될 것이라고 강조했다. 또 기타 운동 경기회의 지도감독, 장기전 하에서의 체육단체로서의 주의할 점 등도 지시되어 있는데, 이에 관계 관민은 이 방침을 체득하여 전 조선의 사회체육 단체로 하여금 '진실한 태도'와 '공고한 결의'를 가지고 체력향상의 일선에 동원하여 "반도 민중으로 하여금 황국신민으로서의 손색없는 심신의 소유자가 되도록 일단의 노력을 바란다"고 주문했다.

통첩의 두 번째 내용은 통제 계통이었다.157)

> 국민체육의 진의를 천명하고 체육운동의 실적을 들기 위하여 체육단체의 지도통제를 잘함이 극히 긴용(긴요의 오기로 보임: 인용자, 이하 같음)함에 불구하고 현하의 정세는 이 단체의 통제계통을 정비치 않기 때문에 지도단체의 확립을 보지 못한 단체가 있는 것을 실로 유감으로 생각하는 바이다. 이에 특히 다음의 제점에 유의하여 이에 통제계통의 확립을 기할 것
> 1. 도체육협회를 강화하여 그 조직 사업 등 일부의 기울어지는 일 없이 도내에 행하고 있는 각종 체육운동의 부문을 빠짐없이 망라시킬 것
> 2. 부군도를 단위로 하는 체육협회의 조직강화를 촉진하여 이로써 도체육협회의 구성단체로 함과 동시에 당해 부군, 도내에 존재하는 체육단체에 대하여 공사설의 구분없이 이를 통제코 지도의 임에 당케 할 것

156) 『매일신보』 1938.09.04.
157) 『동아일보』 1938.09.03.

3. 읍면을 단위로 한 체육협회는 지방의 실정에 응하여 적의 이를 조직시키고 읍면민의 체력향상, 황국신민 정신의 진작에 이바지하게 할 것
4. 운동경기 종목별로 전선을 통제할 단체는 조선체육협회의 통제를 받아 각 도체육협회와 충분한 연계를 할 것

각 도체육협회를 강화 통제하고, 다음에 부·군·도의 체육협회의 조직을 강화하여 이것을 도협회의 구성단체로 하고, 부·군·도 내 공·사 체육단체를 통제 지도하여 읍면을 단위로 한 체육협회를 조직하여 세포 조직의 강화를 기한다는 것이다. 이에 대해 학무국장은, 다음과 같이 설명했다.158) 각도 체육협회는 도내의 체육단체 전부를 공·사의 구별없이 도체육협회의 조직분자가 되게 하여 이를 통제지도하고, 도체육협회는 기타의 종목별 경기단체와 더불어 전부 조선체육협회에 포용 통제되기로 된 것이며 이것에 의하여 사회체육 운동단체의 지도망이 완성되게 된다고 했다. 조선에서 감독 및 통제의 최상 기관은 총독부이고, 순차로 각 도, 각 군, 각 면에 이르는 것인데, 총독부에는 경무국 및 학무국 사회과, 각 도는 지방과 또는 학무과, 경찰부, 각 군에서는 사회교화주사가 통제의 주체였다.159)

통제계통은 결국 조선체육협회160)를 통한 통제로 요약할 수 있다. 또 그 방식은 '전조선-도-부군도-읍면'으로 이어지는 하향식이었다. 그러나 1942년 조선체육진흥회가 설립되면서, 조선체육협회는 조선체육진흥회에 통합되고, 조선체육진흥회가 새로운 통제 주체가 되었다.161)

158) 『매일신보』 1938.09.04.
159) 宮原義見 著, 앞의 책, 32쪽.
160) 조선체육협회에 대해서는 손환의 앞 논문 참조.
161) 나현성, 앞의 책, 108~110쪽; 손환, 위 논문, 17쪽.

통첩의 마지막 세 번째는 '기타'로서 그 내용은, "운동경기장의 신설, 확장, 개조 등을 필요로 할 때에는 가급적 경비를 절약하여 단체원의 봉사작업에 의하여 일을 하기를 원칙으로 할 것"이었다.[162] 운동장 공사에 경비를 절약하고, 무료 봉사를 원칙으로 하라는 것으로 전시체제기 물자 부족 상황을 반영한 통첩이었다.

2) 통제의 실행

정무총감 통첩을 발한 뒤 100여 일 동안, 총독부 학무국에서는 사회체육 운동단체의 지도통제에 나서고, 각 도 당국에서도 각각 도체육협회의 강화, 통제 계통정비 등을 실시하고 있었다. 그러나 '아직 확연하지 못하였으므로' 총독부는 4개 요항에 의해 조사하기로 결정하고, 12월 15일 각 도지사에게 통첩을 발하였다. 또 조사 결과에 따라 1939년도에 다시 도, 읍, 면 체육협회의 강화와 통제, 계통 정비에 적극 나서기로 했다.[163]

조선체육협회 중심의 사회체육 통제 방침은 이미 1930년부터 추진된 적이 있다.[164] 학무국은 '학생의 체육 장려와 일반 스포츠 장려 통제를 강화하기 위하여' 조선체육협회의 개조와 기본재산의 확충을 도모하고, '체육행정의 확립을 위해' 사회과 체육계를 확충하거나 또는 예산을 얻으면 체육과를 독립시킬 계획을 세우고 조사했다. 일반 학생의 보건에 대하여는 총독부와 각 도에 위생관(衛生官)을 설치하고, 일반 체육 행정에 대하여는 스포츠 통제의 강화와 스포츠의 지도를 위하여 당시의 빈

---

162) 『동아일보』 1938.09.03.
163) 『조선일보』 1938.12.18. 조사 요항은 다음과 같다. 1. 도체육협회를 강화하여 통제, 계통을 정비키 위하여 시설할 사항, 2. 명년도 도체육협회에 통합 운동의 부분명칭, 3. 도체육협회 구성단체의 내용현황, 4. 읍, 면 체육협회 조직에 관한 계획의 개황.
164) 『조선일보』 1930.01.30.

약한 경비와 소수의 계원으로서는 충분한 지도 감독이 곤란하다고 하여 체육과의 독립을 계획했다. 그러나 예산 문제로 총독부 뜻대로 실현되지 못했다.

중일전쟁 발발 후 1938년 5월 5일부터 13일까지 동경에서 전국체육운동주사 사무협의회가 개최되었다.[165] 이 회의에서 조선의 당면 문제는 지도 기구의 정비 확충으로 하루속히 직제를 설정하여 정비하여 가야 할 것이라고 결론을 맺었다.

경성부 체육협회는 1939년 5월 30일 조선호텔에서 부내 각 체육단체 관계자 40명이 출석하여 간담회를 열고 회칙안 심의 후 만장일치 승인했다. 사무소를 경성부 사회과 내에 두고 가맹단체의 사업조성에 당하기로 했다.[166]

2. 사회체육의 내용

1) 운동장 개방과 국민체조 보급

1938년 6월 조선총독부 정무총감은 운동장 개방에 대한 통첩을 발했다. 총독부는 일본 정부에 호응하여 전 조선 민중의 체력 향상에 대해 적극적 운동을 펴기로 하고, 구체적 방책으로는 조선 안에 있는 각 학교를 비롯하여 은행, 회사, 상점, 단체 등이 소유한 운동장을 일반에 개방하기로 한 것이다. 보건에 대한 일반 민중의 주의를 일으키고, 체육 운

---

165) 『동아일보』 1938.05.22. 이 자리에서 논의는 "국민 체위를 향상시키는 주안점은 국민 전반으로 하여금 보건에 관한 주의를 환기하고 체육 운동을 생활화하여 왕성한 정신력과 강건한 신체력을 육성하자는 데 귀착"되었다.
166) 『조선일보』 1939.06.01.

동의 생활화를 목표로 하는 조치였다. 6월 20일 정무총감은 민중의 보건 증진, 체력 향상을 철저케 할 필요와 그 국가적 의의를 강조하여 11개 요항을 작성하고, 이 요항에 의하여 일제히 실시하도록 각 도지사에게 통첩했다.[167] 통첩 내용은 "공공적 일반시설로서 사용자, 사용 시일, 사용방법 등에 관한 제한을 완화하고 사용요금을 내려서 보편적 이용에 불편한 점을 없이 할 것", "관청, 단체, 회사 등에서도 직원, 단체원 또는 사용인의 체육 운동을 위한 시설에 대해서도 지장이 없는 범위에서는 공개하도록 할 것", "공사립 학교의 옥외 체조장은 남녀청년단 재향군인회 체육단체, 회사 은행 공장 등의 직원, 종업원의 구락부 등 적당한 단체에는 사용을 허락할 것이며 여학교 체조장은 역시 여자의 단체를 위하여 사용을 허할 것" 등 11개 조항이었다.

1938년 6월과 8월에 걸친 두 차례의 정무총감 통첩 이후 조선총독부는 새로 국민체조를 보급했다. 그 경위를 보면, 다음과 같다.[168] 종래 라디오체조, 건국체조, 황국신민체조, 덴마크체조, 보건체조 등이 행해지고 있던 상황에서 "장기 건설은 결국 물자와 국민의 체위 향상에 있고, 이 체위 양상은 일반 국민의 균등한 건전 체위를 가지는 것이 필요"하다는 논리에서 일본 후생성은 기존의 여러 체조를 통일하고 이것을 다시 "장기 건설에 필요한 이데올로기 앞에 새로운 국민체조를 건설"하기로 했다. 후생성에서는 이 체조의 보급을 위하여 3만 원의 예산을 세웠고, 총독부에서는 체육관(高松)을 동경에 파견하고, 이 체조를 보급시킬 방법에 대하여 준비했다.

후생성은 1938년 신설되어 국가에 의한 인적 자원의 관리 및 양성체

---

167) 『조선일보』 1938.06.22.
168) 『동아일보』 1939.01.17.

제를 담당했다. 또 후생성 산하 체육국이 신설되어 1939년 12월 대일본 국민체조(라디오 제3)를 제정했다. 대일본국민체조(라디오 제3)는 1940년 7월 7일 조선에도 보급되었다.[169] 그에 앞서 일본 정부는 다양한 보건 체조를 발표, 보급했다. 스모 체조(1933), 여자보건체조, 여자청년체조(1934), 건국체조(1936), 일본산업체조(1937) 등이 그것이었고, 후생성 체육국 신설 이후에는 음영 체조, 흥아기본체조(1940), 농업청년체조(1944) 등이 보급되었다.[170]

국민체조는 일반체조, 직업체조, 여자체조, 이렇게 세 가지 종목으로 구성되었는데, 일제는, 일반체조는 일반에게 필요한 체조이고, 직업적 산업 체조라는 것은 직장에 있는 자에게 필요한 체조이고, 여자체조는 일반 여자와 직업 여성에게 필요한 체조로 설명했다.[171] 이 분류는 직업 과 집단에 따라 분류하는 사회체육의 분류법과 관련이 있다.[172] 또 '당시까지의 모든 체조와 체육 이론을 참작한 위에 민족 내지 국민성의 견지에 재검토를 가한 것'이라 하였고, 시간, 경비, 연령, 직업, 체력 등 방면에서 연구를 거듭했다고 했다.[173]

국민체조는 노래와 곡조를 붙여서 노래 부르면서 체조를 할 수 있고, 또 평이하게 되어 속히 습득할 수 있게 하였는데, 대개 3분 내지 4분의 시간이 걸리는 것으로 4회나 5회씩 계속하여 약 20분가량 걸리도록 하려고 하였으며 선수나 경기 본위를 배격하고 누구나 할 수 있는 공동체육에 나가려는 것이었다.[174]

169) 이병진·황의룡, 앞 논문, 2쪽.
170) 이병진·황의룡, 위 논문, 3쪽.
171) 『동아일보』 1939.01.17.
172) 宮原義見 著, 앞의 책, 44쪽.
173) 『동아일보』 1939.01.17.
174) 『동아일보』 1939.01.17.

일본 후생성 체육국이 만든 대일본국민체조 제정 취지는, 이전의 라디오체조가 보험 가입자를 대상으로 초심자나 허약자 위주로 고안되었음에 반해, 더 강건하고 활동적인 국민 육성을 위해 강도 높은 운동량과 흉곽, 위장에 중점을 두고, 다리 운동에도 중점을 두었다. 크게 일반형, 남자 청장년형, 여자 청장년형, 이렇게 3종이 있었다. 또 빠른 보급을 위해 라디오로 방송했다. 그래서 '라디오체조 제3'으로 구분되었다.[175] 이전의 라디오체조 제1은 양복 윗도리를 벗고 하이칼라의 와이셔츠를 입고 팔소매를 걷어 올리고 나비넥타이를 맨 모습의 서양적 이미지였으나, 이 시기에는 '탈 서양' 분위기였다.[176]

또 총독부는 국민체조를 보급시키기 위하여 중앙에서는 지도자의 양성을 목적한 강습회나 수련회를 열어서 체육 지도관을 양성한 후 각 도에 배치시켜 도내의 국민체조를 지도케 하고, 각 도에서는 관하 군에서 선발된 지도원에게 강습시켜 각각 당해 군내의 지도를 시키려는 것이었다.[177] 이 대목에서는 앞 정무총감 통첩 중 두 번째 통계 계통과 일맥상통함을 확인할 수 있다.

그리고 총독부는 국민체조의 강화를 목적으로 하여 8월 1일부터 20일간 심신 단련 운동 주간을 실시하여 전 국민이 일제히 체조를 하게 하고, 기타 기회에도 이 체조를 행사로 실시하게 했다. 특히 국민정신 총동원 운동에 결합시켜서 물심양면의 운동을 전개시키려는 것이었다.[178]

---

175) 이병진·황의룡, 앞 논문, 4쪽.
176) 이병진·황의룡, 위 논문, 11쪽.
177) 『동아일보』 1939.01.17.
178) 『동아일보』 1939.01.17.

2) 체조 강습회

(1) 조선체육협회 주최와 조선체육진흥회 후원 강습회

정무총감의 두 번째 통첩이 있었던 1938년 8월, 조선체육협회 주최 제 1회 국민체조 강습회가 27, 8일 경성사범학교 강당에서 개최되었다.[179] 수강 자격은 학교, 관청, 공장, 회사 체육지도자와 지도자를 원하는 약 3백 명이었다. 강습과목은 이론과 실지로 나누었고, 이론은 국민체력 향상의 제문제(후생성 체육관), 황국신민체조와 체력향상(총독부 촉탁)이었다. 실지는 도수체조와 기계체조로 구성되었다. 도수체조는 국민보건 체조 제1·2, 건국체조, 여자청년체조 제1·2, 작업체조, 황국신민체조 등 7개였고, 기계체조는 낮은 철봉의 체조였다.

1939년 말에는 조선체육협회 주최로 12월 25일부터 4일간 경성사범학교 연습당에서 동계 훈련 체조강습회가 개최되었다.[180] 학교·사회 구별 없이 체육운동 지도자를 대상으로 하고, 유료(회비 2원)로서 강습했다. 강사는 후생성 체육관(栗本意彦), 경성사범 교유(依田德藏, 根本通夫)였다. 내용은 이론(5시간)과 실지로 나눠 이론은 후생성 체조, 황국신민체조이었고, 실지(15시간)는 대일본 국민체조, 대일본 청년체조, 대일본 여자청년체조, 황국신민체조 2·3이었다.

앞에서 언급한 대로 조선체육협회는 1942년 조선체육진흥회에 통합되었다. 조선체육진흥회 발족 이후 경성부는 경성부체육진흥회의 후원으로 1944년 11월 18일 오후 3시부터 5시까지, 그리고 19일 오후 1시부

---

179) 『조선일보』 1938.08.18.
180) 『조선일보』 1939.12.24; 『朝鮮時報』 1939.12.14; 『매일신보』 1939.12.13; 『동아일보』 1939.12.12.

터 5시까지 이틀 동안 부민관 중강당에서 항공적성 도수체조 강습회를 개최했다.[181] '항공기 승무원에 적당한 체육을 실시하여 일반 청소년에게 기초교육을 주입시키는 것이 무엇보다 긴급한 시국의 요청'이라는 배경에서 개최된 이 강습회의 강사는 경성부 체육계장(기타지마)이었는데, 그는 이전에 일본의 해군항공대에서 강습을 받은 적이 있었다. 수강생은 될 수 있는 대로 청소년을 환영했고, 복장으로 가죽구두는 금했다.

(2) 해군체조 강습회

1943년과 1944년에는 해군체조 강습회가 개최되었다. 1943년 2월 19일부터 4일간 교원과 관청, 회사의 제일선 체육지도원 2백여 명을 모아 거행된 경성부 주최의 해군체조 강습회는 23일 종료되었다.[182] 최종일 부민관 대강당에서 해군학교 생도들의 모범체조 실시 광경을 영화화한 '해군체조'의 영화를 감상하고, 실제 지도를 했다.

1944년 1월에 '해군체조로 미영 격멸의 투혼을 연마하자'고 개최된 경성부체육진흥회 주최 해군체조강습회는 1월 19일부터 26일까지 부민관 중강당에서 열렸다.[183] 시내 각 은행, 회사, 공장 등에서 모인 기 수강자 80여 명의 수강자들을 대상으로 했다. 이 자리에서 경성제2고녀 교유(村岡哲夫)는 "이 체조는 신체에 관절의 유연성, 근육의 강인성, 운동신경의 교치성의 3요소를 기르는 데 가장 효과적인 체조"라고 하면서 "라디오체조보다는 단련적"이라고 설명했다. 이어 해군체조의 실지 지도가 있었

---

181) 『매일신보』 1944.11.10.
182) 『매일신보』 1943.02.25.
183) 『매일신보』 1944.01.20.

다. 아울러 24일부터 3일간은 강습회 제2부로서 초보자들의 강습이 행해졌다.

경성부는 1월의 해군체조 지도자 강습회 수강자 50여 명을 추려 3월 11일 부민관 중강당에서 해군체조 지도자 사정회를 개최했다.[184] 이 사정회에서 해군체조 지도의 사정을 받고 성적이 우수한 자에게는 경성부 체육계가 지도자 적임증을 교부하고 부민의 체조지도를 맡기기 위한 절차였다.

지방에서도 해군체조 강습회가 열렸다. 원산청년단은 '해군혼을 주입 총후 청년의 지기를 고무'하려고 각 분대로부터 지도자 격의 인물을 2인씩 선발하여 군부로부터 강사를 초빙해 4월 14일부터 17일까지 4일간 해군체조 강습회를 개최했다.[185] 이 강습을 통해 전수받아 대원에 보급할 목적이었다.

(3) 기타 체조 강습회

먼저 후생체조 강습이다. 경성기독교청년회[186]는 '총후국민의 연성'을 기하기 위해 강습회를 개최했다.[187] 제2회 강습회를 4월 30일부터 4일간 장곡천정 경성기독교청년회관에서 후생성 제정 후생체조 및 산업체조와 국민정신의 진작에 필요한 국민가를 주로 하여 열었다.

두 번째는 상회 체조 강습이다. 경성부 체육진흥회 주최 상회체조 강습회는 1944년 3월 7일 영등포구역소에서 열렸다.[188] 이 강습은 3월 4일

---

184) 『매일신보』 1944.03.09.
185) 『매일신보』 1943.04.12.
186) 조선인들의 중앙기독교청년회와 다른 단체로 일본인 단체인 듯함.
187) 『朝鮮新聞』 1941.04.24.
188) 『매일신보』 1944.03.09.

부터 부민관 '애지간'에서 개최되었던 것으로, 강습 최종일인 7일 영등포 구역소 회의실 내에서 영등포구 각 정회 체육지도원 50여 명이 집합하여 '간이하고 합리적인' 상회체조를 수강하고, 폐회했다. 내용으로 보아 애국반의 상회(常會)를 통해 보급하고자 한 강습회로 보인다.

세 번째는 여자 근로자 체조 강습이다. 경성부는 4월 17일부터 19일까지 3일간 부민관에 '직장여성들의 건전한 체력 연성을 위하여' 부내 회사, 은행, 공장 등 각 단체의 여자체육지도자를 모아 여자근로자 단련 체조강습회를 개최했다.[189] 주로 대일본체육회 체조부에서 제정한 '여자 근로자 단련 체조'를 지도하여 '총후 여성들의 억센 투혼을 연마하여 작업능력의 향상'을 기도할 목적이었다, 강습은 매일 오후 2시부터 5시까지 체조의 이론을 겸하여 경성부 체육계장(北島)이 지도하고, 수강자는 강습 당일 몸뻬와 운동화를 착용하도록 했다.

네 번째는 미하시 식 체조 강습이다. 일본체도연구소장 미하시는 경성에 들러 6월 30일부터 경기도 체육진흥회 주최로 용산중학교 강당에서 체조지도자 강습회를 개최했다.[190] 각도에서 모인 각 학교, 회사, 공장 등의 체련 교사 2백여 명은 오전 9시까지 회장에 집합했다. 일본체도 수립을 강조하는 이론 강화가 있은 후, 복장을 경쾌하게 차리고 피로회복 체조와 고질병 교정체조의 실지 지도가 있었다. 이 강습은 7월 1일 오후 5시까지 계속되었다.

3) 체조와 체육행사 실시

체조 강습회 이외에 체조 실행과 다른 체육 행사 실시 사례를 보자.

---

189) 『매일신보』 1944.04.10.
190) 『매일신보』 1944.07.02.

먼저 라디오체조가 있다. 라디오체조는 미국에서 시작되어 일본을 거쳐 조선에서도 실시되었다. 조선에서는 1931년부터 경성방송국이 라디오체조를 시작했다.[191] 라디오 체조의 정식 명칭은 국민보건체조이고,[192] 일본에서는 1928년 11월 1일 도쿄중앙방송국이 라디오체조 첫 방송을 내보냈다.[193]

1933년에는 조선방송협회가 7월 21일부터 8월 20일까지 경성부를 중심으로 라디오체조 대회를 개최했다. 주최자는 조선총독부 체신국, 경무국, 경기도, 경성부, 시내 각 우편국, 방송국 등이었다. 시내 17개소에 수신기를 설치하고, 매일 아침 5시 50분에 집합, 6시부터 라디오의 반주로 체조를 했다. 때때로 체육에 관한 강연도 있었고, 17개소에 일본인 지도원도 배치되었다.[194] 당시 널리 행해지던 조선인들의 새벽 체조 모임에 대응하기 위한 것으로 보인다.

연초제조공장에서 라디오체조를 실시한 사례도 있다. 1935년 11월 서울의 연초제조공장 옥상에서 아침 일 시작하기 전에 남녀 천 명이 넘는 직공들과 직원들이 라디오에 맞춰 아침 체조를 한 것이 잡지에 소개되었다.[195]

이후 조선에서 라디오체조 참가자는 1936년에 198만여 명이었는데, 1939년에 1,349만여 명이 참가하여 3년 만에 약 7배의 성장세였다.[196]

두 번째는 대일본 국민체조(라디오체조 제3)이다. 이 체조는 앞에서

191) 황의룡·손환, 앞 논문, 43쪽.
192) 박진수, 앞 논문, 30쪽.
193) 박진수, 위 논문, 33쪽.
194) 『동아일보』 1933.07.22.
195) 「거리의 女學校를 차저서(其二), 담바구타령하는 煙草女學校」, 『삼천리』 제7권 제11호, 1935년 12월, 164쪽.
196) 이병진·황의룡, 앞 논문, 5쪽.

살펴본 대로 1939년 12월 제정된 것이었다. 대일본국민체조 중 남자 청장년형은 청소년들의 발육 조장과 단련을 통해 신체를 강화하는 동작으로 구성되었고, 여자 청장년형은 부드러움 속에 강인함을 요구하고, 단련적이고 노력적인 요소를 포함하여 '시대 정세에 부합하는' 여성의 체력 증강을 목표로 했다. 또 이전 라디오체조(제1)가 11개 동작과 호흡 위주로 되어 있음에 반해, 대일본국민체조는 1번의 제자리걸음을 할 때부터 무릎을 높이 들어 올리고 동작을 크게 하며, 기본동작을 14번까지 늘려서 구성하고, 모든 동작을 크고 절도 있게 하도록 했다는 특징이 있다.[197]

대일본 국민체조 강습회는 1940년 1월 27일, 조선에서 처음 시도되었다.[198] 이날 경성 남대문소학교 대강당에서 강사 제2고녀 교유(촌강)의 지휘로, 경성부 사회과장(궁원), 주사(석천)를 비롯해 남녀노소 2백여 명이 제1운동부터 제3운동까지 연습했다.

세 번째는 전력증강 경기대회이다.[199] 조선체육협회는 "체육의 목적은 전투력을 기르는 데 있다"는 모토로 제1회 전력증강경기대회를 주최했다. 체육 통제의 목적이 적나라하게 드러난 대목이라 할 수 있다. 이 대회는 1939년 6월 17일 경성운동장에서 개막되어 20학교 대표 1천 4백 명이 참가하고, 각교 응원단은 2만 명에 달했다. 경기마다 전쟁을 연상케 하는 연락 경주, 비상 호집, 수류탄 던지기, 담가계주, 장애물 경주 등이 실시되었다. 전투력을 앙양함에 가장 효과적 경기임을 일반관중에게 인식케 하였다.

요하면, 조선인에 의해 자발적으로 진행되던 민중보건운동 분위기는

---

197) 이병진·황의룡, 위 논문, 6쪽.
198) 『朝鮮新聞』 1940.01.28.
199) 『조선일보』 1939.06.18.

중일전쟁 이후 급변했다. 이후 조선의 사회체육은 강력한 통제 아래 타율적으로 재편되었다. 1938년 전조선 각 사회체육운동단체 지도통제에 관한 방침의 통첩이 있었다. 지도기준의 원칙은 '내선일체의 실'과 '황국신민으로서의 자질'이었음을 알 수 있다. 하나하나 구체적으로 보면, 정신적 훈련, 합동, 단체, 집단, 대중을 강조하고, 엄격한 규율과 엄숙한 의식, 경비 절약과 소비절약, 일본적 기분, 일본어 용어 사용 등을 강조했다.

통제 계통에 대해서는 조선체육협회를 통한 통제이고, 그 방식은 '전조선-도-부군도-읍면'으로 이어지는 하향식이었다. 이후 조선총독부는 새로 국민체조를 보급했다. 그 일환으로 체조 강습회, 체조대회, 전력증강경기대회 등이 개최되었다.

IV. 맺음말

이 글에서는 1930년대 초 성행한 민중보건운동이 중일전쟁 이후 굴절되고 전시체제기 사회체육으로 전환되는 과정을 살펴보았다.

조선인의 건강 증진이 시대의 화두가 되어 백가쟁명식 주의 주장이 분출하게 되었다. 1931년 가을부터 여러 방면에서 민중보건운동이 준비되고, 1932년부터 대대적으로 전개되었다. 보건·위생 분야, 체력 증진 분야, 의료 분야 등 세 분야에서 진행되었다. 민중체육, 체육의 민중화를 기치로 한 운동가들이 가장 먼저 주목한 것은 민중체조였다. 그리하여 덴마크 체조와 이를 기초로 하여 개조한 민중보건체조를 내용으로 한 체조 강습회가 성행하고, 널리 지방에까지 확산되었다.

체조 강습회의 주최 후원 단체는, 크게 종교 단체, 언론사, 전문 체육 단체로 나눌 수 있다. 또 강습 내용으로는 덴마크 체조, 조선체육연구회가 고안한 민중보건체조, 중앙체육연구소의 체력 증진법 등으로 구분할 수 있다. 조선인의 민중보건운동은 일제에 의해 굴절되었다. 먼저, 민중보건이란 용어를 총독부 위생 당국자가 같이 사용함으로써 더 이상 조선인의 전유물이 아니게 되었다. 둘째, 중일전쟁 이후 체육 단체 통제가 실시되어 조선의 모든 체육단체는 조선 내 일본인 체육단체인 조선체육협회의 통제를 받게 되었다. 셋째, 체조강습회 내용 변질인데, 이전의 보건 체조 대신 전시체제기의 사회 특성을 반영한 국민체육을 강습 내용으로 했다.

조선인에 의해 자발적으로 진행되던 민중보건운동 분위기는 중일전쟁 이후 급변했다. 이후 조선의 사회체육은 강력한 통제 아래 타율적으로 재편되었다. 1938년 전조선 각 사회체육운동단체 지도통제에 관한 방침의 통첩이 있었다. 지도기준의 원칙은 '내선일체의 실'과 '황국신민으로서의 자질'이었음을 알 수 있다. 하나하나 구체적으로 보면, 정신적 훈련, 합동, 단체, 집단, 대중을 강조하고, 엄격한 규율과 엄숙한 의식, 경비 절약과 소비절약, 일본적 기분, 일본어 용어 사용 등을 강조했다. 통제 계통에 대해서는 조선체육협회를 통한 통제이고, 그 방식은 '전조선 -도-부군도-읍면'으로 이어지는 하향식이었다. 이후 조선총독부는 새로 국민체조를 보급했다. 그 일환으로 체조 강습회, 체조대회, 전력증강경기대회 등이 개최되었다.

1930년대 초의 민중보건운동, 그리고 그 일환으로 진행된 민중보건체조의 강습과 보급은 민족, 민중을 객체로 상정하여 민족의 건강 문제 해결을 목표로 한 운동이었다. 대한제국기 애국계몽운동, 1920년대 '실력양성' 운동의 연장선이라 평가할 만하다. 그러나 전시체제기 사회체육은

'국민(황국신민)'을 객체로 상정하였고, 전시기 '전투력' 증강과 인력 동원을 위한 체육이었다. 이처럼 양자 간에 대상과 목표에서 큰 차이가 있었다. 그런 면에서 전자가 후자로 바뀌게 된 것은 굴절이었다.

참고문헌

1. 자료

『조선중앙일보』, 『조선일보』, 『동아일보』, 『朝鮮新聞』, 『고려시보』.

김보영(조선체육연구회 주사), 「민족보건문제, 민중보건과 체육보편화의 급무」,
　　　『삼천리』 제4권 제3호, 1932년 3월.

김보영(조선체육연구회 주사), 「우리의 급무는 체육 민중화에 있다」, 『조선체육계』
　　　제1권 제1호, 1933년 7월.

마　공, 「억센 조선의 건설(권두사)」, 『조선체육계』 제1권 제1호, 1933년 7월.

양봉근(보건운동사 주간), 「조선 민중 보건 운동의 방략」, 『삼천리』 제4권 제3호,
　　　1932년 3월.

이용설(세전 교수), 「(건강난) 보건 운동의 필요」, 『동광』 제27호, 1931년 11월.

장　권(중앙기독교청년회 주임 간사), 「보건체조의 보급과 닐스 북 기본체조: 대중
　　　적 체육으로서의 推奬」, 『조선체육계』 제1권 제1호, 1933년 7월.

崔能鎭, 「쏘콜欄: 닐스북 體操가 朝鮮에 적당하나?」, 『동광』 제30호, 1932년 1월.

최능진(숭전 코치), 「쏘콜난(12), 재미잇는 아츰 운동 팔칙」, 『동광』 제31호, 1932년
　　　3월.

「거리의 女學校를 차저서(其二), 담바구타령하는 煙草女學校」, 『삼천리』 제7권 제
　　　11호, 1935년 12월.

宮原義見 著, 『社會體育の原理及實際』, 社會體育公論社, 1938.

池田淸, 「보건의 민중화」, 『조선(조선문)』 191호, 1933년 9월.

2. 저서

나현성, 『한국체육사연구』, 교학연구사, 1981.

이학래, 『한국근대체육사연구』, 지식산업사, 1990.

3. 논문

김재우 · 이학래, 「일제하 민중적 체육에 관한 고찰」, 『한국체육학회지』 제40권 제
    4호, 한국체육학회, 2001.

박진수, 「라디오 체조와 '국민'의 '일상': 국민가 〈라디오 체조 노래〉의 시대적 변천」,
    『아시아문화연구』 53, 가천대학교 아시아문화연구소, 2020.

손 환, 「일제하 朝鮮體育協會의 활동에 관한 연구」, 『한국체육학회지』 42(6), 한국
    체육학회, 2003.

신주백, 「일제 말기 체육 정책과 조선인에게 강제된 건강: 체육 교육의 군사화 경
    향과 실종을 중심으로」, 『사회와역사』 68, 한국사회사학회, 2005.

이병진 · 황의룡, 「일제강점기 "대일본국민체조"의 보급과 활동에 관한 연구」, 『한
    국체육학회지』 55(4), 한국체육학회, 2016.

임동현, 「일제시기 조선인 체육단체의 스포츠 문화운동」, 고려대학교 대학원 박사
    학위논문, 2022.

최재성, 「전시체제기 일제의 병력 동원 정책과 학교체육」, 『역사연구』 45, 2022.

황의룡 · 손환, 「일제 강점기의 라디오체조 보급과 사회적 영향」, 『한국체육사학회
    지』 14(3), 한국체육사학회, 2009.

전시체제기 국민체력관리와 건민운동

최 규 진

I. 머리말

1937년 중일전쟁을 계기로 조선은 전시체제로 나아갔다. 1941년 태평
양전쟁이 일어난 뒤에 일제는 더욱더 '전시 색(色)'을 강화하여 식민지
조선을 병영국가처럼 만들었다. 일제는 총력전(總力戰)에 알맞게 국민
의 일상생활을 '전시형'으로 재편했다. 총력전이란 무력전뿐만 아니라
'경제전', '사상전', '교육전'처럼 여러 영역에서 모든 힘을 동원하여 싸우
는 것이다. 총력전에서는 전선과 후방, 전투원과 비전투원의 구분이 흐
릿해지고 지구전과 소모전이 계속된다. 이와 같은 총력전의 성격에 대
해 조선총독 미나미 지로(南次郎)는 다음과 같이 요약했다. "금후의 전
쟁은 군대와 군대가 전장에서 싸우는 것만이 아니고 실로 온 국민이 가
진 힘과 힘을 비교하여 그 우열로 승패를 결정한다. … 적의 비행기가
언제 어느 곳에서 날라와서 폭탄과 독가스 등을 떨어뜨릴지도 모른다.
즉, 전투원과 비전투원과의 구별도 판연하게 된 것이 아니다."[1]

일본은 1938년 4월에 국가총동원법을 공포했다. 식민지 조선에도 1938년 5월 10일에 국가총동원법을 적용했다. 국가총동원법이란 '인적 자원'과 물적 자원을 통제하고 운영하는 광범위한 권한을 정부에 준다는 내용이다. 인적 자원이라는 말은 국가총동원법에서 국민의 노동력을 국가가 통제하고 운용해야 할 자원으로 바라보면서 생겨났다.[2]

일본은 인적 자원을 확보하려고 여러 인구정책을 펼쳤다. 일본은 중일전쟁이 한창이던 1938년 1월에 후생성을 설치했다. 후생성은 체력강화정책을 시행했다. 여기서 말하는 '체력'이란 일본 육군의 지향을 반영하는 하나의 이데올로기였다.[3] 일본은 1940년에 국민우생법을 마련하고 우량다자가정(優良多子家庭)을 표창하기 시작했다. 1941년에 미국과 '태평양전쟁'을 시작하기에 앞서 '인구정책확립요강'을 결정하고 "병력과 노동력에 필요한 인구"를 늘리는 데 힘을 쏟기로 했다.[4] 그 요강에서 1960년까지 일본 인구를 1억 명까지 늘리고 자질을 증강한다는 목표를 세우고 전시 의료와 보건정책의 기본 방향을 제시했다.[5]

일본 후생성의 방침은 식민지 조선의 인구정책과 보건위생 정책에 직접 영향을 미쳤다. 조선총독부는 중일전쟁 뒤에 "종래 과잉이라고 말해왔던 인구도 부족하여 앞으로는 거의 무한히 증식되기를 바라야 할 추세가 되었다"라고 했다.[6] 일제는 인적 자원의 양만이 아니라 질도 높이

1) 「비상시국에 대처하여 반도 부인들의 각오, 朝鮮總督 南次郎」, 『매일신보』 1937.08.12.
2) 鈴木楓太, 「戰時下の体育・スポーツ」, 劉建輝・石川肇 編, 『戰時下の大衆文化: 統制・拡張・東アジア』, KADOKAWA, 2022, 245쪽.
3) 高岡裕之, 「戰爭と'体力'一 戰時厚生行政と靑年男子一」, 阿部恒久, 大日方純夫, 天野正子 編, 『男性史(2): モダニズムから總力戰へ』, 日本経済評論社, 2006. 183쪽.
4) 우에노 치즈코 지음, 이선이 옮김, 『내셔널리즘과 젠더』, 박종철출판사, 1999, 65~66쪽. 「일억인구(內地人)목표 인구정책확립요강 결정」, 『매일신보』 1941.01.23.
5) 下西陽子, 「戰時下の農村保健運動: 全國協同組合保健協會の健民運動対応を中心に」, 赤澤史朗 外, 『戰時下の宣伝と文化』, 現代史出版, 2001, 223쪽.

려고 했다. "국가로서는 남자는 전투와 생산확충을 담당할 수 있는 체력, 여자는 인구증식과 가사노동 나아가서는 생산확충에도 봉공할 수 있는 체력이 요망된다."[7] 이것이 전시체제기 일제의 일관된 신체정치였다. 일제는 '체위향상'을 외치며 인적 자원 관리 정책을 펼쳤다. 본디 일본에서 '체위'가 문제 되었던 것은 군인으로 뽑아 쓸 장정의 체위가 약해졌다는 판단 때문이었다. 이때 '체위'란 체격, 작업능력, 정신력을 포함했다.[8] "체위향상이란 곧 국방력 또는 전투력의 향상"을 뜻했다.[9]

식민지 조선에서도 체위향상을 위한 여러 방안을 쏟아냈다.[10] 첫째, '육탄적' 신체와 '국방형' 체위향상 정책을 펼쳤다. 보기를 들면, 신체검사, 체력검사, 학교 체조과목 확충, 선수본위 스포츠에서 대중적 스포츠로 변경, 지원병제도를 뒷받침하는 미성년자 금주·금연령, 조선의 무예

---

6) 조선총독부 편,『시정30년사』, 1940, 박찬승·김민석·최은진·양지혜 역주,『국역 조선총독부 30년사(下)』, 민속원, 2018, 970쪽.

7) 野津謙,「靑少年鍊成の方向」,『朝鮮公論』 改卷 2권 4호, 1943.4. 80쪽.

8) 다카오카 히로유키,「전쟁과 건강: 근대 '건강 담론'의 확립과 일본 총력전 체제」,『당대비평』 27, 생각의나무, 2004, 342쪽. '체위향상'에서 '체위(体位)'라는 말은 문부성(文部省)이 만든 말이었다. 문부성은 체위를 체격, 작업능력, 정신력을 총칭하는 것이라고 했다. 1931년 무렵에는 체격, 체질, 체력을 종합해서 체위라고 인식했다. 또한 체력이라는 단어도 달리기, 뛰기, 던지기 등과 같은 운동능력의 종합으로 바라보는 협의의 인식 방법과 신체적 기능·정신적 기능·적응력(저항력)의 종합, 또는 군대에서는 여기에 정신력을 넣어서 광의의 뜻으로 사용하기도 했다(西尾達雄,『日本植民地下朝鮮學校体育政策』, 明石書店, 2003, 499쪽).

9)「후생국 설치와 후생운동」,『동아일보』 1938.12.03.

10) 최규진,『이 약 한번 잡숴봐!: 식민지 약 광고와 신체정치』, 서해문집, 2021, 361~362쪽. 체위향상을 부분적으로 다룬 논문으로는 이병례,「아시아-태평양전쟁기 식민지 조선의 건강담론과 노동통제」,『한국사연구』 185, 2019가 있다. 전시기에 체육을 매개로 국가가 국민의 신체와 일상생활에 개입하는 방식은 두 가지이다. 심신단련을 하도록 하는 방법과 '위안·후생'을 통해서 체위향상의 효과를 기대하는 '건전오락 장려' 방식이다(鈴木楓太,「戰時下の國民生活と体育·スポーツ」, 劉建輝·石川肇 編,『戰時下の大衆文化: 統制·拡張·東アジア』, KADOKAWA, 2022, 239~240쪽). 건전오락 장려를 주장하는 논리는 다음과 같다. "국민에게 견인지구(堅忍持久)의 정신을 드높이려면 건전한 오락을 장려해야 한다. 건강을 위해서는 "도회만이 아니라 농산어촌에도 명랑한 오락을 보급해야 한다"(村山智順,「半島鄕土の健全娛樂」,『朝鮮』 308호, 1941.1, 47~49쪽).

궁술 장려, 걷기운동(학교 통학은 도보로), 반나체운동과 맨발 장려, 천막생활과 수영, 향토 오락 활용(씨름, 그네, 줄다리기, 널뛰기), 운동경기에서 관중 재훈련(스탠드 체조), 황민연성 등이 그것이다. 둘째, 정신 무장을 위한 정책이었다. 보기를 들면, 일본정신 앙양, 신사참배, 국어(일본어)생활철저 등이었다. 이러한 정책은 국민, 특히 청년을 '우수한 인적 자원'으로 육성하는 것이 목표였다. "우수한 인적 자원의 확보는 건강증진으로부터."[11] 이 표어는 '강제된 건강'의 본질을 드러낸다. 또한, 일제는 '건강보국'을 내걸어 건강에 대한 국가주의적 이념을 국민에게 강요했다.

일제는 황민화정책을 펼치면서 국체명징, 내선일체, 인고단련을 '조선교육의 3대강령'으로 내세웠다. 여기서 인고단련이란 '단련주의' 교육을 뜻한다.[12] 일제는 1939년에 들어와 '체육교육의 군사화'를 내세우며 흥미 위주 체육을 '전체주의'로 바꾸는 정책을 펼쳤다.[13] 여학생에게는 '굳센 여성, 억센 어머니'로 만들려는 군국주의 체육교육을 했다.[14]

일제는 1941년 11월에 조선총독부 안에 후생국을 설치했다. 후생국은 일본 후생성의 규모를 축소시킨 제도였다. 초대 후생국장인 이시다센타로(石田千太郎)는 "후생국이란 병참기지 조선에서 인적 자원을 확보하고 국민을 원활하게 동원하기 위한 조직이다"라고 요약했다.[15] 후생국 안에 설치한 보건과에서 가장 먼저 착수한 사업이 체력검사였다. "국민

---

11) 「우수한 인적 자원은 먼저 건강증진에」, 『매일신보』 1940.05.03.
12) 「朝鮮教育の三綱領」, 『文教の朝鮮』 150호, 1938.2, 1쪽. 岡村泰三, 「武士道精神と眞正劍道」, 『文教の朝鮮』 161호, 1939.1. 50쪽. 단련주의 교육에 대해서는 최규진, 「전시체제기 '멸사봉공'의 신체, 일본정신과 무도(武道)」, 『역사연구』 44, 2022, 184~185쪽 참조.
13) 「體育運動에 爆彈動議, '흥미'에서 '국방'」, 『매일신보』 1939.04.22.
14) 「억센 여성! 굳센 모성!, 剛柔 兩方으로 훈련」, 『동아일보』 1938.05.03.
15) 石田千太郎, 「厚生局の誕生に際して」, 『朝鮮』 320호, 1942.1, 22쪽.

의 체력은 개인의 것이 아니고 국가의 것"이기 때문에 체력의 국가관리 제도를 시행하겠다고 했다.[16] 징병제를 실시할 것이라고 발표한 1942년부터 "체력을 단련하여 군인이 될 준비를 시키는" 정책을 더욱 강화했다.[17] "체육과 스포츠는 근로와 국방을 위한 것"으로 바뀌었다.[18] 전시체제기에 체육의 군사화가 진행되는 가운데 체력장검정과 체력검사가 모습을 드러내었다. 1942년의 건민운동도 인구증식을 목표로 삼는 '종합적인 의료 보건운동'이자, '전력(戰力)증강운동'이었다.[19]

이 글은 국가가 개인의 신체를 관리하고 통제하는 체력검정과 체력검사,[20] 그리고 "국민의 건강을 증진하는" 건민운동,[21] 이러한 세 주제를

---

16) 「總力戰에는 爲先健康 體力을 國家에서 管理, 今秋에 탄생될 總督府厚生局의 方針」, 『매일신보』 1941.05.20. 후생국은 '행정간소화' 정책에 따라 1942년 11월 1일에 폐지되었다(「총독부 기구 改正, 今日 公布 실시」, 『매일신보』 1942.11.01).

17) 「징병제와 체력연성」(사설), 『매일신보』 1942.09.11.

18) 加賀一郎, 『體力章檢定はどうすればうかるか』, 高千穗書房, 1942, 1쪽.

19) 「戰力增强 健民運動, 국민의 총력을 집결토록 실천에 진군」, 『매일신보』 1943.07.02.

20) 체력검사와 체력검정에 대해서는 다음과 같은 논문이 있다. 權學俊, 「戰時体制下日本における国民体力の国家管理と厚生事業」, 『일본문화연구』 48, 2013; 김경옥, 「총력전체제기 일본의 인구정책: 여성의 역할과 차세대상을 중심으로」, 『일본역사연구』 37, 2013; 김고은, 「전시총동원을 위한 조선총독부의 조선인 청년층 체력향상책의 실태」, 고려대학교 석사학위논문, 2010; 손준종, 「근대교육에서 국가의 몸 관리와 통제 양식 연구」, 『한국교육학연구』 16-1, 2010; 손준종, 「근대일본에서 학생 몸에 대한 국가 관리와 통제」, 『비교교육연구』 14-3, 2004; 손환, 「일제강점기 조선의 체력장검정에 관한 연구」, 『한국체육학회지』 48-5, 2009; 신주백, 「일제 말기 체육 정책과 조선인에게 강제된 건강: 체육 교육의 군사화 경향과 실종을 중심으로」, 『사회와 역사』 68, 2005; 이학래, 「일제 말기의 한국체육사 연구: 군국주의적 성격을 중심으로」, 『한국학논집』 15, 1989; 정근식, 「식민지지배, 신체규율, '건강'」, 미즈노 나오키 외 지음, 『생활 속의 식민지주의』, 산처럼, 2007.

21) 건민운동을 다룬 논문은 다음과 같다. 權学俊, 「近代国民国家における「国民」形成と秩序化される身体: 植民地朝鮮における順從する身体を中心に」, 『일본어문학』 62, 2013; 権学俊, 「近代日本における身体の國民化と規律化」, 『立命館産業社会論集』 53-4, 2018; 이소민, 「일제강점기 '국민건강증진운동'과 그 성격」, 한국교원대학교 석사학위논문, 2010; 전경선, 「전시 만주국 체력 동원과 健民의 창출」, 『만주연구』 30, 2020.

한 데 묶어 살핀다. 주제별로 접근했던 연구성과들은 비슷한 시기에 진행되었던 국가의 체력관리정책의 전체상을 파악하는 데 일정한 한계가 있었다. 이 글에서는 각 주제에 대한 부분적인 연구성과를 참고하되 종합적으로 접근한다. 왜냐하면 체력검정과 체력검사는 크게 보면 건민운동이었고,[22] 건민운동도 체력검정이나 체력검사와 마찬가지로 국가의 체력관리 정책이었기 때문이다.[23] 이러한 제도와 운동은 "국민의 체위를 향상시켜 국방전력(國防戰力)을 기르는" 정책이었다.[24] 식민지 조선에서 체력검정, 체력검사, 건민운동은 전시체제기의 체육 이념이 투영된 것일 뿐만 아니라 징병제와도 관계가 깊다는 것을 염두에 두어야 한다.

이 글은 일제가 '우수한 인적 자원'을 많이 확보하려는 정책을 펼치면서 국민의 신체를 관리하고 통제하려 했다는 문제의식에서 출발하여 기존 연구성과를 보충하거나 수정하겠다. 특히 전시체제기의 '국방 체육'과 국민체력관리 정책은 관계가 깊으며 일본과 식민지 조선의 '인적 국방력' 강화 정책은 서로 긴밀하게 맞물려 있다는 사실을 강조할 것이다. 또한, 여러 이미지를 활용하여 논지를 보강하고 그 이미지에 담겨있는 국가주의적 신체관을 해석하겠다.

---

22) 每日新聞社 編, 『日本の戰爭2, 太平洋戰爭』, 每日新聞社, 2010, 105쪽.
23) 매체에서는 일본의 국민체력관리법이나 체력검사를 소개하면서 조선에서도 '국민체력관리'가 필요하다고 했다. 그때의 '국민체력관리'란 "만 17세부터 19세까지의 혈기왕성한 청년을 상대로 하여 엄밀하게 체력을 검사하는 것"이었다(「청년층의 체질검사」, 『매일신보』 1939.12.31). 그러나 이 글에서 말하는 '국민체력관리'란 국민의 건강과 신체에 국가가 개입하는 여러 정책을 일컫는다.
24) 「體位向上과 戰力增强에 夏期鍛鍊國民運動」, 『매일신보』 1942.06.12.

II. '인적 자원'의 효용성, 체력검정과 체력검사

1. '국방 연령층'의 체력검정

체력검정은 국민체력관리정책의 산물이었다.[25] 체력검정은 합격자에게 '체력장(体力章)'이라는 배지(badge, 휘장: 徽章)를 주었기 때문에 체력장검정이라고도 했다.[26] 일본에서 체력장은 국민의 표준 체력을 가진 사람이라는 것을 증명했다.[27] 일본은 체력장을 다음과 같이 선전했다.

> 체력장은 군인의 훈공을 표창하는 훈장에 상당하는 것으로써 결코 가볍게 취급해서는 안 된다. 징병검사, 입학시험, 취직 전형시험에서도 체력장이 체력의 유력한 증명이 되며 활동 능력을 보증하기 때문에 청소년, 즉 '국방 연령층'의 남자는 장애자가 아니라면 일본의 남자로서 이 영예를 획득할 책임이 있다.[28]

일본에서 체력장검정제도는 후생성이 1939년 8월에 요강을 정하고 10월에 실시했다.[29] "국방연령층의 청소년을 대상으로 해서 종합체력을 연성해서 전기(戰技) 기초능력을 양성하는 것"이 체력장검정의 목적이

---

25) 権学俊,「近代日本における身体の国民化と規律化」,『立命館産業社会論集』53-4, 2018, 40쪽.
26) 高井昌史・古賀篤,『健康優良とその時代: 健康というメディア-イベント』, 青弓社, 2008, 27쪽.
27) 加賀一郎,『體力章檢定はどうすればうかるか』, 高千穂書房, 1942, 7쪽.
28) 加賀一郎,『體力章檢定はどうすればうかるか』, 高千穂書房, 1942, 8쪽.
29) 西尾達雄,『日本植民地下朝鮮學校体育政策』, 明石書店, 2003, 516쪽.

었다.[30] 그러나 놀랍게도 그 이전에 식민지 조선에서 여학생에게 체력장검정 종목을 시범 삼아 운영했다, 다음은 그때의 사진이다.

〈그림 1〉『조선신문』 1939.07.04.

총독부는 각 여학교에 의뢰해서 1939년 5월 상순부터 '전력증강 체력검사' 종목을 실행하게 했다. 여학생은 '전력증강연령'에 해당했다. 〈그림 1〉은 제2고녀생의 수류탄던지기와 흙부대 운반 사진이다.[31] 체력장검정이 전력증강과 관계가 깊었음은 다음 글에서도 확인할 수 있다.

---

30) 전기훈련(戰技訓練)이란 "전장(戰場)에 나가서 전투할 수 있는 정신력과 담력(膽力) 그리고 체력이 종합된 기술 즉 전투력을 말한다"(「결전 필승에는 체력(하), 戰技訓練 을 기초로」, 『매일신보』 1943.05.16).

31) 「戰力增强體力檢査, 潑剌!銃後女性の意氣」, 『조선신문』 1939.07.04. 1939년 6월에 경성운동장에서 제1회 전력증강경기대회가 열렸다. 여기에 군사교련 수업을 하는 중등학교, 전문학교, 대학교 20여 개 학교 학생 가운데 1,300명이 무장하고 참여했다「(肉彈의 大競演場 20校의 1, 300名學生參加」, 『매일신보』 1939.06.17). 이 대회에서 수류탄 던지기, 흙부대 운반, 장애물 통과 등의 국방경기를 했다,

체력장검정은 15세로부터 25세까지의 남자 청소년, 이른바 국방연령층에 대해서 실시한다. 국방력의 충실과 생산확충의 근본이 되는 체력의 일정한 표준을 정하고 그 표준에 도달하는 사람에게 후생성 즉 국가가 합격자를 인정하고, 그 영예를 빛내기 위해 휘장을 준다. 체력장검정제를 제정한 목적은 다음 세대를 짊어질 청소년의 체력이 국가 흥륭(興隆)의 유력한 기본이 된다는 것을 인식시켜 청소년 각자가 앞장서 단련을 하여 강건한 신체를 만들도록 하려는 것이다. 이것은 새로운 체육운동 건설의 시작이다.[32]

체력장검정은 국방 기초체력의 표준을 제시했다.[33] 위에 인용한 글에서 보듯이, 체력장검정은 노동력과 국방력을 강화할 수 있는 종목을 골라서 표준을 정하고 거기에 따라 '국방연령층'이 각자 수련하도록 하려는 제도였다. 또한 체력장검정은 15세부터 25세까지의 남자를 대상으로 표준에 합격하면 '체력장'을 준다는 일종의 운동능력 테스트였다. 달리기, 멀리뛰기, 던지기, 운반, 턱걸이, 그렇게 다섯 가지 영역에서 청년층이 이룩해야 할 '표준' 체력을 명시했다.[34] 이러한 운동능력 테스트는 이미 독일, 소련, 미국, 프랑스, 스웨덴 등 적잖은 나라에서 실시하고 있었다. 일본의 체력장검정 요강은 독일과 소련 제도를 참고해서 정했다고도 하지만, 육군토야마학교(陸軍戶山學校)의 체력장검정과 비슷했다. 체력장검정에는 군사연구의 최신 성과가 들어가 있었다.[35] 일본 육군은

---

32) 加賀一郎, 『體力章檢定はどうすればうかるか』, 高千穗書房, 1942, 5쪽.
33) 中沢米太郎, 『國防體育訓練指針』, 靑年敎育普及會, 1943, 177쪽.
34) 高岡裕之, 『総力戦体制と'福祉国家': 戦時期日本の'社会改革'構想』, 岩波書店, 2011, 267쪽.
35) 高岡裕之, 『総力戦体制と'福祉国家': 戦時期日本の'社会改革'構想』, 岩波書店, 2011, 268쪽. 함예재, 「전시하 후생성의 국민체력동원과 메이지신궁대회」, 『일본역사연구』 37, 2013, 77쪽. 조선에서 발행하는 잡지에서도 여러 나라 체력장 가운데 독일과 소련의 체력장이 유명하다면서 그 나라의 체력장검정 표준을 자세히 소개했다(松尾榮, 「명예의 체력장 이야기」, 『신시대』 1권 6호, 1941.6, 96~98쪽). 육군토야마학교의 '운동능력표준안'은 中沢米太郎, 『國防體育訓練指針』, 靑年敎育普及會, 1943. 189~190쪽을 참고하라.

이미 1920년대 초부터 체력과 운동능력의 관계를 연구해서 1930년대 후반에는 '인적 전력'론을 제기할 만큼 운동능력 연구를 진전시켰다.[36] 군사 연구의 성과를 이용한 만큼 일본의 체력장검정은 군사적 성격이 강했다. 다음은 일본 체력장검정을 소재로 삼은 약 광고다.

〈그림 2〉 『경성일보』 1939.09.15. 정근식, 「식민지지배, 신체규율, '건강'」, 미즈노 나오키 외 지음, 『생활 속의 식민지주의』, 산처럼, 2007, 122쪽.

〈그림 2〉에서는 "국민 체력검정 첫 실시가 임박했다"라고 했다. 이 광고에서 일본은 1939년 10월에 청소년의 체력검정제도를 전면적으로 실시한다고 적었다. 그리고 "100m, 2,000m, 멀리뛰기, 수류탄 던지기, 운반 50m, 턱걸이" 등 6개 종목에 대해서 초급, 중급, 상급으로 나누어 표로 정리했다.[37] 〈그림 2〉의 오른쪽 아래에 '운반 50m' 그림이 있다. '운반'

---

36) 高岡裕之, 「戰爭と'体力': 戰時厚生行政と靑年男子」, 阿部恒久, 大日方純夫, 天野正子 編, 『男性史(2): モダニズムから總力戰へ』, 日本経済評論社, 2006, 194쪽.
37) 최규진, 『이 약 한번 잡숴봐!: 식민지 약 광고와 신체정치』, 서해문집, 2021, 404쪽.

이미지 자료를 더 보자.

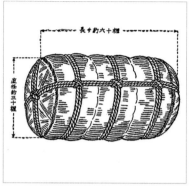

〈그림 3〉『매일신보』 1943.01.01.　　　〈그림 4〉 岡田道一, 『靑年の鍊成と衛生』,
　　　　　　　　　　　　　　　　　　　　　　　　　晴南社, 1944, 20쪽.

〈그림 3〉 만화는 '중량운반'을 과장해서 그렸다. 〈그림 4〉는 중량운반
을 할 때 짊어져야 할 '하중물(荷重物)'의 규격을 제시하는 그림이다[38]
　체력장검정에서 초급 정도의 체력이란 육군이 병사에게 요구하는 '기
초체력'이었다.[39] 일본에서 1942년부터 체력장검정에서 '특수검정' 종목
으로 수영 300m를, 1943년부터는 8Kg을 짊어지고 24Km를 5시간 안에 가
는 행군을 첨가했다. 1943년부터는 15세부터 21세의 여자를 대상으로 하
는 여자 체력장검정제도를 실시했다. 여자 기초검정종목으로 1,000m

---

38) 〈그림 4〉에서 '하중물'은 길이가 약 60cm 직경이 약 30cm라고 적었다. '하중물'은 가마
　　니를 사용해서 만들며 2중으로 한다. 흙이나 그 밖의 적당한 것을 채우고 짊어지기
　　쉽게 포장한다. '하중물'의 중량은 25Kg이다(岡田道一, 『靑年の鍊成と衛生』, 晴南社,
　　1944, 20쪽). 그러나 남자체력장검정에서 "합격급은 40Kg, 급외(級外)는 30Kg이었다.
　　먼저 '합격급'으로 운반하다가 여기에 합격하지 못하면 '급외급'으로 운반했다(山本壽
　　喜太, 「昭和十八年度體力章檢定實について」, 『文敎の朝鮮』 213호, 1943.8. 30쪽).
39) 高岡裕之, 『総力戦体制と'福祉国家': 戦時期日本の'社会改革'構想』, 岩波書店, 2011,
　　269쪽.

달리기(速行), 줄넘기, 단봉투(短棒投), 체조를 했다. 여자 특수검정으로 수영과 행군을 했다.[40] 일본에서는 이 검정을 '여자징병검사'라고도 불렀다.[41]

일본에서 체력장검정제도를 발표하자마자 식민지 조선의 신문들은 이를 발 빠르게 보도했다. 체력장검정제도란 "종래의 운동경기가 선수 위주여서 일반에게 보편화하지 못하여 국방력을 기르는 데 한계가 있는" 것을 극복하려는 정책이라고 소개했다.[42] 또한, "국민체력을 향상시키며 '인적 국방력'을 확충하기 위해 체력장검정을 한다"라고 했다.[43] 체력장검정을 '국방능력검정'으로도 해석했다.[44] 그러나 조선에서는 아직 법령이 없었기 때문에 경성부 사회과에서는 후생성 검정기준에 따라 시범삼아 체력검정을 했다.[45] 경성부는 1939년 7월 16일부터 한 달 동안 15세에서 25세까지의 청년훈련소원과 청년단원 552명에게 처음으로 체력장검정을 했다. 체력장검정에 합격한 사람에게는 "각급에 따라 경성부 마크를 넣은 놋쇠로 만든 휘장을 주어 일상복에 달아서 건강하고 씩씩한 청년임을 자랑하도록 했다."[46] 다음은 '체력장' 사진이다.

---

40) 高岡裕之, 『総力戦体制と'福祉国家': 戦時期日本の'社会改革'構想』, 岩波書店, 2011, 273~274쪽.
41) 김경옥, 「총력전체제기 일본의 인구정책: 여성의 역할과 차세대상을 중심으로」, 『일본역사연구』 37, 2013, 55쪽.
42) 「5종으로 체력검사, '표준형'을 제정」, 『매일신보』 1939.07.03.
43) 「체력장실시, 3계급으로 결정」, 『동아일보』 1939.03.31,
44) 中沢米太郎, 『國防體育訓練指針』, 靑年敎育普及會, 1943, 149쪽.
45) 조선의 체력장검정은 1939년 7월부터 1942년 3월까지의 준비기간과 1942년 9월에 조선 전토에서 본격적으로 실시한 시기로 나눌 수 있다(西尾達雄, 『日本植民地下朝鮮學校体育政策』, 明石書店, 2003, 517쪽).
46) 「빛나는 경성부 '체력장', 획득한 청소년이 僅少」, 『동아일보』 1939.08.18. 17%만이 체력장검정에 합격했다(「외양은 멀끔해도 속살 없는 도회인」, 『조선일보』 1939.08.26).

〈그림 5〉『매일신보』 1939.09.02.

〈그림 5〉의 체력장은 가운데에 경성부청 마크를 넣고 '체력검정 초급'
이라고 적었다. 체력장검정을 주관했던 경성부에서는 직원에게도 체력
장검정을 했다. 25세까지의 남자 직원에게는 후생성이 만든 표준에 따
라 실시했다. 26세 이상 40세까지의 청장년 직원에게는 적절한 표준을
만들어 체력장검정을 지도했다.[47] 경성부에서 먼저 모범을 보여 체력장
검정제도가 다른 직장으로 확산하기를 기대했을 것이다.[48]

　법령이 갖추어지지 않았음에도 일본보다 먼저 조선에서 체력장검정
을 시범 삼아 했던 까닭이 무엇일까. 그 이전부터 조선총독부가 "조선
청년의 전투력을 조사하겠다"라는 방침을 이미 세워두었기 때문일 것이
다.[49] 굳이 체력장검정제도가 아니었더라도 조선에서는 군대에 갈 청년
의 체력을 조사하고 '전력을 함양할 방안'을 마련할 계획이었다. 1938년
에 육군지원병제를 실시했기 때문이다. 체력장검정에 관심이 높았던 총

---

47) 「우리 직장의 연성, 二千廳員 매일체조」, 『매일신보』 1942.11.18. 경성부는 1943년에
　도 체력장검정을 했다(초급 이상 합격 목표, 府廳員 체력장 검정 개시」, 『매일신보』
　1943.09.08).
48) 함흥 철도국에서도 체력장검정을 했다(「咸興鐵道局의 體力章檢査」, 『황민일보』1942.
　07.19).
49) 「청년전투력 조사 본격화」, 『동아일보』 1938.12.22.

독부는 특수검정인 수영도 일본보다 조선에서 먼저 시행했다.[50]

중일전쟁 뒤에 체육은 "흥미에서 국방으로" 방향을 틀었다.[51] 일본의 메이지신궁체육대회에서도 10회(1939년)와 11회(1940년)를 기점으로 총검도, 국방경기 등이 등장했다.[52] 국방경기란 견인경주, 수류탄투척돌격, 흙부대 운반경주, 행군경주, 비상시호집(呼集), 들것 계주 등 전쟁에 필요한 체력과 전투력을 겨루는 경주였다.[53] 일본을 곧바로 뒤쫓아 조선에서도 국방경기를 열었다.[54] 신문에서는 "국방경기란 경기장을 전장(戰場)으로 여기고 결승점을 적의 거점(據點)으로 삼는 임전체제(臨戰體制)의 총후(銃後) 스포츠"라고 해설했다.[55] 조선군과 지원병훈련소가 앞장서서 '국방경기 강습회'를 열었다. '국방경기 강습회'에서는 청년 지도자에게 총검술뿐만 아니라 체력장검정 종목도 가르쳐서 체력장검정제도를 준비하게 했다.[56] 교련과 국방 체육, 그리고 체력장검정은 서로 짝

---

50) 「府內 청소년의 泳力검정시험」, 『조선일보』 1939.08.29.
51) 「체육운동에 爆彈動議」, 『매일신보』 1939.04.22.
52) 함예재, 「전시하 후생성의 국민체력동원과 메이지신궁대회」, 『일본역사연구』 37, 2013, 85~87쪽. 일본에서는 육군토야마학교(陸軍戸山學校)가 각 학교 교련 배속 장교를 소집하여 국방경기를 강습하고 전파했다. 국방경기의 기원 등에 대해서는 高嶋航, 『帝国日本とスポーツ』, 塙書房, 2012, 136쪽을 참조하라.
53) 「"時局色"も濃厚な春川青年國防競技會」, 『조선신문』 1941.07.08. 국방체육훈련은 국방경기, 전장운동(戰場運動), 전기훈련(戰技訓練), 전장경기(戰場競技) 등 여러 명칭으로 불렸다. 이들의 명칭은 달라도 모두가 같은 운동을 같은 목적으로 했다(中沢米太郎, 『國防體育訓練指針』, 青年教育普及會, 1943. 32쪽). 1940년 육군성에서는 학교 교련 교과서에 전장운동이라는 이름으로 국방체육을 교련의 일부로 첨가했다. 이때부터 국방체육훈련은 교련과 밀접한 관계 속에서 전국에 빠르게 보급되었다(中沢米太郎, 『國防體育訓練指針』, 青年教育普及會, 1943. 11쪽).
54) 「大邱で國防競技大會, 事變下の體力增强へ」, 『조선신문』 1939.06.20.
55) 「軍裝姿も凛凛し國防競技大會, 敵線突破の意氣を誇示」, 『조선신문』 1941.09.24.
56) 「국방경기강습」, 『매일신보』 1942.05.03. 「實踐即應運動の尖兵, 青年團指導者國防競技講習」, 『국민신보』 1942.05.17. "독일은 국방훈련을 강화하고 체력장검정도 하여 철의 훈련을 시키고 있다"라는 신문 보도에서 국방훈련과 체력장검정의 관계를 알 수 있다(「體力令 실시의 急務」, 『매일신보』 1941.09.04).

을 이루어 '인적 국방력'을 강화하는 역할을 했다.[57]

일제는 체력장검정 준비기간이 끝나자 1942년 9월에 조선 전체에서 체력장검정을 하겠다고 했다. 체력장검정이란 국가가 개인의 체력을 관리하는 정책이라고 해설했다.[58] 중등학교 이상의 학교에 재학하는 15세부터 25세까지의 남자 약 6만 명을 대상으로 했다. 체력장검정에 합격한 사람만이 조선신궁봉찬체육대회에 참가할 수 있다고 했다.[59] 조선신궁봉찬체육대회란 오늘날로 치면 전국 체육대회였다. 그러나 체력장검정제도는 조선신궁봉찬체육대회 때문만이 아니라 "1944년에 실시되는 징병제에 대비해서 철저하게 체육과 운동을 하게 하려는" 뜻이 강했다.[60]

1942년에 처음으로 남자 체력장검정제도를 실시한 총독부는 1943년에 좀 더 널리 체력장검정을 하기로 했다. 11만 5천 명을 대상으로 했다. 이때에도 '표준'에 다다른 사람에게는 합격 표시로 체력장을 주기로 했다. 이 체력장은 상급학교에 입학할 때 도움이 된다고 유혹했다. 합격하

57) 일제는 병역을 앞둔 청년대원에게 교련과 국방경기를 하도록 했다. 또한, 체력검정규정에 따른 달음질, 뜀뛰기, 던지기, 운반, 매달리기 등 다섯 종목을 훈련했다(「兵役 앞둔 府內靑年隊들 八萬名에 特別訓練, 每週日마다 敎練과 國防競技」, 『매일신보』 1942.05.21). 일제는 군사교련을 하는 중등학교와 전문학교 20여개를 모아 '전력증강 경기대회'를 열기도 했다. 이 대회에서도 국방경기로 겨루었다(「肉彈의 大競演場 二十校의 千三百名學生參加」, 『매일신보』 1939.06.17). 이 모든 사실은 교련. 국방체육, 체력장검정이 청년의 전력증강 정책과 서로 맞물려 있음을 보여준다.

58) 1942년 8월에 남자체력장검정요강과 여자체력장검정요강을 발표했다. 그 요강에는 체력장검정의 목적, 체력장검정실시 요령, 체력장검정 종목과 표준 등이 있다. 체력장검정요강의 구체적인 내용은 『(昭和20年度)朝鮮年鑑』, 京城日報社, 1944, 192~194쪽에 자세히 실렸다. 다음 논문에서도 그 내용을 다루었다. 이학래, 「일제 말기의 한국 체육사 연구: 군국주의적 성격을 중심으로」, 『한국학논총』 15, 1989. 손환, 「일제강점기 조선의 체력장검정에 관한 연구」, 『한국체육학회지』 48-5, 2009.

59) 조선총독부, 『朝鮮事情: 昭和18年版』, 1942, 210쪽. 손환, 「일제강점기 조선의 체력장검정에 관한 연구」, 『한국체육학회지』 48-5, 2009, 3쪽.

60) 「전국민이 擧所運動, 조선체력장검정제도도 6월부터 실시」, 『매일신보』 1942.05.27.

지 못한 사람은 25세까지 해마다 검정한다고 했다.[61] "징병제 실시와 해군특별지원병제 실시를 앞두고 청소년들의 몸과 마음을 연성시켜 훌륭한 황군이 되게 하려는 뜻이었다."[62] 또한 1943년 6월부터 여학교에서 시험 삼아 체력장검정을 하기로 했다.[63] "여성으로 하여금 전시생활을 완수하게 하고 씩씩한 어머니가 되게 하려는 뜻"에서였다.[64] 때마침 조선총독부는 1943년 4월에 '전시학도체육훈련실시요강'을 결정했다. "건병을 목표로 삼은 체육훈련 방침"이었다.[65] 그해 5월에는 '결전하 일반국민체육실시요강'을 발표했다. "전쟁생활에 적합하고 전투에 직접 필요한 체육으로 재편성한다"라는 내용이었다. 보기를 들면, 여자의 방공훈련도 체육에 포함했다.[66] '결전하 일반국민체육실시요강'에서는 "남녀모두 체력장검정 초급 이상을 획득 또는 유지하도록 힘쓸 것"을 목표로 제시했다.[67] 이처럼 1943년 체력장검정은 조선총독부의 '결전태세 체육정책'[68]과도 관계가 깊었다. 다음은 1943년 체력장검정 포스터다.

---

61) 「중등학교 이상 재학자에 체력장검정을 실시」, 『매일신보』 1943.01.13.
62) 「남녀체력장검정」, 『매일신보』 1943.06.18.
63) 「종합적 체력 연성, 여자체력장검정은 시험적으로 실시」, 『매일신보』 1943.05.20. 일본에서는 1942년 6월에 오오사카(大阪)에서 여자청년단원 가운데 15세~25세까지의 여성을 대상으로 최초로 여자체력장검정을 했다(「여자체력장검정 大阪市에서 실시」, 『매일신보』 1942.06.14).
64) 「남녀체력장검정」, 『매일신보』 1943.06.18.
65) 「전학도에 戰時鍊成, 건병을 목표로 체육훈련방침 결정」, 『매일신보』 1943.04.27.
66) 「防空訓練도 한 種目: 國民體育實施要綱은 어떤 것」, 『매일신보』 1943.05.19.
67) 『(昭和20年度)朝鮮年鑑』, 京城日報社, 1944, 192쪽. 이학래, 『한국근대체육사연구』, 지식산업사, 1990, 210쪽.
68) 「체육조선 결전태세, 戰技本位로 국민체육지도키로」, 『매일신보』 1943.04.20. 1943년 4월에 학무국장이 통첩한 '전시학도체육훈련실시요강'과 1943년 5월에 정무총감이 통첩한 '결전하 일반국민체육실시요강'은 '전력증강 체육정책'의 밑바탕이 되었다(조선총독부 편, 『朝鮮事情: 昭和19年版』, 1943, 215쪽).

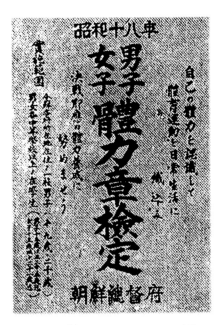

〈그림 6〉『경성일보』 1943.06.17. 손환,
「일제강점기 조선의 체력장검정에 관한 연구」,
『한국체육학회지』 48-5, 2009, 4쪽.

〈그림 6〉에서는 "소화 18년(1943년), 남자·여자체력장 검정"이라고 크
게 썼다. "자기의 체력을 근거로 체육운동을 일상생활로 조직하자." "결
전에 곧바로 대응할 수 있도록 체력양성에 힘쓰자"라는 표어를 적었다.
'결전'이라는 말은 '시국어'이자 1943년의 유행어였다. '실시범위'라고 쓴
곳은 알아보기 힘들다. 신문 기사를 참고하자. 체력장검정 대상은 일반
남자 19세에서 20세, 남자 재학생 15세부터 25세까지, 여자 재학생 15세
부터 21세까지였다.[69] '체력장검정요강'에 따르면, "다음 세대의 중견이
될 남자 청년의 체력증강"과 "다음 세대의 건강한 모체(母體)가 될 여자

69) 「作れ立波な體力を, 檢定合格者に總督章を授與」, 『경성일보』 1943.06.17.

청년의 체력향상"을 꾀하는 것이 남녀 체력장검정의 목표였다.[70]

조선총독부는 1943년 9월부터 11월까지 조선 전체에서 체력장검정을 하라고 각도에 지시했다. 이에 따라 각 학교를 단위로 체력장검정을 하기로 했다.[71] 학교에서는 체력장검정에 대비한 운동을 강화했다.[72] 다음 사진은 여자체력장검정을 준비하는 모습이다.

〈그림 7〉『매일신보』 1943.03.24.　　　　　〈그림 8〉『매일신보』 1943.03.25.

〈그림 7〉은 경성여자상업학교 학생이 체력장검정을 준비하려고 단봉투(短棒投)를 연습하는 사진이다. 신문에서는 이 여학생들을 "국방색 몸뻬를 입은 건모(健母)"라고 소개했다.[73] 〈그림 8〉은 진명여고 학생이 중량운반(重量運搬)하는 사진이다. 이 학교에서는 체련과 정과에 체력장검정 종목을 넣어 훈련시켰다.[74]

70) 『(昭和20年度)朝鮮年鑑』, 京城日報社, 1944, 192~193쪽.
71) 「체력장검정, 9월부터 전선적으로 실시 개시」, 『매일신보』 1943.09.03.
72) 「本校に於ける學徒動員體制の實際, 善隣商業學校」, 『文敎の朝鮮』 214호, 1943.9, 16쪽.
73) 「여자체력장 실시 앞둔 各校의 준비, 경성여고 편」, 『매일신보』 1943.03.24.
74) 「여자체력장 실시 앞둔 各校의 준비, 진명고녀 편」, 『매일신보』 1943.03.25.

    체력장검정에는 특수검정과 기초검정 두 가지가 있었다. 특수검정으로 남자는 수영, 여자는 수영과 행군이 있었다. 기초검정에 남자는 100m, 2,000m, 멀리뛰기, 수류탄던지기, 중량운반, 턱걸이 등 6종목이고 여자는 1,000m 속행, 줄넘기, 단봉투(短棒投), 중량 운반, 체조의 5종목이었다.[75] 특수검정인 수영과 행군은 "징병제와 해군지원병제를 앞두고 반도 젊은 이의 전투력을 단련시키겠다"라는 뜻이 있었다. 기초검정도 전기(戰技) 와 증산에 필요한 몸과 마음을 만드는 데 필요하다고 했다.[76] 특히 여자 검정 종목에는 다음과 같은 해설이 뒤따랐다. "1,000m 속행은 다리의 힘을 길러 공습 등으로 교통기관이 파괴되었을 때 꼭 필요하다. 줄넘기는 하반신을 강하게 하는 전신적인 운동이며 민첩성을 양성한다. 짧은 봉 던지기와 중량 운반은 상반신을 강하게 하고 방공훈련 때 물을 길어 나르는 데 크게 도움이 된다."[77] 일제는 학생이 아닌 시민에게도 체력장검정을 확산시키려고 '체력장검정종목 연성대회'를 열기도 했다.[78] 일부 노동자에게도 체력장검정을 적용하려고 했으며,[79] 남자의 체력장을 50세까지 확장하는 계획도 마련하려 했다.[80] 다음은 남녀 체력장검정 기준이다.

75) 「체력장검정, 9월부터 전선적으로 실시 개시」, 『매일신보』 1943.09.03.
76) 「作れ立波な體力を, 檢定合格者に總督章を授與」, 『경성일보』 1943.06.17.
77) 「확대된 체력장 검정」, 『매일신보』 1944.06.03.
78) 「체력장검정의 종목 연성대회」, 『매일신보』 1943.09.22.
79) 이병례, 「아시아-태평양전쟁기 식민지 조선의 건강담론과 노동통제」, 『한국사연구』 185, 2019, 174쪽.
80) 「國民皆鍊成에 총진군」, 『매일신보』 1944.03.05.

〈표 1〉 남자 체력장검정

급별\종목		100미터 달리기	2천미터 달리기	멀리뛰기 (走幅跳)	수류탄던지기 (手榴彈投)	운반(100m)	턱걸이 (懸垂屈臂)
상급		14초 이내	7분 30초 이내	4m 80cm 이상	45m 이상	40kg 23초 이내	12회 이상
중급		14.1~15초	7분 31초~8분	4m 79cm~4m 50cm	44m 99cm~40m	40kg 23.1초~26초	11회~9회
초급		15.1초~16초	8분 1초~9분	4m 49cm~4m	39m 99cm~35m	40kg 26.1초~26초	8회~5회
급외	갑	16.1초~17초	9분 1초~10분	3m 99cm~3m 80cm	34m 99cm~30m	30kg 30초 이내	4회
	을	17.1초~18초	10분 1초~11분	3m 79cm~3m 50cm	29m 99cm~25m	30kg 30.1초~35초	3회
	병	18.1초 이상	11분 1초 이상	3m 49cm 이하	24m 99cm 이하	30kg 35.1초 이상	2회 이하

출처: 山本壽喜太, 「昭和十八年度體力章檢定實について」, 『文敎の朝鮮』 213호, 1943.8, 32쪽.

〈표 2〉 여자 체력장검정

급별\종목	천 미터 달리기	계주(繼跳)	단봉투(短棒投)	16kg 운반 100m(50m折返)
상급	4분 30초 이내	1분 20초 이상	24m 이상	24초 이내
중급	5분 이내	1분 0초 이상	20m 이상	26초 이내
초급	5분 30초 이상	40초 이상	16m 이상	29초 이내
급외	6분 이내	20초 이상	12m 이상	35초 이내

출처: 山本壽喜太, 「昭和十八年度厚生省女子體力章檢定就いて」, 『文敎の朝鮮』 216호, 1943.11, 37쪽.

1944년에 체력장검정제도를 계획대로 실행했는지는 확인할 수 없다. 그러나 조선 청소년 전체를 대상으로 한꺼번에 체력검정을 할 만큼 준비하지 못했음은 분명하다.[81] 패전이 가까웠던 1944년부터는 총독부가 체력장검정을 할 처지가 아니었다. 겨우 하루하루를 살아내는 배고픈 사람들에게 체력장검정을 강요하기도 어려웠을 것이다.

---

81) 신주백, 「일제 말기 체육 정책과 조선인에게 강제된 건강: 체육 교육의 군사화 경향과 실종을 중심으로」, 『사회와 역사』 68, 2005, 274쪽.

2. 징병검사 예행연습, 체력검사

중일전쟁이 일어난 뒤에 조선총독부는 조선인의 병역문제를 논의하기 시작했다. 마침내 1938년 3월에 지원병제도를 시행하면서 징병제로 가는 길을 열었다. 이윽고 1942년 5월 9일에는 조선인의 징병제 실시를 발표했다.[82] 그 이전에 예비조사 차원에서 1942년 3월 1일부터 10일까지 징병 대상이 될 조선 청년의 체력을 검사했다.

조선에서 청년 체력검사를 하게 되는 과정을 짚어보자. 일본에서는 1940년 4월에 공표한 '국민체력법'에 따라 1940년 10월 1일부터 12월 31일까지 청년 체력검사를 했다. 이로써 징병 대상인 청년을 파악하고 관리하며,[83] 건강을 강제로 진단하는 장치를 마련했다.[84]

> 국민의 체력은 국가활동력의 원천이며 국력의 기초이다. 따라서 국민체력의 향상은 단순히 국민 개개인의 문제가 아닌 국책의 핵심을 이루는 중요문제다. 그러나 징병검사의 결과를 보든지 또는 결핵과 화류병 등이 만연하는 사태를 보든지 국민체력이 우려할 만하다. 이에 그 실정을 철저하게 조사하여 신속하게 대책을 마련하는 것이 무엇보다 급하다.[85]

이러한 생각에서 일본은 '국민체력법'을 만들었다. 이것은 독일 나치스가 '의무로서의 건강'이라는 표어를 내걸고 진행했던 건강정책과 비슷했다.[86] 국민체력법에 따라 국민은 국가의 체력관리를 받아야 할 의무

82) 「조선에 징병제도 실시, 半島同胞에 최고 영예」, 『매일신보』 1942.05.10.
83) 高岡裕之, 『総力戦体制と'福祉国家': 戦時期日本の'社会改革'構想』, 岩波書店, 2011, 261~262쪽. 「청년체력검사 실시」(사설), 『매일신보』 1942.01.28.
84) 高岡裕野之, 「戰爭と健康」, 村一夫・北澤一利・田中 聡・高岡裕之・柄本三代子, 『健康ブームを讀み解く』, 靑弓社, 2003, 169쪽.
85) 岡田道一, 『靑年の鍊成と衛生』, 晴南社, 1944, 13~14쪽.

가 생겼다. 체력검사 결과를 적은 체력수첩은 국가의 체력관리체제에
개인이 편입되었음을 나타내는 징표였다. 국민체력법은 인적 자원을 배
양하고 강화하는 정책이었다. 일본의 국민체력법은 말로는 '국민'이라고
했지만 실제로는 군인이 될 젊은 남자만을 대상으로 했다.[87]

　일본에서 체력검사를 하자 조선총독부에서도 차근차근 준비하여 체
력검사를 하기로 했다.[88] 조선총독부는 "1942년부터 체력의 국가관리를
단행하여 '씩씩하고 힘 있는' 전시형(戰時型) 청소년을 만들겠다"라고 선
포했다.[89] 마침내 1942년 초에 조선에서도 "지원병제도를 확충하고 노무
동원을 시행하는 데 필요한 기초자료를 만들기 위해 만 18세~19세 청년
의 체력을 검사한다"라고 발표했다.[90] 체력검사는 총독부가 후생국을
신설한 뒤에 벌인 가장 큰 사업이었다.[91] 체력검사로 "인적 자원의 대세
를 적확하게 파악하게 하고 국방이나 노무에 인적 자원을 가장 유효 적
절하게 활용할 수 있는 자료를 얻을 것이다"라고 했다.[92] 일제는 "체력

---

86) 新村拓, 『医療と戦時下の暮らし: 不確かな時空を生きる』, 法政大學出版局, 2022, 212쪽.
87) 일본에서 여성이 국민체력법의 대상이 된 것은 1942년부터이다. 이때 임산부와 영유
　아를 중심으로 한 인구정책을 마련해서 '임부신고제'와 '임산부수첩제'를 확대했다(김
　경옥, 「총력전체제기 일본의 인구정책: 여성의 역할과 차세대상을 중심으로」, 『일본
　역사연구』 37, 2013, 55쪽).
88) 일본에서 국민체력법을 발동하자 조선총독부에서도 시범 삼아 체력검사를 했던 것으
　로 보인다(「경기서 8월 중에 청소년 체력검사, 남녀 2천 명에 실시」, 『매일신보』
　1940.08.05).
89) 「청소년의 체력검사, 조선도 점진적 실시」, 『조선일보』 1940.07.30.
90) 「고지서는 벌써 배포, 누락자는 자진 届出하라」, 『매일신보』 1942.02.22. 「반도청년
　체력검사, 奉公의 열의로 참가하라」, 『매일신보』 1942.02.16.
91) 西尾達雄, 『日本植民地下朝鮮學校体育政策』, 明石書店, 2003, 522쪽. 후생국은 국민체
　위향상을 중요한 목표로 삼았다. 후생국은 그 대책으로 체력검사와 체력장검정제도
　를 서둘렀다. 초대 후생국장인 이시다 센타로(石田千太郎)는 다음과 같이 적었다. "고
　도국방국가체제를 확립하려면 긴급하게 국민체력령을 제정하여 국민체력 검사를 실
　시해야 한다. 또한 체력검사 결과를 기초로 삼아 장래의 보건과 위생 대책의 자료로
　삼아야 한다. 또한, 체력장검정제도를 실시해서 일반인의 체력을 향상시켜야 한다"
　(石田千太郎, 「厚生局の誕生に際して」, 『朝鮮』 320호, 1942.1, 22~23쪽).

검사란 청년이 국가에 봉사하게 하기 위한 특전"이며[93] "청년이 황국을 위해 이바지할 수 있는 길을 열어준 미증유의 은전(恩典)"이라고 선전했다.[94] 신문은 체력검사가 "징병제에 버금가는 중대한 의의가 있다"라고 평가했다.[95] 후생국에서는 체력검사의 의의와 목적을 소개하는 소책자를 만들어 배포했다.[96] 조선임전보국단과 같은 친일단체에서는 "만 18세, 19세 조선청년은 황국신민의 영광을 누릴 체력검사를 빠짐없이 받아야 한다"라고 선전했다.[97] 국민총력조선연맹에서는 다음과 같은 어설픈 포스터도 만들었다.

〈그림 9〉『매일신보』 1942.02.13.

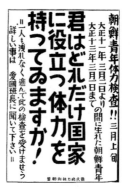

〈그림 10〉 국민총력조선연맹, 『국민총력』
1942년 3월호, 41쪽. 『경성일보』 1942.02.15.

92) 「強き體で名乗れ體力檢査, 臨戰報國團から檄」, 『경성일보』 1942.2.17. 西尾達雄, 『日本植民地下朝鮮學校体育政策』, 明石書店, 2003, 530쪽. 청년들은 체력검사를 받기 전에 "직업, 특수기능, 상벌, 경력, 가정환경 등을 하나하나 밝혀 적었다"(「씩씩한 裸像의 행렬」, 『매일신보』 1942.03.02).

93) 「체력검사의 의의」(사설), 『매일신보』 1942.02.10.

94) 「半島少靑年に恩典, 体力檢査」, 매일신문사, 『매신 사진순보』 281호, 1942.04.01, 7쪽.

95) 「劃期的意義を持つ朝鮮靑年體力檢査」, 『조선신문』 1942.12.07.

96) 「體力檢査の意義小冊子配布」, 『조선신문』 1942.02.13.

97) 「強き體で名乗れ,體力檢査 臨戰報國團から檄」, 『경성일보』 1942.02.17.

〈그림 9〉와 〈그림 10〉은 한글과 일본어로 쓴 것만 다르고 형식과 내용은 똑같다. 1942년 3월 2일을 기준으로 만 18세부터 만 19세까지의 조선 청년을 체력검사 대상으로 한다는 내용도 있다.[98] "당신은 얼마나 나랏일에 쓸만한 몸을 가졌습니까!"라고 적었다. 국가에 봉사하지 않는 몸은 "국가의 성가신 짐이다"라는 인식이 자리 잡고 있다. "한 사람도 빠지지 말고 모두 검사를 받읍시다"라는 말은 "이 검사에 참여하지 않는 사람은 엄벌한다"는 뜻이 담겨있다.[99] 국민총력조선연맹에서 배포한 이 포스터에서는 "자세한 것은 애국반장에게 물어주세요"라고 했다. "애국반장이 총동원하여 각기 자기 반 구역 안에 사는 사람을 조사하고 취지를 전달"하라는 지시가 있었던 터였다.[100]

1942년 2월 5일에 '조선청년체력검사'를 공포했다. 그 내용은 다음과 같다. ① 대상연령: 만 18세와 19세의 청년. ② 검사 사항: 키, 몸무게, 가슴둘레, 시력, 호흡기 등. ③ 검사자: 군의(軍醫), 공의(公醫), 민간의(民間醫). ④ 질문사항: 학력, 청년훈련소 종료 상황, 지원병 지원 실적, 특수기능. ⑤ 대상지역: 조선 전체. 이처럼 연령이나 검사사항 그리고 군의가 중심이 되어 체력검사를 한 것이 일본 징병검사와 같았다.

'조선청년체력검사'는 준비 단계부터 군 관계자가 많이 참여했다.[101] "조선군 군의부에 소속된 군의 가운데 절반 넘게 체력검사에 출동"해서

---

98) 「청년체력검사 실시」(사설), 『매일신보』 1942.01.28.

99) 「무단 不出頭는 처벌」, 『매일신보』 1942.01.27.

100) 「고지서는 벌써 배포, 누락자는 자진 届出하라」, 『매일신보』 1942.02.22. 애국반장이란 애국반의 반장이다. 애국반은 '국민정신총동원 조선연맹'(뒤에 '국민총력조선연맹')의 말단 조직으로 10호를 1반으로 하는 것을 원칙으로 했다. 일제는 애국반을 지배와 감시의 기구로 활용했고 전쟁이 확대되면서 공출과 배급, 인력 동원의 기능을 하도록 했다.

101) 樋口雄一, 『戰時下の朝鮮の民衆と徴兵』, 總和社, 2001, 19쪽. 「체력검사에 나타날 반도청년들의 충성, 來月 실시 앞두고 군에서 회의」, 『매일신보』 1942.02.06.

검사반장 역할을 했다.[102] 3월 1일부터 10일 동안 전국 272개 검사장에서 한꺼번에 청년체력검사를 시작했다.[103] 예정 인원 40만 명 가운데 31만 명이 검사를 마쳤다.[104] 조선군만이 아니라 일본의 육군성과 의무국(醫務局)에서도 조선에 와서 체력검사 상황을 시찰했다.[105]

"의사 800여 명과 보조원 3천여 명이 참여한 상당히 큰 사업"[106]인 체력검사는 "지원병제도를 확충하거나 노무동원을 할 때에 필요한 기초자료를 만드는 데 목적이 있다"라고 했다.[107] 이 체력검사는 "체력만이 아니라 자질, 직업, 지역적 분포, 이동 생활을 조사하여 인적 자원의 통계자료를 만들어 산업 부문과 군대 업무에 참고"하려 했다.[108] 질병(결핵, 성병, 눈병), 학력, 일본어 이해정도, 결혼 여부도 함께 조사했다.[109] 조선 청년에게 징병제를 시행해도 괜찮을지 미리 조사하려는 뜻이었다.

준비기간이 짧았지만 모든 행정기관과 애국반을 동원하여 "체력검사에 성공했다"라고 자평했다. 연령 해당자의 83.2%가 출석했고 고지서를 받은 사람 가운데 97%가 출석했다. 1942년 체력검사는 징병제에 대비하여 대상자에게 통지하고 그들을 동원하는데 필요한 행정 체계와 운영을 점검하고 경험할 수 있게 했다.[110] 또한, "고지서를 받지 못한 사람은 자

102) 「애국반 활동에 기대, 검사받는 사람도 솔선해 나서라」, 『매일신보』 1942.02.10.
103) 「皇國靑年의 榮譽인 이機會를 잃지마라」, 『매일신보』 1942.02.27; 「체력검사와 청년의 열의」(사설), 『매일신보』 1942.03.05.
104) 「內地人靑年にも體力檢査」, 『國民新報』 1942.05.03.
105) 「검사의 준비는 완료, 청년체력검사는 드디어 명일부터」, 『매일신보』 1942.02.28.
106) 岡久雄(厚生局保健課長), 「朝鮮靑年體力檢査を終へて」, 朝鮮總督府, 『朝鮮』 324호, 1942.5, 43쪽.
107) 「만 18세와 19세 청년 체력검사 일제 시행」, 『매일신보』 1942.01.27; 「체력검사의 의의」(사설), 『매일신보』 1942.02.10.
108) 「숭고한 정신을 인식, 반도청년들의 忠勇을 보이라」, 『매일신보』 1942.02.09.
109) 西尾達雄, 『日本植民地下 朝鮮學校体育政策』, 明石書店, 2003, 523쪽. 학력과 일본어 이해 정도, 기혼률에 대한 통계는 岡久雄(厚生局保健課長), 「朝鮮靑年體力檢査を終へて」, 朝鮮總督府, 『朝鮮』 324호, 1942.5, 47~48쪽에 실려 있다.

진해서 신고하라"고 해서 행정의 빈틈을 메웠다.[111] 체력검사는 징병검사 예행연습이었다.[112] 많은 조선인도 이미 체력검사를 징병과 관련된 것으로 인식하고 있었다.[113] "체력검사에 합격한 사람은 군대에 끌려간다"라고 잡담을 나누다가 체포된 사례도 있다.[114] 다음은 체력검사 사진이다.

〈그림 11〉매일신문사, 『매신사진순보』
281호, 1942.04.01, 표지.
『매일신보』 1942.03.05.

---

110) 신주백, 「일제 말기 체육 정책과 조선인에게 강제된 건강: 체육 교육의 군사화 경향과 실종을 중심으로」, 『사회와 역사』 68, 2005, 262쪽. 岡久雄(厚生局保健課長), 「朝鮮靑年體力檢査を終へて」, 朝鮮總督府, 『朝鮮』 324호, 1942.5, 44쪽.
111) 「고지서는 벌써 배포, 누락자는 자진 届出하라」, 『매일신보』 1942.02.22.
112) 樋口雄一, 『戰時下の朝鮮の民衆と徵兵』, 總和社, 2001, 20쪽.
113) 樋口雄一, 『戰時下の朝鮮の民衆と徵兵』, 總和社, 2001, 32쪽.
114) 손준종, 「근대교육에서 국가의 몸 관리와 통제 양식 연구」, 『한국교육학연구』 16-1, 2010, 49쪽.

체중계 위에 앳된 청년이 올라가 있고 미나미(南次郎) 총독이 체중계 바늘을 바라본다. 이 사진은 "피식민지 '아들'의 애국적 충정과 그를 따뜻이 받아들이는 '아버지'로서의 지배자의 관계를 표현한다."[115]

조선 청년의 체력은 어떠했을까. 다음 표는 그 결과이며 일본과 비교한 것이 눈에 띈다.

〈표 3〉 조선청년 체력검사 결과

체격	나이		지역	
			조선	참고) 일본
키(cm)	18	부(府)	161.3	159.0
		군(郡)	158.9	
	19	부(府)	162.6	161.0
		군(郡)	161.7	
몸무게(kg)	18	부(府)	54.3	51.6
		군(郡)	53.7	
	19	부(府)	55.7	53.2
		군(郡)	54.3	
가슴둘레(cm)	18	부(府)	83.7	80.1
		군(郡)	83.0	
	19	부(府)	84.7	81.4
		군(郡)	83.7	

출처: 岡久雄(厚生局保健課長),「朝鮮靑年體力檢査を終へて」, 朝鮮總督府,『朝鮮』324 호. 1942.5, 45쪽.

위의 표는 '체격 등위'의 기초가 되는 키, 몸무게, 가슴둘레 등을 나타낸다.[116] '체격 등위'라는 말은 일본의 징병검사에서 비롯된다. '체격 등

---

115) 서유리,「『매신 사진순보』, 조선에 전쟁을 홍보하다」,『근대서지』10, 2014, 393쪽.
116) 岡久雄(厚生局保健課長),「朝鮮靑年體力檢査を終へて」, 朝鮮總督府,『朝鮮』324호, 1942.5, 45쪽.

위'라는 말을 줄여서 '체위'라고 했다.[117] 위의 표에서 조선인 체격이 일본인보다 더 좋았다는 것을 알 수 있다. 또한 농촌 청년은 도시 청년보다 체위가 떨어지는 것으로 나타난다.[118]

이 '제1회 조선체력검사'는 일제의 정책 수립에 어떤 기초자료를 제공했을까. '조선청년체력검사 좌담회'에서 여러 사람이 말한 것을 간단하게 소개하는 신문 기사가 있다.[119] 주요 내용을 간추리면 다음과 같다.

> 히로다(廣田) 군의(軍醫) 대위: 결핵이나 치질과 같은 병이 있는 청년은 매우 적었다. 또한 시력이 나쁘고 체력등위가 열등한 사람은 거의 없다. 화류병은 일하는 청년에게 많았고, 학생은 비교적 적었다. 반도 청년은 총체적으로 가슴둘레가 넓고 몸무게가 가볍다. 18세 청년과 19세 청년의 체력에는 거의 차이가 없다.
>
> 타카하시(高橋) 군 참모장: 먼저 국어보급의 중대성을 이번 체력검사를 통해서 특별히 통감했다. 무적자(無籍者)가 많은 것은 반도의 수치다. 경찰이나 애국반은 무적자를 조사해서 인도해야 할 것이다. 또한 시국에 무관심한 청년이 많은 것을 발견했다. 그것은 교양이 없고 지도가 불철저하여 무지한 자가 많았기 때문이다. 지방보다도 도회 청년의 체력이 우수했다. 그것은 학교에서 체육을 장려했기 때문이라고 생각하지만 혜택받은 도회의 식량 사정도 있을 것이다. 이러한 귀중한 자료를 토대로 해서 앞으로 지원병을 고를 때 체력과 지력(智力)을 가진 도회의 학생을 먼저 고려해야 한다고 생각한다.[120]

---

117) 高岡裕之, 「戰爭と'体力': 戰時厚生行政と靑年男子」, 阿部恒久, 大日方純夫, 天野正子編, 『男性史(2): モダニズムから總力戰へ』, 日本経済評論社, 2006. 179쪽.

118) '체격 등위'는 수산업에 종사하는 사람이 가장 좋았고 학생이 다음이며 수검자의 65%를 차지하는 농업종사자의 '체격 등위'가 그다지 좋지 않았다(岡久雄(厚生局保健課長), 「朝鮮靑年體力檢査を終へて」, 朝鮮總督府, 『朝鮮』 324호, 1942.5, 45쪽).

119) 이 좌담회는 체력검사가 끝난 뒤에 이시다 센타로(石田千太郎) 후생국장과 주요 책임자가 참가했다. 이 좌담회는 체력검사를 종합 평가하는 자리였다(「체력검사 성적 검토, 금일 관계자와 권위 망라 좌담회」, 『매일신보』 1942.03.31).

120) 「今日の錄音, 半島靑年の裸像, 第一回 靑年體力檢査の綜合戰果を聽く」, 『國民新報』 1942.04.12.

군(軍)에서는 조선 청년의 '체격 등위'에 만족했다.[121] 이 기사에서 군 참모장의 발언은 중요하다. 첫째, 군 참모장은 앞으로 일본어를 더욱 철저하게 보급해야 한다고 했다.[122] 그의 말대로 "징병제도를 앞두고 국어를 통하는 것이 가장 시급한 일"이 되었다.[123] 일제는 '국어상용 총력전'을 펼치겠다고 했다.[124] 둘째, 군 참모장은 무적자(無籍者)가 징병제의 큰 걸림돌이라고 했다. 무적자가 없도록 해야 한다는 군의 요구는 정책에 반영되었다. 조선총독부는 1942년 10월 15일에 '기류령'을 실시했다. 기류령이란 "국민이 현재 사는 곳을 명확히 하는 제도"였다. 또한 1943년 2월부터 3월까지 징병 예상자에 대해서 '호적 및 기류 일제조사'를 했다. 셋째, 군 참모장의 발언에서 '제1회 조선체력검사'는 청년의 체력만이 아니라 청년의 '사상 동향'도 함께 조사했다는 것을 알 수 있다.

패전이 눈앞에 다가왔어도 일제는 조선인의 체력을 관리하고 통제할 의지를 보이면서 1945년 3월 24일에 '조선체력령'을 공포했다.[125] 조선체력령은 일본에서 1940년 9월에 시행한 국민체력법과 취지가 같았다. 조선체력령에 따르면 26세 미만의 남자와 20세 미만의 여자는 모두 체력관리 대상이었다. 이들에게 체력검사를 하고 '체력수첩'을 주어 질병 치료와 체력증강에 힘쓰게 할 것이라고 했다.[126] "모든 대상자를 다 할 수는 없고 먼저 공장과 사업장 그리고 학생의 체력검사를 하겠다"라고 했

---

121) 신문에서도 다음과 같은 기사를 실었다. "(체력)검사는 여러 가지 각도로 실시되었는데 부분적으로 보든지 종합적으로 보든지 산업전사로서 충후에서 훌륭한 활동을 할 수 있음은 물론이고 총칼을 들고 황국신민으로서 전선에 나가면 무훈을 세우기에 충분한 체력을 가지고 있는 것을 알게 되었다"(「튼튼한 반도 청년들, 체력검사의 결과로 우수한 실력 판명」, 『매일신보』 1942.05.10).

122) 「半島青年の裸像, 第一回 青年體力檢査の綜合戰果を聽く」, 『國民新報』 1942.04.12.

123) 『半島の光』 58호, 1942.9, 32쪽.

124) 「국어상용 총력전」, 『매일신보』 1942.08.06.

125) 「조선체력령」(1945년 제령 제5호), 『조선총독부관보』 1945.03.24.

126) 「必須 인적요소 하립, 조선에 체력령 公布」, 『매일신보』 1945.03.24

다.[127] 그러나 그마저도 실행하지 못했다.

III. '건민건병', 건강주간과 건민운동

1. 건강주간, 국민건강주간, 국민건강증진운동

중일전쟁 뒤부터 일본은 예전보다 국민의 체력에 신경을 더 썼다. 국민이 건강해야 생산력도 높아지고 군대도 강해질 수 있기 때문이다. 육군성에서는 젊은이들의 체력이 떨어져서 징병검사 결과가 나빠지고 있다고 주장했다. 일본에서는 징병검사 결과가 청장년에 관한 유일한 전국적 신체검사 통계였다. 그 통계를 총괄하는 육군이 국민 체위가 낮아졌다고 하자 커다란 사회적 반향이 생겼다.[128] 일본 육군성은 국민의 체위를 향상시켜야 한다는 사회 분위기를 만들었다. 일본은 1938년에 후생성을 만들어 전쟁 수행에 필요한 인적 자원을 육성하려는 '보건국책'을 시행했다.[129] 후생성은 1938년 5월 17일부터 23일까지 건강주간을 설정하여 국민의 신체와 건강에 개입했다. 일본의 건강주간은 "국민의 건강을 증진하고 체위를 향상하게 하여 인적 자원의 충실을 꾀하는 것"이 목표였다.[130]

---

127) 「남 26세 여 20세 미만 법령으로 검사지정, 첫해는 공장 학교 방면에 관리실시」, 『매일신보』 1945.03.25.
128) 高岡裕之, 「戰爭と'体力': 戰時厚生行政と靑年男子」, 阿部恒久, 大日方純夫, 天野正子編, 『男性史(2): モダニズムから總力戰へ』, 日本経済評論社, 2006. 179쪽.
129) 下西陽子, 「戰時下の農村保健運動: 全國協同組合保健協會の健民運動対応を中心に」, 赤澤史朗 外, 『戰時下の宣伝と文化』, 現代史出版, 2001, 215쪽.

다음은 조선에서 발행하는 신문에도 실린 일본의 건강주간 포스터다.

〈그림 12〉『조선신문』 1938.05.07.

〈그림 12〉는 후생성과 국민정신총동원중앙연맹이 주최한 일본의 '제1
회 건강주간' 포스터다. "마음도 몸도 튼튼하게"라는 표어를 적었다. "햇
볕에 말리고 햇볕을 쬐어라. 모두 다 체조, 힘써 걷자. 흰쌀을 그만두고
주식을 개선해야 한다"라고 했다.

---

130)「健康週間 實施」, 『매일신보』 1938.04.08;「健康週間」, 『경성일보』 1938.04.07. 일본
에서 건강주간 그 자체는 1930년 무렵부터 시작했지만, 1938년에는 국민정신총동원
운동의 일환으로 강조했다. 건강주간은 1940년이 되면 '건강증진운동'이라는 이름으
로 바뀐다(高岡裕野之,「戰爭と健康」, 村一夫・北澤一利・田中 聰・高岡裕之・柄本
三代子, 『健康ブームを讀み解く』, 靑弓社, 2003, 168쪽. 다카오카 히로유키(高岡裕
之),「전쟁과 건강: 근대 '건강 담론'의 확립과 일본 총력전 체제」, 『당대비평』 29,
2004, 343쪽.

일본에 호응하여 식민지 조선에서도 1939년부터 건강주간을 실시했다. "총후의 전투력을 기르고 일할 힘을 갖추게 하는 것"이 목적이었다.[131] '결핵예방데이'처럼 부분적으로 실시하던 것을 그만두고 체위향상을 위한 여러 활동을 한데 묶어서 건강주간으로 확대한다고 했다.[132]

건강주간은 1940년에 국민건강주간으로 이름을 바꾸었다.[133] 다음 사진과 포스터를 보자.

〈그림 13〉『동아일보』 1940.05.02. 〈그림 14〉『매일신보』
1940.04.21.

〈그림 13〉은 남대문에 건 국민건강주간 선전 간판이다. 국민건강주간과 아동애호주간이 겹쳤기 때문에 왼쪽에 아동애호라는 말도 함께 적었다. 오른쪽에 '건강보국'이라는 글씨도 보인다. '건강보국'이라는 말은 일본에서 1938년 5월 건강주간 때에 생겼다. '건강보국'이라는 말에는 개인의 건강은 국민의 의무이며 병자와 장해자는 비국민이라는 인식이 담겨

131)「全朝鮮 官民을 總動 體位 向上에 大進軍 五月에 健康週間을 實施」,『매일신보』 1939.04.15.
132)「體位向上: 保健へ大行進」,『부산일보』 1939.04.16.
133) 1940년 국민건강주간은 5월 2일부터 8일까지였다.「건강제일 體力報國에, 5월 2일부터 國民健康週間」,『매일신보』 1940.04.14.

있다.[134] 다음 글은 '건강보국'의 논리를 보여준다.

> 총력전하에서 개인의 자유로운 행동으로 자신의 체질을 악화시키
> 고 건강을 파괴하는 것은 국민으로서 악덕이며 죄악이다. 왜냐하면
> 건강하지 못하다면 직역봉공(職役奉公)을 하지 못할 뿐만 아니라 다
> 른 사람의 손을 빌려서 생활하지 않으면 안 되기 때문이다. 이런 사람
> 의 존재는 국민의 총력 셈법으로 본다면 플러스의 존재가 아니라 마
> 이너스의 존재이다.[135]

"인적 자원의 확보는 건강증진으로부터"[136] "비상시에 튼튼한 체력을
갖추는 것은 국가의 자랑."[137] 국민건강주간 때 그러한 표어를 내걸었
다. 또한, 국민건강주간을 맞이하여 모든 사람은 건강이 으뜸이라는 것
을 깨닫고 '체력보국'과 '건강보국'에 힘써야 한다고 했다.[138] 신문에서는
"우리의 몸이 '나의 몸'이 아니라 '나라의 몸'으로서 가장 귀중한 자원인
것을 터득시키는 것"이 국민건강주간의 가장 큰 목표라고 해설했다.[139]
〈그림 14〉는 조선총독부와 각 도가 주최하여 5월 2일부터 8일까지 국
민건강주간을 실시한다는 포스터다. "만들자 자신 있는 몸을"이라고 적
었다. 이 국민건강주간 때에 ① 심신 단련운동. ② 환경위생 개선운동.

---

134) 藤野豊,『強制された健康, 日本ファシズム下の生命と身体』, 吉川弘文館, 2000, 25
～26쪽.
135) 「まづ健康」, 조선총독부정보과,『通報』115호, 1942.05.01, 2쪽.
136) 「시중을 물드린 '국민건강주간' 선전색」,『매일신보』1940.05.01.
137) 「꿋꿋한 체력은 국가의 자랑」,『매일신보』1940.04.21. 다음 글은 '국민의 건강의무'
를 지적했다. "종래에는 건강하다는 것이 자기와 가족의 행복이라고 생각했다. 자기
의 불건강은 국민으로서 도리를 다한 것이 아니라는 생각은 없었다. 건강을 기뻐하
고 감사하면서 날마다 생업보국의 정성을 다하는 것이 국민으로서 당연한 의무라고
생각한다"(梅澤慶三郎, 「朝鮮に於ける體力向上問題」,『朝鮮』281호, 1938.10, 92쪽).
138) 「건강제일 체력보국에, 5월 2일부터 국민건강주간」,『매일신보』1940.04.14; 「만들자!
자신있는 몸을!, 총후대중을 총동원 건강보국에 매진」,『매일신보』1940.05.02.
139) 「건싱무산노 오늘부터」,『조선일보』1940.05.02.

③ 모성유유아 보호운동. ④ 결핵예방운동. ⑤ 성병예방운동. ⑥ 소화기 전염병예방운동. ⑦ 근시와 충치 예방운동. ⑧ 공중위생도덕 향상운동을 해야 한다고 했다.[140] 따로따로 하던 건강 캠페인을 국민건강주간에 한꺼번에 진행했다. 국민건강주간 때 각 지역에서는 경찰서 위생계가 중심이 되어 위생 사상을 보급하고 '보건생활'에 대한 계몽활동을 했다.[141] 다음은 국민건강주간과 같은 시기에 진행했던 아동애호주간 포스터이다.

〈그림 15〉 『조선일보』 1940.05.02;
『매일신보』 1940.05.02.

〈그림 15〉에서 "나라의 보배"인 갓난아이가 일장기를 들고 있다. 아이의 몸은 '국가의 몸'이라는 것을 상징한다.

---

140) 「국민건강주를 실시」, 『동아일보』 1940.04.14; 「病魔征服의 炬火, 官民一致, 撲滅大進軍, 國民健康週間中諸行事決定」, 『매일신보』 1940.04.21.
141) 「국민건강주간」, 『조선일보』 1940.05.01; 「국민건강주간 수원에서 실시」, 『동아일보』 1940.05.04.

1941년에는 4월 28일부터 30일까지 3일 동안 국민건강증진운동을 했다.[142] 그러나 기간을 줄이고 이름만 바꾸었을 뿐, 이전의 건강주간 또는 국민건강주간과 크게 다르지 않다.[143] 다음은 국민건강증진운동 무렵에 잡지에 실린 삽화다.

〈그림 16〉『신시대』 1권 4호, 1941.4, 158쪽.

전신주 옆에 '건강보국'이라는 선전 간판이 있다. 할아버지가 체력을 향상하려고 맨발로 달리기 운동을 한다. 이 삽화는 체위향상에 대한 강박관념을 전파한다.

2. 건민운동과 건민수련소

국민건강주간이나 국민건강증진운동은 1942년에 건민운동으로 확장

---

142) 「체위향상의 礎石으로 국민건강증진운동 來28일부터 全朝鮮에 실시」, 『매일신보』 1941.04.16.

143) 일본에 발맞추어 조선에서도 1941년에 건강증진운동을 했다. 그러나 일부 지역에서는 1940년과 똑같이 건강주간행사를 했다는 기사도 있다(「健康'へ飛躍, 各地の健康週間行事」, 『조선신문』 1941.04.30).

되었다. 왜 식민지 조선에서 건민운동을 시작했을까. 일본에서 건민운동이 등장하게 된 배경부터 살펴보아야 한다. 일본에서는 1941년 7월에 고이즈미 치카히코(小泉親彦)가 후생대신이 되면서 훨씬 더 체위와 체력을 강조했다. 육군 군의(軍醫) 중장(中將)이었던 그는 육군성 의무국장일 때부터 국민체력을 증강해야 한다고 주장했다. 그때 고이즈미는 체력을 다음과 같이 정의했다.[144]

체력이란 무엇인가. 첫째 형태적 체력인데 보기를 들면 일반적으로 체격(體格)이라든가 체위(體位)라든가 하는 것으로 신장, 체중, 흉위(胸圍), 질병의 유무, 사망률이라고 말하는 것, 둘째, 기능적인 능력으로 보통 생산능력, 노동능력, 작업능률을 일컫는 단어로 표시되는 능력. 셋째 정신적 능력, 이 세 개를 종합한 능력을 체력이라고 한다.[145]

중일전쟁 무렵부터 고이즈미는 국민이라면 모름지기 징병에 합격할 만한 체력을 갖춰야 한다고 했다.[146] 그러려면 자유주의의 해독(害毒)에서 벗어나 일본 국민의 기백을 살려야 한다고 했다. 고이즈미는 무도정신을 기초로 한 운동경기를 장려하고, 몸과 마음을 단련해서 장기전에

---

144) 고이즈미는 처음에는 '체위'라고 했지만, 나중에 '체력'이라고 바꾸었다(다카오카 히로유키(高岡裕之), 「전쟁과 건강: 근대 '건강 담론'의 확립과 일본 총력전 체제」, 『당대비평』 29, 2004, 142쪽).

145) 小泉親彦, 「國民體力の現狀を述べ國民の奮起を望む」, 國民精神總動員中央聯盟, 1938, 9쪽. 이 자료는 일본의 국민정신총동원중앙연맹이 1937년과 1938에 발행한 여러 자료를 묶은 책 안에 있다. 국립중앙도서관 디지털컬렉션에서 未次信正 著, 『長期戰と國民の覺悟. 第2卷』, 1937이라는 제목을 검색하면 그 책을 볼 수 있다. 고이즈미가 내세웠던 체력 개념은 식민지 조선에도 널리 받아들여졌다. 다음과 같은 주장이 그 보기다. "체력은 단순히 기계적 활력만을 뜻하는 것이 아니다. 형태적 체력, 기능적 체력, 정신적 체력, 이 세 가지를 모두 합친 것이다"(이학송, 「징병제와 체력문제」, 『춘추』 1942.9, 23~25쪽).

146) 고이즈미에 따르면 기능적인 능력 또는 활동력의 측면에서 보면 징병에서 갑종으로 합격할 만한 우량한 장정은 100명 가운데 8명 정도에 지나지 않았다(小泉親彦, 「國民體力の現狀を述べ國民の奮起を望む」, 國民精神總動員中央聯盟, 1938, 13쪽).

대비해야 한다고도 했다.[147] 이와 같은 고이즈미의 '체력 이데올로기'는 '인적 전력(戰力)' 강화만을 목표로 삼는 전체주의 사상이었다.[148] 고이즈미는 건민이라는 말을 만들었으며 '건민 즉 건병'이라는 표현을 아주 좋아했다. 그가 후생대신에 취임한 뒤부터 '건병건민'이라는 말이 매스컴에도 퍼졌다. 후생성이 벌이는 갖가지 운동에 '건민'이라는 말이 앞머리를 장식했다.[149]

일본은 1941년 12월에 태평양전쟁을 일으키면서 국민의 신체를 관리하는 정책을 강화했다. 일본 후생성은 1942년 5월에 "대동아전쟁을 완수하기 위해 황국민족의 영원한 젊음과 건강을 유지하자"면서 건민운동을 시작했다.[150] "활력이 넘치는 우량하고 건전한 국민이 다른 나라보다 압도적으로 풍부해야 한다"라고 했다.[151] 일본의 건민운동은 1942년 4월에 후생성 인구국이 결정했던 「건민운동실시요강」에 뿌리를 둔 관제운동이었다. 그 요강에 따르면, 건민운동의 취지는 "성전의 목적을 이룩하기 위해서 인구증식과 인구의 자질을 향상시킨다"는 것이었다. '황국 민족 정신'의 앙양, 출생 증가와 결혼의 장려, 모자보건의 철저, 체력의 연성, 국민생활의 합리화, 결핵과 성병의 예방 박멸 등을 건민운동의 과제로 내걸었다.[152] 건민운동에서는 "스스로 건강에 유의하고 체력향상을 꾀

147) 小泉親彦, 「國民體力の現狀を述べ國民の奮起を望む」, 國民精神總動員中央聯盟, 1938, 17~21쪽.
148) 高岡裕之, 「戰爭と'体力': 戰時厚生行政と靑年男子」, 阿部恒久, 大日方純夫, 天野正子編, 『男性史(2): モダニズムから総力戦へ』, 日本経済評論社, 2006. 183쪽.
149) 다카오카 히로유키(高岡裕之), 「전쟁과 건강: 근대 '건강 담론'의 확립과 일본 총력전 체제」, 『당대비평』 29, 2004, 347쪽.
150) 桜本富雄, 『玉砕と国葬: 1943年5月の思想』, 開窓社, 1984, 9쪽.
151) 厚生省人口局 編, 『健民運動』, 1942, 1쪽. 新村拓, 『医療と戦時下の暮らし: 不確かな時空を生きる』, 法政大學出版局, 2022, 223쪽.
152) 厚生省人口局 編, 『健民運動』, 1942, 14~15쪽. 藤野豊, 『強制された健康, 日本ファシズム下の生命と身体』, 吉川弘文館, 2000, 9쪽.

하는 일은 황국민의 당연한 책무"라면서 국민의 자각을 강조했다. 또한, 건민운동을 '향상적'으로 해야 한다고 했다. 그러나 건민운동의 실제 내용은 예전의 건강 캠페인과 큰 차이가 없었다.[153]

식민지 조선에서도 1942년 5월에 건민운동을 시작했다. 건민운동이란 "징병제 실시를 앞두고 그동안 개별적으로 진행했던 갖가지 운동을 종합적으로 발전시켜 국민을 연성(鍊成)하는" 것이었다.[154] '건민'이라는 말은 매우 낯선 '시국어'였다. 이 '시국어'를 알기 쉽게 해설했던 그때의 글을 요약해 보자.

> 대동아전쟁을 승리하려면 인구가 많아야 한다. 또한 지도국민이 될 소질을 향상해야 한다. 따라서 일본 후생성에서는 황국민족의 영원한 젊음과 건강을 확보하기 위하여 1942년 5월 1일부터 전국적으로 건민운동을 일으켰다. 1942년 4월 9일의 차관회의에서 제안하여 정식으로 결정된 '건민운동'이라는 이름은 종래 부분적으로 행해지던 건강증진, 심신단련, 아동애호, 결핵박멸 등을 묶어 하나로 만들었다. '건민(健民)'이란 문자 그대로 건전한 사람으로 '건병(健兵)'의 '건(健)'과 같은 뜻이다.[155]

위에 인용한 글에서 '건민'을 '건전한 사람'이라고 해석한 것이 눈에 띈다. 건민이란 '건전한 사람'을 일컬으며 '건전한 황국민족'의 줄임말이라고 말할 수 있다.[156] "건전한 국민이라야만 훌륭한 제국군인이 될 수 있다."[157] "건민운동은 건강한 병정과 건전한 국민을 확보하는 것이 목표

153) 下西陽子, 「戰時下の農村保健運動: 全國協同組合保健協會の健民運動対応を中心に」, 赤澤史朗 外, 『戰時下の宣伝と文化』, 現代史出版, 2001, 225~226쪽.
154) 「건민건병 후생운동」(사설), 『매일신보』 1942.06.07.
155) 朝日新聞社 編, 『大東亞時局語』, 1944, 66쪽.
156) 정근식, 「식민지지배, 신체규율, '건강'」, 미즈노 나오키 외 지음, 『생활 속의 식민지주의』, 산처럼, 2007, 116쪽.

다."[158] 이와 같은 신문 기사에서 알 수 있듯이, "건전하다"라는 단어는 육체와 정신이 모두 건강함을 뜻했다.[159]

조선총독부는 1942년 5월 9일에 "1944년부터 조선에서 징병제도를 시행하겠다"라고 발표했다.[160] 이로써 "건민강병을 목표로 하는 건민운동"이 더욱 중요해졌다.[161] 체육도 건민강병을 목표로 삼았다.[162] "부름이 다가왔다. 몸은 좋은가." "결전이다. 정신력이다. 체력이다." 현상 모집에서 상을 탄 1943년 건민운동 표어는 징병제와 건민운동의 관계를 잘 보여준다.[163] 다음 광고도 그러하다.

〈그림 17〉『부산일보』 1942.05.25.

---

157) 「體位向上과 戰力增强에 夏期鍛鍊國民運動」,『매일신보』 1942.06.12.

158) 「훈풍의 5월을 택하여 전조선 건민운동 전개」,『매일신보』 1942.04.11.

159) 일본에서도 건민운동을 선전하면서 '건전'이라는 말을 다음과 같이 사용했다. "대동아전쟁에서 승리하고 대동아공영권을 확립하려면 질적으로 우수하고 건전한 일본인이 양적으로도 풍부해야만 한다."(大空社編輯部 編,『戰時下標語集』, 大空社, 2000, 370쪽).

160) 「조선에 징병제도 실시, 半島同胞에 최고 영예」,『매일신보』 1942.05.10.

161) 「건민강조운동」(사설),『매일신보』 1943.05.01.

162) 이상백, 「전시와 신체육이념」,『매일신보』 1942.05.31.

163) 「건민 표어 입상」,『매일신보』 1943.06.22.

〈그림 17〉에서 건민은 곧 건병이며, 건강을 지켜서 열심히 일해야 한다는 것을 이미지로 제시했다. 이 광고는 건민운동이 '건병'만이 아니라 생산력 증강이나 '국민개로(皆勞)'와도 관련이 있음을 보여준다.

국민총력조선연맹이 조선사회사업협회, 결핵예방협회조선본부, 조선체육진흥회 등과 제휴하여 1942년 5월 1일부터 5월 8일까지 '건민운동주간'을 실시했다.[164] 그 내용은 다음과 같다. 1일: 건민정신앙양일. 2일: 결핵예방일. 3일: 체력연성일. 4일: 성병예방일. 5일: 모성유유아보호일. 6일: 근시·충치예방일. 7일: 환경위생개선일. 8일: 대조봉대일.[165] 이러한 건민운동주간 행사는 네 영역으로 나뉜다. 첫째, 정신력을 강화하려는 건민운동이다. '건민정신앙양일'과 대조봉대일 행사가 그것이다. "튼튼한 몸으로 나라에 봉공"하기 위해 '건민정신'을 드높이라고 했다.[166] 건민운동은 "단순히 건강증진운동만이 아니라 황국민족정신을 앙양하도록 해야 한다"고 했다.[167] 또한, 미국과 영국에 선전포고한 1941년 12월 8일을 기념하는 '대조봉대일'에는 새롭게 결의를 다지자고 했다. 둘째, 보건과 의료의 건민운동이다. 결핵과 성병, 근시와 충치를 예방하거나 치료하고 환경과 위생에 관심을 기울이자고 했다. 셋째, 모성과 유유아 보호의 건민운동이다. 인구를 늘리려면 모성과 유유아를 보호해야 했다. 넷째, 체육과 운동으로 체력을 단련하자는 건민운동이다. 이제 각 영역의 건민운동을 하나씩 살펴보자.

---

164) 「훈풍의 5월을 택하여 전조선 건민운동 전개」, 『매일신보』 1942.04.11. 5월 초에 '건민운동주간'을 했고 8월 1일부터 20일까지 '하기단련국민운동'을 했다. 이때에는 라디오 체조, 수영, 야외 천막생활, 배를 젓는 법 등 여름철에 알맞은 훈련을 하도록 했다(「체위향상과 전력증강에 夏期단련 국민운동」, 『매일신보』 1942.06.12).

165) 「체력 鍊成에 총력전, 경기도의 건민운동실시방침 결정」, 『매일신보』 1942.04.16.

166) 「경기도의 행사」, 『매일신보』 1942.05.01.

167) 「전쟁생활의 철저, 皇國民族精神을 昂揚」, 『매일신보』 1943.04.10.

먼저 '보건과 의료의 건민운동' 가운데 결핵예방 건민운동 포스터를
보자.

〈그림 18〉『매일신보』 1942.05.01;
『부산일보』 1942.05.01.

"통계에 따르면 중일전쟁 4년 동안의 일본군 전사자와 거의 같은 수의
일본 청년 남녀가 해마다 결핵으로 목숨을 잃고 있다."[168] 언론에서는
식민지 조선도 1930년대부터 40만 명의 환자가 있고, 연간 4만 명이 사
망한다고 추정했다.[169] 그만큼 결핵은 심각했다. 예전에도 '결핵예방주
간' 행사가 있었지만, 이제 건민운동으로 통일되었다.[170] 〈그림 18〉에서
일장기 머리띠를 두른 사람은 살갗이 구릿빛이다. 그는 태양을 그려 넣
은 '결핵 예방' 깃발을 들었다. 이 포스터는 '보국의 열정과 힘'으로 일광

---

168) 「時事解說, 健民運動」, 조선총독부정보과, 『通報』 115호, 1942.05.01, 10쪽.
169) 최규진, 『이 약 한번 잡숴봐!: 식민지 약 광고와 신체정치』, 서해문집, 2021, 204쪽.
170) 「아동을 중심으로 건민운동 일제 전개」, 『매일신보』 1942.05.01.

욕을 하여 결핵을 예방하라는 메시지를 전한다. 그 무렵 매체에서는 "일광욕을 하여 결핵에 대한 저항력을 강하게 하라"고 선전했다.[171]

다음으로 아동애호 건민운동 포스터를 보자.

〈그림 19〉 포스터. 출처: 국립민속박물관.　　〈그림 20〉『매일신보』1942.04.22.

〈그림19〉에서 "길러라 체력, 흥아의 체력", "이 아이가 앞으로 국가를 지킨다"라고 적었다. 입술과 볼이 발그레하고 토실토실한 '건아(健兒)'가 '대동아공영권'을 거머쥐었다. 〈그림 20〉에서 비행기가 하늘을 난다. 전투모를 쓰고 거수경례하는 어린이 가슴에는 일장기가 있고 어린이는 튼실하다. 이전의 아동애호주간 때 표어 그대로 "굳세게, 바르게, 귀엽게"라고 적었다. 뻗어나가는 일본의 앞날은 어린이의 건강에 달려있다는 표어도 적었다. 이 포스터에서 "건아는 건민의 초석"이다.[172] 아동애호 건민운동 때에는 "적령기에 결혼해서 아이를 많이 낳도록 장려하기 위해" 매일신보사와 경성일보사가 공동 주최하는 우량유아심사표창도 했

---

171) 「건민은 강병의 초석」, 『매일신보』1943.04.18.
172) 「健兒는 健民의 礎石, 총독부서 育兒 '카렌다'를 무료 배부」, 『매일신보』1942.05.08.

다.[173] 다음 그림은 우량유아표창회와 건민운동이 제시하는 우량아의 모습이다.

〈그림 21〉『경성일보』 1939.04.20. 〈그림 22〉『매일신보』 1942.12.23; 『경성일보』 1942.12.24; 『황민일보』 1942.12.27.

매일신보사와 경성일보사가 공동주최 한 우량유아표창회라는 '미디어 이벤트'는 1939년에 시작해서 1943년 제5회 대회까지 이어졌다. 〈그림 21〉은 제1회 대회 때의 포스터다. 이 포스터는 우량아가 '건병'이 된다는 메시지를 전달한다. 〈그림 22〉는 총독부에서 배포한 '육아월력(育兒月曆)' 사진이다. 건민운동만으로는 육아지식을 보급하는 데 한계가 있어서 육아달력을 만들었다고 했다.[174] 총독부에서는 육아달력 3만부를 인쇄하여 출생신고를 하는 가정에 무료 배포했다. "조선은 내명년도(1944년: 인용자)부터 드디어 징병제를 실시하므로 튼튼한 아기를 길러 나라에 바치자면 아기 기르는 지식을 철저히 향상해야" 하기 때문에 육아달력

173)「아동을 중심으로 건민운동 일제 전개」, 『매일신보』 1942.05.01.
174)「健兒는 健民의 礎石, 총독부서 育兒 '카렌다'를 無料配布」, 『매일신보』 1942.05.08.

을 배포한다고 했다.175) 이 달력은 "어머니에게 올바른 육아 지식을 알려서 '건민건병'을 이루게 하는" 것이 목적이었다.176) 그러나 이 육아달력은 유아의 사망과 질병의 책임이 전시의 궁핍한 생활 때문이 아니라 어머니의 무지와 소홀 탓이라는 '도덕적 협박'을 내포한 것이기도 했다.177)

1943년에는 건민, 건병, 건아의 연장선에서 '건모'(健母)라는 개념이 등장했다.178) 신문에서도 건모라는 말을 즐겨 썼다. 보기를 들면, 1943년 4월에 실시한 여자체력장이란 "건모건병으로 국가에 봉공하기 위한 제도"라고 보도했다.179) 부인약 광고마저도 '건모'를 만드는 약, 또는 '건모건병(健母健兵)'을 내세웠다. 다음은 그 광고다.

<그림 23> 『춘추』 1943.6, 76쪽.

<그림 24> 『국민문학』 4권 12호, 1944.12, 93쪽;
『신시대』 5권 2호, 1945.2, 2쪽;
『매일신보』 1944.12.02.

175) 「애기 기르는 法, 育兒月曆三萬部를 無料配布」, 『매일신보』 1942.12.23.
176) 「育兒ごよみ, 育てませう健民, 初生兒出産家庭へ贈物」, 『경성일보』 1942.12.24.
177) 안태윤, 「일제하 모성에 관한 연구」, 성신여자대학교 박사학위논문, 2001, 115쪽. "1938년 조선에서 출생아가 79만 3천 명인데 유아 사망 수는 8만 명으로 열 명 가운데 한 명은 한살이 못되어 죽는 셈이다. 이처럼 많은 젖먹이가 애처롭게 죽는 대부분이 어머니들이 아이 기르는데 지식이 전혀 없기 때문이다"고 했다(「健兒는 健民의 礎石, 총독부서 育兒 '카렌다'를 무료배부」, 『매일신보』 1942.05.08).
178) 정근식, 「식민지지배, 신체규율, '건강'」, 미즈노 나오키 외 지음, 『생활 속의 식민지주의』, 산처럼, 2007, 120쪽.
179) 「여자체력장 제정, 4월부터 全鮮여자중등교에 調査」, 『매일신보』 1943.03.20.

〈그림 23〉은 '건모'를 헤드카피로 내세운 '부인병' 약 광고다. 몸뻬를 입고 방공훈련을 하는 '건모'를 그렸다. 〈그림 24〉는 건강한 어머니가 건강한 병사를 낳는다는 뜻에서 '건모건병'이라고 적었다. 이 광고에도 방공훈련을 하는 여성이 있다. "건병은 건모에서"180) 이것이 '건모건병'을 나타내는 표어였다. 그러나 건민운동 때 처음으로 '건모건병' 이데올로기가 나타난 것은 아니다. 다음 광고를 보자.

〈그림 25〉 『경성일보』 1932.02.10.

〈그림 25〉는 만주사변 뒤의 부인약 광고다. "강하게 낳아서 강하게 기르자"라면서 광고 문안에 '건전한 모체'라고 적었다. 이 광고가 '건모건병'의 이데올로기를 담고 있음을 그림만 보아도 알 수 있다. '건모건병'

---

180) 「健康한 어머니 되라, 釜山港 高女生 耐寒 鍊成」, 『매일신보』 1943.01.25.

이데올로기는 파시즘의 등장과 관계가 깊었다. 다른 보기를 더 들자. 일제는 1940년에 '체육 신체제'를 내세울 때도 "건전한 모체를 만들어 자녀의 생육을 잘하도록 해야 한다"라고 했다.[181] 이처럼 이전에도 일제는 '건모'를 강조했었다. 그러나 건민운동 때 아주 선명하게 '건모건병'을 제시해서 "여성이란 병사를 생산하는 존재"라고 규정했다.

"건모라는 개념이 등장하면서 이상적인 여성상이 1920년대의 양처현모에서 1943년에는 건모로 전환했다"라는 주장이 있다.[182] 그러나 좀 더 신중하게 판단해야 한다. 그 무렵 신문에서는 '건모'란 "튼튼하고도 씩씩한 현모양처"라고 해설했다.[183] '건모'를 강조할 때조차도 현모양처의 논리를 유지했다는 뜻이다. 대일본부인회 조선본부에서는 "늠름한 체격으로 튼튼한 아기를 하나라도 더 많이 낳아야 한다"라면서 분회마다 '건민주임'을 두기도 했다.[184] 그러나 건모는 육체적인 건강만을 뜻하지는 않았다. "군국의 여성이 되려면 육체의 건강 못지않게 정신의 건강 즉 일본정신도 중요하다"라고 했다.[185] '건모건병'의 논리에 따르면 "건민이란 육체가 건강하고 정신이 강건(强健)하며 생식능력이 왕성한 국민이다."[186]

건모는 국방적 관점에서만이 아니라 산업적 관점에서도 중요했다.[187]

---

181) 「반도체육의 신체제 좌담회」(3) 『매일신보』 1940.10.13. 체육의 신체제란 전력증강을 위한 체육정책이며 국방을 위해 인적 자원의 '소질'을 향상시키는 것이 목적이었다 (「반도체육의 신체제 좌담회」(1), 『매일신보』 1940.10.11).
182) 정근식, 「식민지지배, 신체규율, '건강'」, 미즈노 나오키 외 지음, 『생활 속의 식민지주의』, 산처럼, 2007, 120쪽.
183) 「健康한 어머니 되라, 釜山港 高女生 耐寒 鍊成」, 『매일신보』 1943.01.25.
184) 「六萬名의健民主任 大日本婦人會各分會마다配置키로」, 『매일신보』 1943.06.25.
185) 「영광스런 徵兵制度實施를 앞두고 半島母性의 決意는 굳다, 역사에 남을 여성이 되자」, 『매일신보』 1942.05.13.
186) 최의영, 「건민운동과 결핵」, 『신시대』 3권 6호, 1943.6, 130쪽.

다음 글은 그 내용을 보여준다.

> 인구증강(人口增强)의 일환으로 모성보호 인식에 발전이 있었다.
> 이 모성보호에는 인구증강이라는 장래의 문제뿐만 아니라 여성 노동
> 력 증강이라는 목표가 있었다. 모성보호를 '산업 의학적' 견지에서 접
> 근해야 한다.[188]

마지막으로 체력단련 건민운동 포스터를 보자. 건강을 지키고 체력을
단련하려면 어떤 운동을 해야 할까. "체조, 도보(徒步), 등산, 집단근로작
업 등을 하며 체육과 무도(武道)를 하라"고 했다.[189] 포스터에는 어떤 운
동이 등장할까.

〈그림 26〉 포스터. 출처: 국립민속박물관.

〈그림 27〉 삽화. 『신시대』 1권 1호,
1941.1, 276쪽.

---

187) 체위향상을 국민복지 측면, 국민교육 측면, 국방 측면, 산업 측면에서 바라보아야
한다는 주장이 있었다. '국민복지 측면'이란 국민보건위생에 관련된 문제이고 '국민
교육 측면'이란 무도·교련·체육을 통해서 일본정신과 국체정신을 함양하는 문제
였다. '국방 측면'이란 전력 증강을 위한 국방 체육을 실행하는 문제이며 '산업적 측
면'이란 체위를 향상하여 생산력을 확대하는 문제였다(堂本敏雄, 「四觀點より觀た
る時局下國民體力向上の問題」, 『朝鮮』 291호, 1939.8, 60쪽).
188) 이규엽, 「전력증강과 모성보호」, 『신시대』 5권 1호, 1945.1. 32~33쪽.
189) 「건민은 강병의 초석」, 『매일신보』 1943.04.18.

〈그림 26〉 건민운동 포스터에서는 "넘치는 건강, 나라의 힘"이라는 표어를 적었다. 여자 어린이가 라디오체조를 하는 것으로 보인다. 라디오체조란 라디오로 방송하는 음악과 구령에 따라 하는 체조다. 여러 체조 가운데 왜 라디오체조라고 짐작하는가. 일제가 '건민수련'으로 라디오체조를 하게 했기 때문이다.[190] 또한, 〈그림 27〉도 중요한 근거가 된다. 〈그림 27〉은 라디오체조를 설명하는 여러 그림 가운데 한 컷이다. 방향만 다를 뿐 〈그림 26〉과 〈그림 27〉은 그 동작이 똑같다. 다음 만화와 포스터도 더 보자.

〈그림 28〉「소화 17년 반도 총후 1년」, 『매일신보』 1943.01.01.

〈그림 29〉 조선총독부정보과, 『通報』 115호, 1942.05.01, 33쪽.

〈그림 28〉은 1942년 5월 1일부터 건민운동을 시작했다는 만화다. 가족이 라디오체조를 하는 것을 그렸음이 확실하다. 〈그림 29〉는 1942년 건민운동 포스터다. "전승이다. 개로(皆勞)다. 건강이다"라는 표어를 적었

---

190) 「건민 수련에 총궐기, 오늘부터 방방곡곡에서 라디오 체조」, 『매일신보』 1943.07.22.

다. 전쟁에서 이기려면 모든 사람이 열심히 일하고 건강해야 한다는 뜻이다. 여러 사람이 함께 체조하는 모습처럼 보인다. 맨 앞의 지도자를 따라 아침 일찍 여럿이 모여 라디오체조를 하는 것으로 보아도 큰 무리가 없다. 다음 사진을 보면 그 사실을 알 수 있다.

〈그림 30〉『매일신보』 1943.07.22.

〈그림 30〉은 라디오체조를 하면서 '건민수련'을 하는 사진이다. "해가 떠오를 무렵에 사람들이 모여 확성기에서 울려 나오는 라디오에 맞추어 라디오체조를 한다."[191] '건민운동의 제일선(第一線)'인 라디오체조는 맹주 일본이 '대동아공영권'의 영역을 점검하고 확인하는 일이기도 했다. 일본 잡지에 실린 다음 글은 그 내용을 담고 있다.

> 대동아에서 일제히 라디오가 외친다, 하나, 둘, 셋. 필리핀과 홍콩에서도 그리고 자바, 괌, 버마(미얀마)에서도. 지금 라디오체조는 내지와 똑같이 건민운동의 제일선에 있다. "떠오르는 아침 해를 맞으며 ……" 맹주(盟主) 일본에서 방송되는 낭랑한 라디오 체조의 노랫소리

---

191) 「건민수련에 총기립, 오늘부터 방방곡곡에서 라디오 체조」, 『매일신보』 1943.07.22.

는 이 광대한 공영권의 각 지역을 묶어준다. 바야흐로 문자 그대로 대동아가 하나 되어 힘차게 체육훈련을 펼치고 있다.[192]

다음 그림에서는 검도를 이용해서 건민운동을 선전한다.

<그림 31> 포스터. 출처: 국립민속박물관.

<그림 32> 광고. 『문화조선』 4권 4호, 1942.7, 도판.

<그림 31>에서는 "건강은 백만의 우군"이라는 표어와 함께 검도를 하는 소년을 그렸다. '건병건민'이라는 건민운동의 핵심 표어를 붉은 글씨로 강렬하게 썼다. 황해도에서 이 포스터를 배포했다. 이 포스터와 관련해서는 다음 신문 기사가 도움이 된다.

황해도에서는 무도의 진흥에 관하여 항상 노력하고 있다. 그런데 지금의 정세는 더욱 무도를 장려하여 국민이 일상생활에 일본적 기백

---

192) 早川タダノリ, 『神國日本のトンデモ決戰生活』, 合同出版, 2011, 110쪽(하야카와 타다노리 지음·송태욱 옮김, 『신국 일본의 어처구니없는 결전생활』, 서커스, 2019, 195쪽).

을 구현시키는 것이 절실하다. 따라서 오는 5월 1일부터 실시하는 건
민운동의 일환으로 도내 각지에서 일제히 무도 행사를 실시하여 사기
를 고무하여 전력 증강을 꾀하고자 한다.[193]

　이미 무도는 1939년부터 준정과(準正科)로서 5학년 이상 남아에게 매
주 30분씩 2번 실시하고 있었다. 교육 당국에서는 "검도나 유도는 무사
도 정신, 곧 일본정신을 일깨우며 전장(戰場)에서 효용가치가 있다"라고
하여 무도 교육을 강조했다.[194] 〈그림 32〉는 검도를 주제로 삼은 약 광
고다. "만들어라 체력, 무릅써라 시국"이라고 적었다. 이 약 광고는 건민
운동을 주요한 소재로 삼았다.
　다음 그림에서 보듯이 건민운동은 걷기도 강조했다.

〈그림 33〉 김주홍, 「명랑한 金山일가」 가운데 한 컷.　　〈그림 34〉『매일신보』 1941.07.18.
　　　　『半島の光』 58, 1942.9, 16쪽.

　〈그림 33〉에서 노인이 건민운동 포스터를 가리키며 애국반 반원에게

---

193) 「武道鍊成 적극 실시, 건민운동의 일환으로 황해도 各地서」, 『매일신보』 1943.04.28.
194) 최규진, 「전시체제기 '멸사봉공'의 신체, 일본정신과 무도(武道)」, 『역사연구』 44, 2022,
　　219~222쪽.

걷는 운동을 하라고 권유한다. 실제로 건민운동 때에 직장이나 마을에서 '강보회(强步會)'를 만들어 함께 걷기운동을 하라고 했다.[195] 따라서 〈그림 33〉 속의 포스터가 실제로 있었을 확률이 매우 높다. 〈그림 33〉 속의 포스터는 건민운동 이전에 나온 〈그림 34〉 포스터와도 비슷하다. 〈그림 34〉는 경기도 위생과와 경기도 결핵예방협회에서 배포한 포스터다. 이 포스터에서는 체위향상을 위해 "일광욕을 하고 대지를 걸으라"고 했다. 전염병을 예방하려면 평소에 체력을 키워야 한다는 뜻이다. 이때의 "체위향상이란 곧 국방력 또는 전투력의 향상"을 뜻하기도 했다.[196]

1944년에는 건민운동 행사를 하지 않았다. "건민운동은 어느 때나 늘해야 하니까 5월 초에만 하는 건민운동은 이제 하지 않는다"라고 했다.[197] 전황이 급박해지자 "전력증강과 관계가 없는 급하지 않은 행사는 폐지한다"라는 방침에 따라 건민운동 행사를 하지 않았던 것으로 보인다.[198] 그렇지만 건민운동 그 자체는 사라지지 않았다. 보기를 들면, 1944년 부인의 '생활 전력화(戰力化)운동'에 건민운동도 포함되었다.[199] 또한, 청소년 건민정책에 따라 1944년 말에 조선에도 건민수련소를 만들었다.[200] 건민수련소는 건민운동의 목적과 지향을 뚜렷하게 보여주기 때

195) 「건민은 국가의 초석」, 『매일신보』 1943.04.12. '강보회'에서 '강보'란 강행군을 뜻한다(「완연, 3,000명 대행진, 남녀노유 망라한 강보회 盛觀」, 『매일신보』 1940.11.24).
196) 「후생국 설치와 후생운동」, 『동아일보』 1938.12.03.
197) 「全鮮 순회의 육아전, 제1차로 경성에서」, 『매일신보』 1944.04.29.
198) 「各種行事, 會合統制 三流로나누어實施方針闡明」, 『매일신보』 1943.08.21.
199) 생활전력화 운동은 대일본부인회 경기도지부에서 "30만 회원을 총동원하여" 1944년 6월 1일부터 9월말까지 진행했다. 이 운동의 목표는 증산, 결전생활 확립, 저축 증강, 건민운동이었다. 신문에서는 생활전력화운동이 "부인운동으로는 처음보는 큰 운동"이라고 했다(「생활을 戰力化」, 『매일신보』 1944.06.03).
200) 「심신수련 힘찬 출발, 개성건민수련소 개소식」, 『매일신보』 1944.10.11. 1943년에 일본에서 건민수련소를 만들자 조선에서도 곧바로 건민수련소 설립을 모색했다. 이는 조선 체력관리에서 가장 주목할 만한 조치라고 했다(「허약체질자 근절, 鍊成과양호, 건민수련소 신설」, 『매일신보』 1943.07.25).

문에 좀 더 자세하게 살펴보아야 한다.

건민수련소란 "허약한 장정을 수용하여 장래의 건병으로 만드는 곳"이었다.[201] 일본 후생성 관리 말에 따르면, "건민수련소의 대상자는 건강한 사람도 병자도 아니다. 건강도에서 그 중간에 있는 약한 사람이다."[202] 건민수련소는 "체력검사에서 '근골박약자(筋骨薄弱者)'나 '결핵요주의자'로 판명된 청소년을 2개월 동안 수용하여 억센 체력의 소유자로 만드는 곳"이었다. 일본에서는 1943년에 전국에 2,000개에 이르는 건민수련소를 설치했다. 그곳에 약 40만 명의 청년을 2개월 동안 수용하여 '건민수련'을 시켰다. 이 건민수련은 육군에서 체력이 약한 병사에게 특별한 훈련을 하는 것과 비슷했다.[203] 체력장검정은 건민수련에서 큰 역할을 했다. 일본의 건민수련소는 입소자가 입소할 때와 퇴소할 때에 체력장검정을 해서 성적이 향상된 것을 성과의 지표로 삼았다.[204]

조선의 건민수련소는 조선에 사는 일본 청년부터 대상으로 하고 차츰 조선인으로 확대할 계획이었다.[205] 15세 이상 26세 이하의 병약한 청소

---

201) 「수련의 보람 뚜렷하게, 개성 건민수련소 수료식 거행」, 『매일신보』 1944.11.25.

202) 新村拓, 『医療と戦時下の暮らし: 不確かな時空を生きる』, 法政大學出版局, 2022, 310쪽.

203) 다카오카 히로유키, 「체력·인구·민족: 총력전체제와 후생성」, 『한림일본학』 23, 2013, 26쪽.

204) 高岡裕之, 『総力戦体制と'福祉国家': 戦時期日本の'社会改革'構想』, 岩波書店, 2011, 271~272쪽. 일본은 전국이 악화하고 식량사정이 매우 어려운 상황에서도 건민수련소를 운영했다. 1944년에는 학교의 군사교련을 일반인에게 확대하는 등 강도 높은 단련으로 신체를 강화한다는 방침을 이어갔다(鈴木楓太, 「戦時下の体育·スポーツ」, 劉建輝·石川肇 編, 『戦時下の大衆文化: 統制·拡張·東アジア』, KADOKAWA, 2022, 246쪽).

205) 「건민강병의 기초로 청소년 체력을 철저 관리」, 『매일신보』 1944.05.01; 「6도에 건민도장」, 『매일신보』 1944.05.25. 1944년 12월에 조선총독부가 86회 제국의회에 제출한 문서에 따르면 1942년에 18~19세 일본인 체력검사를 했다. 1943년에 17~19세 일본인 체력검사를 했다. 그 결과를 토대로 '근골박약자'를 대상으로 건민수련 시설을 준비하기 시작했다. 1944년에 이르러 15세 이상 26세 미만의 일본인 체력검사를 했다. 1944년 12월까지 건민수련소는 도에서 관리하는 6개(경기, 전남, 경남, 평남, 함남, 함북 각 1개)이며 교통국이 관리하는 3개(경기, 부산, 원산), 그리고 일본질소비료주식회사가 경영하는 1개(흥남) 그렇게 모두 10개가 있었다(西尾達雄, 『日本植民地下朝鮮學校体育政策』, 明石書店, 2003, 525쪽).

년을 한곳에 50~100명씩 수용하려 했다.[206] 건민수련소에서는 군대식으로 체력을 단련시켰다.[207] 중병이나 장애가 있는 사람은 건민수련소에 들어가지 못했다. 건강을 회복해서 병력이나 노동력으로서 국가에 도움이 될 수 있다고 판단되는 사람만 들어갈 수 있었다. 건민수련소에서 보듯이 건민운동이란 개인의 건강을 위한 건강증진운동이 아니었다.[208]

IV. 맺음말

일제는 총력전을 치르려면 인적 자원을 확보하는 것이 무엇보다 중요하다고 판단했다. 일제는 국민체력관리와 체위향상 정책으로 인적 자원의 질을 높이고 양을 늘리려 했다. 국력을 키우는 데 보탬이 되는 자원만이 인적 자원으로 가치가 있으며 병자나 장애인은 인적 자원에서 배제되었다. 또한, 인적 자원이라는 말에는 개성이 아니라 국가의 의지를 실현하는 획일적인 인격과 능력을 요구한다는 것이 포함되어 있다.[209] "내 몸은 내 몸이 아니라 나라의 몸으로서 가장 귀중한 자원이다."[210] 이것이 인적 자원론의 핵심이다. "국민 각자의 신체는 결코 개인의 신체가 아니라 국가에 소속된 것이다."[211] 따라서 그 신체를 국가가 직접 관리

---

206) 「全鮮 7개소에 건민수련도장 신설」, 『매일신보』 1944.05.12.
207) 「健民修練」(하), 『매일신보』 1944.08.09.
208) 赤澤史朗, 『戰中・戰後文化論: 転換期の日本の文化統合』, 法律文化史, 2020, 23쪽.
209) 新村拓, 『医療と戰時下の暮らし: 不確かな時空を生きる』, 法政大學出版局, 2022, 207~208쪽.
210) 「건강주간도 오늘부터」, 『조선일보』 1940.05.02.
211) 「전력증강과 국민체육」(사설), 『매일신보』 1943.05.20.

해야 한다는 생각이 국민체력관리의 기본 취지이다. 신체의 국가관리는 개인의 신체가 국가에 귀속되는 과정이기도 했다. 언제든 어디라도 동원될 수 있는 신체를 갖추는 것이 국민의 의무였다. '건강보국'이라는 용어는 그 이념을 압축해서 보여준다.

일제는 체력장검정과 체력검사를 해서 "스스로 일상생활 속에서 체력을 기르도록 한다"라고 했다.[212] 학교에서는 체력장검정에 대비한 운동을 강화했다.[213] 체력장검정은 교련이나 '국방체육'과도 관계가 깊었다. 체력장검정과 체력검사는 개인에게 체력에 대한 강박관념을 주입했다. 체력장검정과 체력검사는 징병제에 대비해서 '인적 국방력'을 강화하려는 정책이었다. 특히 체력검사는 징병제에 필요한 행정 체계와 운영을 점검하고 경험할 수 있게 했다.

일제는 '건병'과 '개로'를 위한 남성의 체력이 필요했다. 인구증식과 가사노동, 그리고 사회적 생산뿐만 아니라 '전쟁의 치어리더' 역할도 해야 할 여성의 체력도 중요했다. 앞으로 건병과 건모가 되어야 할 유유아의 건강도 챙겨야 했다. 일제는 이 모든 것을 건민운동으로 아울렀다. 체력장검정과 체력검사 그리고 건민운동은 체력연성과도 맞닿아 있었다. 체력연성이란 체위향상을 위한 '단련주의'를 일컫는다. 전시체제기에 '체력봉공'은 중요한 이데올로기가 되었다. 체력봉공이란 체력연성을 하여 건강을 증진하고 체위를 향상하여 국방국가 건설에 이바지하는 것이었다.

건민운동은 국민체력관리와 국민의료, 그리고 '인구정책 실현'에 목표를 둔다고 했다.[214] 그러나 건민운동은 무엇보다 '건병'을 목표로 삼았

---

212) 『(昭和20年度)朝鮮年鑑』, 京城日報社, 1944, 193쪽.
213) 「本校に於ける學徒動員體制の實際, 善隣商業學校」, 『文教の朝鮮』 214호, 1943.9, 16쪽.
214) 權学俊, 「近代日本における身体の國民化と規律化」, 『立命館産業社会論集』 53-4, 2018, 42쪽.

다. 그 이전에도 체력향상은 전투력 양성과 관련이 깊었지만, 건민운동에서는 아주 선명하게 '건병'을 내세웠다. 패색이 짙어지면서 일본의 건민운동은 인구증식정책에서 벗어나 "곧바로 전력이 될 수 있는 사람의 양성"으로 전환했다.[215] 건민수련소가 그 보기이다. 건민수련소란 "허약한 사람을 훈련시켜 건강한 병사로 길러내는 곳"이었다.

조선에서 건민운동은 그저 말로만 건강을 다그쳤을 뿐이지 조선인의 건강을 향상하는 실제적인 조치를 하지 않았다. 조선의 건민운동은 일본에 견주어 건병을 훨씬 더 강조했다. 이 시기에 발표한 징병제와 관련되었기 때문이다.[216] 그러나 빈 수레처럼 건민 구호만이 요란했다. 건민을 뒷받침할 예산이나 의료시설 없이 그저 허울 좋은 캠페인을 하거나 기껏해야 보여주기식 행사를 했을 따름이다. 식민지 조선에서 건민이란 "전력에 보탬이 되려면 지켜야 하는 하나의 원칙"일 따름이었다.[217] 그러나 식민지 조선에서도 설치했던 건민수련소에서 보듯이 일제는 힘이 닿는 대로 인적 자원을 최대한 확보하여 전쟁에 동원하려 했다.

체력검사와 건민운동은 '말(馬)의 체력검사'와 '건마보국(健馬報國)'운동으로 영역을 넓혔다. 말의 체력검사란 '말의 징병검사'로서 군마로 쓸 말을 골라내는 검사였다.[218] 건마보국운동이란 군마로 내보낼 말과 하마차(荷馬車)를 끄는 말의 건강을 잘 보살피자는 운동이었다.[219] 인적 자원을 확보하려는 건민운동과 동물 자원을 확보하려는 건마운동은 그

215) 쓰보이 히데토 지음, 손지연·박광현·박정란·장유리 옮김, 『감각의 근대 2: 노래하는 신체』, 어문학사, 2020, 90쪽.
216) 정근식, 「식민지지배, 신체규율, '건강'」, 미즈노 나오키 외 지음, 『생활 속의 식민지주의』, 산처럼, 2007, 120쪽.
217) 「생활을 전력화」, 『매일신보』 1944.06.03.
218) 「軍2『매일신보』 1943.08.24.
219) 「건마를 확보하자」(사설), 『매일신보』 1944.03.03. 건마보국운동은 1944년 3월과 8월, 1945년 3월에 실시했다.

렇게 서로 짝을 이루었다.

전시 수탈이 심해지면서 건강을 유지할 사회적 기반은 무너졌다. 그렇다고 일제가 건강과 위생정책에서 아주 손을 뗀 것은 아니었다. 일제는 '교전 상태에 의한 복지'에 신경 썼다.[220] 물론 그 '복지'란 전쟁에 필요한 인적 자원을 확보하려는 것이었음은 말할 나위 없다. "건강을 증진하고 체위를 향상하며 열성의 유전인자를 근절하여 강건한 국가를 만드는 것이 봉공의 첫 번째이다. 건민운동의 본뜻을 이해하는 것은 여기서부터 출발해야 한다"라고 했다.[221] 그렇게 국민에게 '의무로서의 건강'을 강제하고 체력봉공의 논리를 내세우며 인적 자원을 거리낌 없이 동원했다. 일제는 체력관리정책으로 '생명권력'의 영역을 확장하면서 각 개인에게 국가주의적인 신체관념을 새겨넣었다. 이것은 '근대'의 '자유주의적인' 신체관에서 전시의 전체주의적 신체관으로 재편되는 과정과도 맞물려 있었다.

220) 다카시 후지타니 지음·이경훈 옮김, 『총력전 제국의 인종주의』, 푸른역사, 2019, 73쪽.
221) 「보건健康」, 조선총독부경보과, 『通報』 115호, 1942.05.01, 2쪽.

참고문헌

1. 자료

『매일신보』, 『동아일보』, 『조선일보』, 『조선신문』, 『황민일보』, 『국민신보』, 『경성일보』, 『부산일보』, 『매신 사진순보』, 『半島の光』.

조선총독부 편, 『시정30년사』, 1940, 박찬승·김민석·최은진·양지혜 역주, 『국역 조선총독부 30년사(下)』, 민속원, 2018.

『조선총독부관보』.

未次信正 著, 『長期戰と國民の覺悟. 第2卷』, 1937.

朝日新聞社 編, 『大東亞時局語』, 1944.

厚生省人口局 編, 『健民運動』, 1942.

『(昭和20年度)朝鮮年鑑』, 京城日報社, 1944.

「まづ健康」, 조선총독부정보과, 『通報』 115호, 1942.5.1.

「本校に於ける學徒動員體制の實際, 善隣商業學校」, 『文敎の朝鮮』 214호, 1943.9.

「時事解說, 健民運動」, 조선총독부정보과, 『通報』 115호, 1942.5.1.

「朝鮮敎育の三綱領」, 『文敎の朝鮮』 150호, 1938.2.

加賀一郎, 『體力章檢定はどうすればうかるか』, 高千穗書房, 1942.

岡久雄(厚生局保健課長), 「朝鮮靑年體力檢査を終へて」, 朝鮮總督府, 『朝鮮』 324호, 1942.5.

岡田道一, 『靑年の鍊成と衛生』, 晴南社, 1944.

岡村泰三, 「武士道精神と眞正劍道」, 『文敎の朝鮮』 161호, 1939.1.

堂本敏雄, 「四觀點より觀たる時局下國民體力向上の問題」, 『朝鮮』 291호, 1939.8.

梅澤慶三郎, 「朝鮮に於ける體力向上問題」, 『朝鮮』 281호, 1938.10.

山本壽喜太, 「昭和十八年度體力章檢定實について」, 『文敎の朝鮮』 213호, 1943.8.

山本壽喜太, 「昭和十八年度厚生省女子體力章檢定就いて」, 『文敎の朝鮮』 216호, 1943.11.

石田千太郎, 「厚生局の誕生に際して」, 『朝鮮』 320호, 1942.1.

小泉親彦, 「國民體力の現狀を述べ國民の奮起を望む」, 國民精神總動員中央聯盟, 1938.

松尾榮, 「명예의 체력장 이야기」, 『신시대』 1권 6호, 1941.6.

조선총독부 편, 『朝鮮事情: 昭和19年版』, 1943.

中沢米太郎, 『國防體育訓練指針』, 青年教育普及會, 1943.

村山智順, 「半島鄕土の健全娛樂」, 『朝鮮』 308호, 1941.1.

이규엽, 「전력증강과 모성보호」, 『신시대』 5권 1호, 1945.1.

이학송, 「징병제와 체력문제」, 『춘추』 1942.9.

최의영, 「건민운동과 결핵」, 『신시대』 3권 6호, 1943.6.

2. 저서

다카시 후지타니 지음, 이경훈 옮김, 『총력전 제국의 인종주의』, 푸른역사, 2019.

미즈노 나오키 외 지음, 『생활 속의 식민지주의』, 산처럼, 2007.

쓰보이 히데토 지음, 손지연·박광현·박정란·장유리 옮김, 『감각의 근대 2: 노래
　　　하는 신체』, 어문학사, 2020.

우에노 치즈코 지음, 이선이 옮김, 『내셔널리즘과 젠더』, 박종철출판사, 1999.

이학래, 『한국근대체육사연구』, 지식산업사, 1990.

최규진, 『이 약 한번 잡숴봐!: 식민지 약 광고와 신체정치』, 서해문집, 2021.

하야카와 타다노리 지음, 송태욱 옮김, 『신국 일본의 어처구니없는 결전생활』, 서
　　　커스, 2019.

高岡裕之, 『総力戦体制と'福祉国家': 戦時期日本の'社会改革'構想』, 岩波書店, 2011.

高嶋航, 『帝国日本とスポーツ』, 塙書房, 2012.

高井昌吏·古賀篤, 『健康優良とその時代: 健康というメディア-イベント』, 青弓社,
　　　2008.

大空社編輯部 編, 『戦時下標語集』, 大空社, 2000.

藤野豊, 『強制された健康, 日本ファシズム下の生命と身体』, 吉川弘文館, 2000.

毎日新聞社 編, 『日本の戦争2, 太平洋戦争』, 毎日新聞社, 2010.

西尾達雄, 『日本植民地下朝鮮學校体育政策』, 明石書店, 2003.

新村拓, 『医療と戦時下の暮らし: 不確かな時空を生きる』, 法政大學出版局, 2022.

桜本富雄, 『玉砕と国葬: 1943年5月の思想』, 開窓社, 1984.

赤澤史朗, 『戦中·戦後文化論: 転換期の日本の文化統合』, 法律文化史, 2020.

早川タダノリ, 『神國日本のトンデモ決戦生活』, 合同出版, 2011.

樋口雄一,『戰時下の朝鮮の民衆と徵兵』, 總和社, 2001.

3. 논문

權学俊,「近代国民国家における「国民」形成と秩序化される身体: 植民地朝鮮における順従する身体を中心に」,『일본어문학』62, 2013.

權学俊,「戰時体制下日本における国民体力の国家管理と厚生事業」,『일본문화연구』48, 2013.

김경옥,「총력전체제기 일본의 인구정책: 여성의 역할과 차세대상을 중심으로」, 『일본역사연구』37, 2013.

김고은,「전시총동원을 위한 조선총독부의 조선인 청년층 체력향상책의 실태」, 고려대학교 석사학위논문, 2010.

다카오카 히로유키,「전쟁과 건강: 근대 '건강 담론'의 확립과 일본 총력전 체제」, 『당대비평』27, 생각의나무, 2004.

서유리,「『매신 사진순보』, 조선에 전쟁을 홍보하다」,『근대서지』10, 2014.

손준종,「근대교육에서 국가의 몸 관리와 통제 양식 연구」,『한국교육학연구』16-1, 2010.

손준종,「근대일본에서 학생 몸에 대한 국가 관리와 통제」,『비교교육연구』14-3, 2004.

손 환,「일제강점기 조선의 체력장검정에 관한 연구」,『한국체육학회지』48-5, 2009.

신주백,「일제 말기 체육 정책과 조선인에게 강제된 건강: 체육 교육의 군사화 경향과 실종을 중심으로」,『사회와 역사』68, 2005.

안태윤,「일제하 모성에 관한 연구」, 성신여자대학교 박사학위논문, 2001.

이병례,「아시아-태평양전쟁기 식민지 조선의 건강담론과 노동통제」,『한국사연구』185, 2019.

이소민,「일제강점기 '국민건강증진운동'과 그 성격」, 한국교원대학교 석사학위논문, 2010.

이학래,「일제 말기의 한국체육사 연구: 군국주의적 성격을 중심으로」,『한국학논집』15, 1989.

전경선, 「전시 만주국 체력 동원과 健民의 창출」, 『만주연구』 30, 2020.

정근식, 「식민지지배, 신체규율, '건강'」, 미즈노 나오키 외 지음, 『생활 속의 식민지주의』, 산처럼, 2007.

최규진, 「전시체제기 '멸사봉공'의 신체, 일본정신과 무도(武道)」, 『역사연구』 44, 2022.

함예재, 「전시하 후생성의 국민체력동원과 메이지신궁대회」, 『일본역사연구』 37, 2013.

高岡裕野之, 「戰爭と健康」, 村一夫・北澤一利・田中 聡・高岡裕之・柄本三代子, 『健康ブームを讀み解く』, 靑弓社, 2003.

高岡裕之, 「戰爭と'体力': 戰時厚生行政と靑年男子」, 阿部恒久, 大日方純夫, 天野正子 編, 『男性史(2): モダニズムから総力戰へ』, 日本経済評論社, 2006.

権学俊, 「近代日本における身体の國民化と規律化」, 『立命館産業社会論集』 53-4, 2018.

鈴木楓太, 「戰時下の体育・スポーツ」, 劉建輝・石川肇 編, 『戰時下の大衆文化: 統制・拡張・東アジア』, KADOKAWA, 2022.

下西陽子, 「戰時下の農村保健運動: 全國協同組合保健協會の健民運動対応を中心に」, 赤澤史朗 外, 『戰時下の宣伝と文化』, 現代史出版, 2001.

전시체제기 식민지 조선의 '총후' 여성과 프로파간다

잡지 『방송지우(放送之友)』를 중심으로

황 익 구

I. 머리말

국가의 군사, 정치, 경제, 인력, 자원 등 모든 능력이 총동원된 전쟁형태를 총력전이라고 한다면 제1차 세계대전은 그야말로 근대 이후 최초의 총력전이었고 할 수 있다. 일본에서는 제1차 세계대전을 계기로 총력전체제의 필요성이 제기되었으며, 육군수뇌부를 중심으로 '총력전체제 구축을 위해 국민의 통합과 교화가 불가결하다'는 판단 하에 국민의 사상과 정신을 통합하고자 하는 '총동원' 정책의 추진이 강구되었다.[1] 1927년 5월에는 자원국이 설치되어 인적·물적 자원의 통제와 운용을 관장하도록 하였으며, 1934년에는 군부의 총력전체제 구상을 『국방의 본의와 그 강화의 제창(国防の本義と其強化の提唱)』이라는 팸플릿 형태의

---

1) 纐纈厚, 『総力戦体制研究』, 社会評論社, 2010, 5 7쪽.

책자로 발행하여 배부하기도 하였다. 무엇보다 1937년 7월에 중일전쟁이 발발하자 고노에 후미마로(近衛文麿) 내각은 같은 해 9월부터 '멸사봉공(滅私奉公)'의 국민정신을 함양한다는 명분하에 '국민정신총동원운동'을 실시하였으며, 이어서 1938년 4월에는 '국가총동원법'을 공포하고 국방을 위한 모든 국력의 관리와 운영을 통제하기 시작하였다. 그 결과, 국민의 생활은 '국민징용령(1939년 7월)', '가격등통제령(1939년 10월)', '생활필수물자통제령(1941년 3월)' 등의 각종 법령에 의해 엄격하게 관리·통제되었다. 그뿐만 아니라 1941년 12월에 발족한 정보국에 의해 국민의 사상과 언론·출판 역시 관리와 통제의 대상이 되었다.

이와 같은 국가총동원체제의 구축은 식민지 조선에서도 전개되었다. 일제는 1938년 2월 22일에 공포하고, 4월 3일에 실시한 '육군특별지원병령'을 근거로 조선인의 병역 복무를 지원이라는 방식으로 가능하게 하였으며, 1938년 7월에 창설된 '국민정신총동원조선연맹'은 '거국일치', '견인지구', '진충보국', '내선일체', '황국신민화'를 목표로 조선인의 정신적 조직화와 전시 동원정책을 선전하였다. 그리고 1942년 5월 8일에는 조선인에 대한 징병제 실시를 발표하고, 1944년 4월 1일부터는 징병검사를 시작하는 등 조선에서의 국가총동원체제 구축을 강화해 나갔다.

그런데 이러한 국가총동원체제의 구축을 지원하고 선전하는 과정에 지대한 영향과 역할을 담당한 것은 신문잡지와 같은 미디어의 존재였다고 할 수 있다. 물론 이러한 경향은 조선총독부 기관지나 관변잡지에서 더욱 강하게 나타난다. 예를 들면, 다음의 인용은 1938년 2월 23일자 『매일신보』에 수록된 육군특별지원병 제도의 실시에 관한 기사의 일부이다.

지난 16일 각의에서 만장일치로 결정을 지은 조선지원병제도는 마침내 오늘 관보의 호외로서 이것이 정식으로 발표되어 20여 년간의

조선통치사 상 뚜렷이 빛나게 될 위업은 보기 좋게 이루어지고 말았
다. 이리하여 이 지원병제도는 4월 3일의 진무천황제(神武天皇祭)를
기하여 영예로운 실시를 보게 되었으니, 이 공포와 실시에 따라 내선
일체적인 성업을 과거를 통하여 오늘에 이른 조선의 청사(靑史)를 찬
연히 빛나게 할 것이고, 이로써 조선의 젊은 청년들은 한가지로 국토
방위와 공성야전(攻城野戰)에서 장병과 함께 크나큰 활동을 하게 되
었다. 회고해 보면 20여 년간의 조선통치에는 허다한 역사적 사업이
많았겠지만, 오늘의 이 지원병제도만한 역사적인 내선일체의 확고한
결실은 없었을 것이며, 불후(不朽)의 사실(史實)로서 내선일가로의 힘
있는 전진은 없을 것이며, 2천 3백만 동포의 환호는 반도강산에 물결
치고 있다.[2]

기사는 조선인을 대상으로 육군특별지원병 제도가 실시된다는 사실
을 '내선일체의 성업'의 결과라고 환영하고 있다. 그러면서 조선의 청년
들이 일본인 장병과 함께 '국토방위'를 위해 활동하게 된 것에 대한 기대
감을 표출하고 있다. 이러한 관점은 조선인의 신체를 국민의 신체로 통
합하고 재편성하는 메커니즘의 작동에 기반한 것이라고 할 수 있다.
특히 미디어의 이러한 분위기는 전쟁이 태평양전쟁으로 확전되고, 또
조선인에 대한 징병제 실시가 발표된 이후 더욱 뚜렷하게 나타났으며,
라디오라는 미디어 역시 그 역할의 한 축으로 중요하게 작용하고 있었
다. 조선에서 라디오방송을 담당한 조선방송협회 경성방송국은 태평양
전쟁 이후 '전시특별방송방침'을 수립하고 군 당국과 긴밀하게 연락하면
서 전황을 중점적으로 방송하는 한편 황국신민화운동의 장려와 내선일
체의 구현을 위한 편성방침을 세우고 본격적으로 전쟁을 위한 선전전과
전시체제하의 국민운동전개에 적극적으로 협력하는 프로그램 편성을
진행하였다.[3]

---

2) 『매일신보』 1938.02.23.

그런데 당시 라디오방송은 전파를 통한 광범위한 대중 접근성과 동시성이라는 강점에도 불구하고 라디오 수신기의 저조한 보급률과 방송의 일회성이라는 한계점이 문제시되었다.[4] 이 때문에 조선방송협회는 이러한 한계점을 극복하기 위해 라디오방송이라는 청각 미디어를 잡지라는 활자 미디어로 출판하기에 이른다. 이렇게 해서 탄생한 잡지가 1943년 1월에 창간된『방송지우(放送之友)』이다.

그런데『방송지우』의 존재가 학계에 알려지고 연구가 시작된 것은 2000년대 이후이며, 그나마도 서재길의 일련의 연구가 거의 유일하다고 할 정도로 축적된 연구는 충분하다고 할 수 없는 실정이다.[5] 서재길은 주로『방송지우』에 수록된 한글 문예작품(방송소설)을 중심으로 고찰함으로써 작품의 내용과 잡지의 성격과의 관계를 규명하고 있다.

이 논문에서는 서재길의 연구가 시사하는 바를 수용하면서 잡지의 구성과 담론 분석을 통해 선행연구의 공극을 충전(充塡)하고자 한다. 특히 그 가운데서도 '총후' 여성의 역할과 자세, 미담의 전파 양상과 시각이미지의 활용 등을 분석함으로써『방송지우』의 프로파간다 미디어로서의 기능과 전략을 고찰하고자 한다.

---

3) 강혜경, 「일제말기 조선방송협회를 통해 살펴본 방송통제」, 『한국민족운동사연구』, 한국민족운동사학회, No.69, 2011, 305~343쪽.

4) 참고로 1940년대 이후 조선의 라디오 수신기 보급대수는, 1940년에 116,935, 1941년에 144,912, 1942년에 199,653, 1943년에 164,810으로 집계되고 있다(강혜경, 「일제말기 조선방송협회를 통해 살펴본 방송통제」, 『한국민족운동사연구』, 한국민족운동사학회, No.69, 2011, 311쪽. 참조).

5) 서재길, 「『방송지우』와 일제 말기 방송소설」, 『민족문학사연구』, 민족문학사연구소, 22호, 2003, 387~409쪽.: 서재길, 「식민지 말기의 매체 환경과 방송 잡지『방송지우』의 성격」, 『근대서지』, 근대서지학회, 3호, 2011, 179~195쪽.

II. 『방송지우』의 창간과 징병제

일본은 중일전쟁 이후, 실질적으로는 전시체제하의 언론통제와 전시 물자부족이 배경이었겠지만, 표면적으로는 언론보국과 전시 물자절약 등을 이유로 일본 내에 약 1,200여 개의 신문에 대한 통폐합 정책, 소위 1현(縣) 1지(紙)정책을 실시하였다. 그 결과 1941년 이후에는 54개의 신문만이 존속하게 되었다.[6] 그리고 잡지에 대해서도 출판물 유통통제 정책을 실시함으로써 잡지의 통폐합이나 잡지명의 변경, 잡지의 발간 금지 등이 빈번하게 이루어졌다.[7]

그런데 이러한 정책은 1940년대에 들어서 식민지 조선에서도 시행되었다. 신문에 대해서는 1도(道) 1지(紙) 정책이 실시되었으며, 이 정책의 실시로 『동아일보』와 『조선일보』가 1940년 8월에 폐간되었다. 그리고 잡지에 대해서는 대표적인 여성잡지 『여성』이 1940년 12월에 폐간되었으며, 1908년 3월에 창간된 일본어 종합잡지 『조선급만주(朝鮮及満洲)』도 1941년 1월(통권 398호)에 폐간되었다.[8] 그리고 조선금융조합연합회가 발행한 농촌부인을 대상으로 한 유일한 관변잡지 『가정의 벗(家庭の友)』은 『반도의 빛(半島の光)』으로 잡지명이 변경되기도 하였다.

한편 『방송지우』는 신문과 잡지에 대한 통폐합 정책이 실행된 1943년 1월에 새롭게 창간된 잡지이다. 『방송지우』는 1940년대 이후 전황 보도

---

6) 문한별, 「일제강점 말기 경무국 도서과의 활동 방향과 검열의 흐름」, 『우리어문연구』, 우리어문학회, 72집, 2022, 143~169쪽.
7) 주요 잡지의 통폐합 예로는, 『日本少年』, 『少女の友』, 『婦人公論』 등은 종간하였으며, 잡지명 변경의 예로는, 『キング』가 『富士』로, 『エコノミスト』가 『経済毎日』로, 『婦人画報』가 『戦時女性』으로 변경된 사례 등을 들 수 있다.
8) 임성모편, 『조선과 만주 총목차·색인 및 해제』, 어문학사, 2007, 6~12쪽.

에 있어서 방송의 중요성이 크게 부각되던 시기에 조선방송협회가 출판했던 대중잡지『방송뉴스(放送ニュース)』와『조선의 방송(朝鮮の放送)』의 뒤를 잇는 잡지라고 할 수 있다.9) 이점은 당시 총독부 당국이『방송지우』의 출판과 관련하여 기존 발행 잡지의 후속적 성격과 전시동원의 필요성을 인정한 결과라고 추측할 수 있다.

서재길에 따르면,『방송지우』는 1943년에는 창간호를 비롯하여 6회, 1944년에는 12회, 1945년에는 4·5월호까지 3회, 총 19회 발행되었다고 알려져 있지만, 소장본이 확인되는 권호는 일부이다. 잡지의 분량은 대개 100~160쪽 내외로 구성되어 있으며, 1944년 8월에 발행된 제2권 8월호와 1945년 1월에 발행된 제3권 1호의 판권지에 따르면 잡지용지사용승인 번호와 함께 '발행 부수 20,000부'라고 기재되어 있는 내용으로 보아 발행 부수는 2만 부 정도로 추측되고 있다.10) 그리고 라디오방송 프로그램의 편성이 그러했듯이 기사는 내용에 따라 일본어와 조선어를 혼용하는 형태를 취하고 있다.11)

앞서 기술한 바와 같이,『방송지우』는 라디오방송이라는 청각 미디어의 한계점을 극복하기 위한 방편으로 출판하게 된 활자 미디어이다. 따라서『방송지우』도 라디오방송이 수행했던 전황의 전달, 전쟁

---

9) 서재길,「일제 말기 방송문예와 대일 협력(해제):『방송지우』소재 신발굴 자료를 중심으로」,『민족문학사연구』, 민족문학사학회, 32호, 2006, 522~549쪽.

10) 서재길,「식민지 말기의 매체 환경과 방송 잡지『방송지우』의 성격」,『근대서지』, 근대서지학회, 3호, 2011, 187쪽. 참조. 2023년 3월 현재 필자가 내용을 확인한『방송지우』는 현담문고소장본(1943년 1호와 2호, 1944년 제2권 1월호와 제2권 8월호, 1945년 제3권 1월호) 5권과 고려대학교도서관소장본(1944년 제2권 2월호, 제2권 3월호, 제2권 4월호) 3권, 독립기념관소장본(1945년 제3권 제2호) 1권으로 총 9권이다.

11) 1944년 4월에 발행된『방송지우』2권 4호 마지막 쪽에는 '조선방송협회방송시각표'가 수록되어 있다. 시각표에 따르면, 일본어 방송은 '제1방송'에 편성되어 오전 5시 59분부터 오후 10시까지 방송되었으며, 조선어 방송은 '제2방송'에 편성되어 오후 5시 59분부터 방송되었다.

을 위한 선전전, 전시체제하의 국민운동전개에 적극 협력하는 등의 보조적 역할을 활자 미디어의 형식으로 고스란히 수행하고 있었다고 할 수 있다.

1943년 1월에 발행된 『방송지우』 창간호에는 잡지의 발행 취지와 역할을 짐작할 수 있는 「독자 여러분들께」라는 기사가 확인된다.

> 방송을 들으시는 분들로부터 그 방송을 한 번 더 듣고 싶다거나 글로 읽고 싶다는 이야기를 종종 듣습니다. 전시 하의 방송은 우리 국민이 어떻게 생활해야 하는지, 또 어떻게 하면 훌륭한 황국신민이 될 수 있는지 등에 대해 명사의 강연이나 좌담회, 그 외 연예 등 다양한 형태로 들을 수 있습니다. 이것을 듣지 못하고 지나쳐버리는 것이 아쉽다는 이야기가 가장 많을 것이라고 생각합니다. 그래서 이러한 방송 중에서 특별히 선별한 흥미 있는 것을 읽을 수 있도록 하기 위해 여기 『방송지우』를 출판하게 되었습니다.
>
> 본지의 특색은 읽기 쉽다는 것입니다. 국어도 언문도 매우 쉽게 씌어져 있기 때문에 널리 누구든지 읽을 수 있습니다. 특히 부인과 청소년들에게 흥미가 있을 것으로 믿습니다. 반드시 이겨야만 하는 대동아전쟁 하에서 세계에 유례가 없는 일본의 국체를 분명히 하고, 또 징병제도의 준비와 그 외 일반의 지식을 고양시키기 위해 본지가 여러분들이 찾고 있는 마음의 양식이 되고, 좋은 벗이 될 수 있다면 더없이 기쁠 것입니다.(창간호, 13쪽)[12]

인용에서도 알 수 있듯이, 『방송지우』는 라디오방송이 지닌 일회성의 단점을 보완하고 동시에 전시하의 방송의 역할을 충실히 수행하기 위한 방편으로 출판되었다는 것을 명시하고 있다. 그리고 그 내용으로는 '일본의 국체를 분명히 하고, 또 징병제도의 준비와 그 외 일반의 지식'으로 구성되어 있다는 점을 밝히고 있다.[13]

---

12) 이후 『방송지우』의 본문을 인용할 경우에는 권호와 그 쪽 번호만 기재한다.

당시 『방송지우』의 창간은 조선총독부 기관지인 『매일신보』에도 크게 보도될 정도로 화제가 되었다. 1943년 2월 9일자 『매일신보』는 「방송출판협회 탄생과 『방송지우』 창간」이라는 제목으로 다음과 같은 기사를 보도하고 있다.

> 조선의 징병제도 실시를 앞두고 군부와 본부에서는 착착 그 준비를 진행하고 있는데 반도 2천 4백만 대중의 계몽 상 중요한 기관인 경성중앙방송국에서는 여기에 발을 맞추어 나가는 중 특히 귀로 들리는 것을 한층 더 인상 깊게 하기 위하여 이번에 그것을 글로 보이려고 해서 조선방송출판협회라는 것을 조직하였다. 그래서 각종 출판을 할 터인데 그 제일작으로 『방송지우』라는 대중종합잡지를 창간하여 그 호화판을 요사이 세상에 내놓았다.
> 편집에는 내선 저명한 문사들이 담당하고 내용은 누구나 읽어서 잘 알 수 있고 실익과 취미를 얻도록 하였으며 방송한 중에서 좋은 것만 뽑은 것도 있고 그밖에 50명에 가까운 문인명사들이 붓을 들어 조선에서 드물게 보는 훌륭한 잡지로 탄생되었다. 글은 거의 언문이요 약간 알기 쉬운 국어도 섞였는데 특히 군국의 어머니로 또는 청소년으로 전시 하 황국신민으로서 알아야 할 여러 가지를 빈틈없이 짜 넣었다. 군부 본부 제위의 유력한 기사와 여러 부인들의 체험담을 비롯해서 소설, 야담, 희극 모두 호화롭다. 그래서 앞으로 방송국은 귀로 눈으로 다 민중을 교화하고 방송문화를 세우려는 큰 사업을 하게 되는데 이런 방송국의 새 사업에 대하여 일반의 기대는 대단히 큰 것이 있다.[14]

이 기사는 앞서 살펴본 『방송지우』 창간호의 「독자 여러분들께」라는

---

13) 『방송지우』는 창간호에서 주된 독자층을 '부인과 청소년'으로 상정하고 있다. 그러나 실제로 발행된 잡지에 수록된 기사와 담론을 살펴보면, '부인(여성)' 독자를 대상으로 한 기사와 담론이 압도적인 비중을 차지하고 있다. 이러한 현상은 징병제 실시를 앞두고 그 안내와 준비를 위해서는 부인과 여성의 책임과 역할이 보다 중요하다고 판단한 배경이 작용한다고 할 수 있다.

14) 『매일신보』 1943.02.09.

기사와 거의 유사하지만, 오히려 더 상세하게 『방송지우』의 역할이나 구성내용 등을 소개하고 있다. 간단히 요약하자면, 『방송지우』는 조선의 징병제 실시를 앞두고 대중의 계몽과 교화가 필요한 시기에 라디오로 방송한 내용 중 유용한 내용을 선별하여 수록하고 있으며, 특히 '군국의 어머니'와 황국신민으로서 알아야 할 지식을 '군부의 기사', '부인의 체험담', '소설, 야담, 희극' 등으로 구성하여 중점적으로 다루고 있다고 보도하고 있다. 그러면서 조선방송협회의 청각과 시각 모두를 활용한 민중 교화와 계몽의 역할에 큰 기대감을 표출하고 있다.

실제로 『방송지우』는 매호 마다 징병제 실시와 관련한 기사를 싣고 있다. 1943년 1월 창간호에는 다음과 같은 기사가 확인된다.

> 여러분께서도 아시다시피 지난 5월 9일, 반도에도 징병제도를 1944년부터 실시하라는 분부가 내려, 반도청년들도 제국의 군인이 될 광영을 입게 되었습니다. 즉 앞으로 두 해만 지나면 우리 반도 2천 4백만 동포도 나라의 방패로 부르심에 응하게 되었으므로 그들을 길러낼 사회나 가정이나 어버이나 다 똑같은 생각으로 그 해를 맞이할 준비에 머리를 쓰고 노력하지 않아서는 안 될 줄 압니다.(창간호, 22쪽)

기사는 가나가와(金川)라는 기자가 징병제 실시 안내와 그 준비를 위한 내용을 지원병 훈련소장 가이다 대좌(海田大佐)를 찾아가서 인터뷰한 내용을 담고 있다. 인용에서도 알 수 있듯이, 조선에서의 징병제는 천황의 명령으로 조선인이 제국의 군인이 되는 '광영'으로 소개되고 있으며, 병역의무라는 국가적 사명을 실천하기 위해 전 조선인이 노력해야 한다고 강조하고 있다. 이와 같은 논리는 당시 조선총독부가 징병제 실시를 선전하기 위해 제시한 담론과 거의 동일하다. 조선총독부는 조선에서의 징병제 실시가 '대동아공영권 건설의 중핵적 지도체로서 활발한 지위를 조서동포에게 부여했다는 것을 명확히 하고, 또 병역이 일본

신민으로서 가장 숭고한 의무임과 동시에 특권이라는 사실'을 선전하도록 제시하고 있었다.[15]

그리고 『방송지우』는 징병제 실시를 위해 준비해야 할 사항에 대해서도 구체적이고 상세하게 안내하고 있다. 1943년 4월에 발행한 2권에는 '조선동포들도 내년부터 제국의 군인으로 나라에 봉공할 수 있는 영광스런 의무'를 담당하게 되었다고 기술하면서 징병제 실시를 위한 준비사항을 육군성 병역 담당인 다나카 요시오(田中義男) 육군중좌를 통해 제시하고 있다.

다나카는 먼저 병역의무의 부담을 공평하게 하기 위해 '호적을 정돈'해야 한다고 지적하고 있다. 그러나 호적법의 정돈 문제는 병역의무의 부담을 공평하게 하기 위한 조치라기보다 실상은 등록된 호적에 근거하여 징병 대상자를 정확하게 파악할 수 있으며 동시에 징병 인원의 확대에도 용이하기 때문이다.

다음으로는 일본어(국어)교육 문제를 제시하고 있다. 당시 조선인의 저조한 취학률과 낮은 식자율을 고려한 내용이지만, 징병검사 및 입영 후의 군대 생활을 위해 일본어의 습득은 필수적이라고 판단했기 때문일 것이다. 실제로 이 부분은 당시 일본 당국이 조선인 청년 중 약 11만 명이 학교교육을 전혀 받지 않은 미취학자로 분류되자 1942년 11월 3일부터 '조선청년특별연성령(朝鮮靑年特別鍊成令)'이라는 제도를 시행하여 '일본어 교육', '체위의 향상', '일본식 생활의 수련' 등을 교육한 사실에서도 짐작할 수 있다. 이밖에도 다나카는 징병제 실시를 위한 준비사항으로 일본의 병역에 대한 철저한 이해, 각 가정에서의 협력, 입영 전 정신훈련 등을 당부하고 있다.(2권, 44~47쪽)

---

15) 최유리, 「일제 말기 징병제 도입의 배경과 그 성격」, 『역사문화연구』, 한국외국어대학교 역사문화연구소, 12호, 2000, 391~414쪽.

또 『방송지우』는 조선인의 징병검사가 실시된 1944년 4월에는 국민총
력조선연맹이 추진한 '갑종합격운동(甲種合格運動)'의 실시요령을 소개
하며 징병검사 대상자의 건강진단과 치료, 일본어 교육과 정신 훈련 등
에 대한 지도의 필요성을 강조하는 한편 「징병검사 전날의 주의」, 「징병
검사장으로 갈 때」 등의 기사에서는 각각의 주의사항과 준비물 등에 대
해서도 상세하게 안내하고 있다.

즉 『방송지우』는 조선에서의 징병제 실시라는 전시동원 정책과 황국
신민화를 조선의 대중들에게 계몽하고 선전하는 전시 프로파간다로서
의 역할을 수행하기 위한 잡지였다고 할 수 있다. 또한 당초 라디오방송
의 보조적 역할을 수행할 목적으로 발행된 잡지였지만, 발행 이후 서점
에서 품절이 되고 추가 주문이 이어질 만큼 독자의 호응이 높았다는 점
은 활자 미디어로서의 독자적인 역할도 주목을 받고 있었다고 짐작할
수 있다.[16]

III. 『방송지우』에 나타난 '총후'의 국민상

앞서 살펴본 바와 같이 『방송지우』는 여성을 주된 독자층으로 상정하
고 있다. 따라서 여성을 대상으로 한 소위 '총후' 국민의 자세와 역할을
지속적이고 반복으로 발신하고 있다.

---

16) 1943년 4월에 발행된 『방송지우』 제2호 「편집후기(あとがき)」에는 '창간호는 덕분에
서점에서 눈 깜짝할 사이에 품절이 되었습니다. 추가 주문이 계속 이어졌지만 이 때
문에 독자 여러분에게는 불편을 드려 사과드립니다'는 내용을 수록하고 있어서 당시
의 『방송지우』에 대한 독자의 호응 강도를 짐작할 수 있다.

1943년 1월에 발행한 창간호 목차에는 「軍國의 어머니가 되랴면」, 「軍国の妻となるには(인용자 역: 군국의 아내가 되랴면)」, 「軍國의 딸이 되랴면」이라는 세 개의 연속기사가 확인된다. 기사의 제목에서도 알 수 있 듯이, 여성은 가정 내에서 가부장제 이데올로기에 귀속되었던 젠더 역할이 군국주의라고 하는 국가담론과 접목되어 도구화되는 양상을 짐작할 수 있다. 특히 이 가운데 「군국의 딸이 되랴면」이라는 기사는 모두 5개 항목으로 나누어 전시체제하의 여성의 자세와 역할을 역설하고 있다.[17] '1. 시대를 잘 깨달아라'에서는 국가총동원 시대가 요구하는 여성상을 '무엇이든지 닥치는 대로 두려움 없이 부끄럼 없이 주저하지 말고 당연히 할 일은 거침없이 마감을 지어나가야 한다. 그리고 어디까지도 온량정숙(溫良貞淑)하고, 안정단아(安靜端雅)한 여자다운 태도를 잃어서는 안 된다'고 기술하고 있다. '2. 남자의 대용품이 되지 말아라'에서는 '요점은 자기의 천직을 깨닫고 사명을 다하고, 특징을 나타내는 데 있는 것이며' 이를 위해서는 남녀평등이나 여성해방을 주장할 것이 아니라 수양과 공부가 필요하다고 강조하고 있다. '3. 가사를 중히 여기라'에서는 여성의 발전과 자기향상의 근원을 가정과 가사에서 찾아야 한다고 주장하고 있다. '4. 항상 전체를 보고 대세(大勢)를 살피라'에서는 '항상 온 가정 전체를 보아서 내 몸을 헤아리고 국가 전체를 보아서 내 가정 일을 꾀하고 대동아건설의 전체를 돌보아서 나라 안의 생활을 살필 것'을 지적하고 있다. '5. 군신의 현모양처가 되기를 최후 목표로 삼아라'에서는 어머니의 역할, 아내의 역할에 충실하여 그 남편, 그 형제, 그 아들

---

17) 琴川寬, 「軍國의 딸이 되랴면」, 『방송지우』 1943년 1월 창간호, 17~19쪽, 참고로 고토카와 히로시(琴川寬)의 본명은 박관수(朴寬洙)이며, 당시 경기공립고등여학교장을 지낸 인물로 『친일반민족행위진상규명 보고서』 IV-6(친일반민족행위진상규명위원회, 2009, 7~48쪽)에 친일반민족행위자로 규정되어 있다.

이 거룩한 황군이 되도록 할 것이며, 딸은 군신의 착한 아내가 되고, 어진 어머니가 되기 위해 황국여성으로서 심신의 단련을 거듭해야 한다고 기술하고 있다.

그런데 여기에서 주의할 점은, 여성의 기본적인 의무와 역할이 병사의 출산과 양육을 통한 전시동원에 협력하는 것으로 규정한 것은 말할 것도 없지만, '총후' 여성의 능동적이고 주체적이며 독립적인 활동을 인정하면서도 그 활동의 공간과 내용은 어디까지나 가정과 가사의 영역에 한정하고 있고, 무엇보다 전장으로 차출된 남성의 공백을 보충하고 보완하는 역할에 충실할 것을 강조한다는 점이다. 또한 여성의 발전과 자기 향상, 남녀평등과 여성해방과 같은 신여성 담론은 온량정숙(溫良貞淑), 안정단아(安靜端雅)로 대표되는 전통적인 여성 담론과 충돌하지 않는 범위 내에서만 인정되며, 개인의 의무와 가정의 역할이 대동아건설이라는 국가의 목표와 직결한다는 인식의 내면화를 강조한다는 점은 주목할 필요가 있다. 사실 이러한 논리는 1942년 3월에 문부성이 전시가정교육의 방침으로 내세운 「전시가정교육지도요항(戰時家庭教育指導要項)」의 지침과 유사하다. 당시 이 지침은 식민지 조선에서는 「어머니의 전진훈(母の戰陣訓)」으로 주석과 함께 자세하게 소개되기도 하였다.

> 미증유의 중대한 시국을 맞이하여 건국의 대정신에 따라 국가총력을 총동원하여 성업익찬에 매진해야 하는 때에, 국운 발전을 위한 기반으로 키워내야 할 '가정'의 사명이 더욱더 중요하게 되었다. 이에 가정생활을 쇄신, 충실하게 만들고 가족제도의 미풍을 새롭게 정비하여 황국의 중책을 담당하기에 충분히 건전하고 유능한 자녀를 육성·훈도(薰陶)해야 하는 가정교육의 진흥을 도모하는 것은 현시점의 급선무이다.[18]

---

18) 文部省, 『戰時家庭教育指導要項』, 1942, 1쪽.

문부성은 '미증유의 중대한 시국'으로 표현되는 국가총동원체제 하에서 '국운발전을 위한 기반'으로 '가정'의 역할과 중요성을 강조하고 있으며, '황국'의 중책을 담당할 자녀의 육성과 훈도를 위해 가정생활의 쇄신과 정비, 가정교육의 진흥이 시급하다는 인식을 밝히고 있다.

이 지도요항은 '제1장 일본 가정의 특질과 그 사명', '제2장 건전한 가풍의 수립', '제3장 어머니(母)의 교양훈련', '제4장 자녀의 훈도양호', '제5장 가정생활의 쇄신충실'이라는 총 5개 항목으로 구성되어 있다.

이 가운데 어머니의 책임과 역할에 대해 중점적으로 다루고 있는 '제3장 어머니의 교양훈련'이라는 항목에는 다음과 같이 기술되어 있다.

> 가정교육은 예부터 부모가 함께 책임져야 한다고 하지만 자녀의 훈도·양호(養護)에 관해서는 특히 어머니의 책무가 중대함을 감안하여 먼저 모성의 교양훈련에 힘쓰고, 건전한 모성의 감화가 자녀에게 전달되도록 하고 차세대의 황국민의 육성에 유감이 없도록 함과 동시에 건강하고 명랑한 익찬가정을 건설하기 위해 다음 사항을 철저하게 주의해야 한다.[19]

말하자면, 가정교육에 있어서 어머니의 책임과 역할이 특히 중요한 만큼 어머니의 교양훈련을 강화하여 차세대 황국민의 육성에 부족함이 없도록 해야 한다는 것이다. 이러한 논리는 당연히 가정 내의 여성의 역할과 책임을 강화하는 한편 여성의 활동 공간과 역할을 가정과 가정교육을 포함한 가사에 한정하는 근거로도 작용하게 된다. 즉 '어머니(母)의 교양훈련'은 결국 가정이라는 한정된 영역을 전제로 제시한 것이다. 그러면서 세부항목의 하나로 '일본 부도(婦道)의 수련'을 다음과 같이 설명하고 있다.

---

19) 文部省, 『戰時家庭敎育指導要項』, 1942, 3쪽.

개인주의적인 외래사상의 침윤(浸潤)을 배척하고, 일본부인 본래의 순종, 온화, 정숙, 인내, 희생, 봉공 등의 미덕을 지키고, 이것의 함양과 연마에 노력한다.[20]

이 내용은 '개인주의적인 외래사상'으로 규정된 신여성담론을 배척하고 '순종, 온화, 정숙, 인내, 희생, 봉공 등의 미덕'으로 대표되는 전통적 여성담론을 옹호하는 인식을 염두에 둔 것으로, 앞서 『방송지우』의 담론에서 '온량정숙(溫良貞淑), 안정단아(安靜端雅)'로 대표되는 전통적인 여성담론을 강조하는 한편 여성의 발전과 자기향상, 남녀평등과 여성해방과 같은 신여성담론은 배제하는 논리와 흡사하다.

또 '제5장 가정생활의 쇄신충실'에서는 그 실천을 위한 첫 번째 세부항목으로 '시국인식'이라는 내용을 제시하고 있다.

국가 활동의 기초는 가정의 정비에 있다는 것은 고금의 통칙이라고 하지만 대동아건설 과정에 있어서 가정생활이 얼마나 목적완수에 많은 관련이 있는가를 자각하고, 또한 자녀로 하여금 차세대의 대동아 지도자로 교육하기 위해 끊임없이 시국에 관한 종합적 인식을 어머니에게 부여하고, 시국과 어머니의 책무에 관해서는 항상 바르고 넓은 식견을 양성해야 한다.[21]

가정생활이 '대동아건설'이라는 국가 활동의 기초가 되며 동시에 그 목적 달성에 중요하게 작용한다는 시국 인식을 여성, 특히 어머니에게 부여하고 양성하도록 요구하고 있다. 즉 여성의 가정에서의 의무와 역할이 '대동아건설'이라는 국가의 목표와 직결한다는 인식을 강조한 것이라고 할 수 있다.

---

20) 文部省, 『戰時家庭敎育指導要項』, 1942, 5쪽.
21) 文部省, 『戰時家庭敎育指導要項』, 1942, 6쪽.

이렇게 볼 때 『방송지우』가 여성을 대상으로 발신한 '총후' 국민상이라는 것은 무엇보다 가정에서 황국신민화교육을 실천하면서 전시동원을 위한 병사의 출산과 양육을 위해 희생하고 헌신하는 어머니상으로 귀결된다.

여기에서 흥미로운 점은 『방송지우』는 이러한 '총후' 여성상의 조선인 표본으로 신사임당을 제시하고 있다는 점이다. 『방송지우』 창간호에는 야담·만담가 신정언(申鼎言)의 「명작야담 오죽헌」이라는 기사가 수록되어 있다. 이 기사는 신사임당의 개인적인 품행과 교양, 효성과 예술적 재능, 현처와 현모로서의 역할 등을 상세하게 소개하고 있다. 신정언이 『방송지우』에서 신사임당을 등장시킨 것은 다름 아닌 신사임당과 전시체제하의 '현모양처'론을 결합시킨 결과라고 할 수 있다.

야담·만담가이자 '야담만담부대'의 총책임자인 신정언은 군보도부의 군령에 따라 조선 전역의 순회공연을 통해 징병제 실시의 취지를 계몽하고 선전하는 활동을 하였다.[22] 그리고 신정언의 순회공연은 당시 조선총독부 기관지인 『매일신보』를 통해 1943년 1월 11일부터 6월 18일까지 총 109회에 걸쳐 「징병취지 야담만담행각(徵兵趣旨 野談漫談行脚)」이라는 연재기사를 통해 보도되었다. 그 가운데 1943년 3월 19일자 '강원편(江原篇)'의 내용은 다음과 같다.

> 공영권(共榮圈)의 수호지가 될 반도의 징병령 취지를 듣게 되시는
> 부처님도 응당 아미타불을 부르시며 환영하시는 줄 알았다. 장내에

---

22) 야담만담부대는, 당초 1941년 1월 17일에 결성된 조선의 야담만담가로 구성된 '조선담우회'가 군사령부에 소속된 군보도부의 군령과 춘원 이광수의 매개로 1942년 8월에 결성되었으며, 조선에서의 징병제 실시의 취지를 야담과 만담으로써 대중들에게 선전하는 역할을 수행하였다. 공임순, 「전시체제기 징병취지 '야담만담부대'의 활동상과 프로파간다화의 역학: '황군' 연성과 '황민' 연성 사이, '말하는 교화미디어'로서의 야담·만담가들」, 『한국근대문학연구』, 제13권 제2호, 2012, 417~453쪽.

운집한 4백여 명의 청중은 그 부처님과 같은 깨끗한 심전(心田)의 고랑에 병역이란 씨를 잘 받아 장차로 천기만엽이 너울거리는 것과 같은 황군이 배출할 기개가 넘쳤다. (중략) 나는 공연의 첫 화제로서 "제군! 우리 일행이 이 강릉에 이른 것은 한송정(寒松亭)에 올라 송풍(松風)을 쏘이자는 것도 아니요. (중략) 오직 소화 19년부터 실시되는 징병제도의 취지를 전하러 온 것입니다. 그러므로 따님을 나으시거든 신사임당과 같은 따님을 나으시어 군국(軍國)의 어머니로서 받치고 (중략) 아들을 나시어 황국의 방패로 바치시기를 축(祝)하는 바입니다. 진충보국(盡忠報國)에 있어서 문무(文武)의 구별이 없을진대 율곡선생과 같은 아들을 나시어 황국문신(皇國文臣)으로 받치소서. (중략) 방금 황국중문(皇國重門)은 세 갈래로 통개(通開)되어 창해역사와 같은 용장(勇壯), 율곡선생과 같은 양상(良相), 신사임당과 같은 현모(賢母)가 이 반도, 반도 중에서도 이 강릉에 어서 들어오랍시는 성은(聖恩)이 내리셨습니다."[23]

신정언은 징병제 취지를 선전하기 위해 강릉으로 갔으며, 공연의 첫 화제로 신사임당과 율곡 이이를 소환하고 있다. 신사임당은 '군국의 어머니'로, 율곡 이이는 '진충보국'의 '황국문신'으로 전시체제하의 현모양처와 황국신민의 이상적인 모델로 묘출하고 있다. 즉 신사임당과 율곡이이를 징병제 실시를 앞둔 조선에서 '총후' 국민에게 부여된 의무와 책임을 실천한 모범적인 인물로 형상화 한 것이다. 한편 『방송지우』에서는 신사임당에 대해 '군국의 어머니상' 이외에도 남편 이원수가 감찰(監察) 관리업무를 위해 장기간 부재한 가운데서도 남편을 대신하여 가사와 육아를 훌륭히 수행하는 '총후' 부인으로서의 모습도 함께 부각하고 있다는 점을 지적해 둔다.

그런데 전쟁의 장기화와 전황의 악화, 인적·물적 자원의 부족 상황이 지속되면서 전시 여성의 젠더 역할은 '군국의 어머니'와 '현모양처'의 역

---

23) 신정언, 「徵兵趣旨 野談漫談行脚: 江原篇」, 『매일신보』 1943.03.19.

할만으로는 충족될 수 없는 양상이 나타나기 시작하였다. 가정의 영역에서는 근검, 절약, 저축, 식량증산이라는 경제전(經濟戰)을 수행해야 했으며, 가정의 영역 밖에서는 부족한 전시 노동력의 대체 노동력으로 소위 근로보국과 물자증산이라는 생산전(生産戰)에도 투입되어만 했다. 『방송지우』는 이러한 '총후' 여성의 모습을 매호 마다 사진과 캡션을 활용한 화보로 싣고 있다(〈자료 1〉 참조).

〈자료 1〉 '총후' 여성의 역할과 활동을 촬영한 사진

1943년 창간호   1944년 제2권 1월호   1944년 제2권 2월호   1944년 제2권 3월호   1944년 제2권 4월호

1943년 창간호에는 벼 수확 현장에 동원된 여성 집단을 촬영한 '증산', 제2권 1월호에는 군용 장갑과 마구(馬具)를 제작하기 위해 '군수공장에서 일하는 반도의 여성들', 제2권 2월호에는 군수방적공장에서 일하는 여성, 제2권 3월호에는 '연료탱크를 조립하는 일본여성', '자동차 발동기를 점검하는 만주여성', '군인 혁대를 만드는 조선여성', 제2권 4월호에는 탄환, 성냥, 군용 피복을 만드는 조선 여성 등 군수공장과 증산을 위한 노동 현장에 직접 동원된 여성의 사진을 권두에 소개하고 있다. 그리고 기사에서는 「학병의 어머니께」(제2권 2월호), 「병기를 바삐 맨들자」(제2권 2월호), 「부엌도 결전색으로(お台所も決戦色で)」(제2권 4월호), 「전쟁에서 이기는 생활법(戦ひに勝ちぬく暮し方)」(제2권 8월호), 「대동아전쟁과 여자의 근로(大東亜戦争と女子の勤労)」(제3권 1호) 등을 수록하고

있다. 이러한 화보와 기사는 '경제전'과 '생산전'에서의 여성의 역할을 선전하고 동시에 여성의 전시동원을 조장하는 수단으로 활용된 것이다.

이와 같이 잡지 『방송지우』는 조선의 여성 독자들에게 '군국의 어머니'와 '현모양처', '경제전'과 '생산전'을 수행하는 '총후'의 여성상을 매호마다 반복적으로 발신하고 있었으며, 그 내용은 물론 빈도에서도 많은 지면을 할애하고 있었다는 사실은 그만큼 여성의 전시동원의 필요성과 중요성을 강조한 방증이라고 할 수 있다.

IV. 미담과 시각이미지의 정치학

『방송지우』는 징병제 실시를 앞두고 '총후' 국민, 특히 '총후' 여성의 협력과 전시동원을 효율적으로 유도하기 위해 미담이라는 서사장치와 시각이미지를 활용한 프로파간다 전략을 구사하고 있다.

먼저 미담의 서사장치에 대해서 살펴보면, 『방송지우』에는 매호 마다 전쟁협력 또는 전시동원과 관련한 미담을 수록하고 있다. 특히 여성이 주체가 되는 미담 「군국명부전(軍國名婦傳)」의 배치는 주목할 만하다. 현재까지 확인된 『방송지우』의 권호에서 「군국명부전」을 수록하고 있는 권호는 창간호, 2호, 제2권 1월호, 제2권 2월호, 제2권 3월호 등이다.[24] 「군국명부전」은 말 그대로 전시 중에 국가와 전쟁영웅을 위해 헌신한 유명 부인의 스토리를 말한다.

---

24) 「군국명부전」이 창간호부터 시작해서 제2권 3월호에도 수록된 것으로 보아 현재 잡지 실물은 확인되지는 않지만, 1943년에 발행되었을 것으로 추정되는 3호, 4호, 5호, 6호에도 수록되었을 것으로 짐작된다.

먼저 창간호에는 「남편의 충의의 마음을 자식에게 전하는 다이난공 부인(夫の忠義の心を子に伝ふ大楠公婦人)」과 「자기 자식을 존중하며 키운 다이난공 부인 도고원수의 어머니(わが子を敬ひ育てた東郷元帥の母)」라는 두 편의 미담이 등장한다. 제목에서도 알 수 있듯이, 전자는 일본의 가마쿠라막부(鎌倉幕府) 때부터 남북조(南北朝) 시대에 걸쳐 활약했던 무장 구스노키 마사시게(楠木正成)의 부인이 미담의 주체이며, 후자는 러일전쟁의 영웅인 도고 헤이하치로(東郷平八郎)의 어머니가 미담의 주체로 등장한다.

구스노키 마사시게의 부인은 남편과 자식을 모두 전장으로 보내고 남성이 부재한 가계를 훌륭히 지켜낸 여성으로 그려져 있다.

> 남편과 자식을 차례로 전장으로 보내고 더욱이 처음부터 끝까지 변함없이 가정을 지키며 남편이 집안일을 걱정하지 않게 하였다. 그리고 자식에게는 남편의 뜻을 이어가도록 한 고심(苦心)은 진정 군국의 어머니로서 일본 어머니다운 모범이며, 이러한 어머니가 있었다는 것은 일본 어머니의 자랑으로 여길 만합니다.(창간호, 25쪽)

즉 구스노키의 부인은 '군국의 아내'이자 '군국의 어머니'로 표상되며 전시체제하 '총후' 여성의 역할과 의무를 완수하는 모범적인 인물로 묘출되고 있다. 이러한 형태의 '총후' 여성 표상은 이어서 등장하는 도고의 어머니에 관한 미담에서도 거의 유사하다. 미담에는 도고가 전쟁영웅으로 활약할 수 있었던 배경에 어머니의 육아 교육과 국가관의 지도가 무엇보다 큰 역할을 하였으며, 80세에 죽을 때까지도 자식에게 국가에 충성할 것을 훈육하였다는 일화와 함께 일본부인의 최고의 미덕을 실천하였다고 추앙하고 있다.

다음으로 2호에서는 「남편에게 근심을 남기지 않을 각오 호소카와 다다오키의 아내(夫に憂いを残さぬ覚悟 細川忠興の妻)」와 「자기 자식을 나라에 바친 히다카 중위의 어머니(わが子を国にささげた日高中尉の母)」라는「군국명부전」이 수록되어 있다. 전자는 일본 전국시대에 무장인 남편 호소카와가 속한 도쿠가와 이에야스(德川家康)의 동군(東軍)과 이시다 미쓰나리(石田三成)의 서군(西軍)이 세키가하라 전투(関ヶ原の戦い)를 앞두고 있을 때, 호소카와의 아내가 서군의 인질이 될 처지에 놓이자 자신이 인질이 되면 남편의 전쟁 수행에 방해가 될 것을 우려하여 자신의 자녀와 함께 자결한 내용을 다루고 있다.[25] 미담에서는 이러한 호소카와의 아내를 '강철 같은 강한 심성으로 남편에게 큰일이 일어났을 때는 남편을 위해, 자식을 위해, 더 나아가서는 국가를 위해 몸을 바칠 각오를 평소부터 단련한' 여성으로 칭송하면서 '대동아전쟁'에서의 총후 여성의 역할을 강조하고 있다. 그리고 후자는 일본의 진주만기습 공격 때 히다카 기이치(日高義一)라는 중위가 자신이 탑승한 잠수함이 미국군함과 격돌하여 전사한 내용을 소개하며 국가를 위해 목숨을 바칠 수 있는 아들을 교육한 어머니 야스코(ヤス子) 부인을 '군국의 어머니'를 실천한 인물로 그려내고 있으며, 또 아들을 위해 모아 온 저금을 모두 아들의 모교와 해양소년단에 헌금하는 미거(美擧)를 통해 '총후' 국민의 역할을 완수하는 여성으로 묘사되고 있다.

다음으로 제2권 1월호, 제2권 2월호, 제2권 3월호에 등장하는「군국명부전」을 차례대로 살펴보자. 제2권 1월호에는「운평(雲濱)의 부인(夫人)」, 제2권 2월호에는「기무라 시게나리의 아내(木村重成妻)」, 제2권 3월호에는「오쿠무라 이오코(奥村五百子)」라는 제목의 미담이 각각 수록되어 있다. 먼저「운평의 부인」은 일본 에도시대 말기의 학자인 남편 우메다

---

25) 그러나 미담의 내용과는 달리 호소카와의 아내와 자녀의 죽음은 가족이 인질이 될 것을 우려한 남편 호소카와가 출정(出征)에 앞서 아내와 자녀들에게 인질이 되기 전에 자결할 것을 지시했기 때문이라는 견해도 있다.

운핑(梅田雲浜)을 그의 아내 노부코(信子)가 죽을 때까지 뒷바라지하며 남편의 존황양이운동(尊皇攘夷運動)을 지원했다는 내용을 다루고 있다. 이어서 제2권 2월호에 수록된「기무라 시게나리의 아내」는 도요토미 히데요시(豊臣秀吉)의 신하인 무장 기무라 시게나리가 마지막 결전을 앞두고 그의 아내가 혼자 남게 될 것을 걱정하자 그의 아내가 자신이 남편의 전투에 방해가 된다고 판단하여 유서를 남기고 자결한 내용을 다루고 있다. 또 제2권 3월호에 수록된「오쿠무라 이오코」는 메이지시대 때 애국부인회(愛国婦人会)를 창설하여 여성들의 병사위문과 구호(救護), 유족지원과 헌금운동에 앞장섰던 여성 오쿠무라 이오코의 일대기를 예찬하고 있다.

또『방송지우』에는「군국명부전」외에도 여성이 주체가 되는 미담을 수록하고 있다. 예를 들면 2호에 수록된 한글 기사「굳센 어머니(銃後美談: 日本의 어머니)」는 가난한 집안에 시집온 여성 '스에'가, 남편이 전장에서 전사하자, '군인의 아내'로서 가정을 이끌고, 자녀들에게는 '군국의 어머니'가 될 것을 다짐한다. 그리고 남편의 전사은사금은 모두 정기예금과 채권을 구입하는 데 사용할 뿐 낭비하지 않는다. 또 스스로 자전거를 배워서 우편배달부 일에 종사하며 혼자서 꿋꿋하게 가계를 꾸려나가는 모습을 미담으로 그려내고 있다.

주지하는 바와 같이 전쟁미담은 청일전쟁과 러일전쟁 이후 전의 고양과 전시동원을 위해 다양한 경로와 미디어를 통해 수집되고 유포된 프로파간다 전략의 하나이다. 그래서 미담의 수집과 생산의 주체에 따라 다양한 의도와 욕망이 개입하기 마련이며, 그 목적에 따라 선별은 물론 편집과 조작, 심지어는 왜곡과 변용이 작용한다. 앞서 살펴본『방송지우』에서는 징병제 실시와 전시동원, 그리고 전쟁협력을 원활하게 진행하고자 하는 식민주체의 심리와 의도가 특히 여성을 주체로 하는 미담에 고스란히 투영되어 있었으며, 이러한 미담은 조선인으로 하여금 전시동원의 저항감은 약화시키면서 내선융화와 황국신민화는 효과적으로 선전하고 교화하는 장치로서 기능하고 있었다고 할 수 있다.

다음으로는 『방송지우』에 나타난 시각이미지를 활용한 프로파간다 전략에 대해 살펴보자. 앞서 기술한 바와 같이 『방송지우』는 라디오방송이라는 청각미디어의 한계와 문제를 극복하고 보완하고자 하는 목적에서 창간된 잡지이다. 따라서 청각미디어로서 라디오방송이 취약할 수밖에 없는 시각이미지를 활용하고 전달하는 것은 자연스럽게 그 한계와 문제를 극복하고 보완할 수 있는 효과적인 방편이었을 것이다.

『방송지우』에 활용된 대표적인 시각이미지라고 한다면 무엇보다 잡지의 표지화를 들 수 있다. 〈자료 2〉는 현재까지 필자가 입수한 『방송지우』 각 권호의 표지화와 제목, 그리고 작가를 정리한 것이다. 자료에서도 알 수 있듯이, 모든 권호의 표지화에는 여성이 중심적인 인물로 묘사되어 있다. 각각의 표지화를 간단히 살펴보면, 창간호에는 한복을 입은 조선인 어머니와 일본 군복을 입은 어린 아들이 그려져 있으며, 제목은 '군국의 어머니'로 제시되어 있다. 작가는 당시 친일미술활동에 가담했던 김인승이다.[26] 이 그림은 그야말로 앞으로 '황군'이 될 어린이를

---

26) 김인승(일본명:金城仁承)은 1910년 경기도 개성에서 태어났으며, 1936년 일본 도쿄미술학교 재학 중에 일본 문부성 미술전람회에 입선하여 화가로 등단하였다. 등단 이후 1941년에 조직된 조선미술가협회의 창립위원과 평의원을 역임하면서 일제의 침략전쟁 정책에 미술작품 활동과 단체 활동으로 협력하였다. 김인승은 1939년 국민정신총동원조선연맹 주최의 지원병 모집용 포스터 원화를 제작하거나 1943년 징병제 실시와 관련한 선전용 작품을 다수 제작하였다. 친일반민족행위진상규명위원회는 김인승의 행위가 '사회·문화기관이나 단체를 통하여 일본제국주의의 내선융화 또는 황민화 운동을 적극 주도함으로써 일본제국주의의 식민통치 및 침략전쟁에 적극 협력한 행위에 해당한다'고 판단하여 친일반민족행위자로 결정한 바 있다(친일반민족행위자진상규명위원회, 『친일반민족행위진상규명 보고서』 IV-3, 현대문화사, 2009, 849~873쪽 참조).

| 1943년 창간호, 軍国の母(金仁承) | 1943년 2호, 醜の御楯(金城仁承) | 1943년 제1권 12월호, 少年航空兵とその母(金城仁承) | 1944년 제2권 1월호, 初詣で(金城仁承) | 1944년 제2권 2월호, 女子青年の錬成(鄭玄雄) |

| 1944년 제2권 3월호, 一機でも多く戦地へ(鄭玄雄) | 1944년 제2권 4월호, 病院船に祈る白衣の天使 | 1944년 제2권 8월호, 少女鼓笛隊(미표기) | 1945년 제3권 제1호, 揚る日の丸(鄭玄雄) | 1945년 제3권 제2호, 頑張れ生産(鄭玄雄) |

출산하고 육성해야 할 '군국의 어머니'를 묘사하고 있다. 2호에는 한복을 입고 일장기를 든 조선인 어머니와 일본 군복을 입은 청년(아들)이 등장한다. 제목은 '천황을 지키는 든든한 방패'로 제시되어 있다. 작가는 창간호의 표지화와 같이 김인승이다. 이 그림은 하단에 '병역준비(兵役準備)'라는 문구도 함께 등장하고 있으며, 징병제 실시를 앞두고 어머니의 협력과 역할을 연출하고 있다. 제2권 1월호에는 한복을 입고 'ㅇㅇ婦人會'라고 적힌 어깨띠를 걸친 어머니와 어린 여자아이가 새해를 맞이하여 신사참배를 하고 있는 모습을 그리고 있다. 제목은 '새해 참배(初詣)'이며, 작가는 김인승이다. 신사참배를 통해 내선융화와 황국신민화를 실천하는 '총후' 여성의 모습을 제시하고 있다.

제2권 2월호에는 나기나타(長刀)라는 칼을 들고 훈련하는 여자 청년의 모습을 그리고 있다. 작가는 당시 일본의 식민통치정책을 선전하는 잡지 표지와 삽화를 자주 그린 정현웅이다.[27] 제2권 3월호에는 기계장비를 배경으로 밝게 웃고 있는 여성이 그려져 있다. 그림의 제목이 '한 대라도 많이 전장으로'라는 것으로 보아 비행기를 제작하는 군수공장에 동원된 여성의 모습으로 추정할 수 있다. 제2권 4월호에는 그림의 제목으로 보아 병원선에서 근무하는 여성 간호사의 웃는 얼굴이 그려져 있으며, 작가는 정현웅이다. 제2권 8월호에는 머리에 일장기가 그려진 모자를 쓰고 고적대(鼓笛隊) 활동을 하고 있는 소녀의 모습이 그려져 있다. 마지막으로 제3권 제1호에는 성인 여성 한 사람과 어린이 한 명이 일장기를 게양하기 위해 깃대에 묶고 있는 장면이 그려져 있다. 제2권 2월호부터 제3권 제1호까지 표지화에 등장하는 여성은 각각 연령, 장소, 활동 등은 상이하지만, 모두 국가총동원체제하에 '총후' 여성이 갖추어야 할 자세와 수행해야 할 역할을 연출하고 있다고 추정할 수 있다. 즉 『방송지우』의 표지화는 시각이미지를 통해 '총후' 여성의 자세와 역할을 쉽고 빠르게 전달하는 프로파간다 장치였다고 할 수 있다.

『방송지우』에서 시각이미지를 활용한 또 하나의 프로파간다 장치로는 광고를 들 수 있다. 『방송지우』는 이미 전황이 악화하고 동시에 인적 물적 자원의 동원이 시급해진 상황에서 창간된 잡지인 만큼 주요 광고는 저축을 장려하는 은행과 보험회사, 전쟁 중에 필요한 물품과 각종 상비약품, 여성의 출산과 육아를 위한 상품 등이 대부분을 차지하고 있다.

---

27) 정현웅은 1911년 서울에서 태어났으며, 경성제2고등보통학교 재학 중이던 1927년 제6회 조선미술전람회와 1927년 제7회 미전에서 연이어 입선하였다. 1929년 제9회 미전을 비롯하여 1943년 미전까지 13회에 걸쳐 18점이 입선, 특선을 하며 화가로서 인정을 받았다. 한편 일제 강점기에 『신시대』, 『방송지우』, 『반도지광(半島の光)』 등의 잡지에 침략전쟁, 근로보국, 식량증산, 전쟁참여 독려 등 일본의 식민통치정책을 선전하는 표지화와 삽화를 다수 제작하였다. 해방 이후에는 조선미술건설본부 서기장, 조선미술동맹위원 등으로 활동하였으며 1950년 한국전쟁 중에 월북하였다.(『한국민족문화대백과사전』(https://encykorea.aks.ac.kr/Article/E0051134), 정현웅(성주현 작성) 참조, 검색일: 2023.03.25)

이 가운데서도 광고의 빈도와 지면의 크기 등에서 주목할 만한 광고는 저축을 장려하는 광고이다.

〈자료 3〉은 『방송지우』에 수록된 연금, 저축, 보험과 관련한 광고의 일부이다. 제2권 1월호에 수록된 조선우편연금의 광고(왼쪽)에는 '결전 하의 장기저축'이라는 문구가 새겨진 탄환을 움켜쥐고 있는 손을 형상화 한 도안을 활용하고 있다. 전쟁 중에 장기저축은 탄환과도 같다는 메시 지와 함께 탄환이 절실히 필요하다는 것을 부각시키는 효과를 발휘하고 있다.

〈자료 3〉 『방송지우』의 광고

1944년 제2권 1월호,	1944년 제2권 1월호,	1944년 제2권 8월호,
'조선우편연금'	'제일생명보험상호회사'	'조선간이보험'

그런데 이러한 해석은 같은 제2권 1월호에 수록된 제일생명보험상호 회사의 광고(중앙)를 살펴보면 보다 상세하게 확인할 수 있다. 제일생명 보험상호회사의 광고는 지면의 한 면 전체를 활용하여 메시지를 전하는 형태를 취하고 있다. 광고 내용은 다음과 같다.

근대전은 총력전이다. 무력전일 뿐만 아니라 경제전(経済戦)이다. 일억일심(一億一心) 근검저축! 그래서 전비의 재원인 공채 소화(消化) 에 충실해야 한다. 근검저축의 네 글자를 우리 총후 일억이 실행할까 못할까가 경제전 성부의 분기점이다.(중략) 전비가 증대하면 저축목

표도 또 증대한다. 총후 국민은 전선의 병사에게 탄환 걱정을 하게 하
는 일이 있어서는 단연코 안 된다. 일억일심, 전선장사의 마음으로 경
제전에 매진해야 할 가을이다.(제2권 1월호, 131쪽)

그야말로 '근검저축', '공채소화'를 총력전 체제의 '경제전'으로 규정하
고 '총후'의 국민이 경제전 수행에 적극 가담할 것을 강조하고 있다. 또
제2권 8월호에 수록된 조선간이보험의 광고(오른쪽)는 보험은 자신을
위하고 동시에 나라를 위하는 것이며, 또 연금은 나라를 지키는 일이라
고 선전하고 있다. 즉 광고 역시 총력전 체제에서 '총후' 국민의 자세와
역할을 시각적 효과를 활용하여 단적으로 제시하는 프로파간다 장치였
다는 것을 알 수 있다.

V. 맺음말

전 국민이 전쟁의 주체로 동원된 국가총동원체제하에서 신문잡지를
비롯한 각종 미디어는 '총후'의 국민의 신체를 국가의 신체로 통합하고
재편성하는 메커니즘의 중심적인 역할을 하였다. 그리고 국가의 요구에
대한 국민의 역할은 각종 담론과 이미지를 통해 전파되고 확산되면서
단순히 국내외적으로 전쟁의 정당성과 전황의 우위를 선전하는 단계를
넘어 '총후' 국민의 적극적인 전쟁협력과 직접적인 전쟁 지지를 조장하
는 역할과 기능을 수행하였다. 1943년 1월에 조선방송협회에서 창간한
잡지 『방송지우』는 그 대표적인 역할과 기능을 수행하였다.
당초 『방송지우』는 라디오를 통해 방송된 내용을 문자 텍스트로 재생
산함으로써 라디오방송이 지닌 일회성의 한계를 보완하고 총독부의 식

민정책과 전시 프로파간다를 강화할 목적으로, 여성과 청소년을 주요 독자의 대상으로 설정한 그야말로 '총후' 프로파간다 미디어로서의 기능을 유감없이 수행한 잡지라고 할 수 있다. 특히 조선에서의 징병제 실시를 앞둔 시점에 창간된 만큼 징병제 실시를 둘러싼 선전과 홍보, '총후' 국민의 자세와 역할 등을 중점적으로 다루고 있다.

『방송지우』는 징병제 실시와 전시동원을 원활하게 수행할 목적으로 '총후' 여성의 자세와 역할을 '군국의 어머니', '군국의 아내'라는 이미지로 형상화함으로써 여성의 주체적인 가치를 군국주의라는 국가담론으로 통합하였으며, 아울러 여성을 '경제전'과 '생산전'이라는 국책을 수행해야 하는 '총후' 전사로 자리매김하였다. 이 과정에『방송지우』는 여성이 주체가 되는 미담이라는 서사장치와 표지화, 광고와 같은 시각이미지 장치를 프로파간다 전략으로 활용하였다.

현재까지 실물이 확인되는 권호가 많지 않아 잡지의 전체상을 고찰하기에는 한계가 있지만, 적어도 전시체제기 식민지 조선에서『방송지우』가 생산하고 전파한 '총후'의 국민상은 식민권력의 이데올로기와 욕망이 반영된 레토릭이었다는 점은 부정할 수 없다.

참고문헌

1. 자료

『방송지우』, 『매일신보』.

2. 저서

임성모 편, 『조선과 만주 총목차·색인 및 해제』, 어문학사, 2007.

친일반민족행위진상규명위원회, 『친일반민족행위진상규명보고서』 IV-6, 현대문화
　　사, 2009.

纐纈厚, 『総力戦体制研究』, 社会評論社, 2010.

重信幸彦, 『みんなで戦争銃後美談と動員フォークロア』, 青弓社, 2019.

中内敏夫, 『軍国美談と教科書』, 岩波新書, 1988.

文部省, 『戦時家庭教育指導要項』, 1942.

3. 논문

강혜경, 「일제말기 조선방송협회를 통해 살펴본 방송통제」, 『한국민족운동사연구』,
　　한국민족운동사학회, No.69, 2011.

공임순, 「전시체제기 징병취지 '야담만담부대'의 활동상과 프로파간다화의 역학:
　　'황군' 연성과 '황민' 연성 사이, '말하는 교화미디어'로서의 야담·만담가들」,
　　『한국근대문학연구』, 제13권 제2호, 2012.

김효순, 「중일전쟁 미담에 나타난 총후 여성 표상 연구: 『지나사변 총후미담 조선
　　반도 국민적성』을 중심으로」, 『일본문화연구』, 동아시아일본학회, 60집,
　　2016.

문한별, 「일제강점 말기 경무국 도서과의 활동 방향과 검열의 흐름」, 『우리어문연
　　구』, 우리어문학회, 72집, 2022.

서재길, 「『방송지우』와 일제 말기 방송소설」, 『민족문학사연구』, 민족문학사연구
　　소, 22호, 2003.

서재길, 「일제 말기 방송문예와 대일 협력(해제): 『방송지우』 소재 신발굴 자료를 중심으로」, 『민족문학사연구』, 민족문학사학회, 32호, 2006.

서재길, 「식민지 말기의 매체 환경과 방송 잡지 『방송지우』의 성격」, 『근대서지』, 근대서지학회, 3호, 2011.

최유리, 「일제 말기 징병제 도입의 배경과 그 성격」, 『역사문화연구』, 한국외국어대학교 역사문화연구소, 12호, 2000.

增子保志, 「創られた戦争美談―肉弾三勇士と戦争美談」, 『日本国際情報学会誌』, 12巻1号, 2015.

『한국민족문화대백과사전』(https://encykorea.aks.ac.kr/Article/E0051134), 검색일: 2023. 03.25.

김승수의 삶을 통해 본
일제강점기 한지의업면허제도

최 규 진

I. 머리말

최근 의사 부족이 사회 문제가 되고 있다. 실제 규모 있는 공공병원조차 필수진료과 의사를 구하지 못하고 있다. 이로 인해 일부 지역에선 주민들이 적절한 진료를 받지 못하는 '의료공백 현상'까지 발생하고 있다.[1] 이와 같은 현상이 발생한 것은 의사 수 자체가 적은 탓도 있지만 많은 의사가 수도권과 대도시에 자리 잡고 있기 때문이다. 현재 이에 대한 해결책으로써 의대 정원 확대와 더불어 지역의사 특별선발전형으로 의대생을 선발하여 지역의 공공의료기관에서 10년간 의무복무를 하도

---

[1] 경제정의실천연대(이하 경실련)의 조사 결과에 따르면 2022년 기준 지역의 완결적 의료를 책임지도록 국가가 지정한 지역책임의료기관마저 필수진료(내과, 외과, 산부인과, 소아과, 응급의학과)를 제공하지 못하고 있음이 드러났다. 특히 의료법상 300병상을 초과하는 종합병원의 경우 필수진료과목을 개설하고 전속하는 전문의를 배치해야 함에도 이를 위반한 공공병원이 다수 있었다(경실련, 「필수의료 취약지 발표 및 공공의료 확충 촉구 기자회견 보도자료」, 2023.04.11).

김승수의 삶을 통해 본 일제강점기 한지의업면허제도 **169**

록 하는 지역의사제가 논의되고 있다.[2]

사회 상황 자체가 지금과는 크게 다른 만큼 무턱대고 견줄 순 없지만 일제강점기에도 유사한 논의가 있었다. 일제강점기 내내 의사 부족과 지역의 의료공백이 중요한 사회 문제 중 하나였기 때문이다. 이를 해결하기 위해 일제가 주되게 활용한 것은 의생제도였다. 자신들이 본토에서 달성한 근대화의 과정과도 어긋나고 식민 통치의 정당성을 확보하고자 근대식 서양의학을 내세웠음에도,[3] 일제는 식민지 조선에서 한의학을 활용했다. 1930년대 들어서는 전시 하에서 인적자원 확보와 무의촌 문제를 완화하기 위해 식민당국이 직접 한의학 교육에 나설 정도였다.[4]

의사 부족과 지역의 의료공백을 해결하기 위해 일제가 활용한 것은 의생제도만이 아니었다. 또 다른 방편으로 한지의업면허제도가 존재했다.[5] 한지의업면허제도는 일본에서 1883년 의사면허 규칙이 제정되며 시행되었으나 이후 의학교육기관 확대로 충분한 의료인력이 공급되면서 1906년 새로운 의사법 제정과 함께 폐지됐다. 그런데 이것이 1913년 식민지 조선에서 부활한다.[6] 간단히 말해 조선에서는 정규 의사 이외에

---

2) 「올해 주목해야 할 법률들…⑤ '10년 의무복무' 지역의사(양성)법」, 『의협신문』 2022. 03.09.

3) 1910년 한일병합에 맞춰 십여 개의 자혜의원 건립이 추진된 것이 이를 방증한다(박윤재, 『한국 근대의학의 기원』, 혜안, 2005, 247~250쪽).

4) 조선의 의료인력 부족과 부실한 지역 의료공급을 해결하기 위해 한의학을 활용한 것에 대해서는 다음 논문들을 참고하길 바란다. 신동원, 「조선총독부의 한의학 정책: 1930년대 이후의 변화를 중심으로」, 『의사학』 12(2), 2003; 박윤재, 「일제의 한의학 정책과 조선 지배」, 『의사학』 17(1), 2008; 「황영원의 일제시기 한의학 교육과 전통 한의학의 변모: 한의학 강습소를 중심으로」, 『의사학』 27(1), 2018.

5) 현재 의료계 원로 중 일부는 공공의대를 통한 지역의사 양성안에 대해 일제강점기 한지의사제도의 재현이라고 비판하기도 했다(이무상, 「조선총독부 의료정책의 재현」, 『메디게이트 뉴스』 2020.9.2).

6) 여인석·박윤재·이경록·박형우, 「한국 의사면허제도의 정착과정: 한말과 일제시대를 중심으로」, 『의사학』 11(2), 2002, 148~150쪽.

근대식 의료기관(병원, 의원, 진료소 등)[7]을 개설해 의료행위를 할 수 있는 또 다른 집단이 존재했던 것이다.

하지만 지금까지 학계에서 이루어진 의학 관련 인물사나 제도사는 거의 대부분 정규 의사와 관련된 것이었다. 특히 내로라하는 관립·사립 의학교 출신 인물들이 의사면허를 따는 과정, 그리고 그들의 활동과 그들이 개설한 병·의원에 초점이 맞춰져 있다. 최근 독학으로 의사면허를 취득한 사람들에 대한 연구가 이루어져 일제강점기 의료에 대한 시야를 넓혔으나, 이들 역시 결국 정규 의사들이다.[8] 한지의(限地醫)[9]를 다룬 연구가 없는 것은 아니나 대부분 부수적으로 다루고 있다. 물론 그러한 선행연구를 통해 한지의업면허에 대한 제도사(制度史) 정리는 가능하다.[10] 하지만 구체적으로 이 제도가 어떻게 작동했고 역사적으로 어떤

---

7) 근대 초기 일본에서는 근대식 의료기관을 의미하는 병원, 의원, 진료소라는 용어가 혼재돼 사용됐다. 1891년 도쿄부가 작성한 「사립병원 및 산원 설립규칙(私立病院竝産院設立規則)」을 통해 병원을 "환자 10명 이상 입원하는 시설", 10병상 이하의 의료기관은 '진료소'라고 규정해 규모에 따른 용어 구분을 시도했지만, 용어의 혼재는 한동안 계속됐다. 이는 일본의 식민지에서도 마찬가지였다. 대표적인 예로 일제는 근대식 의료기관의 상징이라고 할 수 있는 대한의원의 이름을 강점 후에도 조선총독부병원이 아닌 조선총독부의원으로 명명했다.

8) 홍창희·박승만, 「한국 의사 검정시험의 실태: 1914~1963년」, 『연세의사학』 24(2), 2021.

9) 일제강점기 신문기사를 검색해보면 한지의업면허를 취득한 자에 대해 한지의 또는 한지의사(限地醫師)라고 부르는 것을 알 수 있다. 그러나 조선총독부 관보 상에선 딱 한 차례만 한지의사라고 표현했고(1924년 12월 6일자 조선총독부 관보 제3695호 7면), 거의 한지의라고 기술했다. 한편, 조선총독부통계연보에서는 한지개업의(限地開業醫) 또는 한지의업자(限地醫業者)로 표기해 의사와 구분지어 통계를 내고 있다. 본 논문에서는 조선총독부 관보에서 주로 사용한 한지의라는 표현을 사용하였다.

10) 일제강점기 한지의업면허제도를 다룬 선행연구는 다음과 같은 것들이 있다. 황상익, 『한국의 의사면허제도와 의사국가시험의 역사(도서출판용)』, 한국보건의료인국가시험원, 2022; 홍창희·박승만, 「한국 의사 검정시험의 실태: 1914~1963년」; 이흥기, 「한국 근대 醫師職의 형성과정(1885~1945)」, 서울대학교 박사학위논문, 2010; 여인석·박윤재·이경록·박형우, 「한국 의사면허제도의 정착과정: 한말과 일제시대를 중심으로」.

의미를 갖는지는 가늠하기 어렵다.

한지의의 중요성은 무엇보다 그들이 일제강점기 동안 농촌지역에서 근대식 의료를 제공했다는 데 있다. 일제강점기 후반부로 갈수록 도시지역으로 인구이동이 늘긴 했지만 1930년대까지도 전체 인구의 90% 이상 여전히 농촌지역에 살고 있었고, 농촌지역의 절대인구 수도 계속 늘어 1930년대에 이미 2천만 명을 넘어선다.[11] 때문에 식민당국도 1930년대부터는 산미증식계획을 접고 농촌진흥운동을 전개해 식민통치체제의 안정화를 꾀했다.[12] 이러한 관점에서 볼 때, 농촌지역에서 주로 개업했던 한지의는 조선민중들 입장에서나 식민당국 입장에서 오히려 도시에 몰려있는 정규 의사들보다 중요한 존재였다.[13]

그러나 한지의의 규모는 어떠했고, 어떠한 과정을 거쳐 한지의가 되었으며, 실제 어떤 활동을 했는지 밝혀진 바 없다. 본 연구는 이러한 문제의식을 가지고 일제강점기 한지의로 활동한 김승수(金昇洙)라는 인물을 추적해보았다. 이를 위해 김승수의 가족이 소장하고 있는 각종 자료[14]와 국가기록원에서 소장하고 있는 『한지의업면허에 관한 철(限地醫業免許ニ關スル綴)』을 분석하였다. 『한지의업면허에 관한 철』은 조선총독부 위생과가 1913년부터 매해 한지의업면허를 취득한 사람들의 이력서, 경력증명서, 시험지 등을 모은 자료인데, 본 연구에는 정보공개청구

---

11) 권태환, 「일제시대의 도시화」, 『한국의 사회와 문화』 11, 한국정신문화연구원, 1990, 259쪽.

12) 김용달, 「일제의 농업정책과 농민운동」, 『동양학』 제41호, 2007, 278쪽.

13) 이에 대해 좀 더 명확하게 밝히기 위해선 도시와 농촌에 의료기관 및 의사가 어떻게 분포했는지 파악해야 하나, 안타깝게도 조선총독부 통계연보에는 도별 집계만 기재돼있다.

14) 김승수의 가족이 소장하고 있는 자료는 시대별 각종 사진과 국가기록원에서 받은 한지의업면허와 관련된 서류, 탄천공립심상소학교 교의 촉탁 증서, 조선생명보험회사 진사의(診查醫) 촉탁 증서(이상 해방 전), 이인초등학교 교의 촉탁 증서, 의사면허갱신 신청서, 마약취급업자면허장(이상 해방 후) 등이다.

를 통해 입수한 1934년도 『한지의업면허에 관한 철』을 활용하였다.[15] 또한 한지의의 전체 규모와 한지의업면허제도의 변화양상을 살피기 위해 조선총독부 관보와 통계연보, 신문자료 등을 검토하였다. 한편, 김승수의 행적 중 문서만으로 추적하기 어려운 경우에는 김승수 친인척의 증언을 통해 보완하였다.[16]

II. 한지의업면허제도에 대한 개괄

한지의업면허제도를 체계적으로 이해하기 위해선 일제가 식민지 조선에서 근대식 의료행위를 할 수 있는 자에 대한 자격 조건을 어떻게 규정했는지 봐야 한다. 먼저 가장 대표적인 근대식 의료행위자라고 할 수 있는 의사의 자격에 대해 살펴보면, 조선총독부는 1913년 11월 15일 발표한 의사규칙(醫師規則) 제1조를 통해 다음과 같이 규정했다.

---

15) 국가기록원이 소장하고 있는 『한지의업면허에 관한 철』은 개인정보가 담겨있기 때문에 직계가족이 아니면 볼 수가 없었으나 최근 연구자들도 열람이 가능해졌다. 전체를 검토하면 가장 이상적이겠으나, 일단 한 해만이라도 한지의업면허 취득자 전원에 대해 분석해보는 것이 중요하다고 판단하여 이미 국가기록원 차원에서 기본적인 해제 (노종영, 「위생편」, 『일제문서해제: 건축회계 세무 위생편』, 국가기록원, 2004)가 이루어진 1934년도 『한지의업면허에 관한 철』을 정보공개청구하여 입수하였다.

16) 김승수의 넷째 아들이 서울대학교 의과대학 교수, 국회의원과 건강보험공단 이사장을 지낸 김용익이고, '김안과'로 유명한 건양대 설립자 김희수는 김승수의 아우이다. 본 연구자는 김용익으로부터 김승수에 관한 자료를 받고 여러 차례의 인터뷰를 통해 김승수의 생애에 대해 조사하였다. 김용익이 전해 준 자료의 상당수는 건양대학교 라윤도, 송정란 두 교수가 수집한 것이다. 김용익이 알지 못하는 점에 대해선 김용익이 친익척들에게 물어 본 연구자에게 전해주었다. 귀한 자료와 증언을 제공해주신 김용익, 라윤도, 송정란 교수와 친인척분들께 감사의 뜻을 전한다.

1. 의사법 제1조 제1항 제1호, 제1호에 해당하는 자 또는 의술개업시험에 합격한 자. 2. 조선총독이 지정한 의학교를 졸업한 자. 3. 조선총독이 정한 의사시험에 합격한 자. 4. 외국 의학교를 졸업하거나 외국에서 의사면허를 취득한 제국신민(帝國臣民)으로 의업을 하는 것이 적당하다고 인정된 자. 5. 조선총독이 지정한 외국 국적을 가지며 그 나라에서 의사면허를 취득한 자로 의업을 하는 것이 적당하다고 인정된 자

이 조선총독부령 의사규칙 제1조의 1항에 나오는 "의사법"은 1906년 5월 1일 제정된 일본의 의사법을 말한다. 같은 항에 나오는 "의술개업시험" 또한 일본에서 시행한 의술개업시험을 의미한다. 1항과 4항의 경우는 일본 내무성 의사면허 소지자, 즉 일본 본토에서 의사로 활동하던 일본인들이 식민지 조선에서도 활동할 수 있도록 명시한 것이다. 5항의 경우는 당시 조선 땅에 들어와 있던 외국 국적 의사들을 조선총독부에서 검증해 의사면허를 주겠다는 의미였다. 실질적으로 조선인에게 해당하는 것은 2항과 3항이었다. 즉 조선총독이 지정한 의학교를 졸업하거나 (이 경우 무시험으로 의사면허 부여), 별도의 조선총독부 지정 의사시험을 치러 합격해야 의사면허를 받을 수 있었다.[17]

그런데, 의사규칙의 부칙 제3항에서 위의 "제1조의 각호 규정에 해당하지 아니하는 자라도 당분간 그 이력과 기량을 심사하여 지역과 기간을 정해 의업면허를 부여할 수 있다"고 명시했다. 의사면허 이외에 '의업면허'라는 것을 따로 두어 근대식 의료공급을 위한 별도의 통로를 열어둔 것이다. 다만, "당분간"이라는 표현을 통해 알 수 있듯이 일본 본토에서 그랬던 것처럼 처음엔 임시로 시행했던 것으로 보인다. 그러나 이 의업면허는 법 개정 없이 1915년 9월부터 관보 상에서 '한지의업면허'로 불

---

17) 황상익, 『한국의 의사면허제도와 의사국가시험의 역사(도서출판용)』, 129~131쪽.

리기 시작해,[18] 〈표 1〉에서 보듯이 일제강점기 후반부로 갈수록 확대·강화된다.

〈표 1〉 일제강점기 의사 수와 한지의 수

연도	의사			합계	한지의			합계
	조선인	일본인	외국인		조선인	일본인	외국인	
1912	72	353	32	457	-	42	-	42
1913	183	395	38	616	-	26	3	29
1914	144	464	33	641	1	82	8	91
1915	209	627	36	972	-	74	7	81
1916	233	667	32	932	1	76	7	84
1917	279	678	36	993	1	68	6	75
1918	351	648	35	1,034	2	71	5	78
1919	354	654	30	1,038	24	82	3	109
1920	402	604	29	1,035	5	70	1	76
1921	411	619	31	1,061	15	63	2	80
1922	468	659	32	1,159	4	70	8	82
1923	515	652	35	1,202	11	67	8	86
1924	577	666	32	1,275	19	61	8	88
1925	637	685	36	1,358	16	69	5	90
1926	703	708	39	1,450	40	74	9	123
1927	762	711	35	1,508	54	85	10	149
1928	806	786	30	1,622	49	87	12	148
1929	836	779	30	1,645	76	83	11	170
1930	921	796	32	1,749	116	89	13	218
1931	939	818	34	1,791	166	87	12	265
1932	1,001	885	23	1,909	179	83	11	273

18) 황상익, 『한국의 의사면허제도와 의사국가시험의 역사(도서출판용)』, 157쪽. 그럼에도 규정상 정식 명칭이 '의업면허'라는 사실을 기억할 필요가 있다. 이 '한지'라는 말 때문에 일제강점기 근대식 의료공급이 의사면허와 의업면허라는 이중 구조로 이루어졌나는 사실이 잘 드러나시 않기 때문이다.

연도	의사			합계	한지의			합계
	조선인	일본인	외국인		조선인	일본인	외국인	
1933	1,094	964	32	2,090	207	88	12	307
1934	1,218	1,054	30	2,302	208	79	9	296
1935	1,336	1,146	24	2,506	173	78	9	260
1936	1,413	1,129	23	2,565	218	74	9	301
1937	1,470	1,414	22	2,906	270	81	10	361
1938	1,668	1,245	18	2,931	274	74	8	356
1939	1,725	1,253	20	2,998	317	69	8	394
1940	1,918	1,269	10	3,197	365	65	6	436
1941	2,022	1,191	3	3,216	399	57	2	458
1942	2,487	1,187	-	3,674	509	54	1	564
1943	2,618	1,194	-	3,812	548	55	1	604

출처: 각 연도 조선총독부 통계연보

지금까지 확인되는 의업면허, 즉 한지의업면허를 받는 방법은 크게
두 가지다.[19] 하나는 제3부까지 진행되는 정규 의사시험에서 제1부나
제2부까지만 합격한 경우다.[20] 또 다른 하나는 각 도 위생과에서 주관하
는 한지의업시험(限地醫業試驗)을 통과하는 것이었다. 정리하면, 식민
지 조선에서 근대식 병·의원을 개설하여 의료행위를 할 수 있는 방법은
크게 보면 의사면허를 취득하거나 한지의업면허를 받는 것이었지만, 실
질적으로는 다음과 같은 세 가지 경로가 존재했다. 첫 번째는 경성의학
전문학교 같은 조선총독부 지정 의학교를 졸업한 경우였다. 이 경우엔
별도의 시험 없이 졸업과 동시에 의사면허를 받았다. 두 번째는 조선총

---

19) 이에 관한 규정은 조선총독부 경무총감부 위생과에서 발표한 「한지의면허신청에 관한
건」을 통해 확인할 수 있다(警務総監部衛生課, 『朝鮮衛生法規類集 全』, 1917, 81쪽).
20) 1914년부터 시행된 의사시험은 처음엔 4부 체제로 진행하다가 1918년부터는 3부 체제
로 바뀌었다. 1부, 2부는 이론시험이고 3부는 실기시험에 해당한다(홍창희·박승만,
「한국 의사 검정시험의 실태: 1914~1963년」, 115쪽).

독부로부터 지정받지 못한 사립 의학교육기관을 다니거나[21] 독학으로 의학을 공부한 후 조선총독부에서 주관하는 의사시험을 통과해 의사면허를 받는 것이었다. 마지막 세 번째는 조선총독부 의사시험에서 일부만 합격하거나 각도 위생과에서 주관하는 시험에 통과해 한지의업면허를 받는 것이었다.

아직 각도 위생과에서 주관하는 한지의업시험을 치르기 위한 자격 조건에 대해 자세히 연구된 바는 없으나, 김승수가 한지의업면허 신청을 위해 제출한 서류를 보면 5년간 병·의원에서 수련했다는 증명서가 포함되어 있다. 또한 국가기록원에 남아있는 1934년 한지의업면허를 취득한 35명의 서류를 검토한 결과 의사시험에 부분 합격하거나 외국의 의학교를 졸업한 경우를 제외하고는 5년간의 실습 증빙이 면허 신청을 위한 필수 조건임을 확인할 수 있었다. 이러한 기준이 설정된 이유는 의사시험규칙을 한지의에도 적용했기 때문일 것이다. 조선총독부는 1914년 7월에 공표한 의사시험규칙 제2조에서 "의사시험은 수업연한 4년 이상의 의학교를 졸업하거나 5년 이상 의술에 종사한 자가 아니면 볼 수 없다"고 규정했다. 뒤에서 살펴보겠지만, 김승수 역시 한지의업시험을 치르기 위해 5년간의 병·의원실습이 필요했고, 이 실습을 위해 먼저 평양에 있는 기성의학강습소(箕城醫學講習所)에서 기초적인 의학지식을 배웠다.

한지의업면허 신청을 위한 규정과 절차를 정리하면, 누구나 의사규칙 부칙 제3항 "이력과 기량을 심사하여 지역과 기간을 정해 의업면허를 부여할 수 있다"는 규정에 따라 자격을 증빙하면 한지의업면허를 받

---

21) 당시 대표적인 사립 의학교육기관이었던 세브란스의전의 경우에도 1923년에 가서야 조선총독부 지정학교가 되었기 때문에 그 이전까지는 학생들이 졸업 후 추가로 의사시험을 치러 합격을 해야 의사면허를 받을 수 있었다.

을 수 있었다. 다만, 의사시험규칙 제2조에 따라 "5년 이상 의술에 종사한" 이력을 증명하고, 조선총독부 경무총감부 위생과에서 1914년 3월 공표한 「위발(衛發) 제170호 한지의업면허 신청에 관한 건」에 제시된 대로 "자혜의원에 위탁하거나 촉탁경찰의 또는 공의 등으로 하여금 그 학력 및 실지상(내외과, 안과, 산과 및 약물)에 관하여 상당시험을 실시하여" 기량을 검증받아야 했다. 김승수의 한지의업면허 신청 서류를 보면 공표한 지 20여 년이 지났음에도 이러한 규정과 절차를 고스란히 따르고 있다.

III. 김승수의 삶을 통해 본 한지의업면허제도

1. 김승수의 한지의업면허 취득을 위한 준비 과정

김승수는 1910년 11월 7일(음력 10월 6일) 충남 논산시 양촌면 남산리에서 태어났다. 조선 사회가 한일병합으로 큰 혼란을 겪던 시기였지만, 조용한 시골 마을 지역 유지의 장남으로 태어난 그는 별다른 어려움 없이 성장했다. 김승수는 1919년 양촌공립보통학교가 문을 열자 그곳에 입학해 신식 교육을 받았다.[22] 1925년 보통학교를 졸업한 그는 대처로 나가 상급학교에 진학해 더 많은 것을 배우고 싶어 했다.[23] 하지만 아버지

---

22) 김승수 이력서(1939). 현재 김승수의 이력서는 두 개가 남아있는데, 하나는 1939년 한지의업면허를 신청하며 작성한 것이고, 또 다른 하나는 1950년 의사면허를 갱신하며 작성한 것이다. 연도를 표기하여 두 이력서를 구분하였다. 1939년 이력서는 〈그림 1〉에 제시하였다.

김영철(金永喆)은 장손인 그가 부모 곁에서 가업을 잇고 문중의 대소사를 챙기길 원했다.[24] 김승수는 결국 상급학교 진학을 포기하고 1927년에는 혼례까지 올리며 시골 마을 청년의 삶에 만족해야 했다.

그러나 '신문화'에 대한 김승수의 갈증은 쉽게 가시지 않았다. 마침 충남 논산군 양촌면에도 청년회가 생기고 당시 진보적인 사상의 학습장이었던 독서회가 꾸려졌다. 김승수는 이 모임에 참여하며 자신의 미래를 다시 모색했다.[25] 특히 모임에서 만난 권오창(權五昌)의 영향이 컸다. 권오창은 할아버지가 의생면허를 취득하여 지역에서 의술을 펼치고 있었고, 스스로도 의업에 뜻을 두었기 때문에 의학 관련 제도에 대해 잘 알고 있었다.[26] 1933년 초 권오창은 신학문에 대한 열정은 있으나 차마 고향을 등질 수 없었던 김승수에게 솔깃한 제안을 했다. 평양에 가면 단기로 의학을 배울 수 있으니 함께 가자는 것이었다.[27]

---

23) 김승수의 이력서(1939). 4년제 학교로 들어갔지만 3·1운동 이후 문화통치기에 접어들며 일본인들을 위한 교육체계와 동일하게 보통학교가 6년제로 바뀜에 따라 1925년에 졸업을 한 것으로 보인다.

24) 김용익에 따르면 그는 세상의 변화에 어두운 사람이 아니었고, 상당히 개방적이고 실용적이었다고 한다. 참고로 차남 명수는 예산농림학교에 진학시켰다.

25) 당시 논산군 양촌면 인천리에서 인천청년회를 이끌었고 노동조합창립을 주도하다 일경에 잡힌 권영민(權寧珉)의 판결문에 따르면 김승수는 인천청년회의 주축인 권영민, 이지용(李地用), 손용식(孫龍植), 손영균(孫榮均), 권영수(權寧璹) 등과 함께 사회과학 서적과 잡지류를 구입하여 윤독회 모임을 가졌다고 한다(박성섭, 「1920~30년대 초 논산지역의 청년운동: 양촌면 인천청년회를 중심으로」, 『한국민족운동사연구』 105, 2020, 171쪽). 1925년 4월 9일자 조선일보에 실린 기사 「論仁靑年總會」를 통해서도 당시 김승수가 살던 지역에서 청년들을 중심으로 진보적인 모임이 꾸려지고 있었다는 것을 확인할 수 있다.

26) 권오창은 김승수의 보통학교 3년 후배였다고 한다. 권오창의 조부는 한의사였던 권학진(權學鎭)으로, 1914년 10월 8일자 조선총독부 관보에서 권학진의 의생면허 취득 사실을 확인할 수 있다. 김승수는 이력서((그림 1) 참고)에서 1931년 8월부터 평양기성의학강습소에 등록하기 직전인 1933년 9월까지 권학진으로부터 의학을 배웠다고 기재하였다.

27) 김승수 친인척 증언, 경제적인 어려움도 있었지만, 이미 중등교육을 받을 나이를 넘어섰기 때문에 정식 의학교육을 받는 것은 어려운 상황이었다.

권오창의 제안은 평양 기성의학강습소 속성반 등록을 의미했다. 기성
의학강습소는 의생 김명진(金明鎭)[28]이 1926년 11월 5일에 문을 연 사설
의학교육기관이었다.[29] 처음에는 평양 일대의 의생이 되고자 했던 20세
전후의 남녀들을 모아 4개월 정도 교육하는 정도로 시작했으나 전국에
서 의학을 배우려는 사람들이 모여들면서 그 규모와 수준이 해를 거듭
할수록 달라졌다.[30] 48명으로 시작한 기성의학강습소는 4년 만에 수강
생이 200명으로 늘어났고 기간도 1~2년을 다니는 본과와 6개월 과정의
속성과로 나뉘어 운영되었다.[31] 또한 기출 문제 분석을 바탕으로 자체
교재까지 만들어 의생시험 뿐 아니라 의사시험까지 대비할 수 있는 수
준의 교육기관으로 발전했다.[32] 심지어 의학전문학교 입학을 원하는 사

---

28) 1920년 7월 15일자 조선총독부 관보 2379호에 나온 황해도 출신의 김명진(면허번호
6515)과 1925년 8월 24일자 조선총독부 관보 3907호에 나온 평안남도 출신의 김명진
(면허번호 73379), 둘 중 한 명으로 추정된다. 지역으로 보면 후자일 가능성이 높으나
의생면허를 받자마자 기성의학강습소를 설립하기 어려웠을 것으로 보아 전자일 가능
성이 더 높아 보인다.

29) 1926년 10월 23일자 동아일보를 보면 의학강습소를 설립하고 1926년 11월 5일부터 교
육을 시작한다고 했으나, 1929년 1월 2일자 동아일보에는 대정14년(1925년) 11월 5일
이 설립일로 나와있다. 1929년 기사에서 연도를 잘못 기재한 것인지 설립하고 1년 후
에 개강한 것인지는 확인이 필요하다. 한편, 1933년 7월 28일자 조선중앙일보 기사에
는 9년 전에 설립했다고 하는데 의학교로의 승격을 추진하는 상황에서 김명진이 설
립일을 의도적으로 길게 말했을 가능성도 있어 보인다.

30) 전국에서 평양의 기성의학강습소까지 찾아왔다는 것은 의업을 하려는 사람은 많은
반면 기초적인 의학교육과 수험 가이드를 해줄 마땅한 강습소가 없었다는 애기이기
도 하다. 당시 기사에 따르면 기성의학강습소는 1933년 기준 7백여 명의 졸업생을
배출하였고, 졸업생 중 총독부에서 시행하는 의사시험과 각도에서 시행하는 한지의
및 의생시험에 합격한 자가 오백 명에 달했다고 한다(「醫界에 貢獻만흔 箕城醫學講
習所」, 『조선중앙일보』 1933.07.28). 그러나 의학교로 승격을 추진하던 상황에서 조
선인들의 활동에 우호적인 조선중앙일보에서 나온 기사인 만큼 다소 과장된 측면이
있을 것이다. 오백 명이 사실이라 해도 상당수는 의생시험 합격자였을 것으로 추정
된다.

31) 「醫學講習開催 金明鎭氏設立」, 『동아일보』 1926.10.23; 「十年一覽 顯著히 發達된 燦然
한 地方文化(其二)」, 『동아일보』 1929.01.02; 「醫界에 貢獻만흔 箕城醫學講習所」, 『조
선중앙일보』 1933.07.28. 참고로 기성의학강습소는 한때 의학교 승격까지 노렸으나
1939년 말 폐소된다(「縮刷北部版 平壤」, 『동아일보』 1939.10.12).

람들까지 모여들어 기성의학강습소는 팔도에서 의업을 희망하는 조선인들이 거쳐가는 등용문처럼 되어갔다.[33]

이처럼 1930년대 초 전국의 많은 조선인들이 기성의학강습소에 몰린 데에는 일제 당국의 의사면허 관련 정책변화도 상당한 영향을 미쳤다. 조선총독부는 1933년 3월 평양의학강습소와 대구의학강습소를 각각 평안남도 도립 평양의학전문학교, 경상북도 도립 대구의학전문학교로 승격시켜 정규 의학교를 졸업한 의사(무시험 의사면허 취득)를 늘리고 점차 의사시험제도를 폐지하는 쪽으로 정책변화를 꾀했다. 1934년 3월초에는 아예 총독부 니시가메(西龜三圭) 위생과장의 입을 통해 정규 의학교를 졸업하지 않고 독학으로 의사가 되려는 사람은 1940년까지 앞으로 7년 동안에 의사시험을 통과해야 한다고 못을 박았다. 실제 1934년 11월에는 의사시험규칙을 개정하여 1941년 1월 1일부터는 매년 2회 실시한다는 조항을 폐지하고 필요에 따라 실시함은 물론, 수험자격도 중등학교를 졸업하고 수업연한 4년 이상의 의학교를 졸업한 자만으로 한정하였다.[34]

니시가메 위생과장의 말대로 의사시험을 완전히 없애는 것은 아니었지만, 중등학교 졸업과 4년 이상의 의학교 졸업을 동시에 요구한다는 건 당시 조선인 입장에서 사실상 시험 폐지와 다르지 않았다.[35] 이러한 정책 변화가 한지의업면허제도에 어떤 영향을 미칠지는 당시로선 판단하

---

32) 현재 국립중앙도서관에는 기성의학강습소에서 간행한 일종의 기출 및 예상문제집이라고 할 수 있는 金明鎭 編, 『醫師試驗問題解法』, 箕城醫學講習所, 昭和14가 남아있다. 내용을 들여다보면, 의생시험문제뿐 아니라 한지의업시험문제, 의사시험문제까지 다루고 있다.

33) 「箕城醫講 學校로 認可」, 『조선일보』 1930.09.12.

34) 조선총독부, 『관보』, 1934.11.16.

35) 「이, 야시험제도 개정 수험자격 제한」, 『동아일보』 1934.11.16.

기 어려웠을 것이다. 하지만 정규 의학교 졸업자만을 의사로 인정하는 분위기였기에 한지의업시험을 준비하는 사람들도 위기감을 느꼈을 것이다. 즉 정규 의학교육을 받을 여건이 뒷받침되지 않았던 김승수 입장에선 어떻게든 1940년까지 면허를 따기 위한 계획을 세워야 했다.[36] 1933년 당시 김승수에게 7년이란 짧지 않은 시간이 주어진 것 같지만, 기성의학강습소에서 기초의학지식을 습득한 후 추가로 의료기관에서 5년간 실습을 해야 했기 때문에 사실 빠듯했다.

물론 김승수가 처음부터 한지의업시험을 목표로 했는지 아니면 의사시험까지 염두에 두었는지는 알 수 없다. 다만 두 시험 모두 "5년 이상 의술에 종사"했다는 증명이 필요했다. 즉 김승수가 의무가 아님에도 굳이 평양까지 가서 기성의학강습소를 다니고자 했던 것은 결국 "5년 이상 의술에 종사"(병·의원 실습)하기 위한 일종의 자격을 갖추기 위함이었다. 김승수는 끝내 아버지의 승낙을 얻지 못하고 야반도주하여 평양으로 떠났다.[37] 평양에 도착한 김승수는 1933년 10월 10일 기성의학강습소 속성과에 등록하여 6개월간 의학을 배우고 1934년 3월 15일에 졸업했다.[38]

김승수는 기성의학강습소를 졸업하자마자 바로 충청남도로 돌아와 1934년 3월부터 논산 천성당병원(天誠堂病院)에서 수련을 시작했다. 천성당병원 원장 곽해봉(郭海鳳)은 논산과 멀지 않은 금산 출신으로 1931년 경성의학전문학교를 졸업한 의사였다.[39] 그는 졸업한 지 얼마 안 돼

36) 이흥기, 「한국 근대 醫師職의 형성과정(1885~1945)」, 168~169쪽.
37) 김승수 친인척 증언. 김승수가 의학공부를 할 수 있도록 아내가 적극 권유하고 어머니가 어렵게 돈을 마련해 주었다고 한다. 자신의 허락 없이 평양으로 떠났다는 사실을 뒤늦게 안 아버지가 크게 화를 냈는데 이를 어머니가 설득했으며, 후에는 부친도 지원을 해주었다고 한다.
38) 김승수 이력서(1939)

논산 욱정(旭町)에 2층짜리 근대식 의원을 짓고 가난한 사람들을 무료로 치료해주는 등 다양한 활동을 전개하며 이름을 알렸다.[40] 김승수는 바로 이 천성당병원에서 5년간 곽해봉의 지도를 받으며 의술을 익혀나 갔다.[41]

그사이 1934년에 발표됐던 의사시험규정 개정안은 달라지지 않았다. 독학으로 공부해 정규 의사가 되기를 꿈꾸었던 이들은 불안할 수밖에 없었다. 1939년 말에는 독학 의학도들이 총독부 위생국에 '폐지 기간의 조건부 연기'를 위한 탄원서를 제출하기도 했다.[42] 그런데 의사시험 폐지론은 의사시험으로 의사를 늘려도 지역의 의료공백을 메꾸는 데 별 도움이 되지 않기 때문에 등장한 것이었다. 하지만 의사시험을 없애고 몇몇 의학강습소를 의학전문학교로 승격시켜 무시험 의사를 늘리는 것만으로 지역의 의료공백은 해소되지 않았다. 일제 당국으로서는 보완조치를 고민해야 했다. 1930년대 후반부터 본격화된 전쟁 준비를 위해서라도 근대식 의료 공급을 통해 민심을 추스를 필요가 있었다.[43] 1930년대 중반 무렵부터 일제가 의사시험 폐지를 고려하면서도, 〈표 1〉에서 본 바와 같이 한지의를 계속 늘린 것은 이런

---

39) 1931년 4월 28일자 조선총독부 관보에 실린 경의전 졸업생 명부를 보면 곽해봉이 금산 출신으로 나온다.

40) 「도규계의 준재 천성의원 곽해봉씨」, 『조선일보』 1936.07.22.

41) 곽해봉은 1930년대 동아일보 논산지국 고문을 맡았는데, 김승수가 참여했던 인천청년회의 리더 권영민 등은 바로 이 논산지국의 기자였다(지수걸, 「일제시기 충남 부여·논산군의 유지집단과 혁신청년집단」, 『한국문화』 36, 2005, 217~220쪽). 이로 미루어 볼 때, 천성당병원에서의 실습은 사전에 논의가 됐을 가능성이 크다.

42) 「독학의 등용문은 다첫다 변호사시험은 명년 의사는 삼년후에 기간의 연장을 탄원」, 『동아일보』 1939.12.13.

43) 『동아일보』, 1939년 5월 31일자 「醫療機關施設緊急 二萬人口居住에 醫師無一人 住民等限地醫라도 希望(居昌)」나 같은 해 12월 3일자 「寒心스런 醫療施設 限地醫로 補充코저 試驗施行, 忠南道當局擴充에 專力」을 보면 1930년대 말 지역 여론이 지역의 의료인 부족에 대해 얼마나 큰 불만을 가지고 있었느지 확인할 수 있다.

맥락 때문일 것이다.

심지어 1939년 말에는 조선총독부가 조만간 새로운 의사시험제도를 만들어 이 제도를 통해 배출되는 모든 의사를 한지의 형태로 배치할 계획이라는 보도까지 나왔다.[44] 비록 이 계획이 실현되진 않았지만, 당시 식민당국이 한지의업면허제도에 대해 매우 긍정적으로 평가했음을 알 수 있다. 1930년대 말 정도 되면 한지의업면허를 취득하고자 했던 사람들도 이러한 흐름을 감지했을 것이다. 특히 김승수처럼 가문을 챙겨야 했던 사람들 입장에선 고향과 가까운 지역에 개업할 수 있는 가능성이 커지는 것이었기에 더욱 희망적인 상황이었다.[45]

2. 김승수의 한지의업면허 취득 과정

김승수가 한지의업면허를 받는 과정을 살펴보면,[46] 김승수는 1939년 4월 5일 충청남도에 한지의업면허를 신청했다.[47] 정확히 의사규칙 부칙 제4항의 규정대로 본적, 주소, 이름, 생년월일, 의업지역(면허지역), 면허 기간을 순서대로 기재했다. 여기에 이력서, 호적과 함께 학력을 증명할 수 있는 서류, 즉 5년 동안 천성당병원에서 의술을 수련했음을 증빙하는 곽해봉의 증명서를 제출했다.

---

44) 「醫療機關普及策으로 限地醫의新制度設施」, 『조선일보』 1939.11.19.
45) 가족들의 증언에 따르면 실제 김승수는 처음에 다른 지역에 지원했다가 얼마 지나지 않아 고향과 가까운 공주군에 공고가 떠서 다시 시험을 봤다고 한다.
46) 이 절에서 별도로 각주를 달지 않은 부분은 전부 1939년(昭和十四年) 조선총독부 경무국 위생과에서 발행한 『한지의업면허에 관한 철』의 김승수 관련 문서를 근거로 작성한 것이다.
47) 『동아일보』, 1936년 2월 21일자 「山地帶八個所에 限地醫師配置」와 같은 기사가 간혹 실리긴 했으나 1939년 충청남도의 모집 공고가 정확히 어떻게 이루어졌는지는 확인할 수 없었다.

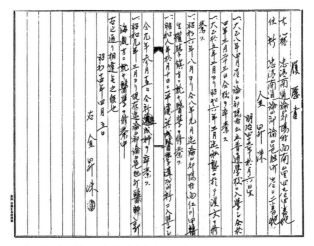

〈그림 1〉 김승수의 한지의업면허 신청 서류에 포함된 이력서

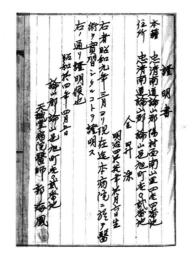

〈그림 2〉 곽해봉이 작성한 김승수의 실습 증명서[48]

---

48) 〈그림 2〉를 자세히 보면 증명서 위에 빨간색으로 5라고 체크되어 있는데 아마도 경무
국 위생과에서 5년 이상 의술에 종사하였다는 것을 확인했다는 표시로 보인다. 다른
사람이 증명서에서도 동일한 표시를 볼 수 있다.

이어 김승수는 1939년 5월경 충청남도에서 실시한 한지의업시험을 치렀다. 시험은 지식을 검증하는 '학설시험(學說試驗)'과 술기능력을 검증하는 '실지시험'(實地試驗)을 치렀는데, 학설시험과 실지시험 모두 내과, 외과, 산과, 안과, 약물 등 총 5과목을 치렀다. 시험위원은 일본인 조선도립의원 의관 3인(大島正孝, 高橋了必, 山本鐵城)과 조선위생기사 김상억(金商億), 조선도립의원 의원 김근용(金瑾容) 등 총 5인이 맡았다. 시험은 각 과목당 두 문제씩 출제되었으며 시험시간은 각 과목당 1시간에서 1시간 반 정도 주어졌다. 김승수에게 제시된 시험문제는 다음과 같다.[49]

[내과]
1. 복수가 생기는 질환 두 개를 표기한 다음 그 원인과 요법을 기술하시오.
2. 세균성 적리와 아메바성 적리를 비교하여 각 요법을 기술하시오.

[외과]
1. 탈구와 골절의 감별
2. 일레우스

[산과]
1. 태아 생사 진단
2. 임신신(妊娠腎)

[안과]
1. 트라코마의 치료법과 그 초기 진단을 기술하시오.
2. 다음의 각 질문에 간단히 답하시오. 1) 시야(視野) 2) 노안(老眼) 3) 정시안(正視眼) 4) 마리오트씨 맹점 5) 방인(邦人)의 건상시력(健常視力) 6) 모양충혈(毛樣充血, 주옹충혈(周擁充血))

---

49) 이 시험문제는 당시 한지의에게 요구된 의학 수준이 어느 정도였고 농촌지역에서 흔한 질환이 어떤 것이었는지 짐작할 수 있는 사료로 그 가치가 적지 않다. 한지의업시험에 대해선 추후 별도의 연구가 필요하다. 참고로 일레우스는 장폐색을, 임신신은 임신중독증을 의미한다.

[약물]

특효약이란 어떤 것인가, 예를 들어 설명하시오.

이뇨제로서 '디지탈리스'와 '카페인'과의 다른 점을 드시오.

김승수의 시험 결과는 "성적우량(成績優良)"이었다. 충남도지사는 1939년 5월 20일 시험위원들이 작성한 채점표와 더불어 제출된 시험문제와 김승수가 쓴 답안지까지 첨부하여 1939년 7월 14일 조선총독(경무국장)에게 한지의업면허 승인을 요청하는 기안을 올렸다.[50] 이 기안서류에는 자격, 경력, 기량을 검증하고 의사규칙 제2조와 3조에 따른 의사면허를 부여할 수 없는 조건이 있는지까지 검토해 면허 허가를 요청하는 전의상성도일건서류(詮議相成度一件書類)도 첨부되었다. 이 전의상성도일건서류에는 출원지역 상황에 대해서도 기술되어 있는데, "목동면은 호수(戶數) 1,634호 인구 8,684명 탄천면은 호수 2,479호 인구 13,806명이 있는데 의료기관으로는 의생 각 1명이 개업하고 있고 인접한 의사 개업지까지 2리 이상 떨어져 있어 불편함이 적지 않기 때문에 본명(本名, 지원자 김승수를 의미) 정도의 기량을 가진 자의 개업이 필요하다"며 지역 상황과 함께 김승수의 면허 허가 필요성을 제시했다.

도지사의 보고를 받은 조선총독부 경무국 위생과는 도지사의 의견을 참고하여 면허의 가부(可否) 및 면허지역(免許地域)·면허기간(免許期間) 등을 명시하여 도에 통지하였다.[51] 이러한 절차를 거쳐 김승수는 한지의업면허 신청을 한 지 3개월 20일 만인 1939년 7월 25일 조선총독으로부터 한지의업면허를 받았다. 면허번호는 836번, 면허기간은 1939년 7월 25일부터 1942년 7월 24일까지 정확히 3년이었다.[52]

---

50) 조선총독부 경무국 위생과는 공정성 시비를 대비하기 위함인지 매년 『한지의업면허에 관한 철』을 만들면서 각도에서 출제한 시험문제와 답안지까지 받아 보관하였다.
51) 노종영, 「위생편」, 『일제문서해제: 검출회계 세무 위생편』, 국가기록원, 2004, 208쪽.

〈그림 3〉 김승수의 면허신청을 승인한
경무국 위생과의 통지문서

3. 김승수의 한지의 활동

김승수가 한지의업면허를 딴 1939년은 한국식 셈법으로 김승수가 꼭

---

52) 조선총독부 관보에는 1939년 8월 4일에 등재됐다.

서른이 되는 해였다. 이미 자식을 셋이나 거느리고 연로해진 부친을 대신해 동생들까지 챙겨야 했던 상황이었기에, 경제적으로나 사회적으로 보다 안정된 삶을 꾸려나갈 수 있게 된 것이 무척이나 기뻤을 것이다. 당시 김승수의 한지의업면허 취득을 마을에서도 경사로 여겼다고 하며 그토록 반대하던 아버지 또한 크게 기뻐하였다고 한다.[53]

이제 남은 일은 공주군 목동면과 탄천면 내에서 의원을 차리는 것이었다. 김승수는 목동면사무소 뒤 이인소학교 근방의 한옥 초가를 구입해, 집 앞쪽은 의원 현관과 진료실, 2개의 입원실로 만들고, 집 뒤쪽은 방 2개, 마루, 부엌, 마당까지 하여 살림집으로 만들었다. 김승수는 의원 이름을 동인의원(同仁醫院)이라 짓고, 1939년 10월 10일 문을 열었다.[54] 그는 지역에서 자리를 잡기 위해 365일 의원을 열었으며 밤에도 찾아오는 사람을 마다하지 않았다고 한다. 심지어 명절 때에도 부모님이 계신 논산에서 차례만 지내고 바로 공주로 돌아와 의원을 지킬 정도였다.[55] 또한 김승수는 교의, 공의 등 공적으로도 적지 않은 활동을 했다.[56]

---

53) 김승수 친인척 증언.
54) 동인의원으로 이름을 지은 이유에 대해선 김승수의 친인척들도 알지 못했다.
55) 둘째 아들 김용태의 증언에 따르면, 어렸을 적 밤중에 의원 문을 두드리는 사람들이 제일 싫었다고 기억할 정도로 한밤중에도 왕진을 청하는 사람이 적지 않았고, 그럴 때마다 김승수는 마다하지 않고 왕진에 응했다고 한다. 김승수의 동생인 김희수도 "새벽에도 환자가 위급하다는 연락이 오면 항상 자전거를 타고 나갔고, 어스름에 자전거가 고장 나 논두렁으로 빠진 적도 허다하다고. 그는 그런 형으로부터 '의사는 돈이 아니라 환자를 위해 봉사해야 한다'는 철학을 배웠다"는 증언을 남긴 바 있다(『중앙일보』, 2021년 5월 2일자 「"백살도 안 됐는데, 젊죠 하하" 93세 '김안과' 아직도 바쁘다」).
56) 김승수가 교의, 공의 등의 활동을 겸해서 한 것은 농촌지역에서 당시 대다수 한지의에게 부여된 공적 역할이었을 것으로 보인다.

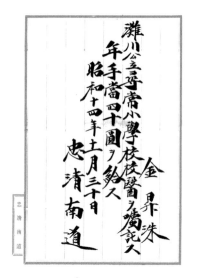

〈그림 4〉 탄천공립심상소학교 교의 촉탁 증서

〈그림 5〉 1940년 충남공의사회 기념사진(셋째 줄 오른쪽에서 세 번째가 김승수)

동인의원이 지역에서 빠르게 자리를 잡은 데에는 김승수의 개인적 노력도 컸겠지만, 1930년대 충남지역에 일었던 금광 개발붐도 상당한 영향을 미쳤다. 금광 개발붐은 일본의 무역수지가 1936년부터 적자로 돌아서고 경제가 급격히 흔들리면서 시작됐다. 1937년 3월 산금(産金)5개년계획이 수립되고 1937년 7월 중일전쟁까지 발발하면서 금 수요가 폭발적으로 증가해 조선총독부는 광산 설비 및 간접시설 확충에 막대한 자금을 투입했다.[57] 김승수의 한지의업면허 허가 지역이기도 한 탄천면은 별도의 정련소(精錬所)가 세워질 정도로 주요 금광개발지역 중 하나였다.[58] 목동면의 이인금광은 1890년대 이미 러시아와 일본이 눈독을 들일 정도로 유명했고 일제강점기에도 꾸준히 개발이 이루어져 1927년에는 이인금융조합이 설립되기도 했다.[59] 다시 말해, 1939년 목동면과 탄천면에 한지의 배치가 이루어진 것 자체가 시대적 상황과 맞물려 있었다.

동인의원의 3년간 실적은 김승수 입장에서뿐 아니라 일제 당국 입장에서도 나쁘지 않았던 것으로 보인다. 1942년 김승수는 허가 지역을 늘린다거나 바꾸지 않고 그대로 한지의업면허계속신청을 했고, 일제 당국 역시 이를 그대로 허가했다.[60] 1942년부터 목동면은 더욱 발전해 이인면(利仁面)으로 개칭되었다. 목동면에 주외면, 반탄면 일부를 편입시켜

---

57) 산금5개년계획이 수립된 이유는 1937년 3월부터는 1933년 9월이후 중단된 금현송(金現送, 경제금 본위제도에서 한 나라의 국제 수지가 지급 초과일 때 환시세의 하락을 막기 위하여 금을 직접 보내어 지급하는 일)이 재개되었는데, 당시 금보유고로는 향후 계속 늘어날 금현송을 감당할 수 없었기 때문이다(국가기록원, 『일제문서해제: 광업 미곡편』, 2013, 73쪽).

58) 「公州灘川金鑛現況」, 『조선일보』1934.11.17.

59) 이인면지편찬위원회, 『利仁面誌』, 2005, 99쪽

60) 관보를 보면 한지의업면허를 반납하거나, 지역을 확장하거나, 지역을 바꾸는 경우도 많았다.

이인면으로 확대하게 된 것인데, 이는 금광개발로 인해 일확천금을 노린 사람들이 이 일대로 들어오면서 갑작스레 인구가 늘었기 때문이다. 당시 이인금광이 활발하게 조업할 때는 광부 7~8백 명이 이곳으로 몰려들었다고 하며, 이 광부들의 수입이 괜찮아서 이들의 월급날에는 이인면 소재지 전체가 들썩거렸다고 한다.[61]

그만큼 의료 수요도 많아졌을 것이고 김승수의 사회경제적인 기반도 탄탄해졌을 것이다.[62] 김승수는 자신의 기반을 활용해 집안의 가장으로서도 입지를 다져나갔다. 김승수는 양촌에서 초등교육을 받던 아우 희수를 이인공립심상소학교로 전학시켰다. 양촌보다 교육 환경이 좋은 이인에서 공부하는 것이 유리하다고 판단했기 때문이다. 후에 희수와 아들 둘이 지역 최고의 명문인 공주공립중학교에 입학하여 주위의 부러움을 샀다고 한다.[63]

4. 김승수의 해방 후 활동

김승수는 조선총독부로부터 1942년 9월 5일자로 다시 3년간 한지의업 면허를 허가받았기 때문에[64] 적어도 해방 때까지는 한지의로 활동하는

---

61) 유승광, 「[금강컬럼] 이인에 금이 묻혀 있다」, 『e-금강뉴스』 2006.8.1.
62) 김승수 가족이 가지고 있는 사진 중에는 1942년 이인금융조합 총대회에 참석한 김승수의 사진도 있다. 당시 지역 경제의 중추였던 금융조합 총대회에 참석했다는 사실만으로도 김승수의 경제적 기반이 1942년경에는 상당히 안정화됐다는 것을 알 수 있다. 해당 사진은 공주학 아카이브 사이트에서도 확인할 수 있다(https://kjha.kongju.ac.kr/kjarccollections/collectionDetail/show/152322). 다만 이 아카이브에서는 1926년 사진이라고 되어 있는데 이는 황기 2602년을 잘못 계산한 탓으로 여겨진다. 황기 2602년은 1942년이다.
63) 김승수 친인척 증언. 아우 희수와 장자 용문, 차자 용목이 2~3년 터울로 공주중학교를 다녔다.
64) 1942년 9월 5일자 조선총독부 관보를 통해 확인할 수 있다(면허번호 836을 통해 확인 가능).

데 문제가 없었다. 그러나 한지의업면허 허가 기간이 끝나갈 무렵 맞이한 해방 상황에서 자신의 사회경제적 기반인 한지의업면허가 어떻게 될지 촉각을 곤두세워야 했다.

해방 후 남한을 점령한 미군정은 의사면허와 의업면허라는 일제강점기의 이중적인 근대식 의료 공급 체계를 하나로 통합하고자 했다. 일단 미군정은 조선총독부가 발부한 의사면허를 그대로 인정했다. 한지의 문제는 의사시험 부분 합격자나 만주지역에서 의사면허를 딴 '환국의사'와 함께 논의되었는데, 미군정은 몇 차례의 시험 기회를 제공하여 이들을 정규 의사로 만들고자 했다. 먼저 1946년 의사시험 부분 합격자(해방 이전에 1차 또는 2차까지 합격한 사람)를 위한 마지막 의사시험을 실시해 합격자에게 의사면허를 발부했다. 더불어 해외에서 귀국한 의사면허자들 중 일부와 한지의를 대상으로 임시 시험을 치러 합격자에게 의사면허를 발부했다.[65]

이 임시 시험은 총 세 차례 치러졌는데 이유는 정확히 알 수 없으나 한지의는 1946년 1월 28일에 시행된 첫 번째 임시 시험에만 응시할 수 있었다. 수백 명의 한지의 중 이 기회를 잡은 사람은 49명밖에 되지 않았다. 그 49명 중에는 김승수도 포함돼 있었다.[66] 이제 정식 의사가 된 것이다. 공식 면허증 발부는 합격발표가 나고 약 3개월 뒤인 1946년 5월 21일에 이루어졌다. 김승수에게 부여된 면허번호는 제224호였다.[67]

김승수는 이제 공주군 목동면과 탄천면에 묶여 있을 필요가 없었다.

---

65) 홍창희·박승만, 「한국 의사 검정시험의 실태: 1914~1963년」, 128~129쪽.

66) 『조선일보』, 1946년 2월 27일자 「醫師合格者」 기사에도 김승수의 이름이 실려있다.

67) 김승수 가족들이 소장하고 있는 문서 가운데, 1950년 6월에 작성한 의사면허갱신 신청서와 해방 이후 작성한 이력서를 통해 이를 확인할 수 있다. 참고로 이밖에 다양한 제도를 통해 한지의들을 정식 의사로 전환하였고 최종적으로는 1985년 한지의들을 정식 의사로 등록해줄 수 있는 법적 기반이 생김에 따라 사실상 폐지된다(「의료 취약기이 가장 큰 문제 '의디 부족' '당근'이 없디」, 『메디게니』, 2023.08.18).

정식 의사가 되고 2년이 지난 시점에 곽해봉으로부터 병원 인수 제안이 들어왔다. 그는 1948년 말 10년간의 공주 생활을 청산하고 고향집과 가깝고 호남선 논산역과도 가까운 논산의 반월동으로 집과 의원을 옮겼다. 과거 5년 동안 의술을 배웠던 천성당병원을 자신의 병원으로 만든 것이다.

〈그림 6〉 해방 후 논산 동인의원 시절 사진(앞줄 맨 왼쪽이 김승수)[68]

---

68) 사진 속의 현관 위에 '동인의원'이라는 가로 간판이 보인다. 입구 오른쪽 돌기둥에 세로로 간판이 있는데 여기 있었던 '천성당병원'이라는 글자가 지워져 있다.

1948년 11월 9일 김승수는 자신에게 의술을 가르쳐 준 곽해봉으로부터 천성당병원을 인수해 동인의원으로 간판을 바꾸어 달았다.[69] 김승수 입장에선 규모도 훨씬 커지고 경의전 출신 의사가 운영하던 병원이었던 만큼 부담이 적지 않았을 것이다. 그럼에도 그는 논산 동인의원 역시 성공적으로 이끌었다. 부모님을 자주 뵐 수 있었고 가문의 대소사를 직접 챙길 수 있어 심적으로도 안정됐을 터였다. 김승수는 이때를 인생에서 가장 행복한 시기로 생각했다고 한다.[70]

IV. 맺음말

지금까지 한지의 김승수의 삶을 추적해보았다. 제도적으로만 보면 한지의에게 지역과 기간 등 적지 않은 통제가 가해졌지만 김승수는 그러한 통제에 굴하지 않고 능동적이고 진취적인 행보를 보였다. 김승수는 고향과 가까운 지역에 지원하였으며, 제한된 지역이지만 그 안에서 원하는 지역을 골라 개업하였고, 그곳에서 지역민들과 식민당국 모두에게 인정받는 활동을 펼치며 자신의 사회경제적 기반을 다져냈다. 그리고 마침내 해방 후 사회제도 정비가 이루어지는 과정에서 기회를 잡아 정식 의사가 되어 의사로서나 집안의 가장으로서 더욱 탄탄한 기반을 다져나갔다.

이러한 김승수의 삶은 사료 부족의 한계를 극복하고 한지의의 활동을 보다 선명하게 들여다볼 수 있는 바늘구멍이 되어 주었다. 김승수의 삶을 따라가며 관련 사료들을 분석한 결과, 일제강점기 말로 갈수록 한지

---

69) 김승수 이력서(1950).
70) 김승수 친인척 증언.

의업면허제도가 의사면허제도 만큼이나 중요한 제도가 되었다는 사실을 알 수 있었다. 즉 한지의업면허제도는 처음엔 일본 본토에서처럼 의사면허제도를 정비하며 정식 의사면허를 부여하기 애매한 사람들을 대상으로 위험부담을 줄이면서도 부족한 의료공급을 보충하기 위한 방편으로 시행되었으나,[71] 의학교를 통한 정규 의사 양성이 충분치 못하고 의사들의 도시 집중 현상까지 심화되면서 농촌지역의 의료공급을 위한 주요 수단으로 자리잡게 된다. 달리 말해, 한지의업면허제도는 일제강점기 말로 갈수록 식민지의학적인 성격이 짙어진다.[72] 의학교육기관을 새로 짓거나 하는 노력을 기울이지 않고서도 농촌지역에 근대식 의료공급을 늘릴 수 있고, 금광개발지역과 같이 군사·산업적으로 중요한 지역을 지원할 수 있는 유용한 수단이었기 때문이다.

양적 지표를 보더라도 일제강점기 말로 갈수록 의료공급에서 한지의가 갖는 비중이 확연히 커지는 것을 확인할 수 있다. 〈표 1〉을 톺아보면 한지의는 1919년 109명(조선인 24명)에 이르렀다가 주춤하더니 1926년부터 다시 100명을 넘어 1933년엔 307명(조선인 207명)으로 처음 300명대에 들어선 후 계속 증가해 1943년에는 604명(조선인 548명)까지 늘어난다. 조선인만 놓고 보면 1920년대까지만 해도 정규 의사 수의 10분의 1도 안 되는 규모였으나 1931년부터는 줄곧 5분의 1수준에 달했다.[73] 한

---

71) 시행 초기에는 대부분 일본인과 서양인에게 한지의업면허가 부여되었는데, 아마도 그 자격을 확인하거나 인정하기 애매한 경우에 임시적으로 한지의업면허를 부여한 것으로 보인다.

72) '식민지의학'이란 식민당국이 식민 통치를 위해 식민지에 적용시킨 근대식 서양의학에 기반한 위생 개념, 의료제도 및 기술을 뜻한다(飯島涉, 『マラリアと帝國: 植民地醫學と東アジアの廣域秩序』, 東京: 東京大學出版會, 2005, 8쪽).

73) 사실 의사면허를 받은 사람이 전부 의사로서 활동했다고 보기 어려운 반면, 한지의의 경우 조선총독부가 지정한 지역에 한정된 기간만 의업면허를 허가한 것이기 때문에 거의 대부분이 의료활동을 했다고 볼 수 있다. 이런 점까지 감안하면 한지의 활동의 중요성은 더욱 커진다.

지의 대다수가 조선 민중들이 주로 사는 농촌지역에 배치되었다는 점까지 고려한다면, 적어도 1930년대부터는 제도적으로뿐 아니라 실질적으로 근대식 의료공급이 의사면허와 의업면허라는 이중 구조로 진행되었다고 볼 수 있다.

본 연구는 김승수의 삶을 바탕으로 한지의의 실제 활동 모습과 한지의업면허제도의 운용 실태 그리고 한지의업면허제도의 역사적 의미를 정리해냈다는 데 주된 의의가 있다. 아울러 그 과정에서 평양 기성의학전문학교의 운영 실태, 충남지역 의료의 상황 등도 살펴볼 수 있었다. 물론 김승수가 보여준 한지의의 모습은 매우 예외적인 것일 수 있다. 시기에 따라, 지역에 따라 한지의의 상황은 달랐을 것이기 때문이다. 향후 보다 많은 사례를 추적해볼 필요가 있다. 특정 시점에서, 특정 지역에 한지의를 보낸 배경과 그곳에서 한지의가 펼친 활동을 분석한다면 기존 역사에서 보이지 않았던 것을 찾아낼 수도 있을 것이다.

또한 의생제도가 그러했듯이,[74] 대만에서 일제가 운용한 한지의업면허제도 역시 다른 양상을 나타낼 것이다. 즉 한지의업면허제도라는 틀로 식민지 조선과 대만을 비교·분석해 본다면 일제의 두 식민지에서 구현된 식민지의학의 차이는 물론 일제 식민 통치의 특성을 색다르게 조명해볼 수 있을 것이다. 아울러 이 과정에서, 김승수와 같이, 식민지가 갖는 수많은 한계와 모순 속에서도 희망의 끈을 놓지 않고, 오히려 그 틈새로 새어 나온 기회를 살려 나간 피식민지인의 역동적인 모습도 더 많이 발굴되길 기대한다.

---

74) 박지현, 「유교 지식인 해악 김광진의 醫生 활동과 그 의미: 식민지기 의생의 정체성 및 의료 문화와 관련하여」, 『歷史學報』 第229輯, 2016, 181쪽.

참고문헌

1. 자료

警務総監部衛生課, 『朝鮮衛生法規類集 全』, 1917.

金明鎭 編, 『醫師試驗問題解法』, 箕城醫學講習所, 1939.

김승수 가족 소장 자료.

『동아일보』, 『조선일보』, 『조선중앙일보』, 『중앙일보』, 『의협신문』 등 신문자료.

朝鮮總督府警務局衛生課, 『限地醫業免許ニ關スル綴』, 1934.

『조선총독부 관보』, 『조선총독부 통계연보』.

2. 저서

국가기록원, 『일제문서해제: 건축회계 세무 위생편』, 2004.

국가기록원, 『일제문서해제: 광업 미곡편』, 2013.

박윤재, 『한국 근대의학의 기원』, 혜안, 2005.

이인면지편찬위원회, 『利仁面誌』, 2005.

황상익, 『한국의 의사면허제도와 의사국가시험의 역사(도서출판용)』, 한국보건의
　　　료인국가시험원, 2022.

飯島涉, 『マラリアと帝國: 植民地醫學と東アジアの廣域秩序』, 東京: 東京大学出版
　　　会, 2005.

3. 논문

권태환, 「일제시대의 도시화」, 『한국의 사회와 문화』 11, 한국정신문화연구원, 1990.

김용달, 「일제의 농업정책과 농민운동」, 『동양학』 41, 2007.

박윤재, 「일제의 한의학 정책과 조선 지배」, 『의사학』 17(1), 2008.

신동원, 「조선총독부의 한의학 정책: 1930년대 이후의 변화를 중심으로」, 『의사학』
　　　12(2), 2003.

여인석 · 박윤재 · 이경록 · 박형우, 「한국 의사면허제도의 정착과정: 한말과 일제시대를 중심으로」, 『의사학』 11(2), 2002.

이흥기, 「한국 근대 醫師職의 형성과정(1885~1945)」, 서울대학교 박사학위논문, 2010.

박성섭, 「1920~30년대 초 논산지역의 청년운동: 양촌면 인천청년회를 중심으로」, 『한국민족운동사연구』 105, 2020.

박지현, 「유교 지식인 해악 김광진의 醫生 활동과 그 의미: 식민지기 의생의 정체성 및 의료 문화와 관련하여」, 『歷史學報』 第229輯, 2016.

지수걸, 「일제시기 충남 부여 · 논산군의 유지집단과 혁신청년집단」, 『한국문화』 36, 2005.

홍창희 · 박승만, 「한국 의사 검정시험의 실태: 1914~1963년」, 『연세의사학』 24(2), 2021.

황영원, 「일제시기 한의학 교육과 전통 한의학의 변모: 한의학 강습소를 중심으로」, 『의사학』 27(1), 2018.

1946년 부산·경남 지역의
콜레라 발병·만연과 아시아
아시아 - 태평양 전쟁 종전 직후 동아시아 국제 정치

임 종 명

I. 머리말: 1946년 남조선 콜레라 유행의 문제성

1946년 남조선 지역의 콜레라 유행은 그해 5월 미군에 의해 중국으로
부터 송환된 조선인들에게 콜레라가 발병하면서 시작되었다. 그와 같이
시작된 콜레라 대유행은 그것이 종식되는 같은 해 11월까지 남조선 전체
인구 1,900여만 명 중 총 15,642명의 환자와 그중 약 65%에 달하는 10,191
명의 사망자를 내었다.[1] 그때 부산·경상남도 지역에서도, 예컨대, 10월
28일 현재 지역 인구 310만여 명 중 3천여 명의 환자와 사망자 1천7백여
명이 발생하였다.[2] 이처럼 1946년 콜레라 유행은 부산·경남 지역 사람
들의 건강과 생명을 위협하고, 심지어 전염 지역에 대한 봉쇄 조치 속에

---

[1] 여인석, 「미군정기와 정부수립기: 1945~1949」, 대한감염학회, 『한국전염병사』 II, 군자
출판사, 2018(2019), 13쪽.
[2] "虎疫콜레라死亡者累計萬名", 『自由新聞』 1946.11.01.

서 '쌀 소동'까지 낳으면서 지역 사회에 적지 않은 영향을 끼쳤다.

당시의 콜레라 만연·창궐 사태에는 대홍수라는 자연재해가 작용하였다. 1946년 6월 15일부터 남조선 일대에 폭우가 내려 도처에서 침수 사태가 빚어졌다.[3] 그때 적지 않은 사람들의 식수원으로 사용되던 우물이 콜레라균으로 오염되면서, 수인성(水因性) 전염병인 콜레라는 전국적으로 창궐했다.[4] 또, "地帶가 狹小한 傾斜地帶"라는 '지리적 특성이 방역상의 난점을 더하면서' 대다수 환자가 발생했다고 하는 경주 감포 지역의 사례에서처럼 콜레라 만연에는 자연 지리적 요소 역시 작동했다.[5] 이처럼 계절적이나 자연 지리적 요소 등 '자연적인 것들'은, 세균학적 (bacteriological) 요인과 함께, 콜레라 만연·창궐을 낳았다.

하지만, 도(道)나 시·군 등 동일한 단위 지역에서 인문 지리적이거나 사회·경제적, 심지어 정치적 문제 등이 지역 내 콜레라 '발병세', 즉 그것의 '전염·감염·발병자와 사망자 발생 등의 상황'의 차이를 낳기도 했다.[6] 당시 콜레라 발병과 전염, 그리고 그것의 확산에는 근대 산업화의 산물이자 식민지 근대화의 표현인 철도 체계가 작동하였다. 이것의 좋은 예는 철도 경부선과 호남선의 합류점·분기점이 소재한 대전 지역이나 경부선의 중간역이자 충북선의 기점역이 위치한 조치원 지역이다. 철도 교통 체계 내 중심지였던 앞의 두 지역은 1946년 콜레라 유행기에 충청남·북도 지역 내 콜레라 확산의 중심지로 기능하였다.[7] 이처럼

---

3) "擴大되는 水害詳報: 二萬七百餘町步가 浸水", 『釜山新聞』 1946.07.02.

4) 여인석, 「미군정기와 정부수립기」, 12~13쪽.

5) "甘浦에만 百餘名: 慶州郡內의 約九割", 『大邱時報』 1946.07.22.

6) 본 논문에서는 전염병의 전염·감염·발병과 이로 인한 사망 등의 양·질적 상황을 일괄해 지적하기 위해 '발병세'라는 표현을 사용한다.

7) 임종명, 「1946년 충청도 지역 콜레라 발병·확산과 근대 철도 교통 체계」, 『역사와 담론』 103, 2022, 특히 169~172, 177, 183쪽.

1946년 콜레라 발병에는 자연적·세균학적 요소 외에도 근대 역사와 그 표현으로서의 인문지리가 작동하면서 동일 지역 내에서도 발병세의 차이를 낳았다.

그리고 1946년 콜레라 대유행에는 사회·경제적 요인 역시 작동하였다. 예컨대 당시 절량기(絕糧期)였던 경상북도 지역에서는 식량 확보를 위해 '민·관'이 곡창 지대 전라도를 여행하면서 콜레라에 전염되기도 했다.[8] 이러한 사례는 경남 지역 주민에게서도 목격된다. 즉, "慶南安義에住所를둔某氏(남)"가 "全羅道에서쌀을가지고오든途中列車속에서病으로因하야大邱驛에서下車診察한結果虎列刺[콜레라]疑似患者로서內唐洞回生病院에入院治療中 翌日遂[*마침내]死亡"하는 일이 있었다.[9] 이런 상황에서 전국적 식량 수요의 충족을 위해 전라북도 농민들은 콜레라 극성기에도 논에 나가 집단적인 농업 노동을 계속해야 했고, 이러한 상황이 전북 지역의 콜레라 극성을 촉진하기도 했다.[10] 이처럼 콜레라 발병의 이면에는 당대 사회·경제적 요소 또한 작동하고 있었다.

그리고 당시 콜레라 창궐에는 도시 기반 시설의 구비 여부라는 도시 사회학적 요소 또한 작동하고 있었다. 수인성 전염병인 콜레라의 전염과 감염, 그리고 확산에는 상·하수도 시설과 같은 도시 기반 시설의 구비 여부와 그 정도에 적지 않게 영향받는다. 이로 말미암아, 동일 행정

---

8) "全羅道서四千石確保:『쌀동냥』간農商部長과一行歸邱", 『大邱時報』 1946.06.04; 김지목, "嶺南騷擾現地踏査記", 『朝鮮日報』 1946.11.03.

9) "虎列刺[콜레라]威勢더욱猛烈: 大邱各地에四名死亡; 道內各地에患者續々[*續發生",
『嶺南日報』 1946.06.13. 당시 콜레라는 호열자(虎列刺) 또는 호역(虎疫)이라고도 칭해지고 있었다. 그렇다고 해서 그것들이 콜레라의 호환적 대치어는 아니었다. 즉, 그것들 각각은 자체의 문화·역사적 함의를 가진 것이다. 이것에 관해서는 신동원, 『호환마마 천연두: 병의 일상 개념사』, 돌베개, 2013 참고.

10) 임종명, 「1946년 전라북도 지역 콜레라 만연과 정치·경제학」, 『전북사학』 65, 2021, 261~269쪽.

단위 지역 내에서도 사회 기반 시설의 구비 여부, 나아가 그 시설의 양과 질에 따라 동·리(洞·里) 별로 콜레라 발병세는 달랐다. 예컨대, 1946년 대홍수 시기 대구 지역 콜레라 발생지의 다수가 '세궁민'이 살던, 따라서 도시 기반 시설이 빈약했던 "府周邊地帶"였다.[11] 이처럼 사회 기반 시설의 설비 상황에 따라 도시 지역과 비도시 지역 간에서만이 아니라 같은 도시 지역 내에서도 발병세의 차이가 있었다.

그뿐만 아니라, 콜레라 감염·전염에 억제적 기능을 하는 방역 조치 실행에는 다양한 수준에서의 권력 관계, 즉 정치가 작동하기도 하였다. 앞에서 언급된 대구 지역의 '주변부 지대' 사례가 보여주듯이, 소독 등 전염병 예방의 보건·위생 정책이나 접종 등 방역 조치가 동일 지역 내에서도 동·리 별로 차별적으로 실행되었다. 이것이 지역 정치(local politics)가 작용·작동한 결과라 한다면, 당시 서울이나 대전 지역 사례에서처럼 국가 정치(national politics) 역시 작동하였다. 즉 당시 콜레라의 전국적 발병 앞에서 '재(在)조선미육군사령부군정청'(United States Military Government in Korea, 이하 미군정청)은 자신의 소재지인 서울 지역에서의 콜레라 만연을 방지하기 위해 그 지역에서뿐만 아니라 전국적으로도, 예컨대 철도 경부·호남선의 합류점인 대전에 대해서 집중적 방역 조치를 실행하였다. 이러한 속에서 당시 서울 지역은 '다른 지역들과 비교할 때' 뒤늦은 콜레라 발병, 그리고 작은 환자·사망자 규모와 낮은 발병률·치명률를 보여주었다.[12] 바로 이것이 콜레라 방역에 있어 작동했던 국가 정치의 단적인 사례라 할 수 있다.

---

11) "統計上의虎疫患者: 府周邊地帶가多數", 『大邱時報』 1946.07.10.
12) 임종명, 「1946년 서울 지역 콜레라 발병세와 일국적·지역적 중심부/주변부/변경성(性)」, 『사학연구』 140, 2020, 469~471쪽; 임종명, 「1946년 충청도 지역 콜레라 발병·확산」, 172~173쪽.

이처럼 발병·확산에 다양한 요인들이 작동했던 1946년 콜레라 대유행은 사회적으로나 정치적으로나 적지 않은 영향을 끼쳤다. 뒤에서 보듯이, 콜레라 대유행은 군정 당국의 발병 지역에 대한 봉쇄 조치를 낳고, 그것이 다시 지역 주민들의 식량 사정을 악화시키면서 대구와 함께 부산에서 '쌀 소동'을 낳았다. 즉, 7월 초 "約三千市民이市廳을包圍하고쌀을주라고아우성을친悲慘한光景"이 부산에 나타났다.13) 그리고, 특히 대구 지역의 쌀 소동은 그 지역에서의 '10월 항쟁' 발생과 진행에 영향을 주면서 미군정의 지배 정당성을 위협하였다.14) 나아가, 콜레라 대유행 자체는 미군이 자신의 남조선 점령·통치를 정당화하는 근거를 위협했다. 즉, 그것은 미군이 자신의 군사적인 남조선 점령과 지배를 정당화하는 휴머니즘(humanism), 또는 '인본·인도주의'를 부인하는, 그리하여 미군의 지배와 통치에 정당성 위기를 초래하는 것이었다.15)

이에 유의하여, 본 논문은 1946년 콜레라의 전국적 만연 과정과 양상,

13) "쌀을다오交通을解禁하라: 數千市民府廳에殺到", 『大邱時報』 1946.07.02; "釜山에食糧騷動", 『서울신문』 1946.07.09; "釜山에서 食糧騷動", 『東光新聞』 1946.07.13; "쌀달라는 群衆 軍政廳廣場압헤서示威行列", 『自由新聞』 1946.10.04; "被害는意外로甚大 警官側의行方不明도二九〇名 官公署燒失·十數個處", 『朝鮮日報』 1946.10.11.

14) 기존의 10월 항쟁 관련 연구는 그것에 관한 '합리주의적' 설명을 도모하면서, 대구·경북 지역에서의 콜레라 창궐과 이로 말미암은 '쌀 소동', 또 이들 상황에서 형성된 대중의 심리와 의식, 그리고 행동성 등이 항쟁 전개에 끼친 '영향' 등을 검토하지 않았다. 이에 반해, 허병식은 1946년 대구·경북 지역에서의 콜레라 창궐 상황에 유의하여, 10월 항쟁을 "콜레라 창궐과 그에 따른 도시 봉쇄에 대한 불만을 기화로 폭발했던 것"이라고 규정하였다(허병식, 「감염병과 주권의 재영토화: 1946년 콜레라의 발생이 불러온 풍경」, 『한국학연구』 67, 2022, 331쪽). 이에 유의하여, 필자는 별고'1946년 대구·경북 지역의 콜레라 발병·만연과 그 정치·사회적 효과'(가제)]에서 콜레라 만연의 사회·정치적 효과와 함께 대중적 효과를 검토할 것이다.

15) 임종명, 「1946년 경기 지역의 콜레라 사태와 종전/해방 직후 국제·일국·지역 정치」, 『동방학지』 193, 2020, 232~234쪽. 본문에서 지적된 정당성 위기 앞에서, 미군은, 예컨대 연합군 총사령관 맥아더(Douglas MacArthur)는 "식량 문제"와 함께 "콜레라"를 "제2의 재난", 즉 "해방 직후 한국의 통치에 가장 중요한 두 가지" 중 하나로 제시하였다(허병식, 「감염병과 주권의 재영토화」, 324~325쪽; 「새 조선 건설의 지장(支障)」, 『동아일보』 1946.08.27, 허병식, 「감염병과 주권의 재영토화」, 324쪽 재인용).

그리고 그 특징과 그것의 역사적 의미를 이해하고자 하는 작업의 일환으로 준비되었다. 1946년 콜레라 만연과 관련한 기존 연구들은 그해 콜레라의 지역적 전개 양상과 그 특성 및 함의를 밝혔다. 즉, 그 연구들은 1946년 콜레라 만연 당시 서울과 경기 지역, 그리고 전라남·북도와 제주도 지역, 또 충청 지역의 사례를 검토하면서, 그것들의 특성과 함의, 예컨대 콜레라 만연의 정치 경제학과 지역적 질병 문화권의 문제, 또 그것이 표현했던 일국적·지역적 중심부/주변부/변경성(性)과 국제·일국·지역 정치성, 나아가 근대 문명성 등의 문제를 보여주었다.[16] 하지만 기존 연구는, 당연히도, 제한점들을 가지고 있다.

무엇보다도 기존 연구에서 경상도 지역의 콜레라 유행에 관한 연구는 빠져 있다. 경상도 지역, 특히 1946년 콜레라가 제일 먼저 발병한 부산·경남 지역이 콜레라의 전국적 확산 초기 일종의 병원지(病源地)로 기능하면서, 그 지역은 한때 남조선의 10개 시·도 단위 지역에서 수위(首位)의 발병세를 보인 지역이다. 또한, 1946년 6월 중·하순 대홍수 이후부터 콜레라가 종식되는 그해 늦가을까지 대구·경북 지역에서는 남조선 전체 시·도 단위 지역 중(中) 콜레라가 가장 창궐하였을 뿐만 아니라 가장 늦게까지 발병했다. 하지만 기존 연구에서 1946년 콜레라 대유행 시 최초와 최고, 또 최후의 발병이 있었던 지역에 관한 본격적 연구는 공백 상태라 할 수 있다. 이에 유념하여, 본 논문은 콜레라가 남조선 내 최초로 발병한 부산 지역, 또 그 주위 지역인 경남 시·군 지역의 발병세를 검토한다.

이에 있어 본 논문은 먼저 근대 시기 동아시아 권역(region)에 형성된

---

16) 임종명, 「1946년 전남·제주 지역의 콜레라 발병세와 지역적 질병 문화권」, 『역사학연구』 81, 2021; 「1946년 충청도 지역 콜레라 발병·확산」; 「1946년 전라북도 지역 콜레라 만연」; 「1946년 경기 지역의 콜레라 사태」; 「1946년 서울 지역 콜레라 발병세」.

콜레라 질병 문화권(civilized disease pool)의 존재에 유의한다. 근대 이후 '인도 벵갈(Bengal) 지역의 풍토병이었던 콜레라가 19세기 초 유럽 제국주의의 팽창을 계기로 하여 세계화하면서, 동아시아 지역에는 콜레라 질병 문화권이 형성되었다. 이러한 속에서 중국과 조선, 그리고 일본 등은 비슷한 콜레라 감염 양상을 보여주고' 있었다.[17] 이러한 상황에서 1945년과 46년 '인도에서 시작된 콜레라가 중국 남부로 이어지면서, 중국과 인도에서 각각 2만여 명과 25만여 명의 사망자가 발생'하였다.[18] 이는 당시 중국과 동일 콜레라 질병 문화권에 속했던 조선 내 콜레라 발병의 전조였고, 실제로 1946년 남조선에서 콜레라는 발병·유행하였다. 이것은 콜레라 질병 문화권의 존재가 1946년 콜레라 유행을 낳은 역사적 구조였음을 말해주는 동시에 1946년 콜레라 대유행의 검토에 있어 그 문화권의 존재에 유의할 것을 연구자들에게 요청한다.

그리고 본 논문은 콜레라 대유행 1년 전까지 진행된 아시아ー태평양 전쟁과 그 후과(後果)에 유의한다. 역사적으로 전쟁은 비위생적인 전장 환경으로 인해서뿐만 아니라 대규모 인력의 동원과 집중, 그리고 집단 이동, 또 전후에 동원 해제된 군인·민간인의 대규모 이동 등으로 말미암아 전염병 발병과 확산의 계기이자 그 온상으로 기능하여 왔다.[19] 이

---

17) '질병 문화권'은 맥닐(McNeill)의 표현으로 '비슷한 감염 양상을 보이는 지역'을 지칭한다[William H. McNeill, *Plagues and Peoples*, New York: Anchor Books, 1976: 윌리엄 맥닐 저, 허정 역, 『전염병과 인류의 역사』, 한울, 1992(1995), 167쪽]. 그리고 동아시아 권역(region)과 남조선 지역(local) 내 질병 문화권의 형성과 작동 및 그 의미는 임종명, 「1946년 전남·제주 지역의 콜레라 발병세」, 특히 124쪽. 그리고 '동아시아 권역에서의 콜레라 질병 문화권'은 임종명, 「1946년 전남·제주 지역의 콜레라 발병세」, 124~126쪽 참고.

18) 김우정, 「1946년 콜레라 유행과 미군정의 방역 정책」, 서강대학교 석사학위논문, 2022, 3쪽. 1946년 상반기 중국에서의 콜레라 등 전염병 발병 상황은 임종명, 「1946년 경기 지역의 콜레라 사태」, 236~239쪽 참고.

19) 전쟁이 전염병 확산에 끼치는 영향과 효과는 윌리엄 맥닐, 『전염병과 인류의 역사』, 73, 77, 150, 249, 252, 293 294, 302 307, 322 325쪽 참고.

것은 아시아-태평양 전쟁과 전후 동아시아 역사에도 적용된다. 제2차 세계대전 당시 아시아, 태평양 전역(戰域)에 연합군으로 참전한 미국과 중국, 또 소련과 몽골의 병력, 그리고 추축국 일본 제국의 병력 규모는 1945년 현재 약 1,890만여 명에 달하였다. 전쟁에 동원된 민간인을 제하고도 근 2천여만 명의 인력이 동원된 전쟁터는 군인만 약 661만 명이 죽거나 다친, 피비린내 나는 살육의 현장이었다.[20] 이처럼 '비인간적 · 비위생적인 살육의 현장'을 낳은 전쟁은 콜레라 발병의 호조건을 이루었고, 실제로 이것은 전후 동아시아 권역에서의 콜레라 대유행에 의해서 실증되었다.

콜레라 확산에 있어 전쟁의 효과에는 전시 전염병 통제 노력의 전후 이완으로 말미암은 것 또한 포함된다. 아시아-태평양 전쟁 시기 일제는 '병력 등 인적 자원의 보존 · 유지라는 관점에서 전염병 방지에 관심을 가지고 관련 대책을 실행'하였다. 그러한 노력에도 불구하고, 식민지 조선에서 전염병이 증가해 조선총독부 경무국이 편한 『朝鮮防疫統計』는 '1938년에서 1943년까지 식민지 조선의 전염병 환자 수가 대체로 증

---

20) 아시아-태평양 전쟁에는 군인만이 아니라 대규모의 민간인들 또한 동원되어 그들 중 상당수가 죽고 다쳤다. 하지만 여기에서는, 아래 자료들을 참고해, 그 전쟁에 동원된 군인의 규모와 그중 전사 · 상자 규모만을 합계 · 추산했다. Robert W. Coakley and Richard M. Leighton, *United States Army in World War II, The War Department: Global Logistics and Strategy 1943-1945*, Washington, D.C.: Center of Military History United States Army, 1989, p. 836; David M. Glantz and Jonathan House, *When Titans Clashed: How the Red Army Stopped Hitler Lawrence*, Kansas: University Press of Kansas, 1995, p. 378; David Murray Horner, *The Second World War: The Pacific*, NY: Routledge, 2003, pp. 14~15; James C. Hsiung, *China's Bitter Victory: The War With Japan, 1937-1945*, New York: M.E. Sharpe publishing, 1992, p. 79; Phillip Jowett, *Rays of the Rising Sun: Japan's Asian Allies 1931-1945, Vol. 1: China and Manchukuo*, Solihull: Helion and Company Ltd, 2005, pp. 130~133; Foreign Association of Japan, "The Army," *Japan Year Book 1938-1939*, Tokyo: Kenkyusha Press, pp. 217~218; "The Pacific War Online Encyclopedia," http://www.pwencycl.kgbudge.com/C/a/Casualties.htm(검색일: 2020.10.19); "Chinese People Contribute to WWII". http://www.china.org.cn/english/ features/celebrations/128172.htm(검색일: 2020.10.19).

가 추세에 있다.'라고 기록하였다. 이에 더하여 전쟁이 끝나면서, 기존에 작동하던 전시 전염병 통제책은 이완되었다.[21] 전시 통제책의 전후 이완은, 전시·전후의 비위생적인 환경과 대규모 인구 이동과 함께, 1946년 콜레라의 동아시아 창궐의 배경을 이루었다. 이처럼 전쟁의 효과는 전시에 한정되는 것이 아니라 종전 직후에도 발휘되었다. 그런데 전쟁의 효과가 인간이라는 주체적 요소 없이도 자동으로 작동하는 것은 아니었다.

전염병 발병과 관련한 전쟁 효과는 전후 대규모 인구 이동에 의해 현실화되었다. 아시아-태평양 전쟁이 1945년 8월에 종전된 지 1년도 되지 않아 중국 내전은 재개되었다. 그때 중국 국민당군의 중국 화북(華北)과 동북(東北) 지역에로의 진주라는 대규모 인구 이동이 있었다. 이와 함께, 종전 후 동아시아 지역에서는 일본의 전쟁과 제국 건설에 동원된 일본 제국의 신민(臣民; subject)들, 즉 일본인 군인과 민간인의 일본 송환, 그리고 피(被)식민지인이었던 조선인과 대만인 등 전체 '약 900만 명'의 송환이 있었다.[22]

전후 대규모 인구 이동은 당시 동아시아 지역에서 발병하고 있던 콜레라 대유행의 계기로, 나아가 그 동력(moment)으로 기능했다. 바로 이러한 점에 유의해 김정란은 1946년 콜레라 대유행이 "일본의 패전으로 수백만 명에 달하는 일본인과 일본 식민지배하에 놓였던 아시아인들이 본국으로 귀환하는 과정에서 빚어진 참사"라고 하였다.[23] 이것은 1946년

21) 김춘선, 「중국 연변지역 전염병 확산과 한인의 미귀환」, 『한국근현대사연구』 43, 2007, 117쪽; 조선총독부 경무국 편, 『朝鮮防疫統計』, 조선총독부, 1943, 2~5쪽, 김진혁, 「북한의 위생방역제도 구축과 인민의식의 형성(1946~1950)」, 『한국사연구』 167, 2014, 252쪽 각주 13 재인용. 그리고 '비위생적 귀환 환경'은 김진혁, 「북한의 위생방역제도 구축과 인민의식의 형성(1946~1950)」, 254쪽 참고.
22) 김정란, 「경계, 침입, 그리고 배제: 1946년 콜레라 유행과 조선인 밀항자」, 『해항도시문화교섭학』 25, 2021, 36쪽.

콜레라 대유행이 아시아-태평양 전쟁의 종전 직후 이루어진 대규모 인구 이동과 밀접히 연관된 것이었음을 시사한다. 이에 유의하여, 본 논문은 전후 대규모 인구 이동, 특히 조선반도 바깥 지역에 거류(居留)했었던 조선인의 송환에 유의한다.

끝으로 본 논문은 부산·경남 지역에서의 콜레라 발병과 확산, 그리고 유행 당시 생산·회람·유포된 미군정 문건과 신문 보도 기사 등을 주요 자료로 한다. 남조선을 점령한 미군이 "주둔군의 건강을 위협하고 점령지 내의 안정을 해치는 감염병의 유행에 신경을 곤두"세우면서, 방역 문제는 미군정의 주요 관심사 중 하나가 되었다.[24] 이것을 반영하여, 미군정은 자신의 정기적인 활동 보고와 콜레라 관련 특별 보고 등의 형태로 1946년 콜레라 확산 상황과 미군정의 콜레라 방역 조치 등을 전해주고 있다. 이것은 당시 남조선 신문 역시 마찬가지였다. 콜레라 유행이 당시 사회에 적지 않은 영향을 끼치고 있었기 때문에, 신문들은 전국적인 콜레라 발병·유행 상황을 상세하게 보도하고 있었다. 하지만, 앞 자료들이 통일된 통계 작성 원리나 용어 사용법에 따라 생산된 것이 아니고 또 당시의 '환자 은닉 현상' 역시 존재했기 때문에, 그 자료들이 콜레라 관련 상황의 실제를 '정확'하게 표현하지는 않았다. 이에 유의하면서 본 논문은 당대 신문 기사를 자료로 이용한다.[25] 그럼 지금부터는 1946년 남

---

23) 김정란, 「경계, 침입, 그리고 배제」, 2쪽. 실제로 1946년 남조선 내 콜레라 발병과 확산에는 중국 등지로부터 송환된 구(舊)제국 군인과 민간인이 그 주요 매개체로 기능하고 있었다. 예컨대, 대전 지역의 '1번 환자'는 중국 상하이에서 송환된 구(舊)일본군 출신의 조선인이었고, 인천 지역의 1번 환자 역시 상하이발 조선인 송환자였다. 임종명, 「1946년 충청도 지역 콜레라 발병·확산」, 169~71쪽: 「1946년 경기 지역의 콜레라 사태」, 236~237쪽.

24) 김정란, 「경계, 침입, 그리고 배제」, 2쪽.

25) 당대 자료의 특성은 임종명, 「1946년 전남·제주 지역의 콜레라 발병세」, 126~127쪽 참고. 또 환자 은닉 현상은 임종명, 「1946년 충청도 지역 콜레라 발병·확산」, 각주 14번 참고.

조선 내 최초 발병지인 부산 지역의 콜레라 발병 상황부터 살펴보도록
하자.

II. 콜레라의 부산 발병과 동아시아 국제 정치

1946년 남조선 지역을 휩쓴 콜레라 대유행은 그해 5월 초 부산항에 도
착한 중국발(發) 송환선에서 콜레라가 발병하면서 시작되었다. 식민지
시기 말부터 일본 큐슈(九州)의 하카타(博多)행 항로(航路) 등이 개설되
었던 부산항은 1946년 초부터 미국의 정책에 따른 조선과 만주 등지 거류
(居留) 일본인의 일본 송환과 재일(在日) 조선인의 조선 송환에 사용되었
다.[26] 그뿐만 아니라, 부산항은 상하이(上海)나 광저우(廣東), 타이완(臺
灣) 등의 중국 남부 지역이나 싱가포르(Singapore), 사이공(Saigon), 말레
이(Malay), 미얀마(Myanmar) 등의 동남아 지역, 심지어 자바(Java)와 보르
네오(Borneo) 등 남양(南洋) 지역 조선인들을 실은 송환선의 목적지였
다.[27] 이처럼 해방 직후 부산항은 전후 미국의 송환 정책 추진에 따라 일
본과 중국은 물론이고 동남아와 남양, 나아가 하와이가 소재한 태평양까

---

26) "在日同胞六萬歸還", 『漢城日報』 1946.05.30; "釜山博多航路 虎疫으로中止", 『自由新聞』
1946.06.04.

27) 예컨대 "臺灣의千七百同胞歸國: 現地엔지금二百名만남어잇다", 『서울신문』 1946.05.
03; "在臺灣同胞 一千餘名이歸還", 『東亞日報』 1946.05.04; ""싱가폴同胞": 二千名도歸
國", 『서울신문』 1946.05.07; "越南의同胞百卅[20]四名歸國: 現地人들은朝鮮을크게同
情", 『서울신문』 1946.05.07; "사이공, 上海歸還同胞上陸: 廣州서온虎列剌發生船經過良
好", 『서울신문』 1946.05.17 참고. 그런데 콜레라 발생 이후 부산항이 폐쇄되면서, 6월
에는 부산항 대신 인천항이 동남아 지역 조선인들을 수송하는 송환선의 착항(着港)으
로 이용되었다. 임종명, 「1946년 경기 지역의 콜레라 사태」, 239~240쪽.

지 연결된 국제적인 해상 교통 체계 속에서 그 일부로 작동하고 있었다.

바로 이러한 부산항에서 5월 초 콜레라가 발병하였던 것이다. 『釜山新聞』은 1946년 5월 5일자 등의 기사에서 "지난[5월]一일아침남방(南方)[中國에산재하얏든 同胞三千百餘名을 태우고 釜山港에入港한 복원선(復員船)[*송환선]"의 소식을 전한다.[28] 그리고 이어지는 신문 기사들은 "중국광동(廣東)에서 떠난 수송선"이 다음 날 '[부산]港內에 들어오자 갑자기 虎列剌患者가 生기여一名이死亡'하고 또 '배안에서 환자 40명이 발견'되어 '승선자의 상륙이 금지'되고, 배는 항구 밖 "三海里" 해상에 격리되었다고 독자들에게 전한다.[29] 그뿐만 아니라, 격리 중인 배 안에서 "現在六名이危篤"하고 또 "六일까지 二명의 사망자를 내어 [그들이 바다에] 수장"되었고, "그外에「파라치부스[*파라티푸스(Paratyphus)]」患者五名「마라리아[*말라리아(malaria)]」患者도相當히잇"다는 사실이 보도되었다.[30] 이러한 보도들로 말미암아 부산 시민들은 자신들이 "호열자침입의 위경[(危境)]", 즉 '콜레라 침입이라는 위험한 처지'에 놓였다고 "불안"해 하였다.[31]

---

28) "三千名・死의恐怖: 海上에서陸地同胞에嘆願: 虎疫發生으로歸還船接陸禁止", 『釜山新聞』 1946.05.05; "虎疫防止鐵壁陣치자: 『魔의船』海上에停船防疫實施中; 保健厚生部長全道民에警告; 接客業者에 指示", 『釜山新聞』 1946.05.07. '콜레라 발병' 보도 이전・이후의 검역 변화는 "華中, 華北의同胞: 一千二百名歸還", 『現代日報』 1946.04.20; "故國山川아, 잘잇섯느냐: 學兵을비롯한華北千五百同胞; 곳피운[*꽃 피는]仁川港에落淚하며 上陸", 『서울신문』 1946.04.22; "'싱가폴同胞'", 『서울신문』 1946.05.07. 참고.

29) "虎疫防止鐵壁陣치자", 『釜山新聞』 1946.05.07; "近海漁獲을禁止: 釜山沿岸서잡은生鮮 먹지말라", 『虎疫船』서十一名死亡", 『釜山新聞』 1946.05. 08; "虎列剌蔓延을防止: 仁川 木浦에서豫防注射", 『東亞日報』 1946.05.09; "釜山에虎列剌: 病菌은廣東서", 『光州民報』 1946.05.10; "戰慄할虎疫禍漸次擴大: 釜山九十二名發生全市遮斷準備", 『自由新聞』 1946.05.29.

30) "歸還船에虎列剌猖獗: 上陸못하는二千餘同胞", 『東亞日報』 1946.05.07; "釜山에虎列剌", 『光州民報』 1946.05.10.

31) "歸還船에虎列剌猖獗", 『東亞日報』 1946.05.07.

조선인 신문 보도는 미군정 정보 보고서에 의해서도 공유되었다. 당시 경상도와 전라도 지역을 관장하던 미 육군 6사단의 5월 초 정보 보고서는 '당시 부산항에는 광저우와 상하이 발(發) 송환선 이외에도 중국 하이난(海南)과 싱가포르 발(發) 배들도 있었는데, 그 배들 모두 선상에서 콜레라가 발병해 사망자들이 발생했다.'라고 보고하였다.[32]

하지만 광저우발(發) 송환선에서 최초로 콜레라가 발병했다는 보도와 보고는 오보였다. 미군 군의(軍醫)는 5월 중순까지 중국 광저우발 "歸還[*還]同胞船"에서의 콜레라 발생 여부를 조사하였다. 조사 후 가진 기자회견에서 미군정 담당자는 광저우발 송환선에서 발생한 환자나 사망자에게서 "호열자[증상]와같은설사병도 잇"었지만 그들에게서 "호열자菌은발견안되었다"라고 발표하였다.[33] 이는 광저우발 송환선에서 처음으로 콜레라가 발병했다고 하는 조선인 신문 기사의 정보를 부인하는 것이었다.[34]

상하이발 송환선에서의 콜레라 발생은 이후 관련 미군 기록에 의해서

32) HQ, 6th Infantry Division, "G-2 Periodic Report" #198(1946.05.04), #200(1946.05.06), 경남 대극동문제연구소, 『지방미군정자료집: 주한 미 제6사단 정보참모부 일일보고서 (1946.01.~1946.12)』 2, 경인문화사 영인본, 1993) [이하 "G-2 P" 문서 번호(일자), 권쉬], 273, 276쪽.

33) "虎疫菌은發見안됏다: 美軍醫가方今歸還船調査中", 『釜山新聞』 1946.05.17.

34) 당시 콜레라 전염병의 조선 내 유입 문제는 근대 시기 수차례 콜레라 창궐의 참혹한 경험을 가졌던 조선인들 사이에서도 '민감한' 것이어서, 그와 관련된 '소문'으로 항간(巷間)이 소연(騷然)하였고, 또 이를 반영해서 신문 지상에서도 관련 '오보(誤報)'가 1946년 5월부터 나타나기 시작하는 등 "콜레라에 관련된 각종 정보가 혼란하게 유통"되었다(김우정, 「1946년 콜레라 유행과 미군정의 방역 정책」, 3~4쪽). 바로 이러한 상황을 배경으로 하여, '광저우발 송환선에서의 콜레라 발병설'은 미군 당국자의 '공식' 부인에도 불구하고 지속해서 나타나면서 오늘날 연구에서까지 보인다. 예컨대, "虎疫! 保健에SOS: 벌서死亡者十六名; 病菌은戰災民따라潛入", 『漢城日報』 1946.05.24; 김정란, 「경계, 침입, 그리고 배제」, 17~18쪽 참고. 덧붙이면, 근대 시기 조선인의 콜레라 창궐 경험은, 예컨대 "朝鮮虎疫史: 朝鮮侵入은一九一二年; 兵站地는언제나上海", 『中外新聞』 1946.05.25; 백선례, 「1919·20년 식민지 조선의 콜레라 방역활동: 방역당국과 조선인의 대응을 중심으로」, 『사학연구』 101, 2011 참고.

도 확인된다. 1947년에 씌어진 "1946년 콜레라의 급속한 유행"(The Cholera Epidemic of 1946)은 '콜레라 환자가 있다고 알려졌던 광저우발 송환선 승선자들이 콜레라에 전염되지 않았다는 것이 분명해질 때까지 엄격한 검역 조치가 시행되었다.'라고 기록하였다. 그리고 그 문건은 '광저우발 송환선에 바로 이어 5월 상순 부산에 도착한, 상하이(上海)발 윌리엄 왓슨(William Watson)호에서 5월 15일 콜레라가 발병하였다.'라고 밝혔다.[35] 미군에 의해 확증된, 상하이발 송환선에서의 최초 콜레라 발병은 이후 남조선 지역의 신문에 의해서도 확인된다. 예컨대 『中外新聞』의 1946년 5월 25일자 기사 "朝鮮虎疫(콜레라)史"는 "조선의虎疫은그때나이때나 늘 上海로부터오는것"이라고 하여, "이때"의 콜레라 역시 상하이에서 온 것임을 이야기하였다.[36]

그런데, 상하이발 송환선에서의 콜레라 발병에는 "검역 과정에서의 유감스러운 실책(an unfortunate break)"이 개재되어 있었다. 군정 당국은 5월 15일 윌리엄 왓슨 호에서 "건강해*한자"는 상륙시켰다.[37] 그런데 그때 미군 당국은, 자신도 '유감스러운 실책'이라고 인정하였듯이, "감염된 한국인 송환자들의 상륙 문제를 느슨하고 부주의하게" 처리하였다.[38] 다시 말해서, "적절한 검역 조치가 취해지지 않은" 상태에서 송환자들의

---

35) USAFIK, XXIV Corps, G-2, Historical Section "The Cholera Epidemic of 1946," Seoul: USAFIK, 1947(이하 "The Cholera Epidemic of 1946"), p. 30, http://archive.history.go.kr/ catalog/ view.do?arrangement_cd=ARRANGEMENT-0-A&arrangement_subcode=HOLD_NATION -0-US&provenanace_ids=000000000034&displaySort=&displaySize=50&currentNumber=1&sys tem_id=000000102402&catalog_level=&catalog_position=-1&search_position=0&lowYn=.

36) "朝鮮虎疫史: 朝鮮侵入은一九一二年; 兵站地는언제나上海", 『中外新聞』 1946.05.25.

37) "戰慄할虎疫禍漸次擴大", 『自由新聞』 1946.05.29. 덧붙이면, 미군정 관련 기록에서 부산 지역 발병 일자가 5월 15일로 특정되었는데, 그 날짜는 윌리엄 왓슨호 승선자의 하선 일자라고 판단된다. 그 이유는 미군정 당국이 15일 하선 이후 부산 지역에서 콜레라가 발병했다고 판정했기 때문이다.

38) "The Cholera Epidemic of 1946," p. 30.

"조기 하선"이 이루어졌다.[39] 그리고 하선 후 시내에 들어온 "귀환동포" 중, 예컨대 21일 부산 시내 초량정에 "원적[(原籍)]을둔 귀환동포가 호열자의증세로 급사"하는 등 16명의 환자가 "발생"하였다.[40] 이것은 콜레라 발병·전파 초기 시점에서 송환자가 부산 지역 내 발병·전파의 중심이었음을 시사한다. 이로써 "5월 상순에 중국에서 돌아온 귀환동포의 선중[(船中)]에서 처음으로 발생한 콜레라"가 육상(陸上)에서도 발생하게 되었다.[41] 바로 이것이 부산 지역 콜레라 발병의 시작이었다.

상하이발(發) 송환선에서의 콜레라 발병은 그해 말까지 남조선을 휩쓴 콜레라 창궐의 계기이기도 했다. 이와 관련해서 "[5월]십오일부산상륙하야 서울 게[*개]성 연안(延安)]을거쳐백석포(白石浦)에서인천으로도라

---

39) 여인석, 「미군정기와 정부수립기」, 11쪽. 본문에서 인용된 "실책"(break)은 '부산 지역 검역 담당의 미군 장교가 조선인 검역 담당 의사의 반대에도 불구하고 중국발 송환선의 승선자를 조기 하선시켜 콜레라가 부산에 유입되면서 5월 중순 최초 콜레라가 발병했던 것'을 지칭한다(김우정, 「1946년 콜레라 유행과 미군정의 방역 정책」, 14쪽). 그런데, '미군 당국의 콜레라 감염자 조기 하선'이 단순한 '실책'은 아니었다. 그 '실책'에는 '배경'이 있었다. 뒤에서 보듯이, 미군정은 송환 과정에서 콜레라 등 전염병이 발생할 가능성을 의식하고 그것에 대비하여 이미 1945년 11월부터 관련 대책을 마련해 그것을 실행하였다. 바로 이것이 미군 장교의 '실책'의 '기술적 배경'이었다. 하지만, 그 '실책'에는 "한국인 의료진에 대한 무시"라는 미군 검역 담당자들의 문화를 배경으로 해서 나타난, "한국인 의사의 조언을 무시한 미군 초급장교의 독단", 요컨대, 미국(인)의 조선인에 대한 오리엔탈리즘(Orientalism) 등이 개재되어 있었다(김우정, 「1946년 콜레라 유행과 미군정의 방역 정책」, 28쪽). 나아가 그 '실책'의 저변에는 식민지 시기 위생경찰제도에서처럼 "위생에 중점"을 두면서 '해상에서의 정선(停船) 격리'라는 상륙 자체를 막는, "저비용의 방역대책" 중심의 일본 제국의 방역 의식·관행(idea & practice)보다도 '예방의학과 '보건·의료·방역 정책을 중시'하는 미국식 방역 의식·관행이 있다고 판단된다. 일본 제국과 미국식 방역 관련 의식·관행은 김우정, 「1946년 콜레라 유행과 미군정의 방역 정책」, 8~9쪽 참고.

40) "區域交通遮斷: 釜山서十五名死亡", 『서울신문』 1946.05.26; "戰慄할虎疫禍漸次擴大", 『自由新聞』 1946.05.29.

41) General Headquarters(GHQ), US Armed Forces, Pacific(USAFPAC), *Summation of U.S. Military Government Activities in Korea*,『미군정활동보고서』, 원주문화사 영인본, 1990 (이하 *Summation*) No 8(1946.05) p. 9, No 9(1946.06); "서울虎疫거의潛影: 二百五十八名中死亡者八十七名", 『서울신문』 1946.10.20.

온전재민"의 부산 상륙 이후 다음의 동선은 시사적이다.[42] 즉, 그는[43]

中支[중국 남부 상하이]에서 귀환동포와함께 五月十日釜山에入港
한배[윌리엄 왓슨호]로 고국에도라와검역관계로 十五日에 상륙한후
[서울행 경부선 열차를 타고 十六日입경하야 [경성역] 역전三興여관
에 일박한후 [황해도]開城과延安을거쳐 十八日[충남 아산白石浦로가
하숙에서일박한후 十九日새벽白石浦에서仁川에운항하는 정기선水原
丸(승원[(乘員) *승객]약百名)을타고 十一시경에 仁川에상륙하였는데
船上에선 口[*嘔]吐설사가심하야 괴로워하였으므로 동승자가간호하
야 동일一시경에仁川德生院에 입원시켯으나 二十日 下午四시경사망
하였다

다소 긴 인용 구절은 미군정 방역 담당자의 '검역 과정에서의 유감스러
운 실책'이 실재했던 것임을 보여준다. 하지만 현재 논의에서 유의할 것
은 황해도 옹진 출신의 23세 청년 김선재의 부산 상륙 후 5일간의 동선이
다. 그는 부산항에 상륙한 직후 서울행 경부선 열차를 타고 하루 걸려 서
울에 와서 경성역 앞 여관에서 일박하고 다시 황해도 개성과 연안을 거
쳐 충청남도 아산 백석포로 와서 하숙집에서 다시 일박하고 인천행 정기
선으로 여행 중 발병해 하루 투병하고 다음 날 전염병 환자 격리 병원인
덕생원에서 사망하였다. 물론 단기간에 부산과 서울, 황해도와 충청남도,
그리고 경기도를 두루 편력(遍歷)하였던 그의 여정(旅程)이 초래한 콜레
라 전파 사례는 자료상으로 확인되지 않는다. 그렇다 하더라도, 그의 편
력은 여행 당시 그와 함께 열차와 여객선에 동승했던 승객들, 그리고 여
관과 하숙집에서 한 날 숙박했던 투숙객들에게서 콜레라가 전염·감염·
발병할 가능성을 높였을 것이다. 이러한 측면에서, 상하이발 부산착 송환

---

42) "仁川에虎疫患者 上海에서온戰災民", 『中央新聞』 1946.05.21.
43) "仁川에侵入한 虎列剌의徑路", 『中外新聞』 1946.05.25.

선에서의 발병은 전국적 콜레라 발병의 계기가 될 수 있었다.[44]

그런데 송환민을 통한 부산, 아니 확대해서 남조선 지역에서의 콜레라 발병은 예상 가능한 일이었다. 그것은, 앞에서 이야기했던 바와 같이, 근대 동아시아에는 '콜레라 질병 문화권'이 형성되어 있었기 때문이었다. 그와 같은 역사적 조건 내지는 구조에서 1946년 초 중국 남부 지방에서의 콜레라 유행은 조선과 일본에서의 콜레라 발병의 전조였다. 더군다나, 당시에는 미국의 송환 정책 추진에 따라, 그해 2월 미군정 휠러 보건후생국장의 표현을 빌리면, "전쟁 후 많은 사람의 [동아시아 권역 내] 왕래"가 있었다.[45] 이러한 상황에서 조선과 일본에서의 콜레라 발병 가능성은 충분히 예상 가능한 것이어서, 뒤에서 보듯이, 동아시아 주둔 미군 당국은 콜레라 발병 대책을 마련했다. 그렇다고 한다면, 대규모 인구 이동에 따른 콜레라 유행이 예견되는 상황에서도 미국이 대대적으로 추진한 송환 정책은 무엇인가?

먼저, 미국의 송환 정책은 아시아, 태평양 전체에 걸쳐 이루어진 대규모 인구 이동과 배치 정책이었다.[46] 그 정책은 동아시아 지역은 물론이고 동남아, 나아가 남양(南洋), 심지어 하와이 등지에 거류(居留)하거나 수용되어 있던 과거 일본 제국의 신민을 대상으로 하였다. 즉, 그것은 아시아-태평양 전쟁이 종결되던 시점에 일본 열도 바깥의 아시아·태평양 권역에 거류하던 일본인과, 조선반도나 타이완섬 이외 지역에 거류하던 조선인과 대만인 등 과거 일본 제국 신민들을 각각 일본 열도와

---

44) 덧붙이면, 윌리엄 왓슨호에서의 콜레라 발병 이후 부산항 입항이 금지되어 인천항으로 회항(回航)하던 상하이발 송환선에 대한 6월 초 선상 검역 과정에서 연이어 콜레라 환자가 발견되었다. 임종명, 「1946년 경기 지역의 콜레라 사태」, 236쪽.

45) "보건후생국장, 당면한 보건후생문제에 대해 기자회견", 『조선일보』 1946.2.16.

46) 미국의 송환 정책과 그것의 실행에 관한 이하의 논의는 임종명의 관련 논의(「1946년 경기 지역의 콜레라 사태」, 237~239쪽)를 발전시킨 것이다.

조선반도, 또 타이완섬으로 '되돌려 보내는' 정책이었다.[47]

광범위한 지역에 거류하던 일본 제국 신민을 대상으로 한 송환 정책은 따라서 대규모 인구 이동 기획이었다. 1945년 8월 종전 시점에 '약 6백90만 명의 일본 민간인과 군인', 또 '약 400만 명의 조선인', 그리고 다수의 대만인이 아시아·태평양 권역에 산재해 있었다. 이들 중 "3만 명의 대만인"이 1946년 2월까지 "일본을 떠나 고국[타이완섬]으로 돌아"갔고, 이와 함께 '약 218만 명의 조선인이 1948년 11월 말까지 일본과 중국 등지에서 남조선으로 송환되거나 귀환'했다. 이러한 속에서, '종전 직후 구 일본 제국 신민 약 900만 명이 자신들의 출신지로 귀환'했다.[48] 이처럼, 미국의 송환 정책은 '연합군총사령부에게도 큰 부담이 될' 정도로 대규모 인구를 대상으로 한 것이었다.[49]

더욱이, 피송환자에게 있어서 송환 정책은 때로는 그들 의사에 반하는, 강제적인 것이기도 했다. 이와 관련해서 재일조선인의 동향은 시사적이다. 종전 당시 일본에는 "200여 만의 조선인이 살고 있었으나 이들 중 140만 정도가 귀국을 택"하였다. 그때, 일본 사회는 "다민족으로 구성되었던 제국의 과거를 지워버리고 '단일 민족국가'로 그 정체성을 재정

---

47) 미국에게 있어 조선인과 대만인은, 1945년 11월 미국 정부의 '지령'에 따르면, "해방 인민"이기도 하고, 또 "일본 국민이었으므로 필요에 따라서는 적국민으로 취급해도 좋다."라고 하였던, '구(舊)일본 제국의 신민'이기도 했다(김광열, 「1940년대 일본의 도일한일 규제정책에 관한 연구」, 『한일민족문제연구』 10, 2006, 224~225쪽). '구일본 제국 신민으로서의 취급'은 미국의 대규모의 일괄적이고 강제적이기까지 한 송환 정책에서 조선인·대만인이 일본인과 함께 처리되었다는 것에서도 표현되었다.

48) 박경숙, 「식민지시기(1910년~1945년) 조선의 인구 동태와 구조」, 『인구학』 32(2), 2009, 34, 36쪽; 김두섭, 「미군정기 남조선 인구 재구성」, 『미군정기 한국의 사회변동과 사회사』 1, 한림대 아시아문화연구소, 1999, 154쪽; 전가람·김백영, 「귀환, 수용, 분산: 미군정기 전재민의 남한 유입과 인구 분산 정책의 전개」, 『도시연구: 역사·사회·문화』 32, 2023, 113쪽; 김정란, 「경계, 침입, 그리고 배제」, 36쪽.

49) 이연식, 「解放 後 韓半島 居住 日本人 歸還에 關한 硏究: 占領軍·朝鮮人·日本人 3者 間의 相互作用을 中心으로」, 서울시립대학교 박사 논문, 2009, 92쪽 각주 175번.

립해 나가"면서 재일조선인과 그들 사회에 대한 "차별과 배제를 공식화
해 나가"고 있었다. 이러한 속에서도 미(未)귀환 재일 조선인들은 일본
에서 자신들의 삶을 이어나갔다. 그뿐만 아니라, '귀환 조선인들' 중 적
지 않은 이가 갖은 어려움에도 불구하고 일본으로 '재밀항'하였다.[50] 일
본으로의 재밀항은 물론 조선 귀환 후 생활고 등으로 말미암은 것일 수
있다. 하지만 재밀항은 종전 직후 그들의 '귀환'이 자기 의사에 반(反)해
이루어졌던 것일 수도 있음을 시사한다.[51] 이 점에서 우리는 송환 작업
이 그 대상자들이 원치 않더라도 진행된, 이러한 의미에서 '강제적인' 것
이라고 할 수 있다.

강제적이기까지 한 대규모 송환 정책은 미국의 일본 제국 해체를 위
한 것이었다. 미국은 아시아-태평양 전쟁 시기 카이로 선언(1943. 11.
27)이나 포츠담 선언(1945. 07. 26) 등의 형태로 자신의 전쟁 목적을 제시
하였다. 그 선언에 따르면, 연합국의 아시아-태평양 전쟁 목적은 "일본"
을 "폭력과 탐욕으로 약탈한 다른 일체의 지역으로부터 구축"하는 한편
"일본의 주권"(Japanese sovereignty)을 "혼슈, 홋카이도, 규슈, 시코쿠, 그
리고 우리[연합국]가 결정하는 부속 도서[minor islands]로 제한"하는 것에
있었다.[52] 여기에서 보이는 '자신이 획득한 식민지로부터의 일본 구축

---

50) 허병식, 「감염병과 주권의 재영토화」, 326쪽; 김정란, 「경계, 침입, 그리고 배제」, 29쪽;
Tessa Morris-Suzuki, *Borderline Japan: Foreigners and Frontier Controls in the Postwar Era*,
Cambridge: Cambridge University Press, 2010, 김정란, 「경계, 침입, 그리고 배제」, 29쪽
재인용; 이연식, 「해방 직후 남조선 귀환자의 해외 재이주 현상에 관한 연구: 만주 '재
이민'과 일본 '재밀항' 실태의 원인과 전개과정을 중심으로, 1946~1947」, 『한일민족문
제연구』 34, 2018.
51) 김광열에 따르면, 연합국총사령부가 1946년 2월 "귀환을 거부하는 한인"은 "'귀환할
권리를 잃는다.'라고 협박하였다."라고 한다(김광열, 「1940년대 일본의 도일한일 규
제정책에 관한 연구」, 226~227쪽). 그러한 '협박'은 미국의 조선인 송환 정책이 재일
조선인의 의사에 반하여 진행되었음을, 또 이러한 의미에서 그것이 '강제적'이었음을
시사한다

(驅逐)과, 일본 열도로의 일본 주권 제한' 선언은 동아시아를 넘어 동남 아시아, 심지어 남양 지역까지를 포괄하는 '거대 제국 일본'을 자신의 주권 행사 범위가 일본 열도로 한정된 '지역 정치체(polity)'로 변형시키고 자 하는, 요컨대 일본 제국을 해체하고자 하는 미국의 전쟁 목적을 보여 준다. 바로 그와 같은 일본 제국 해체 정책의 일환으로 추진된 것이 송환 정책이었다.

송환 정책의 반(反)제국주의성은 그 정책에서 보이는 언어·문화 공동체 중심의 인구 (재)배치 기획에서도 실제 확인된다. 미국 송환 정책에서 그 주(主)대상자인 일본인, 조선인, 대만인 등 일본 제국 신민의 송환지는 각각 일본 열도, 조선반도, 타이완섬이었다. 이것은 송환 정책이 최소 3개 이상으로 구성된 다(多)언어·문화공동체(multi-ethnic)였던 일본 제국의 신민을 언어·문화 공동체별로 공간적으로 분리·분립(分立)시켜, 주체의 측면에서 다언어·문화공동체인 제국을 해체하는 작업이 었음을 말해준다. 제국을 해체하는 작업이었음을 말해준다. 이처럼 전후 미국의 송환 정책은, 구식민지(인) 독립 정책과 함께, 전쟁기 미국이 추구하였던 일본 제국 해체와 연결된 반제국주의 정책이었다.[53]

---

52) https://ko.wikipedia.org/wiki/%EC%B9%B4%EC%9D%B4%EB%A1%9C_%E C%84%A0%EC% 96%B8; https://namu.wiki/w/%ED%8F%AC%EC%B8%A0%EB%8B%B4%20%EC%84%A0%EC%96 %B8)(검색일: 2023.08.01).

53) 임종명, 「1946년 경기 지역의 콜레라 사태」, 237~238쪽. 이연식은 "전후 국민국가 형성·재편의 첫 단추는 결국 구제국의 형성과 팽창과정에서 혼거하게 된 이민족, 즉 식민자와 구식민지민을 어떻게 처리할 것인가" 등의 "문제"라고 이야기하고, 또 "구제국의 해체와 새로운 민족국가 건설과정"이라는 표현을 통해 양자의 상관성을 시사하였다(이연식, 「解放 後 韓半島 居住 日本人 歸還에 關한 研究」, 31쪽 각주 73번), 41쪽). 이것은 동아시아에서 제국 해체 작업이 그 자체의 효과와 함께 '국민 국가 (nation-state)와 그 국가 체제(nation-states system)의 형성'이라는 효과를 낳으면서 양자가 상호 불가분리의 것임을 시사한다. 이에 유의하여 이야기하면, 제국의 해체는 제국의 구식민지(인)를 제국으로부터 해방시켜 그것·그들을 제국으로부터 분리한 다음 그들의 국가를 수립하도록 해 '독립'시키는 것에 의해 제도화되면서 완료된다.

반제적(反帝的)인 미국 송환 정책은 물론 동아시아 권역 내 권력 지형을 재편해 미국의 동아시아 패권을 구축하고자 한 것이었다. 이와 관련해서『주한미군사』에서 솔직하게 표현된 미군의 내심, 즉 "일본이 부활하여 재군비를 갖추게 되면 조선에 존재하는 강력한 일본계 소수인들이 일본의 경제적, 정치적 침략의 선봉이 될 수 있다"라고 하는 "우려"는 시사적이다. 그것은 재조(在朝) 일본인의 일본 송환이, 확대하면 아시아·태평양 지역 거류 일본인의 일본 송환이 '아시아·태평양 내 일본의 인적·물적 자원과 인적 네트워크의 파괴를 통한 전후 일본의 약체화와 부활 방지'라는, 미국의 국제 정치상 목표와 연계된 것이었음을 시사한다.[54] 이처럼 전후 미국의 송환 정책은 직접적으로는 근대 시기 동아시아의 패자(霸者)였던 일본 제국의 해체와 함께 그것의 인적인 권역 지배 자원과 그 네트워크를 파괴·해체하는 작업이었다. 이러한 작업이 전후 일본을 대신해 미국이 동아시아를 지배하는데 기여한다는 점에서, 송환 정책은 미국의 동아시아 패권 정책이기도 했다.

미국의 패권 확립이라는 성격을 가진 송환 정책은 종전 직후부터 미국에 의해 "신속하고 착실하게" 추진되었다.[55] 이것은 일본 제국의 항복

[이것은 카이로 선언에서 '일본 제국의 해체'와 "조선을 자주 독립시킬 결의"(determined that in due course Korea shall become free and independent)가 동시에 표현된 것에서도 확인된다.] 예컨대, '조선인과 같은 구식민지인의 국가 소유'는 '그들이 자신들의 국토 내로 포획(捕獲)·구속'되도록 해 구제국의 본국(인)과 구식민지(인)를 서로 분리·분립'시켜 제국 해체를 제도적으로 완성하는 것이다. '독립한 구식민지인의 국토 내 구속'은 임종명, 「脫식민지 시기(1945~1950년) 남한의 지리교육과 국토표상」, 『한국사학보』 30(2008), 230~234쪽 참고.

54) USAFIK, XXIV Corps, G-2, Historical Section, *History of the United States Army Forces in Korea(HUSAFIK)*, 『주한미군사』 1, 돌베개 영인본, 1988), VIII 422쪽. 본문 중 '약체화'라는 표현은 이연식이 "전후 초기 미국의 아시아정책 기조"가 "일본이 다시는 미국을 위협하지 못하도록 '비군사화·민주화'를 통한 약체화를 추진하는 것"에 있었다라고 한 것에서 인용된 것이다(이연식, 「解放 後 韓半島 居住 日本人 歸還에 關한 硏究」, 90쪽).

55) 모리타 요시오(森田芳夫)는 자신의 책에서 '연합국 사령부의 일본·조선의 분리 정책'이라는 수제목 아래 종전 직후 미국의 재조(在朝) 일본이 송환 정책을 설명하면서,

직후인 1945년 10월 하순 상하이에서 개최된 일본 제국 신민 송환 관련 연합군최고사령관총사령부(General Headquarters, the Supreme Commander for the Allied Powers(GHQ/SCAP), 이하 '연합군총사령부') 회의에서 어렵지 않게 확인된다. 중국 지역 미군 사령관, 미 7함대 및 중국 국민당 정부 대표 등이 참석한 회의에서 "[중국 거류 일본인 등의 일본] 귀환의 추진은 [미국 맥아더 사령관 지휘 하의] 연합군총사령부"가 "지휘"하는 것으로 "합의"해 미국 주도의 일본 제국 신민 송환이 결정되었다. 또, 회의는 '중국 정부는 송환 대상자들의 송환 항구 집합과 그들의 송환선 승선까지를 책임지고, 송환자의 선상 운송은 연합군총사령부, 즉 미군에서 담당할 것'을 결정하였다.[56]

"미군정청은 [조선에서의] 일본세력 일소를 극히 신속하고 착실하게 실행했다."라고 표현하였다(森田芳夫, 『朝鮮終戰の記錄』, 東京: 巖南堂書店, 1964, 380~383, 특히 380쪽). 이것은 '해외 일본인들의 전후 현지 잔류 유도'라는 1945년 9월 일본 정부의 방침과는 달리, 미국 정부는 1945년 10월 "한반도와 일본의 '분리' 의지"와 '일본군 송환'에 관한 "강력한 의지를 천명"하고, 그것을 예컨대 '일본인의 사유재산권 등을 일체 무효화'(법령 33호, 1945.12.06)하는 등의 다양한, 또 "일본인의 총철퇴령"(1946. 1. 23. 부)과 같은 강제적 방식으로 실행해, "잔류를 희망하던 일본인들조차도 모두 귀환하도록" 하였던 사정을 표현하는 것이다(이연식, 「解放 後 韓半島 居住 日本人 歸還에 關한 硏究」, 69~71, 95~96, 100, 104~106쪽).

56) 황선익, 「동북아정세와 중국지역 한인의 귀환」, 『한국독립운동사연구』 46, 2013, 298쪽. 덧붙이면, 이연식이 타이완 지역의 일본인 송환 문제와 관련해서 "국민당 정부가 일본인 송환의 주체였으나 주요 정책에 대해서는 미국이 절대적 영향력을 행사했다."라고 하듯이, 중국에서의 일본 제국 신민 송환 정책의 입안과 그 실행의 '실질적 주체'는 미국이었다(이연식, 「解放 後 韓半島 居住 日本人 歸還에 關한 硏究」, 33쪽 각주 74번). 이를 전제로 해서 이야기를 이어가면, "아시아·태평양지역의 귀환을 주도한 연합군총사령부의 핵심은 미태평양육군총사령부"였고, 재조선 미군정은 "한인 귀환의 책임주체"로서 "외사과를 전담 부서로 두고 일본[민간]인의 본국 송환과 해외 한인의 귀환을 동시에 처리"했고 "군인의 귀환업무는 [조선 주둔의] 제24군단 조직"이 담당하였다(황선익, 「해방 후 귀환구호운동의 전개와 미군정의 대응」, 『한국근현대사연구』 85, 2018, 118, 122~123쪽; 이연식, 「解放 後 韓半島 居住 日本人 歸還에 關한 硏究」, 96~99쪽). 황선익은 "재일한인을 조속히 방출"하려는, 다시 말해서 적극적인 송환 정책을 실행하고자 하는 연합군총사령부와 달리 미군정은 "귀환실행과정에서 보조적 역할"을 하면서 "귀환문제에 대해 수동적 입장을 견지"하였다고 한다(황선익, 「해방 후 귀환구호운동의 전개와 미군정의 대응」, 131, 145쪽).

그런데, 앞의 송환 관련 회의에서 '승선 직전 실시할 위생검사에서 일본 측 의무(醫務)인원을 최대한 활용한다.'라는 결정이 이루어졌다.[57] '일본인 의무인원 최대 활용'이라는 완곡어법은 송환선 승선 대상자에 대한 검역 자원이 부족했던 국민당 정부가 자신의 검역 업무를 송환 대상자이기도 한 일본인 의료·위생·보건 종사자 등에게 맡겼음을 의미한다. 이것은 직접적으로는 중국 국민당 정부의, 나아가 송환 정책의 추진자인 미국 정부의 검역 자원 부족 문제가 심각했음을 시사한다. 이처럼 검역 자원이 부족했던, 달리 표현하면 송환에 필요한 자원이 적절하게 준비되지 않던 상황에서도 종전 직후 '송환'이 신속하게 결정·추진되었음을, 또 그렇게 결정·추진될 정도로 송환 문제가 중요했음을 송환 관련 회의의 결정 상황은 말해준다.[58]

1946년 초 중국에서 콜레라 전염병이 확산하고 있던 상황에서 '신속하게 또는 조급하게' 결정·추진된 송환 정책은, 당시 관계자들의 우려처럼, 조선인 송환자의 콜레라 발병으로 이어진다. 먼저, 중국 국민당 정부의 '일본인 의무인력 최대 활용' 결정과 그 실제 집행은 송환 대상자인 일본인과 조선인의 상이한 전염병 발병 상황을 초래하였다. 즉, 상대적으로 풍부한 의무인력과 검역·방역 경험과 체제를 갖춘 일본의 경우, 그해 중국과 조선 내 콜레라 유행 상황에서도 송환 과정에서의 전염병 발병은 억제되었다. 그리하여 1946년 "일본의 콜레라 감염자는 1,245명,

---

57) 황선익, 「동북아정세와 중국지역 한인의 귀환」, 298쪽 재인용. 조선인 송환 정책과 관련한 국민당 정부의 동향은 황선익, 「동북아정세와 중국지역 한인의 귀환」, 315, 320쪽; 「해방 후 귀환구호운동」, 139쪽 참고.

58) 송환 관련 연합군회의 결정 사항은 중국의 주권 행사와 관련해서도 심각한 문제였다고 판단된다. 송환자 관리 문제는 기본적으로 국경선 통과라는, 국토 주권과 관련된 국경선 관리의 문제였다. 이에 유의할 때, '일본인 의무인원 최대 활용'이라는 회의 결정 사항은 중국의 국토 주권을 부인할 수도 있었다. 이러한 문제성에도 불구하고 '조급하게' 송환이 추진되었다는 것은 전후 송환 문제의 중요성을 암시하는 것이라 할 수 있다.

그중 사망자는 560명"에 머무르는 등 그 발병세가 중국과 조선의 그것에 비해 미약하였다.[59]

하지만 조선인 송환자들에게는, 따라서 조선에서는 다른 상황이 전개되었다. 당시 조선인 송환 대상자 중에는 의무 자원이 상대적으로 빈약했고, 그러한 조선인 자원조차 송환 작업에 적절하게 '활용'되지 못했다. 이러한 상황에서 조선인 송환자들은 중국 출발항에서 필요한 검역 조치를 받지 못한 채 송환선에 승선하였다.[60] 이와 같은 실상의 조선인 송환 작업은 조선인 송환자들에게도 불안한 것이었다. 이와 관련해서 6월 초 중국 티엔진(天津)발 송환선에 탑승했던 한 조선인 의사의 선상(船上) 동향은 시사적이다. 그는 송환자 중 사망자가 나오는데도 선내 의료 활동을 거부하여 같은 송환선에 승선했던 송환자들에게 구타를 당해 병원으로 이송되었다.[61] 이와 같은 송환선 내 '불미스러운' 풍경은 송환 과정에서의 검역·방역 조치가 조선인 의사에게도 불안감을 줄 정도로 '불량' 했음을 반면적(反面的)으로 보여주는 사례라 할 수 있다.

더군다나, 송환 조선인들의 경우, 사회·경제적으로, 따라서 신체적으로도 좋지 않은 상황에서 송환선에 탔다. 앞에서 보았던 1945년 10월의 회의에서 "일본관병[(官兵)] 및 교민[*조선인 포함]이 승선할 항구 부근에

---

59) 日本厚生省, 「引揚船中ニ多発セル「コレラ」流行ニ関スル状況報告」, 1946.04.18, 日本 大蔵省印刷局 編, 『官報』; 김우정, 「1946년 콜레라 유행과 미군정의 방역 정책」, 16쪽. 일본 도쿄(東京) 소재의 연합국 최고 사령부와 일본 정부, 그리고 재조(在朝) 일본인들의 일본인 송환자에 대한 검역 정책과 그 실제 등은 김우정, 「1946년 콜레라 유행과 미군정의 방역 정책」, 15~20쪽; 이가연, 「해방 직후 조선 거주 일본인들의 귀환과 부산항」, 『동북아 문화연구』 67, 2021, 26~27쪽; 김정란, 「경계, 침입, 그리고 배제」, 13~16쪽 참고.

60) 당시 중국 출발항에서 검역 풍경은 승왈범, 『無休八十年』, 유진문화사, 1991, 307~318쪽 참고.

61) HQ, USAFIK, "G-2 Periodic Report" No 243(1946.06.03), 『미군정 정보 보고서』 2, 일월서각 영인본, 1990, 389쪽.

집단수용소를 설치"할 것과 함께 "집단수용소는 항상 포화상태를 유지해야 함"이 결정되었다.(62) 이에 따라, "일제 패망 직후 한인에 대한 처리를 일본군 및 일본인과 같이 집중관리한다는 방침"을 세운 중국 국민당 정부는 상하이 지역 조선인 병사와 교민들을 '항상 포화상태를 유지하는 집단수용소에 수용'하였다.

하지만, '한인 집중' 조치가 '한국임시정부'와 '임정 주화(駐華)대표단'의 노력으로 '취소'되었다. 대신, '종전 직후 조선행 교통이 용이한 상하이에 몰려든 화남(華南) 지역 조선인들은 당시 상하이 지역 조선인들이 마련한 교민협회 수용소 등에 수용'되었다.(63) 그렇지만 상해 한국부녀공제회가 운영하던 수용소에서 수용자 중 '7명의 사망자가 발생'할 정도로 수용소의 생활 여건 역시 "열약"하였다.(64)

열악한 생활 상태는 상하이 지역 조선 사람들에게 있어서도 마찬가지였다. 상하이 등 중국 관내(關內) 지역 거류 조선인들은 "대개 일본군을 따라 이주하였고 실제로 밀정 등 친일행위를 일삼거나" 심지어 "日軍의 제1선공작을 담당하였고 또 거기에 협력"했고, 또 "[일본의] 세력을 빌어서 민중을 기만하거나 공갈하는 자도 많"았다. 또, 그렇지 않은 조선인이라 하더라도, 그들 중에는 "아편 제조 및 투기성 업종에 종사하는 사람들"이 있었기 때문에, 조선인들은 "중국인의 미움을 샀"고, 그리하여 중국인들은 "반도인이라고 알면 인력거에도 태워 주지 않으려고" 하였다.(65)

62) 황선익, 「동북아정세와 중국지역 한인의 귀환」, 298쪽.
63) 장석흥, 「해방 직후 상해지역의 한인사회와 귀향」, 『한국근현대사연구』 28, 2004, 268~269, 303~304, 281, 262쪽.
64) 장석흥, 「해방 직후 상해지역의 한인사회와 귀향」, 269쪽.
65) 이연식, 「해방 직후 남조선 귀환자의 해외 재이주 현상에 관한 연구」, 46, 93쪽; "임정 조완구, 현하 조선경제대책 등에 관해 기자회견", 『동아일보』 1945.12.09, 황선익, 「동북아정세와 중국지역 한인의 귀환」, 139쪽 재인용; 林學洙, "北支へ使して[북지(北支)에 심부름을 하고서(上)", 『京城日報』 1939.05.24, 친일반민족행위진상규명위원회,

이러한 상황에서 일본이 전쟁에서 패배하자, 적지 않은 상하이 지역 조선인들의 경제·사회적 생활 조건은 급격히 악화되었다. "八, 一五이전에는 대개중류이상의 생활을하여왓"든 "상해에잇는동포" 중 "돈만흔사람을 빼노코서는 지금의[8·15 이후]생활상태는말할수업는상태"였다.[66] 즉, 일본 패전으로 전쟁이 끝나자, 적지 않은 관내(關內) 조선인들은 그들의 '종전 이전 부일(附日) 행위 등'으로 인해 "아모런[일본의]보호기관"도 없이 중국인으로부터 박해받고, 심지어 재산까지 빼앗겼다. 나아가 그들은 중국 정부로부터도 "결국 放逐"되어 "1946년 봄에 재산을 몰수당한 채" "강제송환"되었다.[67] 이것은 종전 직후 상하이 지역 조선인들의 경제·사회적 생활 조건이, 따라서 건강 상태도 '대단히' 좋지 않았을 것임을 시사한다. 이러한 상황에서 그들은 미국의 송환 정책에 의해서, 또 중국인들의 '박해'로부터 살아남기 위해서라도 조선으로 '귀환'해야 했고, 그래서 송환선에 탔다.

송환선 내 여행 조건 또한 대단히 열악하였다. 먼저 '1946년 3월에서 7월까지 집중적으로 귀환했던 조선인들의 경우, 송환선 1척당 승선 인원이 3천에서 5천여 명'에 이르렀다.[68] 예컨대 앞에서 보았던 광저우발 송

『친일반민족행위관계사료집 XV: 일제강점기 문예계의 친일협력』, 친일반민족행위진상규명위원회, 2009, 726쪽. 덧붙이면, 1939년에 '황군위문 조선문단 사절단' 일원으로 중국에 파견되었다가 앞의 보고문을 쓴 임학수는 '북지(北支)에서의 반도인 행태'를 소개하고 나서 '반도인에 대한 중국인의 기분을 조금은 이해할 수 있다'라고, 나아가 '자신도 반도인에 대해서 혐오하고 침을 뱉고 싶다'라고 이야기한다.

66) "上海잇든歸還同胞座談會 ⑥: 生活狀態는悲慘; 달러진光復軍에의信望", 『서울신문』 1946.04.12.

67) 이연식, 「해방 직후 남조선 귀환자의 해외 재이주 현상에 관한 연구」, 46, 93쪽; "임정 조완구", 『동아일보』 1945.12.09. 그런데 '상해 귀환 동포 좌담회'에서의 증언에 따르면, 상해 거주 조선인들의 생활상 곤궁은 중국인의 "위협"과 '약탈'만이 아니라 당시 상하이에서 '확군(擴軍) 공작'을 벌이고 있던 광복군의 '모금'으로 말미암은 것이기도 했다. 즉 "경비가 업슴으로 광복군은 각지에서 동포들로부터 돈을거두어서 쓰고잇섯스므로 동포들은 나날이 생활이 곤난"해졌다("上海잇든歸還同胞座談會 ㅁ: 서로勢力 다툼에 混亂이르킨工作鬪爭", 『서울신문』 1946.04.12).

환선에는 3,170명의 송환자가, 또 상하이발 송환선에는 송환자 3천 명이 타고 있었다.[69] 이것은 송환선에 대규모 송환자가 만재(滿載)되어 송환선이 승선자 과밀(過密)의 상태였음을 보여준다. 더군다나, 송환선 선내 여행 환경과 위생 상태 역시 방역에 적절한 것은 아니었다. 즉, 승선자 만재의 과밀 송환선의 실내는 말 그대로 "협착(狹窄)하고불결"했으며, 그 결과 송환선에서는 "방역이아니되"었다.[70]

더군다나 송환자의 선상 영양 상태 또한 좋지 않았다. 이와 관련해서 4월 중순 상하이 항구를 출항했던 송환선 윌리엄 맷슨(William Matson)호에 승선해 부산에 도착했던 태윤호의 회고담은 시사적이다. 그것에 따르면, 송환선이 부산에 도착했음에도 불구하고, 송환자들은 방역 관계로 상륙하지 못하고 선상에 대기하였다. 그때, "식량이 떨어"지자, 그들 사이에서는 "그때까지 눈도 거들떠보지 않던 고구매*부산시 배급]를 한 개라도 더 먹겠다고 골 터지는 소동이 벌어졌"다.[71] 심지어, 4월 28일에 "三천명"을 싣고 부산항에 도착한 중국발 송환선에서는 "수송도중식량을 배급지안 해*않애五名의 굶주려죽은사람들"이 생기기까지 하였다.[72] 이것은 송환자들의 선내(船內) 영양 상태가 좋지 않았음을 증언하는 것이다. 이처럼 송환선 여행은 '만재'와 '과밀'의, 그리고 '불량한 여행이었다. 그러한 상황에서 송환선 내 전염병 발병은 언제든지 가능한 것이었고, 실제로 콜레라가 발병하였다.

그런데, 전후, 특히 송환 과정에서의 전염병 발병 가능성은 미군 당국

---

68) 장석흥, 「해방 직후 상해지역의 한인사회와 귀향」, 280쪽.
69) "虎疫! 保健에SOS", 『漢城日報』 1946.05. 24.
70) "虎疫菌은發見안됏다", 『釜山新聞』 1946.05.17.
71) 태윤기, 『回想의 黃河』, 갑인출판사, 1975, 339쪽.
72) "中國서歸還튼同胞: 굶어서五名이死亡", 『東亞日報』 1946.05.01.

에 의해서도 의식되고 있었다. 기본적으로 미군 당국은 "결핵과 전염병"이 "전쟁 후 의례히 격증"하는 것을 알고 있었다.[73] 더군다나, 미국 태평양육군 총사령부 군의감실은 '1945, 6년에 인도와 중국에서 발생한 콜레라가 일본으로 귀환하는 일본인을 매개로 미군 점령 지역으로 확산할 것을 우려'하면서 1945년 11월 총사령부 예하의 각 부대에 '콜레라 확산에 대비할 것'을 '주문'하였다.[74] 이러한 상황에서, 예컨대, 미군정은 1945년 말 일본인 송환 업무와 관련해 '군정청 보건후생과는 혈청과 필요 의약품을 공급'하고 '각 항구의 군과 행정당국은 송환에 대비해 전재자(戰災者), 즉 송환자에 대한 접종 주사 등 필요 조치를 실행할 것'을 내용으로 하는 송환 대책을 마련하였다.[75] 이처럼 미군정은 전후 송환 과정에서 콜레라 등 전염병이 발생할 것을 예상하고 관련 조치를 준비하였다. 이를 배경으로 해서, 1945년 12월 15일 미군정에서 작성된 문건은 '이미 콜레라 통제 조치가 마련되어 있다'라고 '자신' 있게 이야기했다.[76]

그와 같은 '단언'에서 우리는 1945년 말 미군정이 '전쟁 이후 콜레라 등의 전염병 발생 가능성'에 대비하고 있었음을 알 수 있다. 실제로, '경남도(道) 군정'에서는, 『주한미군정사』(HUSFIK)에 따르면, "난민 통제", 내지는 '조선인과 일본인의 전후 국제적인 인구 이동의 통제'를 군정의 "주

---

73) "The Cholera Epidemic of 1946".

74) GHQ/AFPAC Office of the Chief Surgen, "Prevention and Control of Cholera," 1945.11.15, 김우정, 「1946년 콜레라 유행과 미군정의 방역 정책」, 2쪽 재인용.

75) William J. Gane, "Repatriation from 25 September to 31 December," 森田芳夫 · 長田かな子 編, 『朝鮮終戰の記錄: 資料篇』 二卷, 東京: 巖南堂書店, 1964, 1~31, 특히 7쪽. 심지어 미군정은 '현재 미군정청 외사과(外事課)가 담당하는 송환 업무를 장기적으로는 미군정청 보건후생국이 담당할 것'을 검토하고, '현재에도 송환 업무에서 보건후생국 방역과의 업무 협조 필요성'을 제기하였다. William J. Gane, ibid., 6쪽.

76) HQ, USAFIK, "Circular Letter No. 50: Prevention and Control of Cholera", Seoul: USAFIK, 1945.11.15. http://archive.history.go.kr/image/viewer.do?catalog_id=AUS179_01_05C0070_078&gid=AUS179_01_05C0070 (국사편찬위원회 전자사료관 소수).

요 과제"로 하였다. 특히 여기에서 "질병 및 전염병를 통제"하는 것과, 이를 위한 "위생 문제"를 중심 문제로 하였다.[77] 이것은 '난민'이든 '송환자'든 국제적 이동자, 또는 월경자에게서 발생할 수 있는 전염병 통제가 당시 미군정의 핵심 문제로 의식되고, 그에 따라 관련 대책이 실제로 마련되어 있었음을 보여준다.

1946년에 들어와서, 미군정은 중국으로부터의 조선인 송환을 실제 준비하면서 중국 전염병의 조선 내 전파 가능성에 대비하였다. 예컨대, 미군정은 1946년 1월부터 '중국에서의 조선인 송환 업무를 조력할 목적으로 미군 장교 1명과 각각 중국어와 영어가 가능한 조선인 2명으로 구성된 4개 팀을 연락관(liaison officer)으로 중국에 파견'하였다.[78] '조선연락대'라고 불린 연락반은 송환 업무에서의 주요 관심사였던 전염병의 중국 내 발병 상황과 그와 연관된 정보를 조사·수집해 남조선의 미군정 당국에 보고하였다

그런데 송환과 전염병의 상관성을 실증하려는 듯이, 1946년 4월부터 일본인 송환선에서 콜레라가 발병하였다. 즉, 4월 이래 중국 광저우(廣東)나 아모이(廈門), 또 베트남 하노이발 일본행 송환선들에서 "계속해서 환자와 의심자가 발생"했다. 그리하여 '당시 10여 개 일본 귀환항 중

77) 『주한미군정사』 3. https://db.history.go.kr/item/level.do?setId=4&totalCount=4&itemId=husa&synonym=off&chinessChar=on&page=1&pre_page=1&brokerPagingInfo=&types=r&searchSubjectClass=&position=1&levelId=husa_003r_0030_0070&searchKeywordType=BI&searchKeywordMethod=EQ&searchKeyword=%EC%A7%88%EB%A0%88%ED%8A%B8&searchKeywordConjunction=AND.

78) General Headquarters/Supreme Commander for Allied Powers G-III, "Report on Mass Repatriation in the Western Pacific", pp. 50~51 https://dl.ndl.go.jp/infor:ndljp/pid/11223003. 황선익에 따르면, 1946년 1월 15일부터의 미국과 중국의 군사령부 간 도쿄회담에서 중국 지역 송환 작업 추진을 최종적으로 확인하고 이에 따라 미군정 조선연락대의 중국 내 활동 또한 개시되어 1946년 말까지 그 활동이 이루어졌다고 한다. 황선익, 「해방 후 귀환구호운동」, 129~130쪽.

하나였던 우라가(浦賀)로 들어온 송환선들에서 5월 24일 현재 총 1,593 명의 누적 환자, 1,921명의 누적 사망자가 보고'되었다.[79] 이것은 남조선 주둔 미군이 "콜레라 검역을 강화"하도록 하였다.[80] 먼저, 재조선 미군정 청 보건후생부는 "[전염병 발병] 경고와 엄격한 [방역] 지령을 발(發)"하였 다. 그리고 미군정청은 1946년 4월에 '전쟁 후 결핵과 전염병이 격증'할 것을 예상하고, 그것들을 "예방"하기 위해 "행정기구를 재편성"하고 향후 "송환자들에게 있을 콜레라에 대한 방역 절차"(Quarantine Procedure for Cholera in Repatriates)를 마련하였다.[81] (덧붙이면, 이러한 제반 조치가 앞에서 본 '검역 담당 미군 장교의 조기 하선이라는 실책'의 '기술적 배 경'이었다.)

그리고 그 '절차'는 실제로 집행되었다. 즉 5월 초 중국과 싱가포르, 베 트남 등지로부터 부산항에 입항한 선박들은 앞의 '방역 절차'에 따라 "일 단 격리 조치"되었다.[82] 특히, '광저우발 수송선'의 경우, 부산항 입항 직 전 배에서 콜레라 환자가 발생했다고 알려지자, 그 배는 "接陸"이 "禁止" 되었다. 대신 그 배는 부산항에서 3해리(海里) 떨어진 해상에서 2주간

---

79) 김정란, 「경계, 침입, 그리고 배제」, 11, 13~14쪽. 그런데 김우정이 소개하는 1946년 일본의 발병세 자료, 또 김정란의 앞 논문 중 1946년 발병세 진술('총 1,245명의 환자 발생')에 비추어 볼 때, 본문에서 인용된 환자·사망자 규모는 확증된 환자(confirmed case)의 통계치가 아닌, '콜레라 감염 의심 환자·사망자'를 포함한 통계치로 보인다 (김우정, 「1946년 콜레라 유행과 미군정의 방역 정책」, 16쪽; 김정란, 「경계, 침입, 그 리고 배제」, 15쪽) 이에 유의하면서도 1946년 4, 5월 중 일본 내 콜레라 발생 상황을 보이기 위해 본문 '사실'이 인용되었다.
80) 김정란, 「경계, 침입, 그리고 배제」, 15쪽.
81) HQ, USAFIK, "Quarantine Procedure for Cholera in Repatriates", Seoul: USAFIK, 1946.04.13, pp. 1~2; "보건후생부, 기구확장 및 수원과 마산에 국립결핵병원설치 계획", 『동아일 보』 1946.04.22.
82) 김우정, 「1946년 콜레라 유행과 미군정의 방역 정책」, 3쪽. '방역 절차'에 따른 '격리 조치'는 4월 하순부터 확인되는데, 그 때 절차는 '콜레라 검역'과 '세관 검사' 등으로 이루어졌다(김우정, 위의 논문, 각주 9번).

격리된 상태에서 미군 군의(軍醫)와 조선인 의사 등 '방역 관계자'들에 의한 "停船防疫" 조치를 받았다.[83] 이처럼, 군정 당국은 중국 남부 지역으로부터의 "歸國同胞中에는이러흔惡菌*콜레라, 장티푸스 등의保菌者가多數"인 상황을 숙지하고 송환선 내 전염병 발병 가능성을 우려하면서 방역 대책을 마련하고 또 그것을 실행하였다.[84] 나아가 전염병 발생이라는 점에서 송환선의 과밀 운송 등의 문제를 의식한 연합군총사령부는 6월 말 "전염병침입을 방지"하고자 "귀환선규칙"을 제정·공포했다.[85]

지금까지 살펴 본 것처럼, 미국은 전염병 발병이라는 측면에서 송환 정책의 문제점을 의식하고 있었다. 그러함에도 불구하고, 미국이 송환 정책을 추진하면서, 송환선에서 콜레라가 발병하고, 그것은 남조선에서 유행하게 되었다. 바로 이 점에서 1946년 콜레라 대유행에는 미국의 송환 정책이 개재되어 있다고 할 수 있다. 그렇다고 한다면, 콜레라 대유행에는 미국이 송환 정책을 통해 추진하였던 미국의 동아시아 패권 정치가 작동하고 있었다고 할 수 있다. 이에 유념하면서, 다음으로는 부산 시내에서 발병했던 콜레라가 그 지역 내·외로 확산하는 과정을 쫓아가 보도록 하자.

III. 부산 지역의 콜레라 확산

앞에서 우리는 부산항에서 중국 남부 지역발 송환자에게서 콜레라가

---

83) "三千名·死의恐怖", 『釜山新聞』 1946.05.05; "虎疫防止鐵壁陣치자", 『釜山新聞』 1946. 05.07.
84) "釜山에虎列刺", 『光州民報』 1946.05.10. 앞 기사는 "保健厚生當局者의 말"을 인용하는 기사이다.
85) "虎疫撲防고서 歸還船規則制走", 『東亞日報』 1946.06.23.

발병했음을 보았다. 그뿐만 아니라, 송환자는, 앞에서 언급했고 또 뒤에서 보듯이, 부산 시내와 경남 지역, 나아가 남조선 지역의 초기 콜레라 발병과 전파의 주요 계기였다. 이 점에서 송환자에 관한 이해는 콜레라 전파·유행 문제를 논함에 있어 사전적 요구일 수 있다.

이에 유의하여, 먼저 송환자의 해방 직후 인구학적(demographical) 효과를 살펴보도록 하자. '경북통계 포털'에 따르면, 1946년 8월 20일(일부 시·도는 9월) 현재 38도선 이남의 조선인 총인구는 2년 전 인구 15,879천 명에 비해 3,490천 명(22.0%)이 증가한 19,369천 명이었다. 그런데, 이와 같은 인구 증가는 자연적인 성격의 것이 아니라 사회적인 성격의 것이었다. 당시의 남조선 인구의 자연 증가율은, 예컨대 1946년의 경우 전년(前年) 대비(對比) 9.3%였다. 이에 유의할 때, 1946년 남조선 인구 증가율 22%는 그 지역 인구의 자연 증가율을 크게 넘어서는 것이었다. 더군다나 북조선 주민의 남조선 이동이 1947년에 본격화된 것이라 한다면, 1946년 현재 남조선 지역의 인구 급증은 사회적 이동, 특히 일본 열도와 중국 대륙 등 조선 반도 외부로부터의 조선인 송환의 결과였다.[86]

해방 직후 남조선 인구의 급증을 낳은 송환자 중 적지 않은 이들이 경상도 지역에 정착했다. 당시 수위(首位)의 인구 증가가 나타난 곳은, 1946년 8월 현재 인구가 1,142천 명으로 2년 전에 비해 316천 명(38.2%)이 증가한 서울이었고, 그것에 이어지는 지역들은 경남과 경북, 즉 경상도 지역이었다. 경남 지역 인구는 1946년 8월 현재 3,186천 명으로 식민지 시기였던 1944년에 비해 868천 명(37.4%)이 증가하였고, 경북 지역 인

---

86) 본문의 인구 통계는 미군정청 보건후생부 생정국(生政局)(Bureau of Vital Statistics, Department of Public Health and Welfare)이 1946년에 작성한 『南朝鮮(三八度以南) 地域及性別現住人口: 一九四六年九月現在』 등에 기초해 '경북통계 통계 포탈'이 추계한 것이다. http://www.gb. go.kr/open_content/stat/page.jsp?LARGE_CODE=870&MEDIUM_CODE =40&SMALL_CODE=30&URL=/open_content/stat/pages/sub4_1_s2_2.jsp(검색일: 2020. 11. 12)

구도 역시 1946년 현재 3,179천 명으로 2년 전에 비해 617천 명(24.1%)이 증가하였다.[87]

다수 송환자의 경상도 정착은 그들의 출신지와 연관된 것이다. 이와 관련해서 시사적인 것은 1945년 11월 상하이 지역에서 결성된 한국부녀공제회에 의해 집단 수용되었다가 다음 해 상반기 조선으로 송환된 '위안부' 출신 조선인 여성들의 본적지이다. 장석흥의 관련 연구에 따르면, 그들의 본적지는 '제주(5명), 부산(60명), 경남(199명), 대구(45명), 경북(101명), 전남(67명), 전북(32명), 충남(30명), 충북(8명), 경기(21명), 서울(65명), 인천(8명), 강원(11명), 황해(26명), 평북(38명), 평남(37명), 평양(26명), 함북(8명), 함남(3명)'이었다.[88] 이것은 부산·경남 지역과 대구·경북 지역 출신자가 각각 259명, 146명으로 여타 도(道) 단위 지역의 그것을 압도하고 있음을 보여준다. 또 그 통계는 시(市) 단위 수준에서 부산 지역 출신자가 60명으로 서울 지역 출신자 65명에 버금가는 것이었음을 알려준다. 이와 같은 출신 지역 상황이 다수 송환자의 경상도 지역 정착을 낳았다.

특히 지금 현재 논의의 대상인 부산·경남 지역에는 다수의 송환자가 있었다. 즉, 배석만의 연구에 따르면, 1946년 12월 말 현재 '전체 송환자 2,683,478명 중 471,000명이 경남 지역에 잔류'하였고, 당시 언론에 따르면, '약 10~20만 명 정도가 부산에 잔류'하였다. 이러한 상황은 앞에서 본 송환자의 본적지 구성에서 이미 예견 가능했던 것이다.

이와 함께, 송환자 다수의 부산 거주는 부산 지역이 제공하는 취업 기회에 기인한 것이기도 했다. 당시 부산항이 "[식민지 시기] 대일무역 중

---

87) '경북통계 통계 포탈'.
88) 장석흥, 「해방 직후 상해지역의 한인사회와 귀환」, 200·209쪽.

심지에서 [해방 직후] 원조물자 도입의 중심항"으로 변모되면서 부산항의 "항만기능의 강화"가 있었다. 이에 따라, 부산 지역에서 "하역과 운송, 그리고 항만정비와 같은 분야에서 많은 일자리가 창출"되면서 그 지역은 "다른 도시의 일반적인 상황과 비교하여 상대적으로 낮은 실업률"을 보였다.[89]

하지만 부산의 취업상 호조건은 단지 '다른 도시와 비교'한, 상대적인 것뿐이었다. 부산에서 송환자들의 실제 삶은 열악한 것이었다. 해방 후 "원조물자의 도입" 등을 계기로 부산이 "소비도시로 변형"되는 속에서 그 지역은 "다른 지방에 비해 유독 높은 물가와 생계비"를 보였다. 이러한 상황에서 송환자들이 부산 지역의 실업 문제를 짊어지면서, 신문 지상에서는 "[부산] 실업자의 절반 이상", 또는 "80%"가 송환자라고 이야기되고 있었다. 그래서 그들은 "항만시설 등의 토목공사, 국제시장과 거리의 노점행상" 등으로 "호구"를 이어가야 했었다.[90] 이러한 경제 · 사회적 상황에서 부산 지역 송환자들의 보건 · 위생 환경이 좋지 않았던 것은 당연했다. 그리고 보건 · 위생상의 불량한 환경은 송환자들의 지역 내 콜레라 발병 · 전염 가능성을 높이는 것이었고, 실제로 송환자들에게서 콜레라는 발병하였다.

부산 시내 송환자에게 콜레라가 발병하던 5월 하순 초, 비(非)송환자에게서도 콜레라가 발병한다. 먼저, "남조선의 행관(行關)*관문?인부산역과부두"가 있는 초량정(草梁町)에 거주하면서 "[그곳]거리에서 음식을사먹"은 "노동자"에게서 5월 20일 콜레라가 "발병"하였고, 이에 따라 그는 자료상 '부산 지역 내 1번 환자'로 기록되었다. 그렇지만 그가 지역 내 '1번

89) 배석만, 「미군정기 부산항과 도시민 생활」, 『지역과 역사』 5, 1999, 267~276, 279~280쪽; 전가람 · 김백영, 「귀환, 수용, 분산」, 137쪽.
90) 배석만, 「미군정기 부산항과 도시민 생활」, 각주 36번, 281, 285~286, 290쪽.

환자'는 아니었다. 그는 "귀환동포의 호열자와는 별개의 전염계통"에 따라 콜레라에 전염된, 따라서 지역 내에 '이미 퍼진' 콜레라의 n차(次) 감염자였을 뿐이다.[91] 이는 자료상 보고와는 달리 부산 지역에는 이미 20일 이전에 콜레라 감염자가 있었음을 시사하는 것이라고 할 수 있다.

이에 유념하면서, 자료에 나타난 부산 시내 콜레라 발병 사례들을 계속해서 쫓아가 보도록 하자. 5월 20일 초량정 거주 노동자에게 발병한 콜레라는 [초량정에서] 점차로 만연"하면서 "드디어 一반시민에까지 미치게" 된다.[92] 즉, 비(非)송환자에게서 '처음' 콜레라가 발병한 지 이틀만인 22일 현재 27명의 환자가 부산에서 나왔다.[93] 그리고 다시 콜레라가 초량정의 철도관광호텔, 그리고 초량정과 접한 수정정(水晶町), 또 식민지 시기 일본인의 레저(leisure) 지역이었던 온천장 주변 동래(東萊), 그리고 오늘날 영도로 불리는, "四면바다"인 목도(牧島)에서 "만연"하였다. 이러한 속에서 그 이틀 후인 24일 오전 현재 부산 지역의 누적 발병·사망자가 격리 수용 환자 16명에 사망자 12명, 모두 28명에 달하게 되면서 "주민들은 공포에 싸"이게 되었다.[94]

이처럼 짧은 시간 내 만연한 콜레라는 계속해서 시내 지역으로 확산한다. 즉, 5월 25일에는 초량정과 마찬가지로 당시 시내 도심지였던 경남도청 근처 동대신정(東大新町)에서, 또 28일에는 초량정과 그 접경 지

---

91) "埠頭防疫活動: 醫師會의奉仕", 『釜山新聞』 1946.06.18; "患者百三十五名: 釜山에必死의防疫活動", 『서울신문』 1946.05.30; "戰慄할虎疫禍漸次擴大", 『自由新聞』 1946.05.29.

92) "戰慄할虎疫禍漸次擴大", 『自由新聞』 1946.05.29.

93) 군정청 보건후생부 관계자가 22일 현재 부산에서는 "[콜레라 사망자] 四十명이발생되어그중해상(海上)十三명이사망"하였다고, 역으로 이야기하면, '육상에서 27명이 사망하였다'라고 발표하였다("虎疫朝鮮內侵入! 釜山, 大田, 仁川에 患者發生", 『中央新聞』 1946.05.23). 이것에 기초해서 본문 진술이 이루어졌다.

94) "虎疫全市를威脅: 十二名死亡, 收容患者十八名; 病症体眞性으로 判明", 『釜山新聞』 1946.05.25; "水晶町에發病", 『釜山新聞』 1946.05.25; "區域交通遮斷", 『서울신문』 1946. 05.26; "水上署管轄로 絕影島를移管", 『釜山新聞』 1946.07.02.

역인 수정정, 그리고 이들 지역에 인접한 보수정(寶水町), 또 목도의 일 지역으로 식민지 시기 매립지였던 석견정(汐見町) 등지에서 콜레라가 발병했다. 이러한 속에서 부산 지역은 28일 현재 환자 64명, 그중 23명 사망이라는 발병세를 기록했다.[95]

이들 지역 중에서도 도심지였던 초량정이 당시 부산, 경남 지역에서 가장 커다란 발명·사망 규모를 기록했다. 부산과 경남 지역 전체 발병 세에 있어 초량정의 상대적 '악성'(惡性)은 6월 28일 현재 지역별 피해 규 모 비교에서 단적으로 나타난다. 그날 초량정의 발병세가 환자 65명에 사망자 22명일 때, 다른 지역, 예컨대 송도(松島) 환자 2명, 동(東)대신정 환자 2명에 그중 1명 사망, 수정정 환자 1명, 또 마산(馬山) 환자 2명, 항 만병원선 환자 60명에 그중 14명 사망이라는 발병·사망 규모를 보였 다.[96] 이처럼 5월 하순 부산 지역에서는 해상 운송과 육상 운송의 접점 이었던 "초량정(草梁町)을 중심"으로 해서 콜레라 환자가 "연일" 발생하면 서, 부산은 5월 중에 "가장 발병자 수가 많은" 지역이 되었다.[97]

1946년 콜레라 대유행 당시, 도시 지역에서의 주요 콜레라 발생지는 대 개 도심 지역보다는 그 주변부 지역이었다. 예컨대, 서울 지역의 발병 중 심지는 상·하수도 시설과 같은 도시 기반 시설(infra)이 제대로 갖추어지 지 않은 청계천이나 마포 등 시 주변부 지역이었다.[98] 하지만 부산 지역 의 경우, 초기 발병 중심지가 '개항기 일본인들의 전관거류지(專管居留

---

95) 참고로 미군정 활동 보고에 따르면, 5월 31일 현재 74명의 환자가 발생해 24명이 사망 했다. [GHQ, USAFPAC, *Summation* No 8(1946.05.), p. 80] 이는 본문 통계와 비교할 때 3일 사이에 10명의 환자와 1명의 사망자가 증가한 것이다. 덧붙이면, '석견정'의 지명 사(地名史)는 https://blog.naver.com/antaihee/222555995682(검색일: 2023.07.07) 참고.

96) "患者百三十五名", 『서울신문』 1946.05.30.

97) "虎疫地區에 來往말라: 市內서發病患者總數六十四名", 『釜山新聞』 1946.05.30; "虎列剌 蔓延: 釜山市交通遮斷?", 『漢城日報』 1946.05.28.

98) 임종명, 「1946년 서울 지역 콜레라 발병세」, 470~487쪽.

地)'이자 식민지 시대 일본인 거주 지역으로서 도시 인프라(infra)가 상대적으로 잘 갖추어진 초량정 등 부산 도심 지역이나, '1930년대 시가지계획 정비에 따라 부산진과 함께 부도심으로 개발'된 송도 등지였다.[99]

당시 부산 도심 지역 중 하나였던 초량정이 부산 지역 콜레라 발생의 중심지였다는 것은 흥미롭다. 이와 관련해서 주목해야 할 것은 초량정에 있었던 부산항의 존재이다. 부산항은 해방 직후 송환자가 "해로를 통해 남한 지역으로 유입되는 경우", "전재민들[*송환자] 중 압도적인 다수가 유입된 두 곳의 항구[부산항과 인천항]" 중 하나였다. 또한, 부산항은, 인천항과는 달리, 당시 콜레라 발병지였던 '중국 남부 지역과 일본, 그리고 인도차이나반도 등 동남아와 기타 남방 지역에서 송환되는 조선인들의 착항(着港)'이었다. 더군다나 '부산항 부두에는 1946년 현재 4개 송환자 수용소'가 설치되어 운영되고 있었다.[100] 이와 같은 부산항이 소재한 초량정의 콜레라 발병 초기 그 중심지화는 이미 예정된 것이고, 또 실제로 그렇게 되었다.

또한, 초량정 등 도심 지역의 콜레라 발병 중심지화는 송환자의 집단 거주와 연관이 있다. 해방 직후 부산 도심의 일본인 거주 지역에는 일본인의 일본 송환 이후 '적산(敵産) 가옥'들이 다수 존재하게 되었고, 그중 '극히 소수의' 적산 가옥에 적지 않은 조선인 송환자들이 '밀집 거주'하게 되었다.[101] 그렇지만, "인구가 급증하면서 주택난과 식량 궁핍, 물가폭

---

99) 배석만, 「미군정기 부산항과 도시민 생활」, 261쪽; 이연식, 「解放 後 韓半島 居住 日本人 歸還에 關한 硏究」, 64쪽. 식민지 시기 조선 내 '식민 도시' 건설 과정과 그 도시들의 특징은 이연식, 「解放 後 韓半島 居住 日本人 歸還에 關한 硏究」, 61~68쪽 참고.
100) 전가람·김백영, 「귀환, 수용, 분산」, 118쪽.
101) 송환민의 적산 가옥 거주와 관련해 덧붙여 이야기한다면, 지역 총인구 중 일본인의 비율이라는 측면에서 경남 지역은 1944년 현재 조선반도(전체 평균 2.75%)에서 경기도(6.4%)와 함경북도(6.6%)에 이은 4.3%로 남조선 지역에서는 경기도에 이어 두 번째의 고비율이었다(이연식, 「解放 後 韓半島 居住 日本人 歸還에 關한 硏究」, 62쪽),

등, 실업 등의 사회문제가 불거지"면서, 송환자 밀집 지역의 위생 조건은 악화하고, 그에 따라 "각종 질병까지 창궐"하게 되었다.[102] 이런 상황에서 송환자가 밀집한 초량정 등 도심 지역은 콜레라 발병·확산 초기 그 중심지가 되었다. 이와 같은 현상이 콜레라 확산 초기 부산 지역의 특징적 발병 현상이었다.

이러한 현상적 특징과 함께 부산 지역의 발병 초기의 또 다른 특징적 현상이 목격된다. 그것은 '초량정 지역 내 콜레라 피해 규모가 마을별로 균질적이지 않았다.'라는 점이다. 당시 초량정에서 주민이 "제일 많이 희생"되었던 마을은 자연 부락이었던 연화동(蓮花洞)이었다. 당시 신문 지상에서는 그 이유가 "빈민부락"이었던 그 지역의 주민들에게 '위생 사상이 결핍한 것'에 있다고 판정했다.[103] 물론, 연화동, 확대해서 '빈민 지역'의 다수 희생자 발생을 지역 주민의 위생 관념과 연결하는 것은 당시 어렵지 않게 보이는 일종의 '담론'(discourse), 즉 '특별한 권력 관계에서 생산되어 그 관계를 재생산하는 말 덩어리'였다. 그와 같은 담론에서는 송환을 계기로 한 콜레라 발병과, 주변부 지역에서 콜레라가 유행했던 것의 "역사적 배경과 사회적 조건", 즉 "일본의 제국주의 팽창과 침략전쟁"과 "열악한 생활환경이나 만성적 빈곤" 등은 "생략"되었다. 대신, 그 담론

이런 상황에서 전후 부산 거류 일본인이 일본으로 송환되어 그들의 적지 않은 주택들은 적산이 되었다. 적산 가옥은 당시 '심각한 주거 문제'를 겪고 있던 송환자들에게 '주거 문제와 관련해서 하나의 대안'이었다. 하지만, 전가람과 김백영에 따르면, "적산가옥 중 대부분은 친일파 모리배 등의 수중에 있었고, 극히 소수가 전재민들에게 돌아갔다."라고 한다(전가람·김백영, 「귀환, 수용, 분산」, 129쪽). 이는 대규모 송환민이 '극히 소수'의 적산 가옥에 '밀집 거주'하게 되었음을 뜻한다.

102) 김정란, 「경계, 침입, 그리고 배제」, 22쪽. 덧붙이면, 1944년 통계에 따르면, 현재 부산 거주 일본인은 71,824명이었다. 최영호, 「해방 직후 부산경남지역의 귀환자 원호체계와 원호활동」, 『한국민족운동사연구』 36, 2003, 16쪽.

103) "虎疫全市에蔓延: 東大新町에患者", 『釜山新聞』 1946.05.29; "汐見町에患者", 『釜山新聞』 1946.05.29; "虎疫地區에來往말라", 『釜山新聞』 1946.05.30.

은 콜레라 창궐의 원인과 그 책임을 '그 전염병의 희생자'에게로 돌리면 서 그들을 계몽의 대상으로 대상화하는 한편 담론을 생산하는 엘리트를 계몽의 주체로 권력화하는 것이었다.[104] 나아가 그러한 담론은 방역 자 원의 차별적인 배분으로 말미암은 비판으로부터 국가나 지역 정부 등 권력의 책임을 면제해주는 한편 근대 시기 국민 생명의 보호자로 자처 하는 권력이 권위(authority)와 위신·명망(prestige), 요컨대 위광(威光)을 유지하도록 해주는 것이다.

발생 초기 도심 지역 중심의 발병과 지역 내부의 비균질적인 발병 양 상을 보여준 부산 지역 콜레라 발병세는 6월에 들어서서도 지속하였다. 먼저 6월 "四일하로[*하루]"에 부산에서 환자 16명과 사망자 6명이 발생 하는 속에서, 그날 현재 부산과 그 근교에서는 '92명의 환자가 발생하고 그중 30명이 사망'하였다.[105] 특히 "초량정을 중심으로 환자발생이 급격하 게 증가"하면서, 부산 지역 발병 규모는 신속하게 증대되었다. 즉, 10일경 환자 170명에 사망자 47명이 보고되면서, 부산은 "현재[콜레라]발생 중심 지"로서 "지금가장 우려할 상태"에 처했다.[106] 다음 날인 11일에 다시 누

---

104) 김정란, 「경계, 침입, 그리고 배제」, 26~27쪽. 본문에서 비평된 신문 기사에서 보이는 계몽주의적, 권력적 성격은 당대 보건·위생, 또 방역·의료 관련 신문 기사에서 어 렵지 않게 발견된다(예컨대, "위생에 관하여서는 너무나 우매"한 '민간'을 비평하는 "국민보건방침", 『경향신문』 1947.08.03, 허병식, 「감염병과 주권의 재영토화」, 322쪽 재인용 참고). 그런데 대중 비판적인 신문 담론의 저변에는 "감염병이 아시아(Orient) 에서 기원해서 서구로 전파되었다고 하는 서구 중심적 담론인 감염병학적 오리엔 탈리즘(epidemiological orientalism)"과, 일본(인)이 서구주의적 오리엔탈리즘을 자신과, 자신 이외의 아시아 지역(민)에 대한 것으로 전용(轉用)한 '일본의 오리엔탈리즘', 또 일본의 오리엔탈리즘이 식민지 이후(post-colonial) 조선 지식인들에게 내화된 일 종의 '자기 오리엔탈리즘'이 있었다고 판단된다(김정란, 「경계, 침입, 그리고 배제」, 7, 12~13, 27, 29쪽). '일본의 오리엔탈리즘'은 Tanaka, Stefan, *Japan's Orient: Rendering Pasts into History*, Berkeley: the University of California Press, 1995 참고.
105) "四日새患者24名: 各地의死亡者는九名", 『서울신문』 1946.06.05; "虎列刺防疫에必死 的: 一般은當局믿고流言에動搖말라; "컬렌"保健厚生部長談", 『서울신문』 1946.06.05.
106) "問題는食糧: 發生地釜山의憂慮할狀態", 『自由新聞』 1946.06.11.

계 발병·사망 규모가 환자 270명에 그중 사망자 170명에 달하였는데, 이는 하루 만에 환자 100명과 사망자 120여 명 발생이라는 폭증 현상을 보여주는 것이었다.[107] 이러한 폭증세가 계속되어 이틀 후에는 다시 70여 명의 신규 환자가 발생해 13일 현재 343명의 누계 환자가 보고되었다.[108]

6월 초 콜레라 발병·사망의 양적 규모 폭증과 함께 6월에 특징적으로 나타난 현상은 콜레라 감염 발생지가 부산 지역 내·외로 확대·확산하였다는 점이다. 물론, 6월에도 부산의 중심 지역에서는 계속해서 콜레라가 발병하였다. 즉, 6월 들어서서, 초량정에 더해 식민지 시기 일본인 거주 지역으로 개발되어 해방 직후에도 시 중심 지역이었던 서(西)대신정과 함께 동(東)대신정, 그리고 부산항을 마주하고 있는 항정(港町)에서 콜레라가 새로이 발병하였다.[109] 또한, 6월 중순 초에는 식민지 시기 부산 서부 지역의 중심지인 부평정(富平町), 경남도청 인근의 시 중심지 중도정(中島町), 또 목도(牧島)의 일(一) 지역으로 바다에 접한, 식민지 시기 일본인 거주 지역이었던 청산정(靑山町) 등이 발병지로 추가되었다.[110] 그리고 6월 중순 이후에도 발병 지역은 계속해서 확대되어졌다. 그리하여, 경남 방역위원회의 15일 현재 관련 통계에 따르면, 콜레라 전염병은 초량과 항만, 석견정 등 35곳—"미상(未詳)" 포함—에서 발병하였

---

107) "八名完治退院: 好績! 隔離收容患者", 『釜山新聞』 1946.06.13.

108) "新患者또九名", 『釜山新聞』 1946.06.15. 앞의 자료는 누계 사망자를 165명으로 제시해, 직전 통계에 비해 감소한 사망자 규모를 제시하고 있다. 사망자 누계의 감소는 방역 당국의 사후(死後) 사인(死因) 조사에서 사망자의 병인(病因)이 콜레라 이외의 것으로 판명된 결과라고 판단된다.

109) "雪上加霜格! 腸窒扶斯共襲", 『釜山新聞』 1946.06.12; "八名完治退院", 『釜山新聞』 1946.06.13. 식민지 시기 동·서대신정의 신설과 개발 상황, 또 항정의 조선 시대 말 이래 역사는 각각 다음 참고: https://www.bsseogu.go.kr/tour/index.bsseogu?menuCd=DOM_00000030100200100; https://namu.wiki/w/%EB%8F%99%EB%8C%80%EC%8B%A0%EB%8F%9;https://namu.wiki/w/%EC%84%9C%EB%8C%80%EC%8B%A0%EB%8F%99; https://blog.naver.com/jhmspark00/222416768053(검색일: 2023.07.07) 참고.

110) "虎疫 依然猖獗", 『釜山新聞』 1946.06.14.

다. 이것은 부산 시내 특히 시 중심부 지역에서의 확산이 6월 들어서도 계속해서 이루어지고 있었음을 보여주는 것이라 할 수 있다. 이러한 현상은 앞에서 지적했던 일본인 적산 가옥이 많았던 도심 내지는 시 중심 지역에서의 발병이라는 부산 지역의 발병 특성을 보여주는 사례라 할 수 있다.

하지만 6월의 발병 양상에서 주목되는 것은 부산 외곽, 나아가 그 근교 내지는 인근 지역에서도 콜레라가 발병하고 있었다는 점이다. 먼저 1930년대 중반 부산부로 편입된 시 외곽 부전리(釜田里)에서 콜레라가 발병하면서, 그곳은 부산의 발병 지역 리스트에 더해지게 되었다.[111] 이것이 부산 시내 외곽의 발생사라 한다면, 시 경계 바깥의 근교나 인근 지역의 발병 사례 역시 목격된다. 부산에서 북서쪽으로 3km 정도 떨어져 있는, 낙동강 하굿둑과 접하고 있으면서 상주인구가 많지 않았던 작은 마을 하단(下端), 또 그 인근의 괴정(槐亭) 등지에서 합계 여섯 명의 환자 발생이 보고되고, 특히 하단에서는 2명의 발병 환자와 함께 20명의 보균자가 "발견"되어 "수용"되었다.[112] 이처럼 부산 외곽과 그 근교 또는 인근 지역에서 콜레라가 계속해서 발병하면서 콜레라 발병 지역은 확대되었다.

하지만, 6월 중순 무렵부터 부산의 콜레라 환자 발생 증가 정도는 둔화하기 시작한다. 이와 관련해서 경남방역위원회가 발표한 15일 현재 부산 지역 환자·사망자 누계는 시사적이다. 그것은 이틀 전 통계에 비해 감소한 환자와 사망자 통계, 즉, 각각 327명과 168명을 보여주었

---

111) "雪上加霜格!", 『釜山新聞』 1946.06.12. 부전동 소사(小史)는 https://blog.naver.com /cooolbusan/222836167586(검색일: 2023.7.7) 참고.

112) "雪上加霜格!", 『釜山新聞』 1946.06.12; "八名完治退院", 『釜山新聞』 1946.06.13. 특히 미군의 정보 기록에서 6월 6일부터 20일까지 거의 매일 하단의 발병 상황을 집계·보고할 정도로, 그 작은 마을의 발병 상황은 당시 미군의 주된 관심사였다. 예컨대 "G-2 P" #231(1946.06.06), 2권, 333쪽 참고.

다.[113] 이것은 6월 중순 초 통계 수치의 변화와 흐름을 같이하는 것이다. 앞에서 보았듯이, 11일자 통계가 전날 통계 대비 환자 100명의 폭증을 보여주었는데, 13일자 통계는 이틀 전 통계에 비해 70명의 환자 증가라는, 환자 규모의 증폭 정도가 6월 중순에 완화되고 있었음을 시사한다. 증폭 정도의 완화는 13일자 통계에 비해서 오히려 발명·사망 규모가 축소된 15일 통계에서도 나타난다. 그렇다 한다면, 6월 중순 이후 부산 지역 발병 규모는 경향적으로 축소되고 있었다고 할 수 있으며, 그 경향은 6월 하순에 실증된다.

6월 하순 부산 지역의 콜레라 발병세는 '약화'하였다. 6월 18일자 『釜山新聞』은 부산 시내 목도와 시외 인근 지역인 괴정, 또 하단 등지에서 "다수의환자가발생"해 "주민의공포심"을 낳았다고 한다. 하지만, 곧바로 그 신문 기사는 "작금양일간에그발생상태가 다행이진압"되어 "젠[(全)]시 내에도[콜레라 발병이]산만적[(散漫的)]으로 발생하나대부분은호전"되었다고 평한다.[114] 이러한 기자 평(評)은 "부산부내[(府內)]는날로 감소하여 가는경향"에 있다고 하는, 25일자 경남 방역위원회 발표에 의해 공식적으로 확인되었다.[115]

6월 하순 지역 내 발병 감소 경향은 미군정 당국의 부산 지역 방역 조치 '해제'에 의해서도 간접적으로 확인된다. 6월 하순 미군 당국은 부산에 파견되어 '콜레라 감염 지대 주위의 방역선 경계 업무(sanitary cordon)'에 종사하던 남조선경비대원들을 그 업무로부터 "해제"하였다.[116] 이와 함께 경남 방역본부 역시 5월 21일부터 부평정과 항정, 그리고 식민지 시기 일

---

113) "患者町別統計", 『釜山新聞』 1946.06.18.
114) "犧牲者二百名突破, 昨今散漫의으로 發生", 『釜山新聞』 1946.06.18.
115) "虎疫脅威漸減 아즉도放心은못한다", 『釜山新聞』 1946.06.25.
116) HQ USAFIK, "G-2 P" No. 241(1946.06.21), 2권, p. 432.

본인 부촌이었던 남(南)부민정, 또 이와 접해 있는 대신정과 보수정에 대해 실시하고 있던 '교통 차단'을 6월 25일부터 해제하였다.[117]

6월 하순 각종 방역 조치의 해제에서 간접적으로 표현된 부산 지역 발병세 약화는 신문 기사에서 직접적으로 표현된다. 예컨대『自由新聞』 1946년 6월 27일자 기사는 "교통차단구역도 차차로 해제"될 정도로 "釜山 지방만은 이즘*요즘[콜레라의]숨이 죽어가는 모양"이라고 평가하였다.[118] 그리고 7월 5일자『自由新聞』과『中外新報』는 "그동안 부산과대전에 출장중이던 보건후생부차장 김명선박사"의 "삼십일 귀임[(歸任)]"의 동정을 보도하면서 그의 입을 빌어 "부산의방역은 극히양호"하며, "시내에는 환자발생이 격감하고 잇고 근방에서 [환자가] 약간발생"하고 있다고 보도하였다.[119] 이처럼 부산 지역은 6월 하순 이후 콜레라 발병세가 약화하면서 신규 콜레라 발병 규모 역시 축소되고 있었다.

부산 지역에서의 콜레라 발병세 변화는 그 발병세의 전국적 비교에서도 확인된다. 5월에 콜레라 발병이 시작된 부산 지역에는 그달의 전국적 발병 통계에서 "가장 발병자 수가 많"았다. 예컨대, 부산을 제외한 남조선 지역 전체에서 누적 환자 40여 명이 발생해 그중 23명이 사망하였던 5월 24일에 부산은 "41명 발생 14명 사망"의 기록으로 남조선에서 '가장 많은 발병자와 사망자'를 가졌다.[120] 남조선에서 제일 악성이었던 부산의 상대적 발병세가 6월 초순, 중순까지, 정확하게는 6월 14일 현재에까

---

117) "호열자 遂 상륙? 진성으로 인정 방역대책",『釜山新聞』1946.05.23, 김정란,「경계, 침입, 그리고 배제」, 17쪽 재인용; "遮斷解除區域",『釜山新聞』1946.06.25. 부민정의 식민지 시기 약사는 https://namu. wiki/w/%EB%B6%80%EB%AF%BC%EB%8F%99(검색일: 2023.07.07) 참고.

118) "장마속에氣勢어더 虎疫患者날로增加: 激甚한곳은東津江邊과大邱",『自由新聞』1946.06.27.

119) "南鮮患者三千名",『自由新聞』1946.07.05; "장마後猖獗하는虎疫: 患者는二千二百名 千餘名死亡",『中外新報』1946.07.05.

120) "各地로蔓延하는『호열자』!: 現在州*三十名死亡, 48名이發生",『東亞日報』1946.05.25.

지 이어져, 부산은 '전국의 35개 환자 발생 지역 중에서 환자와 사망자 발생 제1위'의 위치를 점하였다.[121] 더구나 다음 표에서 보이듯, 부산의 환자 발생 규모는 여타 지역과 비교 불가의 것이었다.

〈표 1〉 1946년 5월 24일 현재 지역별 콜레라 환자 발생 규모

구분	부산	대전	인천	양주	마산	강화
환자	41	3	1	1	1	1
사망자	14	2	1	1	1	1

출처: "各地로蔓延하는『虎列者』!",『東亞日報』1946. 5. 25).

그렇지만, 5월 말에 보여준 부산의 비교 불가의 콜레라 발병 규모는 특히 6월 하순의 "二十年來처음보는" 대홍수 이후 변화된다.[122] 그 홍수는 전국적인 수해와 수재를 가져왔을 뿐만 아니라 수인성(水因性) 전염병인 콜레라 발병세 또한 악화시켰다. 7월 2일자 신문 기사에 따르면, "수일에걸쳐 퍼붓는장마를타고 [콜레라가] 터져나올듯 만연"하여, "지난 [6월]二十일현재보다 五할의환자가 증가발생"하고 있었다.[123] 이러한 상황이, 특히 경북 대구, 영천 지역과 전북 정읍, 김제, 부안 등에서 여실하게 나타나, 그 지역들은 적지 않은 홍수 피해와 함께 콜레라 '폭증' 상황에도 직면해야 했다.[124]

---

121) "虎列刺猖獗: 患者二百五十六名; 六日發表",『朝鮮日報』1946.06.07; "虎疫에百七十死亡: 防疫에市民은힘쓰자",『東亞日報』1946.06.15.

122) "水害와虎疫: 朝鮮再建努力의大支障; 二割의流失로平年作의六十%; 穀價는昨年보다二百%나騰貴; 虎疫發生千餘名死亡六百五十; 맥將軍月例報告에나타난三災八難의朝鮮事情",『大衆日報』1946.08.26.

123) "장마뒤虎疫猛威: 더욱攝生에注意喫緊",『서울신문』1946.07.02. 참고로 수재와 콜레라 만연의 상관성은 북조선 지역에서도 확인되는데, 이것은 김진혁,「북한의 위생방역제도 구축과 인민의식의 형성(1946~1950)」, 258~259쪽 참고.

124) 임종명,「1946년 전라북도 지역 콜레라 만연」, 244~245쪽.

하지만, 부산의 당시 강우량은 "대개 백 미리 이하 정도"로서 여타 지역과 비교할 때 그리 많지 않은 것이었다. 예컨대, "[6월] 20일부터 내리기 시작"한 "폭우"로 인해 26일 경기도 수원의 강우량이 426 밀리미터(mm)였던 반면에 남부 지방에서는 비가 '6월 15일부터 내리기 시작했음'에도 불구하고 부산 지역의 26일 강우량은 66mm였다.[125] 이로 말미암아 "호우로인한 부산내의피해는 비교적적은편"이었고, 이런 상황에서 부산 지역의 콜레라 발병세 역시 당시 홍수로 큰 수해를 입은 남조선 여타 지역의 그것에 비해 상대적으로 '둔화'하였다.[126] 이처럼 대홍수 시기, 부산의 상대적으로 미약한 강우는 콜레라 발병의 상대적 약화에 이바지했다.

그런데 부산 지역 콜레라 발병세의 상대적 둔화가 단순히 홍수와 같은 자연재해의 상대적 약화라는 자연 현상의 결과만은 아니었다. 그것은 콜레라 발병 직후 부산 지역에 대한 미군정 당국의 집중적 방역 조치로 말미암은 것이기도 했다. 앞에서 지적한 바와 같이, 콜레라 유행은 미군정의 지배·통치의 정당성을 위협하였다. 또, 콜레라 등 전염병 발생은 자신의 동아시아 지역 패권 수립이라는 관점에서 미국이 강력하게 추진하던 송환 정책을 지연시키는, '일종의 교란 요인'이기도 했다.

이를 실증하려는 듯이, 전염병 발생은 조선인의 조선 송환을 지연시켰다. 예컨대, 5월 하순 초 광복군 참모장 이범석과 그 일행 480명, 또 "[일반]戰災民" 모두 합해 1,900명은 다섯 척의 배를 나눠 타고 상하이를 출발해 5월 26일 부산항에 입항해 선상에서 검역까지 받았다. 그렇지만

125) "各地方雨量", 『서울신문』 1946.06.27; "擴大되는 水害詳報: 二萬七百餘町步가浸水", 『釜山新聞』 1946.07.02; "南朝鮮一帶의洪水被害는擴大", 『水産經濟新聞』 1946.06.27.
126) "府內水害僅少 府內被害者救濟", 『釜山新聞』 1946.07.02.

그들이 상륙하려던 차에, 그들에 앞서 부산항에 도착해 있던 송환선에서 콜레라가 발생하였다. 이에 이범석 등이 탄 배들은 6월 2일 부산항을 출발해 인천으로 회항하게 되어 3일 오후에야 인천항에 착항(着港)하게 되었다.[127] 그렇지만 5일에 하선 중이던 일부 송환자에게 콜레라가 발병하자 이미 상륙했던 송환자는 물론이고 광복군까지 다시 선상에 격리되었다. 그리고 발병 병원체(病原體)의 콜레라균 여부 판정 목적의 "검[(檢)]便"이 실행되는 한편 "光復군(軍)]以下 全乘客"의 "完全검역"을 위해 그들 모두의 상륙이 "약三日" 지체되는 일이 발생하였다.[128] 이처럼, 부산에서의 콜레라 발병은 부산항에서 검역 조치를 받는 등 하선 준비가 완료된 송환선조차 인천으로 회항케 하면서 미국의 조선인 송환 작업과 송환자의 조선 땅 상륙을 지체시켰다.[129]

---

127) "李範錫將軍과갓치 光復軍五百歸國", 『朝鮮日報』1946.06.05; "光復軍은五日上陸: 一般同胞檢疫으로遲延", 『漢城日報』1946.06.07; "上海同胞歸還船: 今明間仁川入港", 『서울신문』1946.06.05; "回航歸還船에 眞性虎疫患者", 『서울신문』1946.06.07. 앞의 자료들에서 상하이발 송환선의 부산 도착 일자가 5월 26일, 29일로 상이하다. 그런데 당시 선상 검역의 소요 일자에 유의하여, 본 논문은 그 송환선의 도착 일자가 5월 26일이라고 판단하였다.

128) "光復軍은五日上陸", 『漢城日報』1946.06.07; "戰災民船에虎疫患者가發生", 『工業新聞』1946.06.08. 덧붙이면, 7일자의 앞 기사는 광복군 일행이 다시 선상에 격리된 일반 송환객과 분리되어 하선하였다고 전하지만, 8일자의 뒤 기사는 광복군 일행 또한 일반 송환객과 함께 다시 선상에서 격리되었다고 전한다. 또한, 앞 기사는 다시 선상 격리된 이들이 "일주일후에나 상륙할 예정"이라고 한 반면에 후자 기사는 그들이 '약 3일간' 상륙이 지체될 것이라고 전한다. 이들 상충하는 정보 중에서 하루 늦게 제공된 후자 정보에 의거하여 본문은 기술되었다.

129) 송환 작업 지체 현상은 관련 자료에서 어렵지 않게 확인되는데, 예컨대, 배흥직, "[68년전 歸國船(귀국선) 일기] 裵興稷(배흥직) 목사, 8·15 귀국비화 감동", 『Economy talk News』, 2014.09.18. https://www.economytalk.kr/news/articleView.html?idxno=125570(검색일: 2023.07.29) 본문의 사실은 허병식의 진술을 떠올리게 한다. 그는 1946년 조선반도 지역에서의 콜레라가 "귀환하고 월경하는 민족의 이동에 결정적인 장애로 작동하였다."라고 하였다(허병식, 「감염병과 주권의 재영토화」, 320, 328~329쪽). 이는 콜레라가 미국의 패권적 성격의 송환 정책 추진을 교란하는 동시에 전후 '제국의 시대로부터 민족의 시대'로의 이행 과정에 이루어지고 있던 '월경적(越境的)인 인구이동'을 막는 '장애물'로 기능했음을 시사한다.

이러한 상황에서 미군정은 1946년 5월 중·하순 부산 지역에서 콜레라가 발병하자 각종 인적·물적 자원을 동원하였다. 먼저, 5월 20일 경 부산 시내에서 "콜레라 의심환자가 네 명이 발생"해 그들 모두 "당일 사망"하자, 부산시 방역과는 바로 다음날 "경찰의 협력 하에서 환자 발생지역 주변의 교통을 차단하고 소독을 대대적으로 실시"했다.130) 또한, 미군정 당국은 5월 24일 군정청 보건후생부 예방국장으로 방역본부에서 관련 업무를 추진하던 최영태를 항공편으로 부산에 파견, "동지[(同地) *부산 지역]의 실정을 세밀히 조사"하도록 하였다.131) 그리고 최영태는 "부산항에는 아직 상륙(上陸)자에 대한 검변[(檢便)]이 업서 철저한 방역을 기할 수 업"는 상황에서 "철저한 항만검역을 실시"할 것을 강조하였다. 또 군정청 운수부 해사국은 "격리병실(隔離病室) 등 의료시설도 완비"된 "전[(前)] 의일본병원선一척을 귀환동포의 병원선으로 부산(釜山)항내에서 사용"하기로 하고, 또 "전염병예방책"으로 "귀환선박의 검역(檢疫)과 예방주사를 매일 시행"하기로 했다.132) 방역 자원의 집중적 투입은 6월에도 이어졌다. 그때, 예컨대, 6월에 군정 당국은 100명 이상의 의사와 의대생을 부산에 파견해 미군 의무 장교의 조력 하에 부산 주민 40만 명에게 콜레라 백신을 접종하였다. 이와 함께, 군정 당국은 우물을 봉쇄하는 대신 미군

---

130) "호열자 遂 상륙?", 『釜山新聞』 1946.05.23, 김정란, 「경계, 침입, 그리고 배제」, 17쪽 재인용.

131) "豫防醫局長 空路로釜山向發", 『東亞日報』 1946.05.25; "南朝鮮에蔓延狀態: 虎疫, 淸道, 木浦, 大田에 新發生", 『中央新聞』 1946.05.30. 덧붙이면 최영태는 세브란스 의전 교수 출신으로 기용숙과 함께 미군정 내 조선인 방역 전문가로 활동하였다. 최영태 등 조선인 방역 전문가에 관해서는 여인석, 「미군정기와 정부수립기」, 5~6쪽; 김우정, 「1946년 콜레라 유행과 미군정의 방역 정책」, 12~13쪽 참고. 그리고 미군정 시기 "보건조직 개편과 방역대책"에 대해서는 김우정, 위의 논문, 7~14쪽 참고.

132) "四十四名中卅*二十七名이 眞性, 釜山虎列剌患者發生狀況", 『中央新聞』 1946.05.26; "歸還船에 檢疫: 隔離病室도施設", 『中央新聞』 1946. 05.26.

급수장의 물을 공급'하였다.[133] 이처럼 5월 하순 콜레라가 발병하자 미군정 당국은 각종 방역 조치를 실행하였다.

그리고 미군정 당국은 부산 내·외의 봉쇄 조치 또한 함께 실행하였다. 군정 당국은 5월 말 미군의 부산 출입을 불허하는 한편 '대부분 조선인으로 구성된 23개 방역팀을 부산에 파견해 부산 전체에 방역선(防疫線)을 쳐 지역 내외의 육상 교통을 차단'하였다.[134] 또한, 미군정 당국은, 앞에서 보았던 바와 같이, 부산 시내의 부평정과 항정, 남(南)부민정과 대신정, 보수정에 대한 '교통을 차단'하였다. 나아가, 군정 당국은 6월 초 부산항을 폐쇄하고 송환선도 인천 등으로 회항(回航)시키는 한편 부산과 여타 지역의 해상 교통 자체도 금지하였다. 즉, 부산의 항만 감독관은 6월 10일부터 "호열자관계로남조선연안선(沿岸線)의여객선급(及)]화물선의출항을일체금지"하였다. 비록 13일부터는 "엄중검역과선박청소"를 전제 조건으로 해서 "여수(麗水)행[여객선]"을 제외한 '여객선의 출항이 허락되었지만, 화물선 출항은 계속해서 금지'되었다.[135] 이러한 속에서 부산과 남해 연안 지역을 연결하는 해상 교통이 중지되면서 그 지역

---

133) GHQ, USAFPAC, *Summation* No 9(1946.06), pp. 11, 71. 본문의 부산 백신 접종은 1946년 9월 현재 40여만 명이었던 부산 주민 중 거의 100%에 가까운 것이었다. 미군정청 보건후생부 생정국(生政局)(Bureau of Vital Statistics, Department of Public Health and Welfare), 『南朝鮮(三八度以南) 地域及性別現住人口: 一九四六年九月現在』, 군정청, 1946, 45, 56쪽. 미군정의 방역 대책에서 '접종'의 의미와 그 실제 조치, 나아가 그것의 제한성 내지는 문제점은 김우정, 「1946년 콜레라 유행과 미군정의 방역 정책」, 9~14, 20, 27~28쪽 참고. 덧붙이면, 미군정 당국의 방역 조치와 그 의미에 관한 구체적 논의는 이후 「1946년 미군정의 콜레라 방역과, 방역 조치의 국가·사회적 의미」(가제)에서 논의될 것이다.

134) GHQ, USAFPAC, *Summation* No 8(1946.05), pp. 9, 80.

135) 「出港禁止解除: 沿岸旅客船에限해」, 『釜山日報』 1946.06.13. 여수행 여객선의 출항 금지 지속은 뒤에서 볼 여수에서의 발병 사례와 관련된 것이다(임종명, 「1946년 전라북도 지역 콜레라 만연」, 144~145쪽). 덧붙이면 부산항의 재운영은 부산 지역에서 "콜레라가 수그러" 들었던 8월부터 이루어졌다(최영호, 「해방 직후 부산경남지역의 귀환자 원호체계와 원호활동」, 42쪽).

들의 상호 교류가 차단되고 그 지역들 역시 상호 격리·봉쇄되었다. 이러한 것들은 당시 전국적인 콜레라 병원지(病源地)로 기능하고 있었던 부산에 대해 미군정 당국이 자신의 인적·물적, 유·무형의 방역 자원을 집중적으로 투입해 '민첩하게' 방역 활동을 전개했음을 보여준다.[136]

미군정 당국의 방역 활동과 조선인들의 협력으로 6월 하순 이후 부산 지역의 절대적·상대적 발병세는 약화하였다. 즉, "방역당국의 필사의노력과 一반국민의 협력으로 [방역 작업이] 착착실효[(實效)]를거두고잇"어 "임이[*이미]釜山지방은 환자가 차차주러들어 [부평정과 항정 등] 교통차단한 구역도 해제하는곳이 만[*많]"았다. 나아가, 앞에서 보았듯이, 6월 하순에는 부산 지역 방역 업무에 동원되었던 남조선경비대원들 역시 그 업무로부터 '해제'되었다. 이처럼 6월 하순 이후 부산의 발병 자체가 절대적으로 감소하면서, 남조선 내 지역별 환자 규모에서 부산이 차지하는 위상 또한 변화하였다.[137]

그렇지만 6월 하순 이후 콜레라 발병세 약화를 낳은 미군정 당국의 집중적 방역 조치는 부산 지역민의 '희생'을 요구하는 것이기도 했다. 기본적으로 부산 내·외의 차단과 격리, 그리고 해당 지역의 봉쇄는 부산 지역민만이 아니라 남해 연안 지역민의 경제 활동과, 심지어 식생활 등 일상생활을 위협하는 것이었다.[138] 이와 함께, 차단과 격리, 봉쇄를 주안으로 하는 방역 대책 실행은 부산 지역민의 식량 문제를 격화시켰다.[139] 이러한 것은 이미 5월 말 신문 지상에서 확인된다. 예컨대 "교통

---

136) "南鮮患者三千名", 『自由新聞』 1946.07.05; "장마後猖獗하는虎疫", 『中外新報』 1946.07.05.

137) "全北地方의虎疫患者: 豫防으로減少되는中", 『自由新聞』 1946.07.09.

138) 예컨대, "'魔의船'海上에停船防疫實施中; 保健厚生部長 全道民에警告; 接客業者에 指示", 『釜山新聞』 1946.05.07; "近海漁獲을禁止: 釜山沿岸서잡은生鮮먹지말라", 『釜山新聞』 1946.05.08 참고.

차단의 첫 번째 대상이 된 부산 초량'의 "주민들"은 "감시가 소홀한 밤이나 새벽을 이용하여 식량을 구하기 위해 타지역으로 넘어가기도" 하면서, "콜레라가 외부로 퍼져 나갈 위험이 더욱 커졌"을 정도였다.[140] 이처럼 봉쇄 위주의 방역 대책은 콜레라 확산이라는 예상 밖의 결과를 낳을 정도로 봉쇄지구 주민의 식량 문제 악화를 낳았다.

봉쇄 위주의 방역 대책 실시 속에서 심화한 식량난은 미군정 엘리트에 의해서도 의식된다. 예컨대, 5월 하순 서울에서 파견되어 "부산항 방역진 선두에서 二주일동안 방역에 활약"했던 최영태는 6월 8일 서울로 돌아와서 기자 앞에서 "가장곤란한것은식량배급이원활치못한것"이라고 이야기하였다.[141] 그의 이야기는 부산 지역 내 콜레라가 확산되고 있던 6월 초순에 이미 식량 문제의 심각성이 방역 당국자에 의해서도 의식되고 있었음을 보여준다. 실제로 부산 지역 내 콜레라 발병·확산 초기였던 6월 초 '광범위한 엄격한 차단 구역 설정으로 인한 식량난 문제'가 제기되었다. 즉, 부산에서는 "교통차단구역의범위가너무나넓은관계로식량을획득할려고경계선을탈퇴하여도로혀[*도리어]폐해가많"다고 하는 문제

139) 인간의 삶과 활동이라는 측면에서 방역 정책이 가지고 있는 함의와 관련해서 허병식의 진술은 시사적이다. 그는 "위생이란 식민지 주민의 일상생활이나 사회활동과 밀접한 권력을 지닌 것"이라고 진술한 후 1945년 9월 미군정의 위생국 설치는 "새로이 등장한 지배권력으로서의 미군정청이 새로이 수립하고자 한 일상의 질서"를 보여준다고 평(評)하였다. 또한 그는 '콜레라를 통제하고 관리하려는 생명 권력의 변화하고 이동하는 양상'의 검토라는 문제의식에서 미군정의 콜레라 방역 과정을 살펴보고자 하였다(허병식, 「감염병과 주권의 재영토화」, 321, 335쪽). 이것들은 차단·격리·봉쇄 중심의 방역 대책의 의미화에 있어서도 시사적이다. 즉, 미군정의 방역 대책 역시 "한국인들의 삶과 죽음을 관리하는 생명정치"를 행하면서 스스로를 생체권력화하는 한편 전후 미국의 헤게모니 하에서 남조선 사람들의 일상의 질서를 구축하면서 대중을 규율적 주체로 구성하고자 한 것이라고 할 수 있다(허병식, 위의 논문, 336쪽).

140) "怪疾遮斷區에 쌀難 對策업시는 鐵壁은 虛言", 『민주중보』 1946.05.29, 김정란, 「경계, 침입, 그리고 배제」, 23쪽 재인용.

141) "問題는食糧", 『自由新聞』 1946.06.11.

가 제기되었다. 이러한 상황에서 경남 군정 장관 펜톤은 "교통차구역
내의 주민에게식양[*식량]을공급할려고전남(全南)등지에서미곡을의[*이
(移)?]입한다고언명"해야 했다.[142] 이처럼, 6월 상순 부산 지역에서는 콜
레라 방역 조치의 일환으로 실행된 지역 봉쇄로 인한 식량 문제가 심각
하였다.

부산 지역의 식량 문제는 6월 중·하순의 홍수를 계기로 하여 7월에
더욱 악화하였다. 6월 초 "차단구역"에서 "주민들이열(列)을지어" "식양[*
식량]공급을받"기도 했지만, 그러한 경우는 "표면적으로─부에한한것"이
었고, 오히려 "전연[식량]공급을받지않은사람이많"았다.[143] 이러한 상황
은 춘궁기(春窮期)의 식량 문제를 악화시켰다. "당시 부산은 경남 도내
에서 반입되는 쌀로는 전체 소비량을 감당할 수 없었고 주로 호남지역
의 쌀을 열차편으로 운송하여 충당하고 있었으나 콜레라로 [정확하게는
지역 봉쇄와 교통통제로] 인한 교통두절로 쌀의 부산 반입이 이루어지지
않았"다. 이것은 "콜레라는[*가] 부산의 쌀값을 전국 최고로 만드는 데 결
정적인 계기로 작용"했음을 이야기하는 것이다.[144] 여기에 더하여, 앞에
서 보았던 6월 중·하순 홍수로 "[전라도 곡창지대로의]主要各地의交通
이杜絕"되어 "식량을가져올길이막힌四十만부산시민은생활상중대문제에
봉착"하였다.[145] 이처럼, 5월 중순 이래 콜레라로 인해 교통이 차단되고
6월 중·하순의 수해로 말미암아 양도(糧道)가 막히면서 부산 지역민의
식량 문제는 더욱 악화하게 되었다.

142) "愛國熱로麥類收集에", 『釜山日報』 1946.06.13.

143) "愛國熱로麥類收集에", 『釜山日報』 1946.06.13.

144) 배석만, 「미군정기 부산항과 도시민 생활」, 284쪽.

145) "釜山에서食糧騷動", 『東光新聞』 1946.07.13; "마침네 港都의 饑餓聲爆發! 一縷의 糧
道求한 高喊! 爲政者는 무엇하나", 『민주중보』 1946.07.07, 김정란, 「경계, 침입, 그리
고 배게」, 23쪽 재인용.

6월 말 식량 문제의 악화를 배경으로 하여 7월에는 대구와 부산에서 심지어 '쌀 소동'까지 일어났다. 당시 대구 등지에서, "食糧難이尤甚하야 騷亂한悲劇을일우키고잇"던 상황에서 6일 오전 9시 30분경 부산에서는 "約三千市民"이 "부청[(府廳)]에 쇄도"해 "市廳을包圍"하고 "쌀을달라 또는 교통차단을하게한 도령[(道令)]제七호를 철폐하라"라고 요구하면서 "부청 건물의 유리 20여 장을 깼"다. "눈물업시는보지못하"는, 그 "悲慘한光景" 앞에서 미군정 경남 도(道)장관은 "八일부터 쌀을배급해주고 도령제七호도완화하겟스니 해산하라"라고 "요구"하였다.[146] 그런데 이 과정에서 도(道) 군정 당국은 "무장경관과무장장갑차 소방자동차등을 동원"하고, "결국 소방자동차가 물을샐려 十一시경에겨워[시민들을]해산"하였다.[147] 이러한 '비참한 광경'의 서사에서 주목되는 것은 '콜레라 방역 대책의 일환으로 공포·실행되었던 도령 7호 철폐'가 '강조'되었다는 점이다.

'도령 7호 철폐'의 강조는, 현재 논의의 맥락에서는, 미군정의 방역 정

---

146) "釜山에食糧騷動", 『서울신문』 1946.07.09. '부청에 쇄도한 사람들'의 규모와 관련해서, 7월 9일자 『서울신문』 기사가 "굶주린시민약五百여명"이라고 한 것에 반해 7월 13일자 『東光新聞』 기사는 '약 3,000명'이라고 표현하고 있다. 본문 진술은 발간 일자가 늦은 후자 기사를 전거로 하였다. 그런데, 경상남도 도장관이 다른 자료들에선 "펜톤"으로 기입되어 있는데 반해 앞의 자료에서는 "렝톤"으로 표기되어 있다. 이것은 오식(誤植)이라고 판단된다. 문제는 펜톤과 렝톤 모두 미군정 자료에서 확인되지 않는 반면 '주한미군사'(HUSAFIK)의 '경상남도' 소개에서는 1946년 4월 23일 현재 미군정 도장관이 질레트(Francis E. Gillette)로 기록되어 있다는 점이다(https://db.history.go.kr/item/level.do?setId=4&totalCount=4&itemId=husa&synonym=off&chinessChar=on&page=1&pre_page=1&brokerPagingInfo=&types=r&searchSubjectClass=&position=1&levelId=husa_003r_0030_0070&searchKeywordType=BI&searchKeywordMethod=EQ&searchKeyword=%EC%A7%88%EB%A0%88%ED%8A%B8&searchKeywordConjunction=AND (검색일: 2023.07.01)). 이에 유의하여, 1946년 콜레라 사태 시 미군정 경남도 장관의 신원(身元)은 추후 자료적으로 확인될 필요가 있다.

147) "釜山에食糧騷動", 『서울신문』 1946.07.09. 이때 부산의 정(町)회장들 역시 "시민의 생활을편히못하는이상 정[(町)]회장으로서잇슬수업다 하여 총사직을결의"하였고, 또 "부산식량대책위원회에서는 비상미[(米)]배급요구등 七조의요구를경남도지사에게 제출"하였다(「釜山에食糧騷動", 『서울신문』 1946.07.09).

책이 가진 문제성을 암시하는 것이었다. 즉, 도령 7호 철폐의 이슈(issue) 화는, 앞에서 언급했던, 6월 말 전후 부산에서의 콜레라 발병세 둔화에 '일조(一助)'하였던 격리·봉쇄 등 군정 당국의 방역 대책이 "굶주린시민" 을 낳았던 직접적 원인이었음을, 또 부산 시민의 굶주림 위에서 7월 초 전후 콜레라 발병세 약화가 있었음을 시사하는 것이다. 그렇다면, '육말 칠초'(六末七初) 부산의 발병세 약화는 그곳 지역민의 희생에 기초한 것 이라고 할 수 있다.[148] 이에 유의하면서, 다음으로는 부산 지역에서 발생 한 콜레라가 그 바깥의 경남 지역으로 확산하는 과정을 살펴보도록 하자.

IV. 경상남도 군부(郡部) 지역의 콜레라 만연

먼저, 부산과 여객선 항로로 이어진 항구 도시 마산에서는 5월 20일을 "전후"하여 콜레라 환자 1명 발생이 보고되었다.[149] 이는 마산이 경남 지 역에서뿐만 아니라 전국적으로도 초기 콜레라 발병 지역이었음을 보여 준다. 이와 관련해서 시사적인 것은 여수 지역 발병 사례이다. 당시 여 수에서는 부산항을 출발해 마산항을 경유하는 여객선 승객들에게서 콜 레라가 발병하였다.[150] 이것은 마산이 여객선 항로로 부산과 연결되어

---

148) 덧붙이면, 봉쇄 위주의 방역 대책이 초래한 식량 문제가 부산 지역민의 것만은 아니 었다. 그것은 경남 합천이나 울산 등지의 주민의 것이기도 했다. 이러한 상황에서 식량 문제는 기아민의 일본 밀항을 부채질하기까지 하였다. 김정란, 「경계, 침입, 그 리고 배제」, 22~23쪽.

149) "十七名은絶命: 虎列剌各地서더蔓延", 『自由新聞』 1946.05.25; "各地로蔓延하는『호열 자』", 『東亞日報』 1946.05.25.

150) 임종명, 「1946년 전남·제주 지역의 콜레라 발병세」, 144~145쪽.

부산발 여행객들의 행선지이거나 경유지로 기능하였음을 보여준다. 이와 같은 해운 교통 체계상의 위치로 말미암아 마산은 경남이나 남해안 지역에서만이 아니라 전국적으로도 초기 발병지가 되었다.

경남 지역에서의 초기 발병 사례는 부산과 접하여 그곳과의 인적 왕래가 활발한 김해에서도 목격된다. 즉 김해군 진례면(進禮面)에서는 "지난5월]십五일경에 중국방면에서 귀환한동포一명이 지난二십五일에 호열자로사망한것이 판명"되고 "그후 三십일현재로 그이웃에서二명의 환자가발생"하였다.[151] 이것은 부산에서만이 아니라 김해 지역에서도 송 환자에게 콜레라가 발병해 그것이 지역 내로 확산하는 모습을 보여준다. 이처럼 경남 지역 내 초기 콜레라 발병 지역이었던 김해와 마산 지역은 5월 말 현재 부산을 제외한 경남 지역 내 발병·전염의 중심지였고 이러한 상황은 6월에 들어서서도 계속되었다.[152]

6월에 들어와서 주목되는 것은 콜레라가 경남 도내, 특히 내륙 지역으로 확대되었다는 점이다. 예컨대 경남 내륙 지역이라 할 수 있는 창녕 지역에서의 콜레라 발생이 보도된 것에서처럼, 6월 들어 콜레라는 경남 내륙 지역으로 확산하였다. 이에 따라 경남 지역에서는 "부산을필두로 도내[(道內)]전지역에 [호열자가] 만연[(蔓延)]발생"해 콜레라 환자도 "매일 증가"하였다. 6월 들어 콜레라가 경남 내륙 지역으로 확산하면서, 경남은 '군정청 방역본부의 6월 3일 도 단위 통계'에서 차위(次位)를 점하였던 전라남도의 발병세, 즉 환자 18명, 유사환자 10명, 사망자 6명과 현격한 차이를 보이는 각각 147명, 46명, 41명의 기록으로 각종 발병세 지표에서 수위(首位)를—물론, 대단히 안타깝게도— 점하였다[153]

---

151) "金海郡內에도二名", 『서울신문』 1946.06.08.

152) "全道에蔓延하는虎疫, 防疫陣無色·馬山金海에患者", 『釜山新聞』 1946.06.01.

153) "昌寧에도虎疫, 道內患者發生二百名突破", 『釜山新聞』 1946.06.05.

때때로 경남 지역의 발병세에 부침이 있긴 했지만, 이후에도 그 지역에서는 콜레라가 계속해서 창궐했다.[154] 6월 10일 현재 부산 인근의, 낙동강 삼각주의 김해, 그리고 마산과 그곳에 연한 함안, 나아가 경남 내륙의 중심 도시인 진주에서도 각각 1명과 1명, 또 10명과 1명의 콜레라 환자·사망자 발생이 보고되었다.[155] 또, 6월 중순 부산 인접 지역이자 낙동강 연안 포구로서 부산과 적지 않은 인구 왕래가 있었던 동래 구포(龜浦) 지역에서 "보균자"가 보고되었다.[156]

이처럼 남해 연안과 낙동강 유역 지역으로 확산한 콜레라 발병 사태는 경남 내륙 지역으로도 확산한다. 6월 10일 현재 부산과 부산항만 지역을 "필두"로 김해, 마산, 함안, 진주, 동래, 창원, 고성, 통영, 진해 등 경남 거의 전 지역에서 총 294명의 콜레라 환자와 121명의 사망자의, 더욱이 "可恐"할 "死亡率五〇%"의 "猖獗"이 있었다.[157] 또 대략 보름 후인 6월 25일 부산에서의 환자 361명을 필두로 경남 도내 밀양, 김해, 울산, 마산, 창원, 고성, 통영, 함안, 창녕, 진주, 하동 등지에서 합계 550명의 콜레라 환자 발생이 보고되었다.[158]

6월의 발병세에서 주목되는 것은 경남 지역 내 발병 중심지의 변화이다. 마산은, 앞에서 보았던 바와 같이, 5월 하순 경남 도내에서뿐만 아니라 전국적으로도 초기 콜레라 발병지였다. 하지만, 앞의 6월 10일 현재 콜레라 환자 1명 발생에서처럼, 6월 들어 마산은 미약한 발병세를 보인

---

154) "虎疫脅威漸減 아즉도 放心은못한다", 『釜山新聞』 1946. 6. 25; "虎疫攻勢弱化", 『釜山新聞』 1946.07.09.

155) "各地에死亡者續出: 虎列剌濟州島에까지侵入", 『東亞日報』 1946.06.11.

156) "地方通信: 虎菌龜浦에 浸入", 『釜山新聞』 1946.06.19.

157) "虎疫全道에猖獗, 可恐! 死亡率五〇%", 『釜山新聞』 1946.06.12. 본문의 진해 사례 진술은 미군 정보 보고를 전거로 하여 이루어졌는데, 그에 따르면, 진해에서는 6월 하순에 집중적으로 콜레라 환자가 발생했다. 예컨대 "G-2 P" #255(1946.06.30), 2권, 386쪽 참고.

158) "五百五十名: 道內虎疫統計", 『釜山新聞』 1946.06.27.

다. 물론 이러한 발병세는 6월 말에 변화가 있었다. 즉, 미군 정보 기록에 따르면, 6월 28일 현재 마산에서는 다수의 환자와 사망자, 즉 각각 22명과 10명이 발생했다. 그렇지만, 마산의 28일자 발병세는 29일자 김해의 발병세(환자 71명, 사망자 28명)와 적지 않은 차이를 보인다.[159] 여기에서 시사되듯이, 김해 지역은 6월 들어 비(非)부산 경남 지역 발병의 새로운 중심지로 등장했다. 즉, 6월 10일 현재 환자 1명의 발생이 보고된 김해에서는 이후 콜레라가 계속 발병해 13일 현재 17명의 환자가 발생해 그중 5명이 사망하였다.[160] 이와 같은 급증세는 6월에 경남 도내 비(非)부산 지역의 발병 중심지 변화가, 그것도 마산 같은 도시 지역에서 김해와 같은 군부(郡府) 지역으로의 변화가 있었음을 보여준다.

변화는 7월에 들어서도 확인되어, 경남 도내에서 콜레라 전염·감염은 "도시보다는농어촌에 날로 증가"하여 갔다.[161] 부산에서 발병해 "대중의생명을 위협"한 콜레라의 '만연'은, 부산과 같은 도시의 경우, 6월 말이래 "방역본부의끊임없는 활동과일반의방역관념의향상"에 의해 '방지'되고 있었다.[162] 이러한 상황은 재조선 미군 사령관 하지(John R. Hodge)가 연합국 최고 사령부에 보낸 16일자 보고에서 나타나 있다. 그것에 따르면, 부산에서는 "[18일 이전] 6일간 단지 10건의 새로운 감염이 보고"되었을 뿐이고, "콜레라 상황이 현재 통제되고 있어 그 도시 대부분 지역에서 격리가 해제"되었다.[163] 하지만 하지 사령관이 '통제'되고 '해제'되고

---

159) "G-2 P" #254(1946.06.29), 2권, 384쪽; "G-2 P" #253(1946.06.28), 2권, 381쪽.

160) "金海郡内도十七名", 『서울신문』 1946.06.16.

161) "虎疫郡서猛威: 道內一日發生二百餘", 『釜山新聞』 1946.07.24.

162) "虎疫郡部로移動: 金海統營은憂慮狀態", 『釜山新聞』 1946.07.02.

163) "Repatriation of Japanese Civilians and Other Foreign Nationals", p. 46, USAFIK, XXIV Corps, G-2, Historical Section, *History of the United States Army Forces in Korea* (HUSAFIK), 457쪽.

있다고 한 지역은 부산 등 도시 지역이었다.

비(非)도시 지역에서는 7월 초에도 콜레라는 '통제'되지 않았다. 즉, "위생시설과 의학진[(醫學陣)]의 충분치 못한 지방*[군부(郡部) 지역]에서 호열자의 여세(餘勢)"는 계속되었다.[164) 예컨대, 부산 지역의 콜레라 사망자가 2명으로 기록되던 7월 초 통영에서는 27명의 환자가 발생하고 9명이 사망하는 등, "통영과 김해지방"은 "憂慮狀態"에 있었다.[165) 여기에서 보이듯, 7월 초 경남 지역의 콜레라 발병 중심지는 도시 지역인 부산에서 김해와 같은 비(非)도시 군부 지역으로 이동했다.

이와 함께, 7월에는 군부 수준에서도 발병 중심지가 변화하였다. 앞에서 보았던 바와 같이, 경남 도내(道內) 군 단위 지역 중 콜레라 발생·전염의 중심지는 낙동강 하구 강변 지역으로 바다에도 연해 있던 김해였다. 이것은 콜레라가 부산 인접 지역으로 확대되는 6월에도 계속되었다. 예컨대, 6월 27일자 기사에서, 경남 지역 전체 발병 규모는 환자 480명에 사망 237명이고, 부산 지역의 그것은 환자 384명에 사망 191명이었다. 따라서 부산을 제외한 경남 지역 전체—마산부와 진주부의 2개 시 지역과 19개 군부 지역—의 발병세는 환자 96명과 사망자 46명이었다. 그때, 김해 지역은 그중 각각 37%와 26%인 환자 36명에 12명 사망이라는 기록을 보여주고 있었다.[166) 또 김해는, 앞에서 보았듯이, 6월까지 경남 도내 주요 발병지였던 마산과 적지 않은 발병세 차이를 보여주면서 김해가 경남 도내 비(非)부산 지역, 특히 군부 지역의 발병 중심지였음을 보여주

---

164) "虎疫郡部로移動", 『釜山新聞』 1946.07.02.

165) "虎疫郡部로移動", 『釜山新聞』 1946.07.02.

166) "장마속에氣勢어더 虎疫患者날로增加", 『自由新聞』 1946.06.27. 덧붙이면, 당시 경남에는 도시 지역으로는 부산부와, 마산부, 그리고 진주부, 군부 지역으로는 진양, 의령, 함안, 창녕, 밀양, 양산, 울산, 동래, 김해, 창원, 통영, 고성, 사천, 남해, 하동, 산청, 함양, 거창, 합천 등 19개 군이 있었다. 미군정청 보건후생부 생정국(生政局), 『南朝鮮(三八度以南) 地域及性別現住人口』, 55~65쪽.

었다. 이처럼, 6월 말 현재 김해는 부산과 함께 경남 도내의 발병 중심지였다.

그런데 경남 도내 주요 발병지는 7월 들어 변화된다. 이와 관련해서 경남 지역의 콜레라 발병 상황을 보여주는 7월 21일의 통계는 시사적이다. 그것에 따르면, 21일 하루 동안 남해의 3명, 사천의 3명, 울산의 2명, 함양의 2명, 동래의 2명, 진주의 17명, 진양의 39명, 하동의 17명, 거창의 3명, 합천의 98명, 의령의 20명 등 총 206명에게서 콜레라가 발병했다.[167] 여기에서 주목되는 것은 이전에 경남 군부 지역의 콜레라 발병 중심지였던 김해 등 낙동강 유역의 지역이나 통영 등 남해 연안 지역 대신 진양과 같은 경남 서부 지역과, 합천과 의령 등 내륙 산지 지역에서 새로이 다수의 발병자가 나타났다는 점이다. 이처럼 7월 중순 전후 경남의 군부 지역 수준에서 콜레라 발병 중심지의 변화가 나타났다. 이러한 변화와 함께, 경남 지역은 7월 24일 현재 '도별 누적 환자와 사망자 통계'에서 환자 1,517명과 사망자 805명의 발생을 보여주었다.[168] 이처럼 7월에는 경남 지역 내 콜레라 발병의 중심지가 도시 지역에서 군부 지역으로, 또 군부 지역 중에서도 그 발병 중심지가 남해 연안과 낙동강 유역 지역에서 경남 서부 지역과 내륙 산지 지역으로 변화하였다.

이와 함께 홍수 직후인 7월에는 남조선 전체 10개 시·도 단위 지역의 발병 규모 비교에서 경남의 상대적 위상 변화 또한 있었다.[169] 7월 1일 현재 경남 지역의 발병세가 환자와 사망자 각각 558명과 293명으로 전국 수위의 기록을 보인 반면에 전북 지역은 각각 529명, 273명, 또 경북 지

---

167) "虎疫郡部서猛威", 『釜山新聞』 1946.07.24.
168) "去益尤甚한虎疫: 十日間에四千名增加", 『釜山新聞』 1946.07.27.
169) 물론, 상대적 발병 규모라는 측면에서 지역별 위상 변화가 콜레라 전염·감염의 문제성 자체를 '무효로 하는' 것은 아니다. 이를 전제로 해서 여기서는 단지 지역적 발병세의 상대적 변화 상황을 보고자 하는 것뿐이다.

역 역시 312명, 191명의 기록을 보여준다.[170] 그런데 이러한 상황은 7월 중순 극적으로 변화된다. 즉, 7월 15일 현재 경북 지역의 발병세가 "가장 격심"해, 그것은 환자 1,596명에 사망자 1,063명의 기록으로 경남 지역의 발병세(각각 942명과 456명)를 '훨씬' 능가하였다.[171] 이는 7월 중순부터 상대적 발병 규모의 수위(首位)가 경남 지역이 아니라 경북 지역에 의해서 점해졌음을 보여준다. 이러한 것은 7월 하순에도 마찬가지였다. 즉 7월 24일 현재 상대적 발병세의 수위는 각각 2,297명, 1,445명의 환자와 사망자 수를 기록한 경북 지역에 의해 점해졌다.

물론, 지역별 발병 규모에서 경남의 상대적 위상 변화가 그 지역의 발병 상황 개선에만 기인한 것은 아니었다. 즉 경남 지역에서는 계속해서 콜레라가 발병하였다. 예컨대 그해 9월 경남에서는 그 전달에 비해서 380명이 증가한 955명의 환자가 발생하였고, 10월에도 경남 지역에서는 389명에게 콜레라가 발병하고 284명이 사망하였다.[172] 이는 가을철에도 적잖은 규모의 콜레라가 경남 지역에서 계속 발병하고 있었음을 보여준다. 그럼에도 불구하고, 홍수 직후 경남 지역에서는, 경북 지역에서와는 달리, '발병세가 다소 약화'하였다.[173] 또 이후, 예컨대 8월에도, 경남에서는 "새로운 환자가 조금 감소"하면서 '소량'이나마 '환자의 양적 감소'가 계속해서 누적되고 있었다.[174]

이와는 반대로, 홍수 직후 발병세가 급속도로 악화한 경북 지역에서는 콜레라 환자 발생이 '폭증세'였다. 이러한 속에서 경남 지역의 발병세

---

170) "虎列剌猖獗尤甚: 群山線等運休慶北12驛下車禁止", 『서울신문』 1946.07.03.

171) "患者五千名突破: 死亡者도近三千名」, 『가정신문』 1946.07.16.

172) GHQ, USAFPAC, *Summation* No 12(1946.09), p. 65; GHQ, USAFPAC, *Summation* No 13(1946.10), p. 75.

173) "The Cholera Epidemic of 1946", p. 32.

174) "The Cholera Epidemic of 1946", p. 33.

약화와 경북 지역 발병세의 악화가 결합하여, 7월 하순에는 경북과 경남 지역이 '전국적 발병 규모의 순위'를 서로 바꾸었다. 그리고 두 지역의 상대적 순위는 가을 찬바람이 불면서 전국적인 수준에서 콜레라가 '뿌리 뽑혔다'(根滅)라고 하는 10월 말까지 계속되었다. 이와 관련해서 '경남 지역 신환자 5명의 발생'을 보고하는 11월 1일자 신문 기사는 시사적이다. 그 기사는 10월 28일 현재 남조선 10개 시·도별 콜레라 발병 통계를 통해 부산을 포함한 경남 지역의 절대적·상대적 발병세를 다음과 같이 보여준다. 즉,[175)]

〈표 2〉 10월 28일 현재 도별 환자와 사망자 누계 및 발병·치명률

시·도	인구	환자	발병률	사망자	치명률
경북	3,178,750	5,153	0.16	4,173	81.0
경남	3,185,832	3,060	0.10	1,535	50.2
전북	2,016,428	2,432	0.12	1,640	67.4
충남	1,909,405	1,438	0.08	651	45.3
경기도	2,486,369	1,232	0.05	775	63.0
전남	2,944,842	777	0.03	442	56.9
제주도	276,148	741	0.27	390	52.6
강원	1,116,836	354	0.032	187	52.9
충북	1,112,894	296	0.027	143	48.3
서울	1,141,766	258	0.022	87	33.7
합계	19,369,270	15,451	0.08*	10,019	55.1*

1. 출전: "虎疫死亡者累計萬名", 『自由新聞』 1946.11.01; 조선상공회의소, 『조선경제 통계요람』, 1949(여강출판사 복각판, 1986).
2. 발병·치명률 및 그것의 평균: 필자 작성(단위, 백분율).
3. * : 발병·치명률 평균.

---

175) "虎疫死亡者累計萬名", 『自由新聞』 1946.11.01.

위 통계표는 남조선 지역에서 콜레라가 '근멸'되었다고 이야기되던 1946년 10월 말 시·도 단위 10개 지역 중 경남 지역의 상대적 발병세를 보여준다. 먼저 경남 지역의 누계 환자 규모, 3,060명은 경북 지역의 그 것, 즉 5,153명에 이어 10개 지역 중 두 번째 것으로, 세 번째인 전북 지방의 그것(2,432명)보다 상위를 점하였다. 하지만, 경남 지역의 누계 사망자 규모(1,535명)는 전북의 그것(1,640)에 이어 세 번째의 것이었다. 여기에서 환자·사망자 규모 양자 모두에서 부동의 수위(首位)를 점하는 경북 지역을 제하고 경남 지역과 전북 지역은 환자 및 사망자 규모 비교에서 두 번째와 세 번째를 두고 서로 자리를 바꿔하고 있다.

이와 같은 경남 지역의 발병세는 1946년 콜레라 진행상(狀)에 비추어볼 때 유의할 만한 것이다. 부산 지역을 포함한 경남 지역은 남조선 지역 내 최초 콜레라 발병지였을 뿐만 아니라 콜레라의 전국적 확산 초기 그 중심지로서 7월 중순 이전까지 10개 시·도 단위 지역에서 최고의 발병세를 보여주었다. 그런데 시간이 경과함에 따라 경남 지역의 발병세가 약화하면서 그 지역은 콜레라가 거의 종식되던 10월 말 상대적으로 낮아진 수준의 발병세를 기록했다. 이 점에서 경남 지역의 환자·사망자 누계 규모의 상대적 순위는, 또 위의 통계는 1946년 지역별 콜레라 발병의 시간적 진행상(狀)을 보여주는 것이라 할 수 있다.

이와 함께, 위의 통계는 경남 지역의 발병세가 가진 특징을 보여준다. 먼저, 인구 대비 콜레라 발병률의 측면에서, 경남의 발병률은 그것의 전국 평균인 0.08% 보다 높은 0.10%의 기록을 보여준다. 하지만, 10개 도 단위 발병률 비교에서, 경남 발병률은 제주(0.27)와 경북(0.16), 그리고 전북(0.12)의 그것에 이어 네 번째였다. 또한, 환자 대비 사망자의 비율을 보여주는 치명률에서 경남 지역의 그것은 50.2%로서 전국 평균율인 55.1%보다 낮은 기록이었다. 그뿐만 아니라, 경남 지역의 치명률은 전체

시·도 단위 지역의 치명률 비교에서 경북(81.0), 전북(67.4), 경기(63.0), 전남(56.9), 강원(52.9), 제주(52.6)에 이어 일곱 번째의 기록을 보여주었다. 이처럼, 남조선 전체 지역 비교에서 경남 지역은 환자·사망자 규모의 순위(각각 2위와 3위)와 발병률 순위(4위), 또 치명률 순위(7위)에서 각각 다른 위치를 점하고 있었다.

여기에서 주목되는 것은 일곱 번째라는 경남 지역 치명률 순위이다. 그 순위는 경남 지역의 발병·사망 규모 순위(2위)와 발병률 순위(4위)와 뚜렷하게 대조될 정도로 상당히 낮은 것이다. 그렇다면 경남 지역의 낮은 치명률은 무엇을 의미하는가?

이를 이해하는 데 있어 참고할 수 있는 사례는 서울의 콜레라 발병세이다. 해방 직후 서울은 잠재적·현재적 콜레라 '매체'였던 송환자 등 전후 국내·국제적인 이동자들이 가장 많이 집중되면서 가장 높은 인구 증가율을 기록하였던 곳이다. 이것은 서울 지역에서 콜레라의 집중적 발병을 예상할 수 있게 하는 사실이었다. 하지만 그 지역에서의 콜레라 발병을 막기 위한 군정청의 노력이 집중적으로 경주되면서 서울 지역의 콜레라 발병 시기는 늦춰지고, 또 발병세도 역시 약화하였다. 즉, 상대적으로 잘 갖추어진 사회 기반 시설과 보건·위생·방역·의료 시설, 또 풍부한 관련 인적·물적 자원, 그리고 집중적인 관련 자원의 동원·투입 등으로 인해, 서울은 전국 10개 시·도 단위 지역에서 가장 낮은 발병률과 치명률을 기록하였다.[176]

이에 유의한다면, 우리는 경남 지역의 상대적인 의미에서 현저히 낮은 치명률 순위의 의미를 추론적으로나마 이해할 수 있다. 경남 지역의 전국적으로 낮은 치명률은, 서울의 그것이 그러하듯이, 1946년 콜레라

---

176) 임종명, 「1946년 서울 지역 콜레라 발병세」, 463~471, 487~489, 490~494쪽.

창궐 시점에 콜레라 발병을 억제하거나 약화할 수 있는 사회 기반 시설과 위생·보건·방역 시설 및 관련 자원들, 또 일반인의 방역과 감염자 치료 등에 유용한 의료 시설 및 관련 자원들이 여타 도 단위 지역보다 상대적으로 풍부한 편이었고, 또한 그들 시설과 자원이 상대적인 의미에서 집중적으로, 또 지속해서 투입되었음을 시사한다.[177] 이처럼 의미가 추론될 수 있는, 상대적으로 낮은 발병·치명도(度)를 보여주면서, 경남 지역의 콜레라는 1946년 10월, 11월에 종식되었다.

V. 맺음말: 부산·경남 지역 콜레라 발병·유행의 사회·역사성

지금까지 우리는 부산과 경남 지역에서 콜레라가 발병해 창궐하다 그 발병세가 약화하는 모습을 보아왔다. 이러한 과정이 여기 결론부에서 요약된 다음 그 과정에서 보이는 특징적인 현상이 의미화된다.

먼저 앞에서 보았듯이, 5월 초 중국 송환자에게서 콜레라가 발병하기 시작한 부산 지역에서는 그달 중순 무렵에 이미 남조선에서 '발병자가 가장 많은' 지역이 되었다. 이러한 상황이 6월에도 지속하였지만, 그달 중순 무렵부터 콜레라 환자 증가 정도가 약해지기 시작하였다. 즉, 부산 지역의 발병 상황이 약화하기 시작해 하순 무렵에는 지역 발병세가 적

---

177) "虎疫郡部로移動", 『釜山新聞』 1946.07.02. 본문 진술 내용의 실증에는 1946년 당시 남조선 지역의 시·도 단위 별 사회 기반 시설과 위생·방역·의료 시설, 그리고 그 시설 운영에 필요한 인적·물적 자원의 구비 정도 등에 관한 연구가 필요하다. 이것에 유념하면서, 본문 진술은 '순전히' 서울 사례의 유비(類比, analogy)를 통해 '경남 지역 발병률과 치명률의 낮은 순위'의 의미를 추론한 것이다.

잖이 '개선'되었다.

부산 지역 발병 상황은 경남 군부(郡部) 지역과 타도(他道) 지역 상황과 대조적인 것이었다. 여기에서 결정적인 것은 수인성(水因性) 전염병인 콜레라의 전염·감염·발병 상황을 악화시켰던 6월 하순의 대홍수였다. 부산과는 달리 홍수 피해가 심각하였던 경남 군부 지역에서는 콜레라 발병 규모와 정도가 증대·악화하였다. 이러한 속에서 부산, 마산 등 경남 도시 지역에서 발생한 콜레라가 그 주변 지역으로, 다시 경남 내륙 지역으로 확산하면서, 경남 지역 환자·사망자 문제는 일층 심각해졌다.

그렇지만, 1946년 콜레라 유행이 종식되는 가을 10, 11월 무렵, 부산 지역을 포함한 경남 지역의 누적 발병세는 전국 10개 시·도 단위 지역 중 상대적으로 높은 순위의 환자·사망자 규모(각각 2위와 3위)를 보여주었다. 반면에, 발병률, 특히 치명률에 있어서, 경남 지역은 환자·사망자 규모에 비해 상대적으로 낮은 순위의 발병·치명도(각각 4위와 7위)를 보여주었다. 이것은 경남 지역에는 서울을 제외한 여타 시·도 단위 지역보다 상대적으로 풍부한 사회 기반 시설과 위생·보건·방역·의료 시설 및 그 자원이 있었고, 그러한 것들이 1946년 콜레라 유행기에 집중적으로, 또 지속해서 동원·투입되었음을 시사해준다.

이처럼 요약되는 부산과 경상남도 지역 콜레라 확산 과정과 그 귀결은 여러 특징적인 모습을 보여준다. 먼저, 그 과정에는 자연적 요소와 함께 인문 지리적인, 그리고 사회·경제적인, 또 정치적인, 그것도 국제 정치적 요인이 함께 작동하고 있었다. 기본적으로 콜레라균에 감염된 인간 신체에서 콜레라가 발병한다는 점에서 콜레라균 전염·감염과 발병은 세균학적인 문제이다. 그리고 콜레라가 수인성 전염병이라는 점에서, 그 전염병은 1946년 당시 남해나 낙동강 연안 지역에서 집중적으로 발병하였다. 특히 6월 하순의 대홍수는 콜레라 전염과 창궐에 주요한 계기로 작동했다. 이 점에서 1946년 콜레라 만연이나 창궐은 세균학적이거나 자연적 현상이라는 성격을 가지고 있었다.

하지만 자연적 요소만큼이나 인문 지리적 요소, 특히 근대 교통 체계인 철도나 해운 교통의 요소 역시 콜레라 감염과 만연, 창궐 사태에 작동하였다. 예컨대 그해 남조선 지역에서의 콜레라 대유행의 출발지였던 부산에는, 특히 '부산 지역 1번 환자'가 발생했던 초량정 지역에는 조선반도의 해상 관문(關門)으로 근대 시기 발달한 국제 항로를 갖추고 국제적인 해운 운송 체계의 일부였던 부산항과, 조선반도의 주요 간선 철도인 경부선의 종착역이었던 부산역이 서로 연결되는 등 근대 교통 시설이 집중되어 있었다.

근대 교통 시설이 집중된 곳에서의 콜레라 발병은 부산 이외의 지역에서도 발견된다. 경남 지역 내 콜레라 발병 초기 그 중심지로 존재·기능하였던 도시 지역 마산도 부산과 연결된 항로만이 아니라 여수 등 전남 남해안과 연결되는 국내선 항로를 가지고 있었다. 마찬가지로 경남 군부 지역 발병지였던 밀양 역시 경부선과 경전선이 통과하는 '교통 요지'인 삼랑진을 가지고 있었다. 이 점에서 근대 육상·해상 교통 체계는 부산과 경남 도내 콜레라 감염과 확산, 그리고 창궐의 주요 기제였다.

그리고 1946년 콜레라 발병과 만연, 또 창궐에는 사회·경제적, 정치적, 그것도 국제정치적 요인 또한 작동하고 있었다. 부산 지역 내 발병 중심지였던 초량정에서 '희생이 제일 많았던 곳'은 자연 부락으로 상·하수도 등 사회 기반 시설이 빈약했던 연화동이었다. 또 시간의 경과에 따라 부산과는 반대의 발병 강도를 보인 경남 군부 지역의 경우, 도시 지역에 비해 사회 기반 시설과 함께 의료 시설이 '빈약'했었다. 이처럼 사회 기반 시설과 의료 시설의 구비 정도가 경남 도내 콜레라 발병 강도의 차이를 낳았다. 그런데 그 차이가 단순히 주어진 시설 정도의 상이성이라는, 조건상의 또는 '구조적' 차이로 말미암은 것만은 아니었다.

같은 경남 도내 지역별 발병 강도의 차이에는 지역 내 방역 자원의 배분에서 작동하는 권력 관계, 즉 지역 정치 문제 또한 존재했다. 당시 부산 지역 내 도심 지역이었던 초량정에서부터 발병하기 시작했던 콜레라는 신속하게 부전리와 같은 부산 외곽 지역과 그 주변 지역인 하단 등으로 확산하였다. 이러한 현상의 배후에는 각종 시설 구비의 정도 차도 있었지만 세궁민 등이 살던 지역에서는 콜레라 발병 강도를 좌우하는 방역이 철저하게 시행되지 않은 점 또한 작용하였다. 이를 전제로 할 때 주목되는 것은 부산 지역 주민에 대해 이루어졌던, 100%에 가까운 콜레라 접종 조치이다. 이것은 전국적 콜레라 확산 초기 단계에서 미군정 당국이 콜레라의 전국적 확산을 억제하기 위해 그 병원지 역할을 하고 있던 부산 지역에 방역 자원을 집중적으로 투자했음을 보여준다. 이처럼 방역 자원 배분 과정에서 국가 정치(national politics) 또한 작동하고 있었다. 그런데 콜레라 유행에 있어 작동한 정치가 지역 정치나 일국 정치만은 아니었다.

1946년 부산·경남 지역의 콜레라 대유행에는 미국의 동아시아 권역(region) 수준에서의 정치가 또한 작동하였다. 1946년 콜레라 대유행은 그해 초 콜레라가 발병한 중국에서 부산으로 송환된 조선인들에게서 콜레라가 발병하면서 시작되었다. 이것은 그해 사태의 출발이 재(在)중국 조선인을 송환하였던 미국 정책을 직접적 계기로 한 것이었음을 보여준다. 그런데 조선인 등 구 일본 제국 신민(臣民, subject)에 대한 미국의 송환 정책은 근대 동아시아의 패자(霸者)였던 일본 제국의 동아시아 지배 기반인 인적 네트워크를 해체하는 작업이자, 전후 동아시아에 대한 미국의 직접 지배를 구축하고자 하는 작업이었다. 이점에 유의할 때, 1946년 남조선 지역 콜레라 대유행에는 세계 패권 구축, 그리고 그 일환인 동아시아 패권 구축을 지향한 전후 미국의 국제 정치가 작동하고 있었다. 바로 이것이 1946년 콜레라 사태에 내재한 국제 정치였다.

그리고 역사적으로 이야기한다면, 1946년 부산·경남 지역 콜레라 사태는 근대 동아시아의 역사를 보여주는 것이었다. 먼저 그것은 근대 시기에 발달한 철도 해상·교통 체계의 발달을 배경으로 하여 발생하였다. 그렇다고 한다면, 1946년 콜레라 대유행은 근대적 성격의 사태로서 근대 동아시아 역사를 보여주는 것이라고 할 수 있다. 나아가 1946년의 콜레라 사태는 '콜레라 질병 문화권'이라는 역사적 구조를 배경으로 발생했다. 즉, 근대 서구 제국주의의 팽창을 계기로 하여 인도의 지방적 풍토병이었던 콜레라가 조선과 중국, 그리고 일본에서 거의 동시적으로 발병하는 '콜레라 질병 문화권'이 1946년 현재 동아시아에는 형성되어 있었다. 이러한 상황에서 미국의 송환 정책이 실행되면서 1946년 5월 중국 남부 지역의 콜레라균이 송환자라는 '매체'(媒體)를 통해 조선반도로까지 '전달'되면서 그해 남조선 지역에서의 콜레라 대유행은 시작되었다. 이점에서, 1946년 콜레라 사태는 근대 서구 제국주의의 팽창과 콜레라 질병 문화권의 형성이라는 근대 동아시아사를 표현했던 역사적 사건이라고 할 수 있다.

또, 1946년 부산·경남 지역의 콜레라 사태는 아시아-태평양 전쟁의 종전 이전의 역사와 그 전쟁의 효과를 보여주는 전후 역사적 사태였다. 그 지역에서의 콜레라 발생은 일본 제국의 제국주의적 중국 침략 전쟁 등에 동원—물론 여기에는 '자발적 동원'도 있다—된 조선인들의 전후 조선 송환 과정에서 발생하였다. 이 점에서 1946년 남조선 지역에서의 콜레라 대유행은 과거 일본의 제국주의적 침략과 아시아-태평양 전쟁을 역사적 배경으로 하여 발생한—이러한 점에서 전쟁의 효과 내지는 후과(後果)라고도 할 수 있는— 사태였다. 바로 이것이 부산·경남 지역 콜레라 사태의 역사적 성격이자 의미일 수 있다.

나아가 1946년 부산 지역 콜레라 발병과 유행은 20세기 전반기의 세계 역사를 보여주는 것이기도 하다. 총력전 형태로 진행된 20세기 전반기의 전쟁은 전시와 전후 대규모 인구의 광범위한 동원을 낳았다. 이점에 유의하면서, 이연식은 "지난 20세기는 '전쟁과 동원'의 세기"였다고 한다. 또한, 그는 2차 대전 후 "제국의 붕괴·해체로 인한 해외 거류(居留) 식민자와 식민지민의 본토 귀환은 전 세계적 현상으로서 아시아 지역 또한 예외가 될 수 없었다."라고 이야기한다. 그렇다면, 전시기 대규모 인구의 전쟁 동원과 그 인구의 전후 이동을 배경으로 하여 발생한 1946년 남조선에서의 콜레라 창궐은 '전쟁과 동원, 그리고 인구 이동—역(逆)이동을 포함한—'이라는 20세기 전반기의 역사를 보여주는 것이라고 할 수 있다.[178]

또한, 부산 지역 콜레라 사태는 종전 직후 역사 전환기의 단면을 보여주는 것이기도 하다. 앞에서 지적된 바와 같이, 전후 미국의 직접적인 동아시아 지배는 종전 이전 지역 패자였던 일본 제국의 해체를 전제로 한다. 그리고 일본 제국 해체는 내적으로, 또는 주체의 측면에서는 권력 위계적인 2개 이상의 언어·문화 공동체(ethnic)로 구성된 제국의 해체와, 외적으로 또는 국제정치적으로는 일본 열도 바깥 지역으로부터의 일본군 철군과 그 권역에 대한 지배의 물적 자산과 인적 네트워크 해체를 의미하였다. 그리고 아시아−태평양 전쟁기까지 맹위를 떨친 일본 제국의 해체는 전후 동아시아에서 '제국의 시대'가 종식되었음을 의미한다. 동시에 그것은 제국을 대신하는 언어·문화 공동체 중심의 민족 국가(ethnic nation-state)의 체제가 수립·작동되는 '민족(nation)의 시대'가

---

178) 이연식, 「解放 後 韓半島 居住 日本人 歸還에 關한 研究」, 1, 6쪽. 제2차 세계대전 직후 유럽과 아시아 등 세계적 규모에서의 인구 이동은 이연식, 앞의 논문, 1~13쪽 참고.

전후 동아시아에서 개시됨을 뜻한다. 이처럼 종전 이후 동아시아에서는 제국의 시대에서 공통 언어·문화 중심의 민족(ethnic nation)의 시대로의 역사적 전환이 이루어졌다.[179] 바로 그 전환의 핵심 요소였던 제국 해체 작업의 일부로 이루어졌던 구제국 신민의 송환 과정에서 1946년 콜레라 대유행은 발생하였다. 이 점에서 그해의 콜레라 사태는 전후 동아시아에서 제국의 시대로부터 공동 언어·문화 중심의 민족의 시대로의 전환 과정에서 일어난, 따라서 그 전환 과정의 모습을 보여주는 것이라고 할 수 있다. 바로 이것이 1946년 남조선 지역에서의 콜레라 대유행이 가진 역사적 의미였다.

---

179) 물론, 본문에서 지적한 '전환'이 '완전한' 것도, 또 '전환' 이후 '민족'이 '순연(純然)한 공통 언어·문화 중심의 민족'은 아니었다. 이러한 것은, 단적으로, 중국과 베트남 민족 내 언어·문화적 소수 집단들(ethnic minorities)의 존재나, '두 개 코리아(two Koreas), 즉 남(南)대한과 북(北)조선의 수립·유지에 따른 한민족과 조선민족의 병존'이라는 사례에서 확인된다.

참고문헌

1. 자료

경남대극동문제연구소, 『지방미군정자료집: 주한 미 제6사단 정보참모부 일일보고서(1946. 1~1946. 12)』 2, 경인문화사 영인본, 1993.

미군정청 보건후생부 생정국(生政局)(Bureau of Vital Statistics, Department of Public Health and Welfare), 『南朝鮮(三八度以南) 地域及性別現住人口: 一九四六年九月現在』, 군정청, 1946.

조선상공회의소, 『朝鮮經濟統計要覽』(1949), 여강출판사 복각판, 1986.

친일반민족행위진상규명위원회, 『친일반민족행위관계사료집 XV: 일제강점기 문예계의 친일협력』, 친일반민족행위진상규명위원회, 2009.

森田芳夫, 『朝鮮終戰の記錄』, 東京: 巖南堂書店, 1964.

森田芳夫·長田かな子 編, 『朝鮮終戰の記錄: 資料篇』 二卷, 東京: 巖南堂書店, 1964.

General Headquarters(GHQ), US Armed Forces, Pacific(USAFPAC), *Summation of U.S. Military Government Activities in Korea*, 『미군정활동보고서』, 원주문화사 영인본, 1990.

General Headquarters/Supreme Commander for Allied Powers G-Ⅲ, "Report on Mass Repatriation in the Western Pacific" https://dl.ndl.go.jp/infor:ndljp/pid/11223003 (일본국회도서관 Digital Collection 소수).

HQ, USAFIK, "G-2 Periodic Report", 『미군정 정보 보고서』 2, 일월서각 영인본, 1990.

HQ, USAFIK, "Quarantine Procedure for Cholera in Repatriates", Seoul: USAFIK, 1946.04.13. http://archive.history.go.kr/catalog/view.do?arrangement_cd=ARRANGEMENT-0-A&arrangement_subcode=HOLD_NATION-0-US&provenanace_ids=000000000034&displaySort=&displaySize=50&currentNumber=1&system_id=000000103224&catalog_level=&catalog_position=-1&search_position=7&lowYn= (국사편찬위원회 전자사료관 소수).

HQ, USAFIK, "Circular Letter No. 50: Prevention and Control of Cholera", Seoul: USAFIK, 1945.11.15. http://archive.history.go.kr/image/viewer.do?catalog_id= AUS179_01_05C0070_078&gid=AUS179_01_05C0070 (국사편찬위원회 전자사료관 소수).

United Sates Army Forces in Korea(USAFIK), XXIV Corps, G-2, Historical Section, "The Cholera Epidemic of 1946", Seoul: USAFIK, 1947. http://archive.history.go.kr/ catalog/view.do?arrangement_cd=ARRANGEMENT-0-A&arrangement_subcode= HOLD_NATION-0-US&provenanace_ids=000000000034&displaySort=&displaySi ze=50&currentNumber=1&system_id=000000102402&catalog_level=&catalog_p osition=-1&search_position=0&lowYn= (국사편찬위원회 전자사료관 소수).

USAFIK, XXIV Corps, G-2, Historical Section, *History of the United States Army Forces in Korea* (HUSAFIK), 『주한미군사』, 돌베개 영인본, 1988.

『光州民報』, 『大邱時報』, 『大東新聞』, 『大衆日報』, 『大韓獨立新聞』, 『獨立新報』, 『東光新聞』, 『東亞日報』, 『서울신문』, 『水産經濟新聞』, 『嶺南日報』, 『自由新聞』, 『朝鮮日報』, 『中央新聞』, 『中外新聞』, 『漢城日報』, 『現代新聞』.

경상북도 통계 포탈(https://www.gb.go.kr/open_content/stat/index.jsp).
국사편찬위원회 전자사료관(http://archive.history.go.kr).
다음 백과(https://100.daum.net/).
위키백과(https://ko.wikipedia.org/wiki/).
일본 국회 도서관 디지털 컬렉션(https://dl.ndl.go.jp).

2. 저서

승왈범, 『無休八十年』, 유진문화사, 1991.
신동원, 『호환 마마 천연두: 병의 일상 개념사』, 돌베개, 2013.

Coakley, Robert W. and Richard M. Leighton, *United States Army in World War II, The War Department: Global Logistics and Strategy 1943-1945*, Washington, D.C.: Center of Military History United States Army, 1989.

Glantz, David M. and Jonathan House, *When Titans Clashed: How the Red Army Stopped Hitler Lawrence*, Kansas: University Press of Kansas, 1995.

Horner, David Murray, *The Second World War: The Pacific*, NY: Routledge, 2003.

Hsiung, James C, *China's Bitter Victory: The War With Japan, 1937-1945*, New York: M.E. Sharpe publishing, 1992.

Jowett, Phillip, *Rays of the Rising Sun: Japan's Asian Allies 1931-1945, Vol. 1: China and Manchukuo*, Solihull: Helion and Company Ltd, 2005.

McNeill, William H, *Plagues and Peoples*, New York: Anchor Books, 1976[윌리엄 맥닐 저, 허정 역, 『전염병과 인류의 역사』, 한울, 1992(1995)].

Tanaka, Stefan, *Japan's Orient: Rendering Pasts into History*, Berkeley: the University of California Press, 1995.

3. 논문

김광열, 「1940년대 일본의 도일한일 규제정책에 관한 연구」, 『한일민족문제연구』 10, 2006.

김두섭, 「미군정기 남조선 인구 재구성」, 『미군정기 한국의 사회변동과 사회사』 1, 한림대 아시아문화연구소, 1999.

김우정, 「1946년 콜레라 유행과 미군정의 방역 정책」, 서강대학교 석사 논문, 2022.

김정란, 「경계, 침입, 그리고 배제: 1946년 콜레라 유행과 조선인 밀항자」, 『해항도 시문화교섭학』 25, 2021.

김진혁, 「북한의 위생방역제도 구축과 인민의식의 형성(1946~1950)」, 『한국사연구』 167, 2014.

김춘선, 「중국 연변지역 전염병 확산과 한인의 미귀환」, 『한국근현대사연구』 43, 2007.

박경숙, 「식민지시기(1910년~1945년) 조선의 인구 동태와 구조」, 『인구학』 32(2), 2009.

배석만, 「미군정기 부산항과 도시민 생활」, 『지역과 역사』 5, 1999.

배홍직, "[68년전 歸國船(귀국선) 일기] 裵興稷(배홍직) 목사, 8·15 귀국비화 감동", 『Economy talk News』, 2014.09.18. https://www.economytalk.kr/news/article View.html?idxno=125570(검색일: 2023.07.29)

백선례, 「1919·20년 식민지 조선의 콜레라 방역활동: 방역당국과 조선인의 대응을 중심으로」, 『사학연구』 101, 2011.

여인석, 「미군정기와 정부수립기: 1945~1949」, 대한감염학회, 『한국전염병사』 II, 군자출판사, 2018(2019).

이가연, 「해방 직후 조선 거주 일본인들의 귀환과 부산항」, 『동북아 문화연구』 67, 2021.

이연식, 「解放 後 韓半島 居住 日本人 歸還에 關한 硏究: 占領軍·朝鮮人·日本人 3者間의 相互作用을 中心으로」, 서울시립대 박사 논문, 2009.

이연식, 「해방 직후 남조선 귀환자의 해외 재이주 현상에 관한 연구: 만주 '재이민' 과 일본 '재밀항' 실태의 원인과 전개과정을 중심으로, 1946~1947」, 『한일 민족문제연구』 34, 2018.

임종명, 「脫식민지 시기(1945~1950년) 남한의 지리교육과 국토표상」, 『한국사학보』 30, 2008.

임종명, 「1946년 서울 지역 콜레라 발병세와 일국적·지역적 중심부/주변부/변경 성(性)」, 『사학연구』 140, 2020.

임종명, 「1946년 경기 지역의 콜레라 사태와 종전/해방 직후 국제·일국·지역 정 치」, 『동방학지』 193, 2020.

임종명, 「1946년 전남·제주 지역의 콜레라 발병세와 지역적 질병 문화권」, 『역사 학연구』 81, 2021.

임종명, 「1946년 전라북도 지역 콜레라 만연과 정치·경제학」, 『전북사학』 65, 2021.

임종명, 「1946년 충청도 지역 콜레라 발병·확산과 근대 철도 교통 체계」, 『역사와 담론』 103, 2022.

장석흥, 「해방 직후 상해지역의 한인사회와 귀향」, 『한국근현대사연구』 28, 2004.

전가람·김백영, 「귀환, 수용, 분산: 미군정기 전재민의 남한 유입과 인구 분산 정 책의 전개」, 『도시연구: 역사·사회·문화』 32(2023).

최영호, 「해방 직후 부산경남지역의 귀환자 원호체계와 원호활동」, 『한국민족운동사연구』 36, 2003.

허병식, 「감염병과 주권의 재영토화: 1946년 콜레라의 발생이 불러온 풍경」, 『한국학연구』 67, 2022.

황선익, 「해방 후 귀환구호운동의 전개와 미군정의 대응」, 『한국근현대사연구』 85, 2018.

황선익, 「동북아정세와 중국지역 한인의 귀환」, 『한국독립운동사연구』 46, 2013.

Foreign Association of Japan, "The Army", *Japan Year Book 1938-1939*, Tokyo: Kenkyusha Press.

"The Pacific War Online Encyclopedia", http://www.pwencycl.kgbudge.com/C/a/Casualties.htm(검색일: 2020.10.19).

"Chinese People Contribute to WWII", http://www.china.org.cn/english/features/celebrations/128172.htm(검색일: 2020.10.19).

2부

전쟁과 생명정치

전시체제기 조선인의 신체 동원과 죽음의 미학

내선일체와 프로파간다를 중심으로

성 주 현

I. 머리말

일제는 1930년대 들어 대륙침략을 감행함으로써 이른바 전시체제기가 형성되었다. 1931년 만주사변, 1937년 중일전쟁, 1941년 태평양전쟁으로 이어지는 전시체제기는 이른바 동원의 시대였다. 이른바 '전시동원'이라고 일컫는다. 일제는 1931년 9월 18일 류타오거우사건(柳条沟事件)으로 "풍운(風雲)의 급(急)을 고(告)하던 만주시국(滿洲時局)은 마침내 폭루(暴戾)한 중국군대(中國軍隊)의 만철파괴(滿鐵破壞)에 의하여 일중병(日中兵)의 정면충돌(正面衝突)을 야기(惹起)하게 되었다"[1]라고 하면서, 전시체제의 서막을 알렸다.

전시체제가 형성되면서 일제는 우선 사상적으로 통제를 우선적으로

---

1) 「日中兵의 衝突」, 『매일신보』 1931.09.20.

시도하였다. 일제는 강점 이후 사상을 통제하기 위해 각종 법령을 제정하였다. 1931년 만주사변으로 일제는 사상통제는 더욱 강화되었으며, '총후(銃後)'라는 이름 아래 위문품과 '적성(赤誠)'이라고 하는 국방헌금의 동원이 시작되었다. 대구의 차부 김덕기는 5원 70전을 적성한 바 있다.[2] 이러한 총후 적성에 대해 고토(後藤) 기병잔류대장은 감사를 표하기도 하였다.[3]

그런데 총후 적성은 전쟁을 치루는 과정에서 병사들의 위문으로 끝나는 것이 아니라 애국으로 인식되었다. 이는 총후 적성을 조선군사령부 애국부에서 취급하였기 때문이다.[4] 만주사변 이후 총후 적성은 재조일본인뿐만 아니라 조선인의 참여도 점차 늘어났다. 부산은 120만 민중이 42만 원을 헌납할 정도였다.[5]

이와 같은 위문품과 국방헌금의 동원은 1937년 중일전쟁 이후에는 일상생활에까지 확대되었다. 만주사변이 중일전쟁으로 확산되는 과정에서 전시체제를 보다 확고히 하고 전반적인 동원제체를 확립하기 위해 '국민정신'을 강요하였다.[6] 조선총독부는 국민정신작흥주간, 국민정신총동원강조주간 등을 설정하고 내선일체를 강화하였다.[7] 중일전쟁 1주년을 맞아 1938년 7월 국민정신총동원 조선연맹을 출범시키면서 근로보국운동, 청년훈련소 확충, 지원병 독려 등 신체 즉 조선인

---

2) 「涙ぐましい銃後の聲」, 『조선신문』 1931.12.05.
3) 「涙ぐましき銃後の人の同情」, 『조선신문』 1932.01.05.
4) 「銃後の熱情 愛國部で取扱つた」, 『경성일보』 1932.03.24.
5) 「半島民が銃後の熱誠」, 『부산일보』 1932.12.29.
6) 「반도의 방방곡곡에 국민정신을 滲透」, 『매일신보』 1937.09.04.
7) 「비상시국 속에 맞는 국민정신작흥주간, 당국 적시의 대계획」, 『매일신보』 1937.09.12; 「정신총동원주간 중요 행사 각도에 통첩」, 『매일신보』 1937.10.14; 「사변하의 기원절마저 제2회 정신총동원 국제명징 강조하여 만반에 구현 전조선 일제히 실시」, 『매일신보』 1938.01.20.

을 동원하였다. 특히 조선육군지원병령 공포는 1937년에 시작한 중일전쟁이 길어지고 전선이 넓어지면서 일제는 병력 부족 문제에 직면하였고, 이를 조선인을 전쟁에 동원하여 병력 부족을 해결하고자 하였다. 더욱이 1941년 태평양전쟁으로 전선이 확대됨에 따라 신체동원 역시 확대되었다.[8]

본고는 일제강점기 1930년대 이후 전시체제기가 형성되면서 전쟁에 동원되는 신체와 전쟁에서의 죽음에 대한 인식, 미담과 미화를 넘어 미학적으로 변화되어 가는 과정을 살펴보는 것을 목적으로 하고 있다.[9] 미학은 아름다움과 예술, 미적인 것에 대한 사상을 탐구 대상으로 하는 학문이며 기본적으로 사람이 '아름답다'고 느끼는 것을 끊임없이 탐구하는 학문이다.[10] 그런 점에서 죽음에 대한 미학이 적절한가 하지만, 죽음의 미학으로 가장 많이 언급되고 있는 것은 한암선사의 일화[11]이다.

죽음의 미학은 인간의 마지막 삶 즉 죽음에서 아름다움을 찾는 과정이라 할 수 있다. 일제는 전시체제기에 전장에서의 죽음을 '병사의 단순한 전사'가 아닌 '용사의 정의로운 죽음'으로 승화시켰다. 이러한 전장에

---

8) 육군특별지원병제도에 대해서는 표영수, 「일제강점기 육군특별지원병제도와 조선인 강제동원」, 『한국민족운동사연구』 79, 한국민족운동사학회, 2019를 참조할 것.

9) 이와 관련된 선행연구는 공임순, 「전쟁 미담과 용사: 제국 일본의 동일화 전략과 잔혹의 물리적 표지들」, 『상허학보』 30, 상허학회, 2010; 조건, 「일제 말기 조선 주둔 일본군의 '전쟁미담' 생산과 조선인 군인 동원」, 『한일민족문제연구』 31, 한일민족문제학회, 2016 등이 있다.

10) 미학에서 미/아름다움과 미적인 것은 구분되며, '醜' 역시 현대 미학의 주된 탐구 대상이 되고 있는 만큼, 미학을 '미'에 한정해 설명하기는 힘들다.

11) 한암선사의 죽음에 대한 미학적 의미는 다음과 같이 언급되고 있다.
"상원사(上院寺)의 한암 선사는 입적할 때 사진 한 장을 남기고 가셨다. 앉은 채로 턱을 약간 뒤로 젖히고 허공을 응시한 채 죽음을 맞이한 모습이다. 이 사진은 6·25 전쟁 때 종군기자로 활동하던 선우휘씨가 우연히 성원사에 들렀다가 선사께서 홀로 입적하여 계신 모습을 포착하여 찍은 것이다. 이 한 장의 사진은 수도의 세계가 관념이 아닌 실존의 세계라는 것을 여실하게 보여준다. 선사는 죽음의 미학을 보여준 것이다."(조용헌, 『사찰기행』, 이가서, 2009, 315쪽)

서의 죽음의 미학을 조선인 지원병으로 최초로 죽음을 맞은 이원석에게
도 그대로 보여주고 있다. 뿐만 아니라 이원석의 죽음은 내선일체를 위
한 프로파간다로 활용하는데 최적의 조건이었다. 그런 점에서 일제는
이원석의 죽음을 '내선일체의 완성'이라고 적극 선전하였다. 이는 나아
가 조선인 지원병 응모에 활용되었다.

이러한 관점에서 본고는 먼저 전시체제기 지원병을 통한 신체동원 과
정을 살펴보고자 한다. 이는 전시체제기 조선인의 신체가 어떻게 동원
되었는지를 확인해 볼 수 있다. 이어 이를 토대로 중일전쟁 이후 육군특
별지원병으로 동원되었다가 죽음에 이른 이인석을 통해 그의 죽음에 대
한 인식과 미화, 미담을 통해 미학화하는 과정을 살펴보고자 한다. 그리
고 이를 위해 조선총독부 기관지『매일신보』등 주로 신문자료를 활용
하고자 한다. 이는 당시 조선인 지원병령과 동원과정, 그리고 이인석에
대한 미담, 미화의 생산과정을 잘 확인할 수 있기 때문이다.

II. 전시체제기 지원병령과 신체의 동원

1931년 만주사변, 1937년 중일전쟁, 1941년 태평양전쟁으로 이어지는
전시체제기는 동원의 시기였다. 일제는 만주사변 이후 파쇼적 지배를
강화하기 위해 식민 지배기구를 병력 동원에 용이하도록 개편하였다.
더욱이 대륙침략을 추진하기 위해 식민지에서도 임전체제의 강화를 적
극 주장하였다. 만주사변으로 일본에서는 지원병이 현저하게 증가하였
는데,[12] 이러한 전시상황은 식민지 조선에도 영향을 미쳤다. 이러한 분
위기에서 경북 성주군 용두면 용두동 김수용은 삭북(朔北)의 광야에서

전전(轉戰) 중의 일본군 장사(將士)의 활약에 감격하여 대구 헌병분대에 혈판장(血判狀)을 제출하였다.[13] 이는 직접 동원되지는 않았지만, 심정적으로는 지원병을 지원한 것으로 판단할 수 있다. 구한국 장교 출신 서용순, 현영운, 송학수, 최병주, 이석진, 이기우, 이재영, 이준의, 김수연, 김재욱, 김영권 등 10여 명은 1933년 3월 21일 '구한국장교임시총회'를 개최하고 비상시국에 직면하여 조선인도 병역의무를 부담할 각오 아래 현역 지원병 지원자로 징모해서 국방 제일선을 맡겨줄 것을 진정하는 결의문을 총독과 조선총독부에 발송하였다.[14] 이들은 조선인 신체 동원을 적극 지지하는 것이었지만, 자발성이 아닌 강제성을 담보로 하고 있다.

1937년 중일전쟁이 발발하자 조선인 지원병 문제는 다시 제기되었다. 이원석, 김혜주, 김창준 등도 일본 귀족원과 중의원 양원을 방문하고 조선인 지원병 제도를 적극 실시해 줄 것을 요구하는 청원서를 대의사 박춘금을 통해 전달하였다.[15] 이는 일제의 대륙침략 전쟁으로의 식민지 조선인의 신체 동원을 요청하는 의미로 볼 수 있다.

이처럼 식민지 조선에서 조선인 지원병에 대한 논의가 일부 세력에서 요구됨에 따라 『매일신보』는 「지원병 제도 실시의 급무」라는 사설에서 '일본 국민으로서의 의무를 다하는 지원병 제도가 속히 실시되어야 한

---

12) 「海國日本の海軍志願兵著しく增加」, 『부산일보』 1932.11.12.
13) 「農村靑年から皇軍へ血書」, 『부산일보』 1933.01.18.
14) 「非常時局に際會朝鮮同胞にも一般志願兵制をと」, 『조선신문』 1933.03.29.
15) 「今, 事情が許さねば志願兵制度で結構」, 『경성일보』 1937년 8월 5일. 한편 박춘금은 1937년 8월 6일 중의원에서 다음과 같이 지원병 제도를 조속히 실시할 것을 청원하였다. "北地事變에 대한 반도인의 열성에 대하여 징병제도를 실시해 달라는 것은 병합 이래 조선 태생 일본인이 열망하여 마지않는 바로 今次 사건 발발 이래 반도인의 애국열은 일층치열한 바 있어 내지인과 함께 국방 제일선에 종사하여 거국일치의 實을 擧하겠다는 이 표정에 동정하여 반드시 채택 실시에 노력하여 주시기를 바란다."

다'고 주장하였다.[16) 이에 조선총독부는 미나미(南) 총독, 오다케(大竹) 내무국장, 미쯔하시(三橋) 경무국장, 시오바라(鹽原) 학무국장, 이바라(井原) 조선군 참모 등은 긴급하게 조선인 병역 문제를 협의하고 다음과 같이 밝혔다.[17)

> 지원병 제도의 실시 방법은 조선 내의 각 연대에 조선인 지원병을 채용하여 內地人兵과 混居하여 같은 교육을 받게 한다는 데, 자격은 널리 6년제 보통학교 출신으로 할는지 또는 더 범위를 제한하여 중등학교 출신자로 할는지 細目的 절충을 하여 결정할 터이라는 바, 여하튼 금후 극히 짧은 기한 내에 조선인의 지원병 제도를 실시할 것을 내정할 모양이다.

일제는 만주사변과 중일전쟁으로 전장이 확대됨에 따라 보충할 병력의 필요성이 제기되었고, 식민지 조선에서도 조선인 지원병을 요구하는 목소리가 나옴에 따라 보다 이를 적극적으로 수용하고 조선인 지원병 제도를 조속한 시일 내에 실시할 것을 검토한 것이다. 이로써 조선인 신체 동원은 기정사실로 되었다. 일제는 1925년 국가총동원과 국방의 정비를 어디까지나 국민 총의에 의거하여 진행되어야 한다"라고 하여, 자발성의 모양을 갖춘 강제를 공론화하였다.[18) 즉 식민지 조선에서의 지원병 논의는 이러한 국가총동원의 과정에서 계획되었던 것이다.

이후 급속도로 전개된 전장의 조선인 신체 동원은 1938년 들어 본격화되었다. 조선총독부는 17세 이상 입영 기간 2년, 채용 병종은 보병, 실

---

16) 「지원병 제도 실시의 급무」, 『매일신보』 1937.08.06.

17) 「조선인에 지원병제」, 『매일신보』 1937.08.07.

18) 山崎志郎, 「戰時統制經濟」, 『岩波講座日本歷史』 18, 岩波書店, 2015, 108쪽; 김봉식·박수현, 『전시 동원체제와 전쟁협력: 총동원 계획과 관제운동』(일제침략사연구총서 33), 동북아역사재단, 2022, 28쪽.

시는 4월, 6개월의 훈련, 조선사단에 분산 편입한다고 밝혔다. 그리고 이를 '조선인의 애국적 정신의 발로'라고 하였다.[19] 『매일신보』는 지원병을 "조선인에게도 제국신민으로서의 신성한 권리인 군대 복무의 권리가 부여된 것"이며 "반도 민중의 자랑이요 광영"[20]이라고 하였다.

이처럼 조선인 지원병 제도가 곧 실시한다는 발표가 있자, 각지에서 지원병 응모가 쇄도하였다. 지원병 제도 발표 직후 신문에 보도된 각지의 지원병 응모 현황을 정리하면 〈표 1〉과 같다.

〈표 1〉 조선인 지원병 제도 발표 당시 신문에 보도된 각지 지원병 지원 현황

지역	지원병 규모	보도 신문 일자	비고
서울	7명	매일신보 1938.1.18	金承燦, 鄭若望, 李京鎬, 徐宣模 등
서울	25명	매일신보 1938.1.18	金承燦, 洪生旭, 韓共澤, 金千吉, 申燦洙, 李根雨, 金◆傑, 高昌國, 韓錫洙, 朴基鎭, 金永福, 元寬基, 金仁煥, 朴炳玉, 金鍾奭, 金宗權, 鄭載哲, 李九奉, 權士賢, 李仁煥, 金東薰 등
서울	10명	조선신문 1938.1.18	尹時淑, 安承燦, 鄭若望, 李京鎬, 徐宣模 등
서울	62명	매일신보 1938.1.19	李鍾萬, 金成德, 金永福, 尹寅成, 張壽福, 柳明根, 林炳植, 安元成, 金湘均, 崔寅基, 楊南根, 金龍榮, 尹相根, 李苑敎, 曹京煥, 吳道純, 李在碩, 李榮培, 李淳周, 崔完成, 黃義榮, 金振玲, 金小道, 成耆文, 梁在昌, 金鍾祿, 吳昌圭, 李保容 등

---

19) 「朝鮮に志願兵制度, 十七歳以上で在營年限二年, 實施期は四月の豫定, 六ケ月間訓練, 朝鮮師團に分散編入」, 『경성일보』 1938년 1월 16일.

20) 「지원병이란 무엇인가」, 『매일신보』 1938년 1월 22일.

지역	지원병 규모	보도 신문 일자	비고
대전	6명	매일신보 1938.1.19	
서울	53명/3일간 115명	매일신보 1938.1.20	朴尙殷, 蔡永基, 朱炯來, 崔南植, 朴順玉, 呂福述, 李貞範, 金忠吉, 金基龍, 宋正洙, 金斗炳, 李炳俊, 柳基弼, 羅康益, 金東澈, 權龍鎭, 盧基成, 太錫替, 全玉顯, 金鍾珏, 申文連, 金鍾泰, 李英熙, 兪炳玉, 文熙洙, 權已成, 張顯榮, 李享戴, 朴武榮, 羅榮煥, 金明培, 李玫城 등
福岡	2명	매일신보 1938.1.20	金魯經, 金正斗
부산	2명	매일신보 1938.1.20	朴明俊, 安大山
東京	수명	매일신보 1938.1.20	張子善 등
서울	100명 돌파	경성일보 1938.1.20	4일간, 경성헌병분대 59명, 용산헌병분대 41명, 盧貴成, 李炳俊, 朴錫振, 金玉賢, 金哲鎭, 李起大, 李丙培, 李東延, 朴武榮 등
부산	11명	매일신보 1938.1.21	
서울	25명/153명	매일신보 1938.1.21	柳明乭
서울	1명	매일신보 1938.1.21	尹哲模/총독에게 혈서
서울	15명	매일신보 1938.1.21	李寬基, 金鎭胤, 金玉奎, 吳東■, 朴官永, 李相元, 車興培, 梁漢圭, 鄭瑞玉, 朴夏龍, 金學烈, 白昌鉉, 申福七, 鄭定求
인천	수명	매일신보 1938.1.21	李鍾滿, 吳在春, 金志洙 등
부산	7명	조선시보 1938.1.21	
대구	20명	경성일보 1938.1.21	金駿植 등
마산	1명	경성일보 1938.1.21	金東業
인천	5명	경성일보 1938.1.21	金起昌 등
대전	4명	경성일보 1938.1.21	李德杓 등
광주	8명	경성일보 1938.1.21	趙順泰 등
충북	3명	경성일보 1938.1.21	金振鎬 등
진남포	2명	경성일보 1938.1.21	金在成, 李元鳳
연안	1명	경성일보 1938.1.21	徐世勳

지역	지원병 규모	보도 신문 일자	비고
이리	1명	경성일보 1938.1.21	李峻教
부산	2명	경성일보 1938.1.21	朴明俊, 安大山
서울	190명	매일신보 1938.1.22	具璋煥, 權又岩, 李萬薰/경성, 용산 헌병분대, 21일까지 신청
부산	27명	조선시보 1938.2.22	
서울	194명 (총계)	경성일보 1938.1.22	金鍾浩, 李吉龍, 李箕福, 姜錫宰, 元鍾憲, 趙萬俊, 黃文虎, 徐丙仁, 吳晃榮, 金乙夫, 朴仁才, 吳昌根, 鄭德應, 高光熙, 丁奎萬 등
경원	1명	조선신문 1938.1.23	崔圭嬊
청진	2명	조선신문 1938.1.23	
나남	1명	조선신문 1938.1.23	李喜相
신의주	9명	조선신문 1938.1.23	李枝秀 등
진주	2명	조선시보 1938.1.23	金生 ■, 徐相元 등

〈표 1〉은 일제가 조선인 지원병 제도를 1938년 4월부터 시행한다고 발표한 1938년 1월 16일 이후부터 1주일간 서울을 비롯하여 각지에서 지원병에 응모한 현황이다. 1차로 모집하는 지원병은 4백 명이었는데,[21] 서울에서만 2백여 명이 지원할 정도로 호응도가 없지 않았다. 이들은 자발적 지원으로 묘사하고 있지만, 이는 일제의 전장 확산으로 인한 신체 동원에 불과하였다. 이처럼 1938년 1월 중반부터 조선인 지원병 제도가 실시된다는 신문 보도에 응모자가 각지에서 쇄도하였다.

이러한 상황에서 일본 육군성은 1938년 2월 18일 조선지원병제도 실시를 공식 발표하였는데,[22] 조선인 지원병 동원은 6월 1일부터 시작되

---

21) 「志願兵制度を設定四百名を募集, 來る四月實施の豫定」,『조선신문』1938.01.16; 「詮衡은 總督府에서 志願은 警察署로 初年度 四百名을 二期에 採用 實情따라 人員 增加」,『매일신보』1938.01.18.
22) 「朝鮮 志願兵 制度, 十八日 陸軍省 發表」,『조선신문』1938.02.19.

었다.[23] 그동안 논의되었던 조선인 지원병 제도는 '육군특별지원병령'으로 공포되었으며, 시행은 4월 3일이었다.[24] 『매일신보』는 4월 3일부터 시행되는 이 지원병령에 "조선의 청사를 찬연히 빛나게 할 것", "조선 통치사상 뚜렷이 빛나게 될 위업", "내선일체의 성업"으로 선전하였다.[25] 지원병령 공포 이후 기존의 지원병 응모자는 무효로 하였으며 4월 10일까지 다시 모집하였다.[26] 일부 지역에서는 지원병제 설명회 또는 타합회 등을 갖기도 하였다.[27] 지원병 응모는 지원병령 공포 이후에도 지속되었다.

지원병 제도 발표 이후 지원병 응모자가 쇄도하자, 총독부는 응모자의 자격과 주의사항을 발표하였다. 응모자의 자격은 다음과 같다.

1. 연령은 17세 이상 자
2. 신장 160미터 이상으로 육군 신체검사 규칙의 규정에 의한 체격 등위 갑종자
3. 사상견고 체구강건
4. 수업연한 6년의 소학교 졸업자 또는 이와 동등 이상의 학력이 있는 자
5. 행장방정 금고 이상의 형에 처하지 않은 자
6. 입소 및 복역 중 일가의 생계와 가사에 지장이 없는 자[28]

23) 「待望의 志願兵 勅令 四月 三日 公布 豫定, 신무천황제일 기하여 즉일 실시 入所는 六月 一日부터」, 『매일신보』 1938.02.22.
24) 「志願兵制 今日 公布」, 『매일신보』 1938.02.23.
25) 「靑史에 永遠히 빛날 內鮮一體의 結實」, 『매일신보』 1938.02.23.
26) 「지원병의 원서는 다시 제출하라. 종래의 원서는 무효로 4월 10일까지」, 『부산일보』 1938.04.05.
27) 「洪川志願兵制說明會」, 『매일신보』 1938.04.06.
28) 「志願兵 應募者의 資格과 注意事項 今日 正式으로 發表」, 『매일신보』 1938.03.20.

이외에도 지원병 응모자는 본적지 소관 도지사의 추천서, 이력서, 부윤 또는 읍면장의 보증서, 공의의 체격검사표, 호적초본을 첨부해야 하였다. 지원병 선발은 신체검사와 구술시험, 학과시험 등 전형시험을 거쳐 최종 확정하였다. 특히 '신장 160미터 이상'과 '체구강건'은 신체와 직접적인 기준이다. 즉 신체 동원을 위한 최소한 기준을 제시한 것이다.

이와 같은 지원병 동원 즉 전장으로서의 신체 동원에 대해 당시 중추원 참의 윤치호와 최린, 상업은행 대표 박영철은 '황국신민으로써 진정하게 태어나는 희열', '국방의 중대성' 등으로 축하하였고,[29] 대구에서는 강연회를 개최하기도 하였다.[30] 지원병에 응모한 조선인은 마감일까지 2,673명에 달하였다.[31] 지역별로 지원 현황은 〈표 2〉와 같다.

〈표 2〉에 의하면, 지역별 지원병 응모자는 전남이 521명으로 가장 많았으며, 가장 적은 지역은 함남으로 62명이었다. 강원도가 329명으로 두 번째로 많았고, 경기도와 충북·경남·경북 등지는 200명을 넘고 있다. 평균으로 보면 205.6명이다. 이는 모집할 지원병의 7배 정도에 해당하였다. 이들 중 자격 기준에 해당하는 자는 2천여 명 정도였다고 하였다.[32]

---

29) 『조선신문』 1938.04.03.
30) 「志願兵制の講演」, 『부산일보』 1938.04.08.
31) 「志願兵 申請者 總數 二千六百七十三名 十日에 全鮮一齊히 마감 募集 定員의 約 七倍」, 『매일신보』 1938.04.13.
32) 「火い燃ゆ愛國の熱情, 半島青年の志願兵 締切り前日迄に約三千名 約二千名が有資格者」, 『부산일보』 1930.04.12.

〈표 2〉 1938년 1차 전기 지역별 지원병 응모 현황

지역	응모자 수
경기도	236명
충청북도	220명
충청남도	140명
전라북도	102명
전라남도	521명
경상북도	239명
경상남도	266명
황해도	169명
평안북도	99명
평안남도	122명
강원도	329명
함경남도	62명
함경북도	168명
계	2,505명
평균	205.6명

〈표 3〉 부군 단위별 지원병 응모 현황

지역	응모 수	비고
대구	100명	『부산일보』 1938년 4월 13일
김화	10명	『매일신보』 1938년 4월 14일
김천	22명	『조선신문』 1938년 4월 14일
강릉	16명	『조선신문』 1938년 4월 14일
안동	11명	『부산일보』 1938년 4월 14일
청주	25명	『부산일보』 1938년 4월 14일
화천	33명	『매일신보』 1938년 4월 15일
통천	104명	『조선신문』 1938년 4월 15일
창녕	12명	『부산일보』 1938년 4월 16일
고성(경)	7명	『부산일보』 1938년 4월 16일
충주	18명	『부산일보』 1938년 4월 16일
양구	20명	『조선신문』 1938년 4월 18일
정선	9명	『매일신보』 1938년 4월 19일
양산	13명	『부산일보』 1938년 4월 19일

한편 1938년 1차 전기 지원병 응모 중 확인 가능한 부군 단위로는 살펴보면 〈표 3〉과 같다. 〈표 3〉에 의하면 강원도 통천이 104명으로 가장 많았으며, 대구도 100명이었다. 이밖에는 20명 내외가 일반적이었다. 지원병 응모는 지역 경찰서와 군청 등 식민 지배기관에서 적극적으로 지원을 권유하였다. 이들 식민지배기관이 신체 동원에 얼마나 적극적이었는지는 응모자 수를 통해서 확인할 수 있다.

그렇지만 1938년 처음으로 시작한 지원병 모집은 4월 10일까지 기한이었지만 5월 10일까지 연장하였다. 최종적으로 응모한 지원병은 3천 명에 달하였다. 이들 지원병 응모자는 각지에서 앞서 언급한 자격 기준에 따라 신체검사와 시험 등을 거쳐 202명이 선발되었다.[33] 1차 전기에 선

발된 지원병은 〈표 4〉와 같다.

〈표 4〉 1938년 1차로 선발된 지원병 현황

지역	인원	명단
경기	13	許熹 李邦根 姜錫柱 朴熙商 崔德潤 金鍾煥 崔順業 李釬敎 徐商奎 文載赫 李熙龍 朴順在 朴龍來
충북	27	金關洙 崔根成 崔光植 趙白柱 金學聖 崔登龍 李壯喆 閔致九 潘柄錫 朴相晩 朴昌緒 閔丙翼 李仁錫 宋炳天 庚東俊 徐章煥 卞相義 林甲洙 吳丁植 金明培 姜道遠 林昌植 陸東萬 朴官喜 金學模 金斗煥 崔慶綠
충남	7	尹精善 李聖鳳 李鍾能 崔福萬 邊國煥 金成培 姜桂周
전북	9	金成泰 咸淳喆 李奎玉 高岩哲 李長錫 朴昌洙 李鎭岩 金漢植 鄭駿用
전남	47	崔圭俠 丁太鉉 柳文奭 金昌順 安然興 黃四奉 鄭銅岩 吳在松 李哲鎬 文長周 金昇圭 金漢泳 金洪喜 金成閩 朴忠來 李亨洙 趙成基 李啓善 金正義 李炳連 崔桐玘 趙德厚 金榮敎 金快得 金朴泰 李次鍊 姜泰秀 朴魯律 金用均 文在南 金鍾淵 李文載 金東淇 朴秉旭 田道坤 金玉鉉 任守連 金容柱 高在元 李斗庠 姜永採 曹鳳煥 鄭惠夏 崔炳植 金泰坤 李志範 明宗迎
경북	18	金三得 金龍珍 金道榮 金洪柱 全光錫 韓正錫 楊萬錫 金胤時 李重鎬 高始煥 文鍾邨 林重燮 金貴巖 尹聖根 李常鎬 邊海淵 金均五 崔大鎭
경남	19	徐相元 白承吉 朴正奎 嚴東振 姜洙成 金仁祚 李岩雨 鄭鍾泰 白向植 鄭漢國 宋玉石 魯諸相 鄭鎭永 權煥德 林宗浩 崔三柱 李允基 金朱烈 吳富煥
황해	6	洪成龜 朴宗華 朴炳烈 金庚瑞 金寬福 朴永培
평남	8	金光善 李正憲 金春植 喊炳善 金龍石 金璜 具鐸煥 金致彬
평북	9	洪允範 張松靑 李樹芽 金瀅彩 李仁錫 崔泳洙 金亨俊 李龍河 金瀅瑞
강원	28	張夢吉 愼在植 李愚燦 安錫奎 李春澔 尹順鳳 梁慶錫 金奭鍾 林福童 孫繼天 李洛奎 李起東 康才湧 劉永仁 朴武鎬 朴敬遠 金容鐸 李順基 李泰洙 金炫圭 尹鍾綠 金成植 張龍國 具東俊 金興烈 朴鳳英 宣武庚 尹達源
함남	5	吳用福 金秉松 承順龜 李柱槩 韓道洛
함북	6	金光鍊 韓孝權 羅熙淳 郭秉魯 金京桓 金永根
계	202	

---

33) 「초년도 지원병 합격자 발표」, 『매일신보』 1938.06.11.

이 중 경성에서 선발된 지원병은 강석주와 최덕윤 2명이었다. 강석주는 수원 출신으로 수원청년훈련소를 졸업하였다. 그의 선발에 대해 어머니 홍덕순은 "국가를 위하여 나가는 일이어서 기쁘기는 하나 어쩐지 쓸쓸한 생각도 납니다"라고 하면서, 아쉬운 심정을 감추지 않았다.[34]

앞서 살펴본 1938년 지원병 제도 시행 발표 이후 1943년까지 지원병 응모자 수와 실제 입소자 현황은 〈표 5〉와 같다.[35] 〈표 5〉에 의하면, 1943년까지 지원병 지원자는 802,047명이었으며, 이 중 17,664명이 실제 입소하여 동원되었다. 그렇다면 지원병 동원 과정을 살펴보자.

〈표 5〉 조선인 지원병 제도의 동원 지원자 및 입소자 현황

연도	동원 응모 수	동원 입소 수
1938	2,946	406
1939	12,348	613
1940	84,443	3,060
1941	144,743	3,208
1942	254,273	4,077
1943	303,294	6,300
계	802,047	17,664

〈표 5〉에 의하면 동원 입소된 조선인 지원병은 모두 17,664명이었다. 이들은 신체검사 등을 통해 선발되었지만, 곧바로 현역 또는 제1보충역으로 입대하는 것은 아니었다. 조선인 지원병은 6개월간 지원병 훈련소

---

34) 「도대체 기쁜 일」, 『매일신보』 1938.06.11.
35) 近藤劍一 編, 『太平洋戰下の朝鮮及臺灣』(朝鮮近代史料. 朝鮮総督府関係重要文書選集;第1), 朝鮮史料研究会近藤研究室, 1961, 33쪽. 한편 『매일신보』 1938년 2월 19일자에 의하면 지원병 지원자 수는 지원병 모집 규모의 9배나 넘는 3,500명을 돌파하였다고 하였다.

를 수료한 후 일본군에 편입되었다. 결국 일제는 중일전쟁 이후 전장의 확장으로 일본의 전쟁이 아니라 식민지 조선을 위한 전쟁, 나아가 아시아 황인종을 위한 전쟁, 성전으로 호도하고 식민지 조선인을 동원하였다.[36]

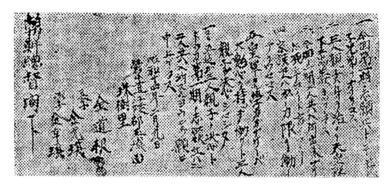

〈그림 1〉 미나미 총독에게 탄원한 지원병의 혈서(『매일신보』 1939년 2월 14일)

한편 일제는 지원병 응모 또는 동원하는 과정에서 애국심 발양 또는 미담, 일화 등을 생산, 선전하였다. 1939년 제2회 지원병 응모 당시 삼부자가 혈서를 써서 미나미(南) 총독에게 탄원을 제출하였다는 일화,[37] 지원병에 선정되자 감격하여 국방비를 헌납하였다는 일화[38] 등 호도된 애국심을 불러일으켰다. 특히 혈서 지원에 대해서 적지 않은 기사를 게재하였다.[39]

36) 이성환, 「聖戰의 眞意義」, 『半島의 光』 47, 1941.9, 4~6쪽. "今次 聖戰의 목적은 東亞 積年의 禍根을 쓸어버리고 東亞 永遠한 안정을 확립하려는 것이니, 실로 이것은 우리 국민의 光榮있는 責務이오. 또한 我 帝國 국민에 대한 일대 시련이다. 이러한 試鍊期에 있어서 그릇된 공산주의, 개인주의, 자유주의를 부숴 버리고 각기 직역에 있어서 奉公의 誠을 다하고 동아 諸 民族을 포용할만한 아량을 키우는 사람이 참으로 금차 사변의 眞意義를 깨달은 사람이라고 할 것이다."
37) 「혈서를 수놓은 애국의 이 단성」, 『매일신보』 1939.02.14.
38) 「지원병 됨에 감격 국방비를 헌납」, 『매일신보』 1938.11.26.

미담의 사례를 하나를 소개하면 다음과 같다. 내용은 좀 길지만, 내용은 다음과 같다.

> 지난 26일 총독부 하촌 보안과장이 경상북도로 출장하여 영천군 영천읍에 들어가서 그곳 경찰서에 응모하는 청년들을 대하게 되었다. 이때 60여 세 가량 되어 보이는 노인 한 분이 과장을 찾아와 "내 아들 5형제를 나라에 바칠 터이니, 다 지원병으로 채용되도록 노력해주시오." 하면서 장기건설을 위하여 조선의 청년도 능히 인적자원으로써 싸워지기를 부탁하였다.
> 이 노인은 영천군 읍으로부터 60리나 떨어져 있는 대창면 대창동에 사는 김용진이라는 노인인데, 제1회 지원병으로 둘째 아들 귀암 군을 보내어 성적도 좋게 훈련을 마치고 지금은 나남 76연대에 가서 당당한 제국군인으로 국방훈련을 받고 있는데, 그 아들로부터 "내선인의 차별 없이 영문에서 군인 노릇을 하고 있다는 것과 총과 칼을 잡고 훈련을 받음에 제국군인으로서의 책임이 과연 중하다"는 편지를 받게 되자, 남아 있는 네 아들도 전부 나라를 위하여 국방의 제일선에 서도록 해달라는 것을 탄원한 것이다.
> 그리하여 현재 농사 짓고 있는 첫째 아들과 학교에 다니는 셋째, 넷째, 다섯째 아들들을 전부 지원병이 되도록 해달라는 것을 간절히 부탁하는 것을 받은 하촌 과장은 그 노인의 열성있는 태도에 오직 감격하였을 뿐 정신적으로 육체적으로 훌륭한 청년을 만든 다음에 여기에 응모하도록 준비하라고 잘 지시하였다고 한다.[40]

위의 글은 5형제를 둔 노인은 둘째 아들이 지원병에 선발되어 나남 76연대에서 훈련병으로 있는데, 나머지 네 명의 아들도 지원병으로 채용해달라는 미담이다. 이러한 미담은 지원병 동원에 대한 우월적 인식을 갖도록 왜곡하고 있다.

---

39) 「남 총독에게 혈서」, 『매일신보』 1938년 1월 21일; 「血書の志願兵志願, 烈烈たるその意氣」, 『조선신문』 1939.02.08; 「斷指血書で陸軍志願兵に成りたい」, 『조선신문』 1939.02.13; 「血書の歎願書, 志願兵應募が生んだ公州郡の美談」, 『조선신문』 1939.02.16.
40) 「내게 아들이 5형제 군국에 바치리라」, 『매일신보』 1939.02.01.

나남 76연대에서 병영훈련을 마친 지원병은 일본 도쿄의 야스쿠니신사를 참배하고 전장으로 배치되었다. 이들은 야스쿠니신사에서 '一死報國'을 맹세하였다.[41] 거창 출신 지원병 이윤기는 殘敵의 소탕전에 참가하기도 하였다.[42]

III. 죽음의 미화와 미담, 미학적으로 승화

전장은 삶과 죽음이 공존하는 공간이다. 살아남은 자는 영광이 기다리고 있지만, 죽은 자에 대해서는 새로운 의미가 부여하고자 하였다. 이는 전쟁을 보다 정의롭게 만들기 위한 명분을 제공하기 위한 방안이기도 하다. 그렇기 때문에 죽은 자 즉 죽음에 대한 미학적 의미를 담고자하였으며, 이를 함께 공유하고자 하였다. 단순한 죽음 아니라 정의로운 죽음으로 미화시키고 승화시킨 것이다. 이에 따라 전쟁 과정에서의 죽음을 '미담'이라는 이름으로 포장되었다.

일제는 만주사변으로 대륙침략을 단행하면서 전장은 점차 확대되었고, 이로 인해 군 병력의 죽음도 늘어날 수밖에 없었다. 즉 전쟁에서 전사자의 발생은 피할 수 없는 상황이었다. 그렇지만 전사자의 죽음은 이른바 후방에서는 추도를 통해 이를 기억하고자 하였다. 1931년 9월 18일 만주사변 직후 전사자 2백여 명이 발생하자 10월 1일 국사관대민구락부 주최로 전사자추도회를 개최하였는데,[43] 조야 유지를 비롯하여 육해군

---

41) 「光榮의 우리 志願兵 一死報國을 盟誓」, 『매일신보』 1939.05.24.
42) 「황군의 일원으로서 소탕전에 참가」, 『부산일보』 1939.06.22.
43) 「만주사변의 전사자 추도」, 『매일신보』 1931.09.30.

대신 등과 관계자가 참여하였다. 이는 전사자를 단순한 죽음이 아닌 국가가 추도를 통해 새로운 인식을 갖도록 하였다.

추도 외에도 전사자에게는 '명예'라는 수식어를 붙였으며, 유골이 귀환할 때는 관민 유지들이 출영하여 맞이하였다. 만주사변 당시 대료하(大遼河)에서 죽음을 맞이한 이들에게 '명예의 전사자'라 불렸으며, 유골이 나남에 도착했을 때는 사단장, 참모장, 도지사 등과 관민들이 출영하였다.[44] 이러한 전사자에 대한 예우는 전쟁에 동원된 조선인에게도 유효하게 활용하였다.

장흥 출신 지원병 조봉환(趙鳳煥)은 전전에서 대퇴부를 관통하는 중상을 당하였는데, 이에 대해 "넙적다리의 전상은 흔히 엎드렸을 때 받은 것이 아니라 돌격할 때 받은 것으로 군은 용감히 싸워준 줄 압니다. (중략) 또다시 싸움터에 나가서 훌륭한 싸움을 싸우도록 격려하려 합니다"[45]라고 하였는 바, 전장으로 동원하는 격려였다. 그리고 이를 '명예의 부상'이라고 하였다.[46] 뿐만 아니라 조선군 보도부 가마 이사오(蒲勳)는 '반도 부인에게 고함'이라는 글을 통해 "자제의 장래를 생각하거든 어서 지원병으로 내보내라"[47]고 신체 동원을 독려하였다.

이처럼 부상 지원병에 이어 전사한 지원병이 발생하였다. 이 역시 '반도인의 영예 지원병 최초의 전사'라고 하였다.[48] 조선인 지원병 중 최초로 죽음을 맞은 이는 이인석(李仁錫)이었다. 이인석은 충북 옥천군 군서면 하동리에서 출생하였으며, 최초로 선발된 육군특별지원병 제1기 출

44) 「명예의 전사자 유골 나남 착」, 『매일신보』 1932.02.07.
45) 「志願兵, 最初의 榮譽: 『大腿骨 貫通 銃傷』 全南 出身의 曺鳳煥 君」, 『매일신보』 1939.07.02.
46) 「曺步兵一等兵名譽의 負傷, 長興出身最初의 志願兵」, 『조선신문』 1939.07.04.
47) 「半島 婦人에게 告함」, 『매일신보』 1939.07.05.
48) 「半島人의 榮譽 志願兵 最初의 戰死」, 『매일신보』 1939.07.08.

신이었다. 충북에서 선발된 27명 중 1인이었다.[49] 그의 죽음에 대한『매일신보』의 첫 보도 내용은 다음과 같다.

7월 7일! 성전은 새로운 감격과 또 하늘이라도 태울듯한 의기를 가지고 두 번째 돌을 맞이하였거니와 이날 반도에 태어난 사나이로써 총칼을 잡고 황군의 한 용사로서 제일선에 나섰다가 흥아의 새로운 여명을 부르며 적탄에 맞아 대륙 건설에 한 개의 주초가 됨으로써 총후 반도의 터질듯한 긴장과 굳센 지킴을 재촉하고 또 내선을 한 덩어리로 제국의 이상 달성에 매진하여 당당한 제국군인으로서 반도 남아의 의기를 뽐낸 이야기가 처음으로 북지전선에서 피어났다.[50]

〈그림 2〉 지원병 이인석 죽음의 첫 기사
(『매일신보』 1939년 7월 8일)

---

49)「초년도 지원병 합격자 발표」,『매일신보』1938.06.11.
50)「半島人의 榮譽 志願兵 最初의 戰死」,『매일신보』1939.07.08.

중일전쟁 2주년 되는 시기, 즉 성전 2주년에 황군의 용사로써 흥아 건
설이라는 제국의 이상을 달성하는 초석이며, 제국군인으로서의 의기를
뽐내는 이야기로 미화시켰다. 더 나아가 그의 죽음의 상황에 대해서도
미담으로 전달하고 있다.

> 제국군인으로서 훈련소에 들어가 굽힘 없는 정신과 튼튼한 몸을 다
> 듬은 후 작년 12월에 훈련을 마치고 일반의 갈망에 어그러짐이 없이 전
> 동포의 환호와 감격 속에 금년 봄 한 사람의 황군으로서 반도의 명예
> 와 간곡한 부탁을 양어깨에 걸머지고 제일선에 나아가 총칼을 잡고 빗
> 발치는 듯 하는 적의 총알 속에 몸을 던져서 산서(山西)의 벌판을 성난
> 사자와도 같이 휩쓸고 있는 중 아깝게도 지난 6월 22일에 적탄을 맞아
> 반도 출신의 특별지원병으로서 처음으로 보는 명예의 최후를 맞아[51]

위의 글에서 보는 바와 같이 이인석은 '빗발치는 총알' 속에 '성난 사자'
와 같이 '휩쓴 반도 사나이'였다. 즉 군인의 상징이며, 용맹의 상징으로
표현하고 있다. 그리고 '육군특별지원병 최초의 영예의 최후'라고 미화하
였다. 이는 앞서 언급한 부상병 조봉환에 명명하였던 '최초의 명예'와 마
찬가지로 '최초의 명예'라고 하였다. 이는 죽음을 미학적으로 표현한 것
이라 할 수 있다. 일본어판 신문『조선신문』은 '장열한 죽음', '반도 영예
의 전사자'라고 그의 죽음에 의미를 부여하였다.[52]『동아일보』역시 그의
죽음에 대해 '지원병 최초의 꽃', '조선인 지원병의 영예' 등으로 의미를
부여하였다.[53]『조선일보』도 '최초의 영예의 전사자'로 표현하였다.[54]

51) 「半島人의 榮譽 志願兵 最初의 戰死」, 『매일신보』 1939.07.08.
52) 「志願兵初의戰死, 李一等兵敵陣に突入」, 『조선신문』 1939.07.08.
53) 「志願兵 最初의 꽃 沃川出身 一等兵 李仁錫君 戰死 朝鮮人 志願兵의 榮譽」, 『동아일
보』 1939.07.08.
54) 「지원병 이인석 군 최초로 영예의 전사자」, 『조선일보』 1939.07.08.

그렇지만 그의 죽음 상황에 대해 『조선일보』는 "6월 하순 황군 용사의 한 사람으로서 전투에 참가하여 22일 ○○의 적진에 돌입 분투하던 중 적탄에 맞아 장렬한 전사를 하였다"라고 하여, 조선총독부 기관지 『매일신보』보다는 미화하지 않은 통상적인 보도 기조를 유지하였다.

이원석의 죽음은 『매일신보』 보도 이후 각종 신문에서 앞다투어 그의 죽음을 보도하였는데, 이를 정리하면 〈표 6〉과 같다.

〈표 6〉 지원병 이인석 죽음과 관련된 보도 현황

번호	기사 내용	비고
1	半島人의 榮譽 志願兵 最初의 戰死, 忠北 沃川 出身의 李仁錫 君	매일신보 1939년 7월 8일
2	優等賞 탄 靑年 訓練所 海田 大佐 談	매일신보 1939년 7월 8일
3	붓방아	매일신보 1939년 7월 8일
4	志願兵初の戰死, 李一等兵敵陣に突入, その壯烈の死こそ半島の譽	조선신문 1939년 7월 8일
5	志願兵 最初の꽃 沃川 出身 一等兵 李仁錫 君 戰死, 朝鮮人 志願兵의 榮譽	동아일보 1939년 7월 8일
6	지원병 이인석 군 최초로 영예의 전사	조선일보 1939년 7월 8일
7	『陣中의 꽃』李君 본받아서 半島同胞 奮起를 懇望, 朝鮮人 志願兵 最初의 戰死에 板垣 陸軍大臣所感談	매일신보 1939년 7월 9일
8	피로 國家에 奉答, 內鮮一體를 具現	매일신보 1939년 7월 9일
9	피로써 진충보국한 표본이 되어 주었다	조선일보 1939년 7월 9일
10	"よくぞやつた"と內鮮官民感激, 志願兵戰死の反響	조선신문 1939년 7월 9일
11	閑題目	조선신문 1939년 7월 9일
12	榮譽의 戰死한 李仁錫 家庭 訪問記	동아일보 1939년 7월 9일
13	愛子 訃告 듣고 泰然 忠靈도 應部 微笑 戰死한 志願兵 李君의 家庭 狀況	매일신보 1939년 7월 11일
14	壯烈李志願兵, 戰死に就て俞知事語る	조선신문 1939년 7월 11일
15	一日一人	매일신보 1939년 7월 12일
16	半島의 愛國熱 沸騰 慰問金과 慰問文이 遝旨, 志願兵의 빛나는 戰死	매일신보 1939년 7월 13일

번호	기사 내용	비고
17	故 李仁錫君 步兵 上等兵에 昇進	동아일보 1939년 7월 13일
18	李仁錫 君의 戰死에 各地에서 弔慰 軍部 爲始 各界 感激	동아일보 1939년 7월 13일
19	志願兵の戰死半島青年を刺戟無名青年から香典	조선신문 1939년 7월 13일
20	內地一女性から感激の手紙	조선신문 1939년 7월 13일
21	이번엔『弔問歌』大阪 有志가 金十圓도 同封 故 李 仁錫 君의 忠勇에 感激	매일신보 1939년 7월 14일
22	志願兵 英靈에 피는 內鮮一體의 꽃! 大阪一 無名 女 性의 感激한 便紙	매일신보 1939년 7월 14일
23	고 이인석 지원병에 최남 씨가 향촉대	조선일보 1939년 7월 14일
24	散華の李志願兵に全國的感激の嵐, 英靈に捧ぐる衷 情!	조선신문 1939년 7월 14일
25	故 李志願兵 靈前에 崔楠 氏가 義金 百圓	매일신보 1939년 7월 15일
26	花岡 畵伯 丹心畵展 故 李仁錫 上等兵 肖像畵도 陳 列 人氣集中 今日 開幕	매일신보 1939년 7월 15일
27	故 李仁錫 君에 또 香奠 一封 贈呈	매일신보 1939년 7월 15일
28	고 이인석 군에 조위금이 답지	조선일보 1939년 7월 15일
29	感激의 續篇, 아우 怨讐 갚고서 兄이 從軍 哀願 故 李仁錫 家의 美談,	매일신보 1939년 7월 16일
30	李君 葬儀 準備 委員會를 結成	매일신보 1939년 7월 16일
31	祖國に殉じた最初の半島志願兵, 祝ふべき死!, 血に 生きたわれらの李仁錫君	국민신보 1939년 7월 16일
32	死後 恩師의 熱情 陸軍志願兵訓練所 田中 敎官, 故 李上等兵의 遺家族을 慰問	매일신보 1939년 7월 18일
33	廢品 판돈으로 故 李仁錫 君 遺族에	매일신보 1939년 7월 18일
34	馬場町靑年團이 李君 香典 寄托 본보 경동지국에	매일신보 1939년 7월 19일
35	中華人도 感激 故 李仁錫 君에 香奠	매일신보 1939년 7월 19일
36	李仁錫 君의 榮譽 弔客 千名 突破 賻儀金도 五百圓	매일신보 1939년 7월 20일
37	故 李郡에 感激 北京의 文昌麟 氏 本社에 廿圓 寄 托	매일신보 1939년 7월 20일
38	群山時局婦人聯盟壯烈李志願兵へ弔慰金	조선신문 1939년 7월 20일
39	故 李君 家族에 또 金一封을 贈呈	매일신보 1939년 7월 21일
40	華川簡易校 生徒들 故 李君 遺族에 金一封	매일신보 1939년 7월 24일

번호	기사 내용	비고
41	內鮮一體를 피로 具現한 李仁錫 上等兵을 映畫化 -畫面에 再現될 君의 生前 面影	매일신보 1939년 7월 24일
42	故 李君에 同情翕然-李應鎬 氏 百圓寄 託	매일신보 1939년 7월 25일
43	故 李仁錫 上等兵에-赤誠 담은 弔慰金-旌善 기생들의 美談	매일신보 1939년 7월 25일
44	故 李仁錫 君의 忠魂에 弔慰金-安城支局에 依賴	매일신보 1939년 7월 26일
45	志願兵最初의 戰死者李上等兵の映畫化	조선신문 1939년 7월 26일
46	靑年 朝鮮 感激 二題-빛나는 "志願兵 어머니" 밤마다 武運祈願-국기 게양탑 앞에 서서 밤마다 옥수 떠 놓고, 鹽原 所長이 改名한 一靑年	매일신보 1939년 7월 27일
47	李志願兵に百圓弔慰金閔大植氏の感激	조선신문 1939년 7월 27일
48	烈烈志願兵の母每日深夜國旗揭揚塔に祈る, 哎き競ふ軍國の佳話	조선신문 1939년 7월 27일
49	志願兵の英靈へ香典を取次ぐ, 精動京城聯盟の試み	조선신문 1939년 7월 27일
50	李志願兵に弔慰金	조선신문 1939년 7월 28일
51	故 李仁錫 君 靈前에 閔大植 氏 百圓 提供	동아일보 1939년 7월 28일
52	故 李仁錫 君에 弔慰金 遝至, 山西 戰線에서 戰死	동아일보 1939년 7월 29일
53	李君遺族へ五十圓贈呈	조선신문 1939년 7월 29일
54	戰死한 李仁錫 君에 弔慰金 百圓을 附送	동아일보 1939년 7월 30일
55	純朝鮮式慰靈祭覺皇寺で執行, 戰死志願兵の母親も遙遙參列, 愛國畫家の快擧!	조선신문 1939년 7월 30일
56	志願兵の英靈을 感激케 하는 가지가지, 思想聯盟 淸州分會 弔慰金을 醵出 附送	매일신보 1939년 7월 31일
57	社說, 李仁錫의 戰死에 對하여	고려시보 1939년 8월 1일
58	戰死 志願兵-遺族에 弔慰-黃海서 飛檄	매일신보 1939년 8월 2일
59	故 李君 遺族에 精動專賣聯盟서 金五十圓을 贈呈	매일신보 1939년 8월 4일
60	故 李君에 香奠, 楊州 金宗煥 氏	매일신보 1939년 8월 4일
61	李仁錫 君에 弔慰金	동아일보 1939년 8월 4일
62	故 李仁錫 君 遺族에 慰問金 五十圓	동아일보 1939년 8월 4일
63	志願兵李仁錫君の生前尋ねて, 陸軍兵志願者訓練所訪問記(一)	조선신문 1939년 8월 4일
64	李君의 戰死에 感激-血書로 感勵文!- 志願兵에 傳達依賴	매일신보 1939년 8월 5일

번호	기사 내용	비고
65	지원병 최초의 명예로운 전사자 이인석 상등병에게 각 방면에서 조문	부산신문 1939년 8월 5일
66	志願兵李仁錫君の生前尋ねて, 陸軍兵志願者訓練所 訪問記(二)	조선신문 1939년 8월 5일
67	蕎麥商組合故李君に弔慰金	조선신문 1939년 8월 8일
68	李上等兵に弔慰金_체신군사후원회	조선신문 1939년 8월 8일
69	故 李仁錫 君에 芙蓉서 弔慰金_정동연맹	매일신보 1939년 8월 9일
70	법주사에서 고 이 지원병 조위금	부산일보 1939년 8월 9일
71	志願兵李仁錫君の生前尋ねて, 陸軍兵志願者訓練所 訪問記(三)	조선신문 1939년 8월 12일
72	고 이인석 상등병 부조금 3천여 원 내선 각지에서 쇄도	부산일보 1939년 8월 13일
73	銃後 美談이 續出 志願兵 活動에 感激	매일신보 1939년 8월 16일
74	故 李仁錫 君에 生徒들이 吊慰金 - 선원소학교	매일신보 1939년 8월 19일
75	'戰死 六日間'의 禁煙!, 富寧水電 勞働者 96名, 故 李上等兵에 吊慰金 贈呈	매일신보 1939년 8월 20일
76	故 李仁錫 君에 弔慰金 贈呈 - 전인묵	매일신보 1939년 8월 20일
77	李志願兵に弔慰金贈呈	조선신문 1939년 8월 20일
78	木工 等의 特志	매일신보 1939년 8월 23일
79	고 이 지원병의 영전에 조위금, 전남 출신 노동자 90명이 진심 어린 편지도 함께	부산일보 1939년 8월 24일
80	이 지원병 유족에 조위금 군산연맹이	부산일보 1939년 8월 24일
81	御歌와 菓子 御下賜, 3勇士의 榮譽 - 忠北道 職員 携行하여 各郡에서 御傳達式	매일신보 1939년 8월 25일
82	고 이인석 상등병에게 조위금 전달 고성군 내 각 연맹에서	부산일보 1939년 8월 25일
83	古釘 모아 賣却 李仁錫 君 吊慰, 日紡 女工들 美擧	매일신보 1939년 8월 29일
84	京城에서 9百圓, 故 李仁錫 遺族에 吊慰	매일신보 1939년 8월 31일
85	勤勞 所得金을 故 李君 遺族에	매일신보 1939년 8월 31일
86	이(李)지원병의 유족에게 조의금; 창원에서 160여 원	부산일보 1939년 9월 6일
87	이인석(李仁錫) 지원병 유족에게 조의금(광주)	부산일보 1939년 9월 6일
88	〈경성전화〉 지원병 이(李)군의 감동이 깊은 장렬한 전사	부산일보 1939년 9월 7일

번호	기사 내용	비고
89	天恩에 恐懼感激, 李仁錫 上等兵과 安軍屬家에 御歌·御菓子를 傳達	매일신보 1939년 9월 8일
90	故 李仁錫 君에게 大田府에서 弔慰金	동아일보 1939년 9월 8일
91	故李志願兵遺族へ弔慰金	조선신문 1939년 9월 8일
92	이인석 상등병; 하순 원대로 무언의 개선, 군민장은 다음 달 상순일까	부산일보 1939년 9월 9일
93	千秋에 빛날 일―海田大佐 談	매일신보 1939년 9월 10일
94	고 이인석 상등병 유족에게 한 병사가 눈물의 조위문; 유 지사 앞에 송부해 오다	부산일보 1939년 9월 15일
95	고 이인석 상등병의 군민장 협의	부산일보 1939년 9월 15일
96	고 이인석 상등병; 27일 무언의 개선	부산일보 1939년 9월 24일
97	비극이 된 이인석 군의 전사	부산일보 1939년 9월 24일
98	散華の志願兵兩君無言の凱旋, 十月二日訓練所で告別式	조선신문 1939년 9월 27일
99	護國英靈 ○○柱 明日無言의 凱旋 志願兵 李仁錫, 李亨洙 兩軍도 함께	매일신보 1939년 9월 27일
100	殉國한 忠魂○○柱 感懷도 깊게 原隊로 두 志願兵英靈도 無言의 凱旋	매일신보 1939년 9월 28일
101	志願兵도 混つて尊き英靈歸還, 秋風爽凉の○○驛	조선신문 1939년 9월 28일
102	고 이인석 상등병에게 모인 조위금; 정상[井上] 연초 이사 외 기타	부산일보 1939년 9월 28일
103	고 이인석 군; 10월 3일 향토 옥천으로	부산일보 1939년 9월 30일
104	故 李仁錫 君 遺族에 大德郡에서 弔慰金	동아일보 1939년 10월 1일
105	英靈도 그리울 所庭에서 最初의 志願兵 告別―三千來賓은 生前의 忠勇을 追憶	매일신보 1939년 10월 3일
106	英靈도 그리울 所庭에서 最初의 志願兵 告別―『感激할 따름』故兩君의 父親 談	매일신보 1939년 10월 3일
107	名譽의 戰死한 두 志願兵 訓練所에서 告別式 千餘 官民代表參席	동아일보 1939년 10월 3일
108	이인석 이형수 양군의 눈물 새로운 고별식	조선일보 1939년 10월 3일
109	瞑せよ英靈, 故兩上等兵の靈を迎へ志願兵訓練所で最初の慰靈祭	조선신문 1939년 10월 3일
110	李仁錫 上等兵 郡民葬 盛大 5千餘名 參集 告別	매일신보 1939년 10월 6일

번호	기사 내용	비고
111	「忠魂天晴志願兵」紙芝居に悔悟の涙, 旣報四銃士へ 龍山署の親心	조선신문 1939년 10월 8일
112	4少年 放免	매일신보 1939년 10월 9일
113	金光 拓相의 溫情－두 志願兵 靈前에 默禱 弔慰金 一封式도 贈呈	매일신보 1939년 10월 10일
114	金光拓相戰歿兩志願兵の靈前に弔慰金	조선신문 1939년 10월 10일
115	金光拓相李仁錫上等兵の遺族を弔問	조선신문 1939년 10월 10일
116	비둘기 같은 가슴속에 志願兵 못지 않은 丹心, 『白衣의 天使』로 뽑힌 두 處女	매일신보 1939년 10월 26일
117	秋谷靑年團에서 故 李君에 弔金	매일신보 1939년 10월 27일
118	李勇士 靈前에 勞働者도 吊慰金	매일신보 1939년 10월 30일
119	故李志願兵奮戰の紙芝居に感激義金	조선신문 1939년 11월 22일
120	輝やく志願兵第三回目の修了式	조선신문 1939년 11월 24일
121	事變下 江原道民의 愛國至誠은 燦然 多彩한 獻金 美談 片片	매일신보 1939년 12월 21일
122	忠靈塔을 建設－內鮮一體 具現, 國民的으로 運動 展開	매일신보 1940년 1월 9일
123	軍門에 맺은 情誼, 歸還 勇士들 故 李仁錫 家 慰問, 志願兵 講演會 盛況	매일신보 1940년 1월 27일
124	燦! 金鵄勳章, 故 李仁錫 上等兵에게 光榮의 極, 破格의 恩典 千秋에 빛나는 "殊勳乙"	매일신보 1940년 2월 10일
125	믿고 있었던 일, 田中主 任敎官 談	매일신보 1940년 2월 10일
126	故 李仁錫 上等兵에 榮譽의 金鵄勳章	동아일보 1940년 2월 10일
127	감격을 새롭게, 고 이인석 상등병 유족의 기쁨	부산일보 1940년 2월 10일
128	社說, 見よ輝く榮譽, 故李仁錫上等兵の武勳を思ふ, 潑剌たる愛國の赤誠に打たる	조선시보 1940년 2월 12일
129	眞に偉勳を偲ぶ, 鹽原訓練所長語る	조선시보 1940년 2월 13일
130	紙芝居に感激し血書して志願兵へ, 江華李少年の意氣	조선신문 1940년 3월 20일
131	故 李上等兵 追慕, 平南 德川郡民의 赤誠	매일신보 1940년 4월 6일
132	感激의 二重奏!, 榮譽의 志願兵 訓練所生 一同 3百 名이 一齊創氏	매일신보 1940년 5월 27일
133	故李仁錫上等兵表忠碑建設期成會, 鄕里沃川有志에 의해 設立	조선신문 1940년 5월 31일

번호	기사 내용	비고
134	燦, 金鵄勳章 故 李仁錫 上等兵의 遺族에게 不日中 傳達	매일신보 1940년 7월 16일
135	故 李仁錫 上等兵에 金鵄勳章을 下賜, 朝鮮人 最初의 榮譽	동아일보 1940년 7월 16일
136	故 李仁錫 上等兵의 金鵄勳章 傳達式, 明日 本府玄關서 擧行	매일신보 1940년 7월 25일
137	故 李仁錫 上等兵에 勳章授與 明日 總督府 支關 옆에서 擧式	동아일보 1940년 7월 25일
138	李仁錫上等兵의 勳章傳達式	조선신문 1940년 7월 25일
139	不朽의 武勳 더욱 燦爛, 光榮의 金鵄勳章 傳達, 今日 南總督臨席下 本府에서 故 李仁錫 上等兵 家族에게	매일신보 1940년 7월 26일
140	故 李仁錫 上等兵의 勳章授與式 擧行 總督府 앞에서 擧式	동아일보 1940년 7월 26일
141	淸州防共劇美人連も 交へ目下猛練習中	조선신문 1940년 8월 13일
142	李仁錫 上等兵을 爲始, 澎湃하는 愛國熱, 愛國翁 李元夏氏도 낳다	매일신보 1940년 10월 23일
143	血書に決意を披瀝, 志願兵志望の給仕君	조선신문 1941년 1월 22일
144	家庭 – 가정과 지원병	매일신보 1941년 4월 17일
145	半島關係九十六柱, 靖國に合祀の新祭神, 李仁錫上等兵も 合祀	조선신문 1941년 9월 20일
146	감격한 귀족 반도사람으로 최초; 이인석 상등병 유족의 감격	부산일보 1941년 9월 20일
147	靖國社頭에 나아갈 光榮의 遺族部隊, 明朝 217名이 京城驛 出發	매일신보 1941년 10월 12일
148	感激 실은 遺族 列車, 李 上等兵 未亡人 等 半島人도 12名	매일신보 1941년 10월 13일
149	社頭 對面 앞두고 遺族 感想	매일신보 1941년 10월 13일
150	遺族列車 東京으로, 今 14日 午後에는 그리운 社頭 對面	매일신보 1941년 10월 15일
151	默默, 神域에 佇立 오직 感激에 嗚泣 御羽車를 奉拜한 半島人 遺族들	매일신보 1941년 10월 16일
152	志願兵締切り迫る, 出でよ第二の李仁錫, 府內各署 受付に大多忙	조선신문 1941년 10월 16일

번호	기사 내용	비고
153	鹵簿奉拜의 感激, 半島人 遺族部隊에 거듭하는 光榮	매일신보 1941년 10월 19일
154	그리운 아버지, 아들과 社頭에 感激의 對面, 150朝鮮遺族部隊 昇殿에 參拜	매일신보 1941년 10월 19일
155	故 李仁錫 上等兵 合祀 記念의 慰靈祭	매일신보 1941년 10월 19일
156	大東亞建設의 礎石, 偉大한 先驅 18軍屬, 半島 靑年은 이 뒤를 따르라, 倉島 情報課長 談	매일신보 1942년 8월 28일
157	지원병 출신의 황취(荒鷲); 고 이인석 상등병과 동기인 강본[江本] 군조	부산일보 1942년 9월 13일
158	畵幅에 再生하는 李上等兵, 山田 畵伯의 力作 李仁錫 上等兵	매일신보 1942년 11월 21일
159	이인석 상병 東京 上野에서 열린 미술 전람회에 출품	경성일보 1942년 12월 1일
160	金鵄勳章의 四勇士, 戰史들 繡 놓은 赫赫한 武勳	매일신보 1942년 12월 9일
161	表彰 받은 23家庭	매일신보 1942년 12월 9일
162	表彰式이 奇緣으로 두 勇士의 慈父邂逅, 李仁錫, 李亨洙 上等兵 父親 交驩 情景	매일신보 1942년 12월 9일
163	金鵄勳章에 빛나는 模範 志願兵 家庭訪問記 ①, 背山臨流의 寒村에, 行人의 望拜받는 李上等兵之墓	매일신보 1942년 12월 11일
164	자명종	매일신보 1942년 12월 13일
165	金鵄勳章에 빗나는 模範 志願兵 家庭訪問記(下), 【李仁錫上等兵篇】	매일신보 1942년 12월 13일
166	敵彈에 不屈코 奮戰壯烈, 志願兵 出身 元 二等兵 戰死, 그 武勳은 千秋에 志願兵 訓練所 岡村 敎官 談	매일신보 1943년 4월 25일
167	英靈이여 기뻐하소서 後輩의 길은 열렸나이다, 靖國에 모신 半島 出身 祭神에 奉告	매일신보 1943년 8월 1일
168	來 26日에 鎭座祭, 李上等兵 以下 半島祭神도 奉祀, 竣工되는 京城 護國神社	매일신보 1943년 11월 25일
169	거듭하는 이 光榮, 感激 말하는 李仁錫 上等兵 未亡人	매일신보 1943년 11월 30일
170	이인석 상등병과 처; 저서를 관내 해당자에게 배포	부산일보 1944년 3월 5일
171	이인석 상등병과 처; 상쾌하게 저서가 완성되다	부산일보 1944년 3월 9일
172	敵愾心을 돕자, 神林 安城署長이 郡民에게 檄	매일신보 1945년 1월 5일

위의 〈표 6〉의 현황은 '국사편찬위원회 한국사 데이터베이스'와 '한국 언론재단 빅카인즈 고신문아카이브'에서 '지원병'과 '이인석'을 검색어로 조사한 것을 토대로 작성한 것이다.

이 현황은 식민지기 한글판과 일본어판 신문의 기사를 망라한 것이지만, 직접 관련이 없는 것은 제외시켰다. 이인석의 죽음과 그 이후 그에 대한 기사는 그의 죽음을 보도한 1939년 7월 8일부터 해방될 때까지 지속적으로 게재되었으며, 무려 172회 정도가 확인된다. 이는 두 번째 전사한 전남 순천 출신 이형수와 비교하면 엄청난 차이를 보이고 있다.[55]

〈표 6〉의 현황을 간략히 살펴보면 크게 네 가지로 분석할 수 있다. 첫째는 지원병 이인석의 전사 즉 죽음에 대한 것, 둘째는 이인석 죽음에 대한 위문 또는 추모와 관련된 것, 셋째는 이인석 무용담을 미화하여 위인화한 것, 넷째는 내선일체의 상징으로 미화한 것 등이다.

첫째는 이인석의 죽음에 관한 것은 반도 청년 출신 지원병으로 처음을 강조하고 있다. 이는 앞에서 언급한 바 있듯이 그의 첫 죽음은 최초의 영예로운 것, 명예로운 죽음, 반도 청사에 빛나는 자랑 등의 수식어로 미화시키고 있다. 이는 단순한 미화에 그치는 것이 아니라 지원병 동원을 위한 방안이기도 하였다.

둘째는 첫 전사자 이인석에 대한 추모와 가족을 위무하는 것이다. 개인 등 지역 유지, 학교 및 학생, 청년단 등 각종 단체, 관청 및 기관장, 정동연맹과 군사후원회 등 관변단체, 노동자와 기생 등 다양한 형태로 그리고 각지에서 이인석의 죽음을 위문하고 조위금 등 헌금을 기탁하였다. 당시 미나미 총독은 1939년 10월 2일 고양 지원병훈련소 고별식에서 조사를 낭독하기도 하였다.[56] 이 고별식에는 총독부 고위 관료와 유지,

---

55) 이형수는 두 번째 전사한 지원병이나. 그에 대한 보도는 30여 회 정도이다.

관민 등 3천여 명이 참석할 정도로 성대하게 진행되었다. 이외에도 유족의 가정방문기를 통해 이인석에 대한 관심을 유도하기도 하였다.

〈그림 3〉 고별식에서 조사를 하는 미나미 총독(조선일보 1939년 10월 3일)

셋째는 이인석의 죽음을 애국심의 고취와 위인화를 도모하고 있다. 이인석의 죽음은 산서성 일대의 전투에서 적탄에 맞아 목숨을 잃었지만, 빗발치는 총탄 속에서 성난 사자와 같이 휩쓴 용맹한 제국군인으로 인식토록 하였다. 이를 통해 지원병이 본받아야 할 모델로, 전장에서의 활약할 기준으로 상정하였다. 그의 장렬한 죽음은 지원병이 갖추어야 할 투철한 애국심을 고취하는 데 활용하고 있다. 특히 그의 죽음은 영화 제작, 영정 제작, 책자 발행 등은 영웅 또는 위인으로 형상화하는데 크게 영향을 미쳤다. 이와 같은 사례를 소개하면 다음과 같다.

---

56) 「이인석 이형수 양군의 눈물 새로운 고별식」, 『조선일보』 1939.10.03.

학교와 가정에서 버림을 받은 나머지 나쁜 영화의 영향을 입어 마침내 영화와 같은 세계를 동경한 끝에 부모의 돈을 훔쳐 가지고 산적이 되려 길을 떠나려는 찰나에 경찰의 보호를 받게 된 중림정 149번지의 김태원(13, 가명) 이하 세 명의 소년에 대하여는 6일 오후 영시 그들의 부형들을 용산서 사법실로 오게 하여 네 소년과 부형에게 금목(今木) 사법주임으로부터 준엄한 훈계가 있은 다음 고 이인석 상등병의 종이광대극(紙芝居)을 보여서 일층 깨친 바가 크게 하였다. 김태원 소년은 눈물을 흘리면서 마음 깊이 뉘우쳐 다음과 같이 말한다.

"아버지가 조그만 잘못 해도 마구 때리며 자꾸 나가라고 그래서 관악산으로나 가려 했지만 이제부터는 아버지 말 잘 듣고 착한 사람이 되겠어요."[57]

위의 일화는 부랑아 김태원이 이인석의 종이광대극을 본 후 착한 사람이 되겠다고 결심한 것이다. 이는 교육적 차원에서 활용한 것이지만, 이인석이 이미 위인으로써의 의미를 지니고 있음을 의미한다. 이외에도 그의 고향에서는 표충비를 건립할 정도로 지역을 대표하는 위인으로 형상화되었다.[58]

뿐만 아니라 이인석을 모델로 하는 강화(講話)도 적지 않았다. 해방 직전 태평양전쟁이 막바지에 이른 1945년 1월 경기도 안성경찰서장 간바야시(神林)는 군민에게 반도인은 적개심이 부족하다고 힐난하고 이인석 호국의 영을 받아 진충보국에 힘쓰자고 신년 소감을 밝힌 바 있다.[59]

넷째는 일제는 이인석을 내선일체의 실천적, 모범적인 인물로 활용하고자 하였다. 1937년 중일전쟁 이후 전장의 확대로 지원병 모집에 발 벗고 나선 일제는 내선일체를 강조하였다. 이에 따라 지원병으로 죽음을 맞은 이인석을 내선일체의 상징적인 인물로 만들었다. 즉 이인석의 죽

---

57) 「四 소년 방면」, 『매일신보』 1939.10.09.
58) 「故李仁錫上等兵表忠碑建設期成會, 鄕里沃川有志により設立」, 『조선신문』 1940.05.31.
59) 「적개심을 돕자」, 『매일신보』 1945.01.05.

음은 내선일체를 피로 구현한 것이었으며, 이를 선전하기 위해 영화로 제작하기로 하였다. 영화 제목은 「장렬 피의 충성」이었으며 제작은 조선문화영화협회, 시나리오는 야마나까(山中) 제작부장, 감독은 이익(李翼)이 각각 담당하기로 하였다. 이익은 이와 관련하여 "조선에서 전쟁영화를 박는다는 것은 이것이 처음이오. 내 자신으로서도 전혀 꿈에도 생각하여 보지 못하던 것이 되어 지금 나는 책임이 중대함을 느낍니다. 재래의 소위 사적인 단편물이 아니라 이것은 좀더 영화적인 모든 조건을 갖춘 8권(卷)의 예술작품으로 이인석 개인의 전기라거나 실전기는 아닙니다"라고 소회를 밝혔다.[60]

일제는 지원병 이인석의 죽음은 미학적 의미를 부여한 것 외에도 조선인 지원병들에게 '진중의 꽃'으로 새롭게 인식시키고자 하였다. 이타가끼(板垣) 육군대신은 다음과 같이 감상담을 밝히면서, 이인석을 본받을 것을 강조하였다.

> 반도 출신의 지원병이 장렬한 전사를 하였다는 말을 듣고 말할 수 없이 감격하였다. 우리도 황국신민의 한 사람이라는 열성에 불타는 지원병 응모자가 1회에는 3천 명, 2회에는 1만 2천 명으로 점차 증가하고 있는 것은 반도 동포의 애국심의 발로인 줄로 안다. 대동아의 신질서를 건설하기 위하여 영예스러운 제국군인으로서 진중의 꽃으로 스러진 이인석 군의 충성에 지지 않게 전 반도 동포가 일층 분기하기를 간절히 바라서 마지않는다.[61]

이인석의 죽음은 '대동아 신질서를 건설하기 위한 영예로운 제국군인으로서의 꽃'이었으며, 이를 통해 식민지 청년들이 분기하여 지원병 응

---

60) 「내선일제를 피로 구현한 이인석 상등병을 영화화」, 『매일신보』 1939.07.24.
61) 「『陣中의 꽃』李君 본받아서 半島 同胞 奮起를 懇望」, 『매일신보』 1939.07.09.

모에 적극 참여를 유도하고 있다. 이는 식민지 청년들의 지원병 응모와 이들을 죽음으로 내몰고자 하는 신체동원 그 자체였다.

조선인 지원병 첫 죽음은 단순한 죽음이 아니라 지역 공동체 의식으로 확장되었다. 옥천군 유림대표는 이인석 유가족을 위문하였으며, 이에 대해 그의 아버지는 "이 이상의 영광은 없다"고 심정을 밝혔다. 이외에도 이인석의 은사였던 충북도 학무과 촉탁 마쓰오(增尾政治)는 '현대 청년의 귀감'이라고 하면서 그와의 회고를 통해 이인석의 모습을 보다 미화하였다.

> 군은 항상 자기의 행동을 반성하여 언제든지 "저의 잘못된 점은 없습니까. 잘못이 있거든 꾸짖어 주십시오"라고 뉘우침에 노력하였으며, "반드시 군인이 되어 내지인과 같은 의기를 가질 수 있다"고 결심하고 (중략) 이와 같은 청년은 아직까지 보지 못한 바로서 진심으로 나의 아들 같이 생각하였으며 (후략)[62]

마쓰오의 기억에는 이인석을 예의 바른 모범 청년이며, 그 누구도 따를 수 없는 아들 같은 존재였다. 뿐만 아니라 마쓰오는 이인석의 편지를 공개하면서 진정한 군인으로서의 이인석을 기억하도록 하였다.

> 저는 육군특별지원병으로 제일선에 나와서 흥아건설에 뜻있는 제국군인의 한 사람으로 용전하고 있음을 감격하오며 있는 데까지의 성의와 노력을 다하여 천황 폐하의 은덕에 보답하려 합니다. 출정 전에 한번 본가에 갔을 때에 선생님에게 들리지 못하였음이 유감이오며, 일단 군인이 된 이상 제국군인으로서의 충성에 다하여 나갈 각오이오니, 안심하심을 바라나이다.

62) 「홍성에 뜨는 편지, 은기의 감격 고교」, 『매일신보』 1939.07.09.

이인석의 죽음은 조선인 지원병의 전범(典範)으로 만들고자 하는 일제의 선전이었다고 할 수 있다. 뿐만 아니라 일제는 이인석의 죽음을 '내선일체의 표상'으로 하기 위해 그에게 금조훈장을 수여하였다. 그리고 이를 '조선인 최초의 영예'라고 선전하였다.[63] 나아가 일제는 이인석을 일본 군국주의 상징인 야스쿠니신사(靖國神社)에 합사하였다. 이어 유가족을 야스쿠니신사를 참배케 하였다.[64] 이처럼 일제는 이인석의 죽음을 철저하게 식민지배정책의 일환으로 활용하고자 하였다.

이러한 일련의 과정을 통해 일제는 이인석의 죽음을 미화하고, 미담을 생산하였다. 이는 미화, 미담 생산을 넘어 그의 죽음이 식민지배정책의 요체인 내선일체를 위한 프로파간다뿐 아니라 숭고하게 인식하도록 하는 미학으로 승화되는 과정을 전형적으로 보여주었다고 할 수 있다.

IV. 맺음말

이상으로 전세체제기 신체동원을 위한 지원병 제도의 실시와 동원과정, 동원된 지원병 중 최초로 죽음을 맞은 이인석을 매개로 하여 식민지배체제에 합당한 미화, 미담 생산과정을 살펴보았다. 이를 정리하는 것으로 맺음말을 대신하고자 한다.

1931년 만주사변, 1937년 중일전쟁, 1941년 태평양전쟁으로 이어지는 전시체제기는 동원의 시기였다. 일제는 만주사변 이후 파쇼적 지배를

---

63) 「故 李仁錫 上等兵에 金瑪勳章을 下賜, 朝鮮人 最初의 榮譽」, 『동아일보』 1940.07.16.
64) 「默默, 神域에 佇立 오직 感激에 鳴泣 御羽車를 奉拜한 半島人 遺族들」, 『매일신보』 1941.10.16.

강화하기 위해 식민 지배기구를 병력 동원에 용이하도록 개편하였다. 전시체제기가 형성되자 일제는 식민지 조선에 총동원 체제를 보다 공고히 하고 인적 물적자원의 수탈을 강화해 나갔다.

일제는 만주사변과 중일전쟁으로 전장이 확대됨에 따라 보충할 병력의 필요성이 제기되고 식민지 조선에서도 조선인 지원병을 요구하는 목소리가 나옴에 따라 보다 이를 적극적으로 수용하고 조선인 지원병 제도를 조속한 시일 내에 실시할 것을 검토한 것이다. 이는 일제의 대륙침략 전쟁으로 식민지 조선인의 신체동원을 요청하는 의미로 볼 수 있다. 이후 급속도로 전개된 전장의 조선인 신체동원은 1938년 들어 본격화되었다. 조선총독부는 17세 이상 입영 기간 2년, 채용 병종은 보병, 실시는 4월, 6개월의 훈련, 조선사단에 분산 편입한다고 밝혔다. 그리고 이를 '조선인의 애국적 정신의 발로'라고 하였다. 뿐만 아니라 지원병을 "조선인에게도 제국 신민으로서의 신성한 권리인 군대 복무의 권리가 부여된 것"이며, "반도 민중의 자랑이요 광영"이라고 의미를 부여하였다. 이처럼 조선인 지원병 제도가 곧 실시한다는 발표에 각지에서 지원병 지원이 쇄도하였다.

일본 육군성은 1938년 2월 18일 조선지원병제도 실시를 공식 발표하였으며, 조선인 지원병 동원은 6월 1일부터 시작되었다. 그동안 논의되었던 조선인 지원병 제도는 '육군특별지원병령'으로 공포되었으며, 4월 3일에 시행되었다. 『매일신보』는 지원병령을 "조선의 청사를 찬연히 빛나게 할 것", "조선 통치사상 뚜렷이 빛나게 될 위업", "내선일체의 성업"이라고 선전하였다.

지원병 선발은 신체검사와 구술시험, 학과시험 등 전형시험을 거쳐 최종 확정하였다. 특히 '신장 160미터 이상'과 '체구건장'은 신체와 직접적인 기준이다. 신체동원을 위한 최소한 기준이었던 것이다. 이러한 기준에 따라 1943년까지 지원병 지원자는 802,047명이었으며, 이 중 17,664명이 실제 입소하고 동원되었다. 이들은 신체검사 등을 통해 선발되었지만, 곧바로 현역 또는 제1보충역으로 입대하는 것은 아니었다. 조선인 지원병은 6개월간 지원병 훈련소를 수료한 후 일본군에 편입되었다. 결국 일제는 중일전쟁 이후 전장의 확장으로 일본의 전쟁이 아니라 식민지 조선을 위한 전쟁, 나아가 아시아 황인종을 위한 전쟁, 성전으로 호도하고 식민지 조선인을 동원하였다.

한편 전장은 삶과 죽음이 공존하는 공간이다. 살아남은 자는 영광이 기다리고 있지만, 죽은 자에 대해서는 새로운 의미가 부여하고자 하였다. 이는 전쟁을 보다 정의롭게 만들기 위한 명분을 제공하기 위한 방안이기도 하다. 그렇기 때문에 죽은 자 즉 죽음에 대한 미학적 의미를 담고자 하였으며, 이를 함께 공유하고자 하였다. 단순한 죽음 아니라 정의로운 죽음으로 미화시키고 승화시킨 것이다. 이에 따라 전쟁 과정에서의 죽음을 '미담'이라는 이름으로 포장되었다.

일제는 1931년 9월 18일 만주사변 직후 전사자 2백여 명이 발생하자 10월 1일 국사관대민구락부 주최로 전사자추도회를 개최하였는데, 조야 유지를 비롯하여 육해군 대신 등과 관계자가 참여하였다. 이는 전사자를 단순한 죽음이 아닌 국가가 추도를 통해 새로운 인식을 갖도록 하였다. 추도 외에도 전사자에게는 '명예'라는 수식어를 붙였으며, 유골이 귀환할 때는 관민 유지들이 출영하여 맞이하였다. 만주사변 당시 대료하에서 죽음을 맞이한 이들에게 '명예의 전사자'라 불렸으며, 유골이 나남에 도착했을 때는 사단장, 참모장, 도지사 등과 관민들이 출영하였다. 이러한 전사자에 대한 예우는 전쟁에 동원된 조선인에게도 유효하게 활용하였다.

조선인 지원병 중 최초의 전사자는 이인석이었다. 이인석은 충북 옥천군 군서면 하동리에서 출생하였으며, 최초로 선발된 육군특별지원병 제1기 출신이었다. 충북에서 선발된 27명 중 1인이었다. 그의 죽음에 대해 일제는 성전 2주년에 황군의 용사로써 흥아 건설이라는 제국의 이상을 달성하는 초석이며, 제국군인으로서의 의기를 뽐내는 이야기로 미화시켰다. 더 나아가 그의 죽음의 상황에 대해서도 미담으로 전달하고 있다. 즉 이인석은 '빗발치는 총알' 속에 '성난 사자'와 같이 '휩쓴 반도 사나이'였다. 즉 군인의 상징이며, 용맹의 상징으로 표현하고 있다. 그리고 '육군특별지원병 최초의 영예의 최후'라고 미화하였다.

이인석의 죽음은 조선인 지원병의 전범으로 만들고자 하는 일제의 선전으로 활용되었다. 이는 이인석의 죽음에 대한 당시 신문 기사로도 확인되고 있다. 그의 죽음은 1939년 7월 8일부터 해방될 때까지 지속적으로 게재되었으며, 무려 172회 정도가 확인된다. 기사의 내용은 크게 네 가지로 분석할 수 있다. 첫째는 지원병 이인석의 전사 즉 죽음에 대한 것, 둘째는 이인석 죽음에 대한 위문 또는 추모와 관련된 것, 셋째는 이인석 무용담을 미화하여 위인화한 것, 넷째는 내선일체의 상징으로 미화한 것 등이다.

이러한 일련의 과정을 통해 일제는 이인석의 죽음을 미화하고, 미담을 생산하였다. 이는 미화, 미담의 생산을 넘어 그의 죽음은 식민지배정책에 정당하였을 뿐 아니라 숭고하게 인식케 하는 미학으로 승화되는 과정을 그대로 보여주었다고 할 수 있다.

참고문헌

1. 자료

『每日申報』,『東亞日報』,『朝鮮日報』,『朝鮮新聞』,『京城日報』,『朝鮮時報』,『釜山日報』,『高麗時報』.

2. 저서

近藤劍一 編,『太平洋戰下の朝鮮及臺灣』(朝鮮近代史料. 朝鮮総督府関係重要文書選集;第1), 朝鮮史料研究会近藤研究室, 1961.

3. 논문

공임순,「전쟁 미담과 용사: 제국 일본의 동일화 전략과 잔혹의 물리적 표지들」,『상허학보』30, 상허학회, 2010.

이성환,「聖戰의 眞意義」,『半島의 光』47, 1941.9.

조　건,「일제 말기 조선 주둔 일본군의 '전쟁미담' 생산과 조선인 군인 동원」,『한일민족문제연구』31, 한일민족문제학회, 2016.

표영수,「일제강점기 육군특별지원병제도와 조선인 강제동원」,『한국민족운동사연구』79, 한국민족운동사학회, 2019.

4. 인터넷 자료

국사편찬위원회 한국사데이터베이스(https://db.history.go.kr/)

한국언론진흥재단 빅카인즈 고신문 아카이브(https://www.bigkinds.or.kr/v2/news/oldNews.do)

재일조선인 역사 속 한국전쟁의 재난적 성격 검토

재일조선인의 심신의 건강과 관련하여

김 인 덕

I. 머리말

인류의 역사는 태반이 전쟁이 없는 시대였다. 전쟁이 집단끼리 서로 부딪쳐서 많은 사람을 죽이는 것이라고 하면 전쟁의 증거는 방어의 마을, 무기, 시체, 무덤, 벽화 전쟁의 장면 등을 들고 있는데, 역사적으로는 이런 조건을 갖춘 것은 농업이 시작된 이후라고 한다. 구체적으로는 인류의 역사 400만 년 중 전쟁이 있었던 것은 최근 1% 정도라고 한다.[1] 국제정치에서는 전쟁의 원인을 주로 세 가지로 나누어 설명할 수 있다. 첫째는 인간 자신을 그 이유로 본다. 둘째는 개별 국가의 성격에 집중한다. 셋째는 인간이나 국가가 아니라 국가들이 모인 국제체제의 성격이라고 한다.[2]

이런 전쟁의 담당자는 군대이다. 군대에 의한 대규모 희생은 전쟁의

---

1) 토다 키요시 저, 김원식 옮김,『환경학과 평화학』, 녹색평론사. 2003, 190~191쪽.
2) 구대연,「인간과 전쟁: 정치학자가 본 전쟁」,『전쟁과 의학』, 허원미디어. 2013, 20쪽.

공업화의 결과이고,[3] 한반도의 전쟁에서는 1950년 한국전쟁을 거론할 수밖에 없다.

한국전쟁은 내전적 성격의 국제적이다. 이 전쟁의 의미는 국제정치와 정치학적인 의미에서 나아가 경제, 사회, 문화 등의 영역과 최근에는 다양한 연구가 진행되고 있다. 그리고 건강과 관련한 영역도 진행되고 있다. 한국전쟁 동안 전염병은 1950년 1만 5409건, 1951년 16만 9952건, 1952년 9510건, 1953년 6654건이었다.[4] 1950년부터 1953년 4년 동안 총 191,525건이었다. 여기에서 1951년에 대비 1952년에 그 수치가 줄어든 것은 백신의 접종과 위생 프로그램의 효과라고 한다.[5] 주요 전염병은 장티푸스, 두창, 발진티푸스, 이질, 뇌염이었다. 이들 전염병이 발생한 까닭은 피난민 정책과 국민방위군의 강제동원과 남하가 그 이유이고 이런 측면에서 보면 특정 시기, 특정 지역에서 급속도로 퍼진 전염병은 사회적 질병이라고 할 수 있다.[6] 이와 함께 집단적인 학살[7]이 있었던 것도 사실이다.[8]

---

3) 토다 키요시 저, 김원식 옮김, 『환경학과 평화학』, 녹색평론사. 2003, 8쪽.

4) 이임하, 『전염병 전쟁』, 철수와 영희, 2020, 89쪽.

5) 예를 들어 1950년 12월 현재 발진티푸스 예방접종을 받은 사람은 140만명이었다고 한다(이임하, 『전염병 전쟁』, 철수와 영희, 2020, 125쪽).

6) 일반적으로 질병은 생물학적인 사실이면서 사회적 사실이다(이임하, 『전염병 전쟁』, 철수와 영희, 2020, 95쪽).

7) 전갑생, 『한국전쟁과 분단의 트라우마: 새로운 자료, 다른 시각』, 선인, 2012, 참조.

8) 한국전쟁은 남북한 모두에게 치명적 타격을 주었다. 군인과 민간인을 합하여 남북한 약 280~370만 명 정도의 인명 피해가 발생하였다. 피난과 이념에 따른 인구 이동도 광범위하게 나타났다. 물적 피해의 경우, 남한 제조업은 1949년 대비 42%가 파괴되었고, 북한은 1949년 대비 공업의 60%, 농업의 78%가 파괴되었다. 밀고 밀리는 전쟁에서 가족과 헤어진 사람은 1천만 명에 이르렀다. 이산가족이 생겨났고 고아가 많아졌다. 전쟁미망인과 상이군인도 급증하였고, 생존을 위해 거리를 헤매는 사람들이 많았다. 국토는 황폐화되고 많은 산업 시설이 잿더미가 되면서, 농업 생산이 어려워져 식량부족이 극심하였고 공업 생산량도 크게 줄어들었다. 도시에는 실업자가 늘어났고, 농촌에서는 하루 3끼 식사조차 힘든 농가가 전체의 1/2이었다(김인덕 외 저, 『역시 한국사』, ㈜지엔피에듀, 2018, 425쪽).

316 전시와 건강, 전쟁과 생명

인위적 재난은 진정한 재난이다.[9] 한국현대사 가운데 인위적 재난의 대표적인 것으로 한국전쟁이다.

이런 한국전쟁에서는 재일조선인[10] 사회의 정치가 반영된 일이 발생했다. 재일조선인의 참전과 반대이다. 1950년 한국전쟁은 비극으로 재일조선인 사회에 재난이었다.[11] 제노사이드와 트라우마를 겪고 있던 그들에게 또 다른 질곡이었다. 기존의 재일조선인의 재난과 트라우마의 역사 연구[12] 속에서는 한국전쟁과 관련한 연구는 대부분 논외였다. 단지 건국대학교 통일인문학연구사업단과 조선대학교 재난인문학연구사업단의 관련 시론적 연구가 있다.[13]

본 연구는 재난의 한국전쟁 속 재일조선인의 트라우마를 역사적 사실에 근거해 논의해 보고자 한다. 이를 위해 먼저 1945년 이후 한국전쟁 이전 재일조선인 역사 속의 재난사를 고찰하고 이에 기초해 한국전쟁을 통한 재난의 역사적 실상을 확인하겠다. 재일조선인은 분단된 한반도 정치에 직접 개입했고, 심신의 건강에 물질적, 육체적 타격을 받았다. 한

---

9) 린메이마오, 「재난에 맞서 철학은 무엇을 하는가?」, 『재난인문학 연구 어떻게 할 것인가?』, 역락, 2021, 321쪽.

10) 본고는 일본에 사는 한민족을 재일조선인으로 통칭한다.

11) 윤건차는 이후 남북의 자국 이익의 정치가 관통되었다고 본다(윤건차, 「식민 지배와 남북 분단이 가져다준 분열의 노래」, 한일민족문제학회 엮음, 『재일조선인 그들은 누구인가』, 삼인, 2003, 16쪽).

12) 김인덕, 「일제시대 재일조선인사 속의 '탄압과 박해'에 대한 연구」, 『강원인문논총』(15), 2006. 6, 김인덕, 「일본 우익과 재일코리안의 역사: 제노사이드와 트라우마를 통해 보기」, 『일본학연구』(36), 동국대학교 일본연구소, 2013. 5, 엄찬호, 「역사와 치유: 한국현대사의 트라우마를 중심으로」, 『인문과학연구』(29), 강원대학교 인문과학연구소, 2011. 6.

13) '코리안'을 역사적 트라우마라는 개념으로 설명하는 시도로 다음을 참조(건국대학교 통일인문학연구단, 『코리언의 역사적 트라우마』, 선인, 2012). 이 연구는 개별 지역의 디아스포라사를 통한 트라우라 사례 보기를 구술을 통해 시도하고 있다. 한국사회의 재난의 역사를 융합적 관점에서 고찰하는 노력을 조선대학교 재난인문학연구사업단이 진행하고 있다(김성훈 외, 『재난 시대의 철학』, 역락, 2022).

국전쟁은 재일조선인의 또 다른 자기 극복의 다양성이 나타나는 지점이라고 할 수 있다. 본고는 한국전쟁 속 재일조선인의 모습을 통해 인간의 건강과 '인간 대상화'의 한계도 고찰해 보겠다. 일본 사회 가운데 인권의 사각지 속 재일조선인 모습을 한국전쟁기에도 확인은 가능하다.[14]

II. 제노사이드와 트라우마 속 재일조선인의 재난: 1945~1950년 시기

1. 전후 재일조선인의 트라우마

재난의 역사 속 트라우마는 역사의 전개 과정에서 생산된다. 그것은 억압과 폭력에 의해 생산된 역사적 정신질환이다. 이 트라우마[15]의 체험은 경험의 이전과 다른 삶의 질을 규정한다.[16]

한국현대사에서는 여러 형태의 트라우마가 존재한다. 분단으로 인한 트라우마, 그리고 한국전쟁과 이산의 트라우마, 이데올로기의 대립으로 인한 트라우마, 민주화 투쟁 과정의 트라우마 등을 거론할 수 있다.[17]

---

14) 문제는 아직도 재일조선인은 트라우마 속의 존재라는 현실이다. 재난의 유토피아는 재일조선인의 현실과는 다소 거리가 있다고 보인다.

15) 의학적으로 트라우마(trauma), 즉 외상 후 스트레스 장애이다(폴 콘티 지음, 정지호 옮김, 『트라우마는 어떻게 삶을 파고드는가』, 푸른숲, 2022, 54쪽). 뇌의 혈관이 막히거나 터지는 것 같은 병은 아니지만 공포라는 심리적 충격이 뇌에 세포 단위의 물리적 변화를 일으키고 이후 지속적으로 병증이 몸에 나타난다.

16) 폴 콘티 지음, 정지호 옮김, 『트라우마는 어떻게 삶을 파고 드는가』, 푸른숲, 2022, 332쪽.

17) 김인덕, 『재일조선인의 역사와 일상』, 선인, 2020, 39쪽.

이와 함께 역사적으로 볼 때 근대 한국에서도 제노사이드가 발생했다.[18] 1945년 이전에 일제에 의한 제노사이드로는 일본군의 동학농민군과 의병을 비롯한 민간인 학살, 3·1 운동 과정에서 무차별 총격으로 희생된 민간인의 실태, 1923년 관동대지진 당시 일제가 자행한 조선인에 대한 대학살, 1920년 일본군이 간도 전역과 연해주 지역에서 행한 민간인 학살 등을 들 수 있다.

이러한 역사적 트라우마는 개인에게는 삶의 어두운 상처와 고통의 흔적으로 각인되어 지워지지 않고, 과거가 현재의 삶에 지대한 영향을 미쳐 현재의 삶에 커다란 장애를 일으키고 있다. 그리고 국가나 민족, 공동체에게도 과거의 상흔이나 역사적인 흔적이 정리되지 않을 때는 건전한 현재도 창의적인 미래도 있을 수 없게 한다.[19]

국내적 상황과 달리 일제강점기 식민지민으로서 도일한 '조선인'은 다른 민족의 이주와 달랐고 1945년 이후 일본에서 정착과정도 달랐다. 그리고 생존의 방식도 달랐다. 이들은 생존과 투쟁의 역사를 피차별 속에서 창출했다. 특히 1945년 일제의 패전은 동아시아의 식민지였던 민족에게 새로운 시대의 개막으로 다가왔다. 일본에 살았던 재일조선인에게 그것은 해방민으로서 새로운 삶의 계기였다. 그러나 재일조선인은 한동안 혼란을 겪어야 했다. 귀국해야 할지 그대로 일본에 남아 살아야 할지, 선택이 쉽지만은 않았다. 그러한 와중에 재일조선인은 일본 정부와 GHQ의 정책적 통제의 대상이 되었던 역사도 있다.[20] 이것이 전후 재일조선인 트라우마의 시점이라고 할 수 있다.

---

18) 제노사이드의 모습으로 1945~1950년 시기 남한의 공산주의자들이 타자화되는 과정을 정리한 글도 있다(김태우, 「제노사이드의 단계적 메커니즘과 국민보도연맹사건」, 『동북아연구』(40), 조선대학교 동북아연구소, 2015, 171~206쪽).

19) 김정현, 「니체의 역사치료학」, 『범한철학』 제35집, 범한철학회, 2004. 159쪽.

20) 김광열, 『한인의 일본이주사 연구』, 논형, 2010, 5쪽.

1945년 이후 재일조선인은 해방과 함께 귀국을 선택했다. 귀국한 재일조선인과 일본에 정주하는 재일조선인이 나타나기 시작했다. 특히 정주하는 재일조선인은 또 다른 트라우마를 경험하게 된다. 재일조선인이 대항한 차별은 정주화 과정을 넘어 현실 일본을 통해 경험한다. 그것은 재일조선인이 외국인이 되면서부터이다.

　　패전 직후 일본은 재일조선인을 외국인 등록령에 의해 '당분간' 외국인으로 간주했다. 일본은 샌프란시스코조약에 의거해서 재일조선인에게 확정적으로 일본 국적을 박탈시킨다. 즉, '포츠담선언의 수락에 따라 발하는 명령에 관한 건에 기한 외무성관계 명령의 조치에 관한 법률' 제2항 제6호에서 '샌프란시스코강화조약으로 인해 국적을 이탈한 자들로서 재류 자격이 결정될 때까지 계속 재류 자격 없이 일본에 재류할 수 있다'고 하여 3년마다 재류허가 기간을 갱신하는 의무를 부담시켰다.

　　이렇게 재일조선인은 한일 간에 국교가 회복되기 전까지 3년마다 재류 기간을 갱신해야 하는 외국인이 되었다. 그리고 정식 외교 관계 아래에서 보호를 받을 수 없는 무보호 상태에서 10년 이상을 생존했다.

　　그런가 하면 분단된 한반도의 현실은 또 다른 트라우마를 재일조선인에게 경험하게 하는 사건이 발생했다. 1955년 2월 이후 북한은 재일조선인의 귀환,[21] 이른바 '북송'을 추진했던 것이다. 이 사건은 이후 한반도 차원의 일상을 넘은 트라우마적 모습을 보여주었다. 이들 재일조선인의 '북송'은 캘커타 협정에 의해 1959년 12월부터 시행되었고, 1984년 7월까지 단속적으로 지속되었다.[22] 캘커타 협정에 의한 '북송'은 1959년 12월 14일부터 실행되었고, 1961년까지 총수 약 7만 명이 이미 북한으로 귀국

---

21) 1955년 이후 재일조선인이 북한으로 간 사건을 귀환, 북송, 귀국이라고 혼용한다.
22) 진희관, 「재일동포의 '북송'문제」, 『역사비평』(61), 역사비평사, 2002(겨울), 80~95쪽.

했다. 그 뒤로도 1년 단위로 갱신을 거쳐, '북송'은 1967년 10월 20일까지 시행되었다. 같은 해 12월 22일에 긴급조치에 의한 일시 귀국이 있었지만, 북한과 일본 사이의 협정에 의한 귀국은 종료되었다고 할 수 있다. 이후인 1971년 5월 15일부터 동년 10월 22일까지 잠정조치에 의한 귀국, '북송'이 재개되었다. 아울러 사후조치로서 같은 해 12월부터 1984년 7월 25일까지 다시 진행되었던 역사가 있다.

이러한 '북송'문제에 있어 재일조선인 사회는 한 가운데 있었다. 북한행을 선택한 사람과 북한행을 저지하는 사람으로 재일조선인은 나뉘었다. 이러한 사건의 근저에는 일본 내 법률적인 무보호 상태에서 일본 정부가 재일조선인을 방기해서 나타난 현상이었다. 그리고 1965년 한일회담을 통해 국적을 선택하는 길로 귀결되어 갔다.[23]

현실적으로 재일조선인의 일상은 트라우마적 존재의 본질을 보여주는데 투쟁을 통해 자주적인 극복의 길을 시도했다. 그것은 지문날인제도에 대한 투쟁과 승리라고 할 수 있다. 재일조선인에게 있어 법률적인 제한은 지문날인제도를 통해 인권문제로 확대되고 재생산되었다.[24] 이 제도는 1955년부터 실시되었는데, 외국인에 한정해서 정기적으로 지문날인을 강요했다. 제도적으로 일본에서 지문날인은 외국인의 인권을 부당하게 억압하는 제도였다. 이 제도는 1980년 9월 10일 한종석의 지문날

---

23) 한일회담의 결과로 체결된 1965년 한일기본조약 가운데 4개의 협정 중에는 '재일교포의 법적 지위와 대우에 관한 협정'이 들어 있다. 이에 따라 한국이 정식 국적으로 인정되었고, 재일조선인은 국적을 선택해야 했다(이성, 「한일회담으로 보는 박정희 정권의 재일동포정책: 귀화와 영주권을 중심으로」, 『성대사림』 33, 2009. 6, 293~326쪽). 이후 '조선' 국적으로 교육이나 취업 등 여러 가지 면에서 차별을 받고, 살던 특별 영주자들은 점차 한국 국적을 취득하기 시작했다. 그 숫자도 점차 늘어나게 되었다. 물론 재일조선인 가운데 '조선적'으로 남는 사람도 있었다.
24) 지문날인철폐운동의 전반적인 과정은 다음의 책을 참조(최선애 지음, 박창희 옮김, 『내 나라를 찾으시. 이느 지문 날인 기부의 피탄』, 기성이 샘, 2005).

인 거부로 외국인등록법 위반으로 고소당하는 일로 발생했다. 이후 재일조선인 사회 내부에서 지문날인을 거부하는 운동이 나타나기 시작했다. 1993년 1월 8일 외국인등록법이 개정되면서 지문날인을 하지 않게 되었다. 그리고 1998년 8월에는 외국인 등록법에서 지문날인을 규정하는 항목이 사라지고 서명으로 대신하는 것으로 바뀌었다.

재일조선인은 정주로 인한 각종 트라우마를 겪으면서 동시에 일본 문화의 충격에서도 항상 적극적으로 대응하는 존재로 살아가고 있다. 동시에 이들은 국제화를 표방하면서도 민족적 정체성을 중시하는 한국과 일본의 정치 속에서 존재하고 있다.[25]

2. 재일조선인 민족교육과 제노사이드: 1948년 한신교육투쟁

한국현대사 속의 제노사이드로는 제주4.3사건, 여순사건 그리고 한국전쟁, 광주민주화운동 등을 들 수 있다. 이러한 역사를 만들어냈던 주체는 민간인의 학살을 넘어 일시적이나마 강력하게 독재 권력을 유지하기도 했다.

이런 현대사 속의 제노사이드[26]를 경험했던 재일조선인은 전술했듯

---

25) 재일조선인의 관점에서 볼 때, 한국의 현대 정치의 주요 사건 즉, 해방 이후 제주4.3사건, 한국전쟁, 열악한 경제상황, 독재정치 등은 재일조선인에게 일본 거주를 강제했다. 한편 1945년 이전에 도일한 재일조선인 '올드 커머'에게 일본은 이전과 다른 선택된 이주지였다. 동시에 재일조선인의 집거지인 조선촌은 일제강점기 트라우마의 공간이었다. 이와 함께 반일운동의 중심 공간, 민족교육의 공간이기도 했다. 1945년 해방과 함께 조선촌은 새로운 한일 간의 공간, 재일조선인의 발신지가 되기에 충분했다. 그 이유는 역사성 때문이다. 최근까지 조선촌은 트라우마의 공간으로 존재한다. 각종 정치세력의 중심 공간이 바로 이곳이기 때문이다(梁永厚, 『戰後・大阪の朝鮮人運動: 1945~1965』, 未來社, 1994, 92쪽). 결국 분단 트라우마의 표상으로 작동한다.
26) 제노사이드(genocide)란 특정 집단을 절멸시킬 목적으로 그 구성원을 대량 학살하는 행위를 말한다. 인종을 나타내는 그리스어 'genos'와 살인을 나타내는 'cide'를 합친 것으로 '집단학살'을 뜻한다.

이, 1945년 일본의 패전 이후 '북송' 문제와 함께 일상에 주목하기 시작했다. 그리고 다음 세대를 대상으로 하는 민족교육에 관심을 갖기 시작했다. 결국 일본 정부와 GHQ는 일본 내의 조선인 교육을 부정하고 탄압을 자행했다. 여기에 대해 재일조선인은 재일본조선인연맹[27]을 중심으로 전면적인 투쟁에 나섰다. 이것의 정점이 1948년 한신교육투쟁(阪神敎育鬪爭)이었다.[28] 이를 통해 재일조선인은 경험하지 않아도 되는 제노사이드를 당하게 되었다.

1948년 4월 24일 한신교육투쟁의 직접적인 계기는 민족학교 폐쇄라는 탄압에 있었다. 단순히 민족학교 폐쇄를 투쟁의 계기로만 설명할 수는 없다. 1948년 4월 한신교육투쟁은 준비된 조직 역량과 민족적 열망에 대한 일본 정부와 GHQ의 탄압 때문이었다. 특히 여기에는 미국의 극동 전략이 작용하여 보다 조직적인 탄압이 자행되었다.[29] 그리고 신속하게 진행되었다.[30]

이 과정에서는 군사 법정이 열렸고 관련된 재일조선인과 일본인이 탄압을 받았다. 희생자가 나왔다. 김태일과 박주범이 죽었다.[31] 그들의 죽음은 1948년 한신교육투쟁을 단순히 민족학교 폐쇄에 대해 반대한 것만이 아니었다는 것을 입증했다.

당시 죽음의 사건이 일어났을 때 희생자 김태일은 16세였다. 그는 여

---

27) 이하 조련으로 약칭한다.
28) 1948년 한신교육투쟁의 진행 과정은 다음의 글을 참조한다(김인덕, 「재일조선인 민족교육 운동에 대한 연구: 재일본조선인연맹 제4·5회 전체대회와 한신(阪神)교육투쟁을 중심으로」, 『사림』(26), 수선사학회, 2006).
29) 김경해 저, 정희선, 김인덕, 주혜정 역,『1948년 한신교육투쟁』, 경인문화사, 2006, 152~154쪽.
30) 김덕룡,『바람의 추억』, 선인, 2009, 114쪽.
31) 김태일과 박주범에 대해서는 다음을 참조(김인덕,『재일조선인 민족교육 연구』, 국학자료원, 2016).

섯 살에 아버지도 여의고 후세(布施)시 자유 상인 시장에 살면서 초등학교 4학년 때부터 가족의 생계를 책임지고 살던 소년이었다. 그는 가족들에게는 인민대회에 안 간다고 안심시켜 놓고, 친구들에게는 '또 녀석들이 우리들의 학교를 없애려고 하고 있기 때문에 오늘 인민대회에서는 누가 희생되더라도 투쟁하자'라고 말하며 적극적으로 투쟁에 나섰다.

1948년 한신교육투쟁 당시 또 다른 희생자는 박주범이다. 그는 1927년 일본으로 건너가서 아시야(芦屋)에 살면서, 재일조선인 사이에서 신망이 두터웠던 인물이었다. 아라이구미(新井組)라는 회사를 설립하여 토목업을 했고, 1945년 해방 전에는 마을회의 의원을 두 번이나 지냈다. 해방 후인 1945년 조련 한신(阪神) 지부장으로 2년 후에 효고현(兵庫縣) 본부위원장으로 활동했다. 그는 재일조선인을 도와 취직 알선, 일시 귀국할 때의 신분 보증인 등을 도맡았다. 그리고 '동포'들의 재판에 적극적으로 나섰던 인물로 한신교육투쟁을 지도했다.

그런가 하면 미군의 재일조선인에 대한 집단적인 탄압은 법정에서 진행되었다. 1948년 4월 24일 오후 11시 30분, 고베(神戶) 일대에 미 점령군에 의한 최초의 비상사태가 고베 헌병대사령부의 이름으로 선언되었다.[32] 즉 고베 기지사령관 피어슨 메노아 대장에 의해 고베 기지 관내의 고베, 아시야(芦屋), 니시노미야(西宮), 코난(甲南), 나루오(鳴尾)에 비상사태가 선언되었다. 이 비상사태 선언은 미군의 일본점령 동안 유일하게 선포된 것이었다. 동시에 고베 시경과 효고현 경찰본부는 4월 25일 3시 50분에 관내의 모든 경찰관에 비상소집 명령을 내렸다. 고베 시경에서 약 2,500명, 현경에서 500명, 모두 3,000명이 동원되어 각 관청과 시내 중요한 곳마다 경비를 배치했다. 이른 새벽부터 일본인 또는 조선인을

---

32) 김경해 저, 정희선, 김인덕, 주혜정 역, 『1948년 한신교육투쟁』, 경인문화사, 2006, 71쪽.

막론하고 시민의 행동을 규제했다. 특별히 선발된 경관에 의해 몇 개의 별동대를 만들어, 이들로 하여금 MP의 안내역, 검거보조대의 역할을 하게 했다. 이 별동대가 이후 기동경찰대, 경찰예비대 또는 보안대로 발전했고, 지금의 자위대가 되었다고 한다.

문제는 협상 이후 무차별 검거가 즉, 제노사이드가 진행된 것이다. 4월 26일 무차별 검거가 시작되었다.[33] 새벽부터 호리가와(堀川) 시의회 의원을 비롯한 공산당원, 각 노동조합 간부 133명이 체포되었다. 이후 체포자는 효고현에서만도 1,732명에 달했다.

미군은 전면적으로 재일조선인을 탄압을 했다. 1948년 4월 26일 오전 9시 30분, 미군 제8군 사령관인 아이켈바카 중장은 이타미(伊丹) 공항에 도착하여 고베 기지로 갔다. 그리고 마중 나온 기지사령관 피어슨 메노아 대장, 헌병사령관 슈미트 중령, 또한 기시타 지사, 고테라 시장, 이치마루 검사정 등과 함께 기지 안에서 기자 회견을 열었다[34]. 그들의 논리는 '조선인'의 행위는 점령군의 점령정책과 점령 보장에 반대한 것이기 때문에, 그 관계자를 군사재판에서 처벌했다. 수천 명의 체포자는 제노사이드로 인해 피해를 당해야만 했다. 조선인 8명, 일본인(공산당원) 1명 등 A급은 9명으로 군사위원회 재판에 회부가 되어 각각 중노동 11년 이상의 형에 처해졌다. B급 12명은 일반군사 재판에 회부되었다. C급 52명은 지방재판소의 재판에 회부되었다.[35]

1948년 한신교육투쟁을 통해 재일조선인 사회는 단련되었다. 제노사이드를 통한 집단 기억은 이후 조련의 조직적인 대응이 진행되었다. 그리

---

33) 김경해 저, 정희선, 김인덕, 주혜정 역, 『1948년 한신교육투쟁』, 경인문화사, 2006, 75쪽.
34) 김경해 저, 정희선, 김인덕, 주혜정 역, 『1948년 한신교육투쟁』, 경인문화사, 2006, 77~79쪽.
35) 金太基, 「'戰後'在日朝鮮人問題の起源: SCAPの對在日朝鮮人政策 1945~1952年」, 一橋大學大學院 博士論文, 1996, 388쪽, 참조.

고 교육비의 현실적 문제를 주목하는 계기로 작용했다. 동시에 재일조선인에게 민족과 인권 사이의 상호배타성을 인지하는 단초가 되었다. 민족을 지키는 것이 바로 인권을 지키는 것으로 귀결되기 시작했다. 재일조선인의 민족교육은 재일조선인 자체의 관점이 존재하게 되었다.

1948년 한신교육투쟁은 재일조선인의 상징적인 재난이었다. 1955년 재일본조선인총연합회[36]의 결성 이후 민족교육 활동은 트라우마적 속성을 그대로 보여준다. 이것은 민단계의 경우도 특별히 차별적이지 않다고 생각할 수도 있다. 그것은 민단계와 총련계로 민족교육이 진행되기 때문이다.

III. 한국전쟁과 재일조선인의 재난

1. 재일학도의용군과 참전과 제노사이드적 모습

재난의 역사 제노사이드와 트라우마를 경험하며 살아온 재일조선인에게 한국전쟁은 또 다른 재난의 현장이 되었다. 한국전쟁이 일어나자 재일조선인은 움직이기 시작했다.

재일조선인은 1950년 한국전쟁이 발발하자 신문 호외 등을 통해 조국의 위기를 알게 되었다. 그들은 식민지 아래에서 나라를 잃은 설움과 차별을 누구보다 느끼고 있었던 사람이었다. 이들 사이에서 또다시 조국을 잃을 수 없다는 목소리가 나타났다. 국군 장병과 피난민들에게 보낼

---

36) 이하 총련으로 약칭한다.

위문품과 성금 모금, 의약품 지원이 진행되었다. 그리고 한국전쟁 자체
도 반대했다. 한반도의 격변은 재일조선인 사회에 그대로 이어졌다. 한
국전쟁으로 재일조선인은 또다시 나누어졌다.

재일조선인 사회는 서로가 서로에게 상처를 주었다. 전쟁이 진행되는
과정이 일본에 알려지면서 일부는 인민군의 승리를 축하하는 자리를 마
련해 갈등을 일으키기도 했다.[37] 이에 반해 재일본조선거류민단 쪽은
확대간부회의를 통해 '조국 돕기 운동'을 전개했다. 1950년 6월 30일 민
단 확대간부회의는 다음을 결정했다.[38]

> 1) 민단은 전국 청년학도의 자원병을 조국전선에 파견한다.
> 2) 전선 장병과 피란민에게 구호물자와 위문품 보내기 운동을 전개
>   한다.
> 3) 매일같이 준동하는 공산진영의 파괴공작에 대비하여 조직을 한층
>   더 견고히 하고 수호한다.

이렇게 상황이 진행되어 한국전쟁에 참전하는 재일조선인이 존재했
다. 일반적으로 이들을 재일학도의용군이라고 한다.[39] 도쿄(東京), 오사
카(大阪), 규슈(九州) 지역의 15개 학교에서 유학 중이던 학생들을 중심
으로 자원 입대자들이 모였다. 신체검사 등을 통해 최종 선발된 642명이
었다.[40] 이들은 1진부터 5진까지 나뉘어 한국전쟁에 참전했다.[41]

---

37) 재일학도의용군동지회, 『재일학도의용군 6·25전쟁 참전사』, 재일학도의용군동지회,
   2020, 105쪽.
38) 재일학도의용군동지회, 『재일학도의용군 6·25전쟁 참전사』, 재일학도의용군동지회,
   2020, 108쪽.
39) 재일학도의용군의 주요 활동은 다음을 참조(재일학도의용군동지회, 『재일학도의용
   군 6·25전쟁 참전사』, 2020, 재일학도의용군 나라사랑기념관 홈페이지(http://www.
   koreansvjmemo.or.kr/).
40) 7월까지 747명이라고도 한다(재일본대한민국거류민단, 『민단40년사』, 재일본대한민
   국거류민단, 1987, 68쪽).

흥미로운 기록으로 9월 8일 참전을 위해 모인 자리에서 자원입대를 한 경우이다.[42]

> 1950년 9월 8일 도쿄 스루가다이호텔에서는 이른 아침부터 수많은 재일동포들이 모여들기 시작했다. 이날은 바로 한국전쟁에 참전하는 재일동포 청년학생들이 도쿄 인근의 사이타마현 아사카에 있는 미8군 보충훈련소로 입대하는 날이었다. ―가족과 지인들이 모여들었고, 출정식이 열리는 스루가다이호텔 앞에는 이미 미군 트럭 네 대가 도착해 있었다. 출정식은 주일한국대표부 김용주공사의 격려사로 시작했다. "병역의 의무도 없는 재일동포 청년학생들이 오로지 조국을 위해 학업과 생업을 중도에 포기하고 현해탄을 넘어 조국 땅으로 달려가는 호국정신에 대해서 깊은 감명을 받았으며,― 영웅주의적인 생각을 버리고 서로 합심하여 끝까지 잘 싸워서 조국을 지키고 반드시 살아서 돌아오십시오." 흰색 와이셔츠와 검은색 양복바지 차림에 사각모를 눌러 쓴 젊은이들은 삼삼오오 모여 서로 다독이거나 기합을 넣어주기도 하고 가족과 흐느끼기도 하였다. ―김성욱은 가슴 한 구석이 꽉 막히는 느낌을 받았다.― 자원 출정하기로 결심했다. 어머니께 미처 연락도 드리지 못한 채 즉석에서 내린 결정이었다.

이들 재일학도의용군은 우선 9월 16일 인천상륙작전에 참전했다.[43] 그리고 장진호 전투, 백마고지전 등에 참전했다. 미 7사단과 함께 재일학도의용군 1진도 인천으로 들어 왔다. 당시 고학력자가 대부분이었던 재일학도의용군은 한국 지형을 잘 몰랐던 미군을 돕기 위해 주로 통역과 안내를 맡는 요원으로 활동했다. 인천상륙작전으로 북한군은 급격히

41) 『在日同胞 6·25 韓国戦争参戦史』, 在日同胞 6·25 韓国戦争参戦史編集委員会, 2004, 참조.
42) 「취재 현장에서 입대한 기자 김성욱 씨 이야기」, 재일학도의용군 나라사랑기념관 홈페이지(http://www.koreansvjmemo.or.kr/), 참조.
43) 재일학도의용군동지회, 『재일학도의용군 6·25전쟁 참전사』, 재일학도의용군동지회, 2020, 159쪽.

와해가 되었다. 이후 투입된 재일학도의용군 중에는 원산을 거쳐 함흥, 나진까지 진격하고 압록강 일대까지 진격한 이들도 있었다. 하지만 중국군의 기습 참전으로 전장은 다시 혼돈에 빠졌다. 약 2주간 치열하게 전개된 장진호 전투에서는 미 7사단에 배치됐던 재일학도의용군 80여 명이 실종, 희생되었다. 고지전은 참혹했다고 기록되어 있다. 철의 삼각지대를 지키는 전략 요충지였던 백마고지를 사수하기 위해 치열하게 맞붙었던 고지전은 근접 전투로 승패를 가려야 했다. 한국전쟁 동안 재일학도의용군이 참전한 주요 전투는 다음과 같이 정리할 수 있다.[44]

1950년	9월	인천상륙작전
1950년	10월	원산, 이원상륙작전
1950년	11월	풍산, 갑산, 혜산진 탈환작전
1950년	12월	임진강, 고랑포작전
1950년	12월	흥남 철수작전
1951년	5월	중동부 춘계 공세작전
1951년	10월	중동부 지구 작전(일명 김일성 고지 탈환작전)
1952년	10월	백마고지 전투
1953년	3월	저격능선 전투, 금화지구 전투

재일학도의용군 중에는 일본으로 돌아갈 기회가 있었지만 끝까지 조국 전선에 남아 싸우기를 원했던 사람도 있었다. 이들은 초급장교를 배출하던 육군종합학교 제22기로 입교해 다시 전장으로 돌아가 끝까지 목숨 바쳐 싸우기도 했다.

1953년 유엔군과 북한군 사이에 휴전 협정이 맺어지고 전장을 울리던 총성과 포성이 멈추었다.[45] 전쟁이 멈추고 일본에서 건너온 참전자들은

---

44) 재일학도의용군동지회, 『재일학도의용군 6·25전쟁 참전사』, 재일학도의용군동지회, 2020, 159~322쪽.

전역 후 당장 갈 곳이 없어졌다. 휴전 1년 전인 1952년 미국과의 샌프란 시스코조약으로 주권을 회복한 일본 정부가 재일학도의용군들의 국적을 문제 삼으며 생존자 507명의 입국을 거부당했다.

집으로 돌아갈 길이 막혀 버린 재일학도의용군 생존자들은 부산 초량동의 사찰인 소림사(小林寺)에 머물면서 다시 귀국길이 열리기만을 기다렸다.[46] 이들 중 국적 문제가 해결되어 일본에 있는 가족 품으로 갔다. 그리고 학교로 돌아간 이들도 있었다. 상당수의 재일학도의용군은 귀국이 거부되었다.[47] 이것이 전쟁의 역사 속 재일조선인의 또 다른 모습이다.

재일학도의용군은 3년 동안의 한국전쟁에서 국군과 미군 각 부대에 배속되었다. 이들 재일학도의용군은 642명 중 전사자 52명, 전시실종자 83명으로 총 135명이 전사했다.[48] 그들은 자진 참전했지만 가족을 보지 못하고 전장에서 산화했다.

2. 재일조선인의 전쟁 반대

1) 스이타(吹田)사건

재일조선인이 한국전쟁에 대응한 또 한 가지의 모습이 전쟁 반대였

---

45) 재일학도의용군 나라사랑기념관 홈페이지(http://www.koreansvjmemo.or.kr/), 참조.
46) 재일학도의용군동지회, 『재일학도의용군 6·25전쟁 참전사』, 재일학도의용군동지회, 2020, 325쪽.
47) 재일학도의용군을 한국 사회는 '애국자' 혹은 '희생자'라는 균열을 드러내며 유동하는 존재로 인식한다(정호석, 「재일학도의용군은 어떻게 기억되는가」, 『일본학』 55, 동국대학교 일본학연구소, 2021, 277~303쪽).
48) 재일학도의용군동지회, 『재일학도의용군 6·25전쟁 참전사』, 재일학도의용군동지회, 2020, 456쪽.

다. 스이타(吹田)사건은 바로 상징적인 일이었다. 1952년 6월 24일~25일 사이에 일본 노동자와 학생, 그리고 재일조선인이 오사카부(大阪府) 스이타시(吹田市)에서 한국전쟁에 협력하는 것에 반대해서 일으킨 사건이 스이타사건이다. 전술했듯이 한국전쟁 기간 재일조선인의 모습에는 전쟁에 반대한 사람들이 존재했다.

한국전쟁 기간인 1952년 6월 24~25일 일본 노동자와 학생, 그리고 재일조선인이 오사카부(大阪府) 스이타시(吹田市)에서 한국전쟁에 협력하는 것에 반대했다.[49] 일본공산당 오사카부위원회가 이 사건을 계획했다.[50]

당시 한국전쟁 발발 2년째인 1952년 6월 24일 밤에는 도요나카시(豊中市)의 오사카대학 북교 교정에서 오사카부 학련(學連) 주최로 '조선동란 2주년 기념 전야제·이타미(伊丹) 기지 분쇄, 반전·독립의 밤'이 열렸다. 이 자리에는 약 1,100명이 참가했다. 시위대는 이곳에서 군수열차를 부수는 거사를 일으켰다. 밤 12시가 지나자 집회 참가자 일부는 게이한신(京阪神) 급행 전철 이시바시역(石橋驛)에 막차를 대신할 임시 전철의 편성을 요구했다. 동시에 별동대인 이른바 야마고에(山越え)부대가 동쪽으로 향해 우익 사사가와 료이치(笹川良一)의 집을 화염병으로 습격했다. 그리고 야마다무라(山田村)에서 전철부대와 합류해 국철 스이타 조차장으로 향했다. 약 900명의 시위대는 스사노오신사(須佐之男神社) 앞에서 스이타시 경찰의 저지선을 돌파하고, 스이타 조차장 구내를 25분간 시위 행진했다. 스이타역에서 경관이 권총을 발사하자 시위대는 화염병으로 응전했고, 53명이 중경상을 입었다.[51]

49) 西村秀樹, 『大阪で闘った朝鮮戦争: 吹田·枚方事件の青春群像』, 岩波書店, 2004(니시무라 히데키 지음, 심아정 외 옮김, 『'일본'에서 싸운 한국전쟁의 날들: 재일조선인과 스이타사건』, 논형, 2020, 31쪽).

50) 니시무라 히데키 지음, 심아정 외 옮김, 『'일본'에서 싸운 한국전쟁의 날들: 재일조선인과 스이타사건』, 논형, 2020, 73쪽.

스이타 사건은 피고인의 수가 많았다. 제1회 공판 때 79명이었다. 일본 경찰은 소요죄와 업무방해죄 등의 용의로 300여 명을 체포, 111명을 기소했다. 이 가운데 40%인 50명이 재일조선인이었다. 당시 변호인단은 "헌법 옹호를 위해 행진하던 시위대를 경찰이 부당하게 습격한 사건"이라고 반박했다. 1953년 7월 29일 제29차 공판이 있었다. 당시 재일조선인 강순옥은 재판정에서 "7월 27일 합의된 휴전을 축하하며 전쟁 때 스러진 희생자를 위해 묵념하자"고 제안했다. 이 말이 떨어지자마자 피고인들은 일제히 묵념을 했다. 이른바 '스이타 묵념' 사건이 일어나기도 했다.[52] 일본 법정의 판결은 다음과 같다.[53]

> 오사카 지방재판소는 1963년 6월 22일 소요죄, 업무방해죄에 대해서는 무죄로 판결을 했다. 그리고 15명에게 폭력 행위 등으로 유죄 판결을 내렸다. 이후 1968년 7월 25일 오사카 고등재판소는 소요죄는 무죄로, 46명에게는 업무방해죄로 유죄 판결을 내렸다. 여기에 대해 피고 5명이 상고했다. 결국 최고 재판소는 1972년 3월 17일 상고를 기각했다. 그리고 소요죄 무죄가 확정되었다. 재판은 19년이 걸렸다.

오사카 지방재판소는 1963년에는 소요죄, 업무방해죄에 대해서는 무죄, 15명에게 폭력 행위 등으로 유죄 판결을 내렸다. 1968년에는 같은 재판소에서 소요죄는 무죄로, 46명에게는 업무방해죄로 유죄 판결을 내렸다. 일본 최고재판소는 1972년 상고를 기각, 소요죄 무죄가 확정되었다. 같은 행위에 대해 무죄와 유죄가 확정되는 흥미로운 판결이 내려졌다.

---

51) 「스이타사건」, 국제고려학회일본지부 재일코리안사전편집위원회 저, 정희선 · 김인덕 · 신유원 역, 『재일코리안 사전』, 선인출판사, 2012, 218쪽.
52) 니시무라 히데키 지음, 심아정 외 옮김, 『'일본'에서 싸운 한국전쟁의 날들: 재일조선인과 스이타사건』, 논형, 2020, 104~106쪽.
53) 「스이타사건」, 국제고려학회일본지부 재일코리안사전편집위원회 저, 정희선 · 김인덕 · 신유원 역, 『재일코리안 사전』, 선인출판사, 2012, 218쪽.

당시를 회고하는 김시종은 군수 열차 운행 중지와 이타미 기지 기능 마비를 위해 일으킨 대규모 시위였다고 그 역사적 의미를 적극적으로 부여했다.[54] 한국전쟁 당시 미 공군은 이타미 기지에서 B29를 한국으로 보냈다. 일본 국내에서 제조된 무기 탄약이 국철 스이타 열차 조차장에 집약되었고, 이것이 고베항으로 보내져서 한국으로 수송되었던 것은 역사적 사실이다.

2) 히라카타(枚方)사건

재일조선인의 한국전쟁 반대 사건으로 스이타사건과 연계한 히라카타(枚方)사건이 있다.[55] 히라카타사건은 1952년 6월 24일 일본 오사카 히라카타 시내에 있는 육군 조폐창을 일본 공산당과 재일조선인이 습격한 사건이다.

제2차 세계대전 이후 육군 조폐창 히라카타(枚方)제작소는 GHQ에 접수 물건으로 지정되어 대장성 긴키(近畿) 재무국이 관리하고 있었다. 1952년 4월에 GHQ의 점령이 끝나고 히라카타제조소는 고마쓰(小松)제작소에 이양되었다. 고마쓰제작소는 미군으로부터 대량의 무기를 수주하고 있었다. 일본 정부로부터 정식적으로 인도받기 이전부터 조폐창의 사용 허가를 받아 무기 생산을 개시하였다.[56] 그 규모는 당시 동양 최대였고, 육군의 대구경, 중구경 포탄의 70%를 제조했다. 여기에 일본에서 한국전쟁을 반대하던 세력인 일본공산당과 재일조선인은 저항했다. 즉,

---

54) 金時鐘, 『朝鮮と日本に生きる』, 岩波書店, 2015, 266~267쪽.
55) 「히라카타사건」, 국제고려학회일본지부 재일코리안사전편집위원회 저, 정희선·김인덕·신유원 역, 『재일코리안 사전』, 선인출판사, 2012, 492쪽.
56) 한국전쟁 때 일본은 '전투기지'이자 '생산기지'였다(남기정, 『기지국가의 탄생: 일본이 키른 한국전쟁』, 서울대학교출판문화원, 2016, 430쪽)

재일조선인 3명을 포함한 행동대원이 폭탄제조용 펌프에 시한폭탄을 장치했으나 1발은 폭발, 그리고 1발은 불발되었다.[57]

1952년 6월 24일 오후 8시경 히라카타(枚方)공원 주변에서는 '한국전쟁 발발 2주년 기념 전야제'가 열렸는데 약 100여 명이 모였다. 전야제를 마친 후 고마쓰제작소 관련 인물의 자택을 습격하기로 하고 죽창과 곤봉을 만들기 위해 부근 야산으로 들어가 대나무 등을 잘라서 준비했다. 1952년 6월 25일 2시경에 습격할 인물의 집에 도착하여 현관에 화염병을 던져서 가옥의 일부를 태웠다. 차고에도 화염병을 던져 차고와 승용차를 불태우고 도주했다. 자택을 습격당한 인물은 오사카의 운송 회사 사장으로 히라카타제작소의 인수 대상이었으나, 이름의 성이 고마쓰였기 때문에 고마쓰제작소의 관계자로 오인되어 사건의 표적이 되었다.[58] 폭파사건과 방화미수 사건이 히라카타사건의 핵심적인 축이었다.[59]

1952년 6월 24일 밤 "산을 넘는 부대"까지 조직했던 이 반전시위는 저자 니시무라 히데키(西村秀樹)의 집요한 추적 끝에 거의 시간대별로 생생하게 살아났다.[60] 이 사건에 대해 일본 법정의 정리방식과 결과는 다음과 같다.[61]

오사카지방 검찰청은 모두 98명의 사건 관계자를 체포했다. 체포자 중에 65명을 방화 미수, 공무 집행 방해죄, 폭발물 취급 위반 등의 용

---

57) 「히라카타사건」, 국제고려학회일본지부 재일코리안사전편집위원회 저, 정희선 · 김인덕 · 신유원 역, 『재일코리안 사전』, 선인출판사, 2012, 492쪽.
58) 「히라카타사건」, 세계한민족문화대전(http://www.okpedia.kr), 참조.
59) 니시무라 히데키 지음, 심아정 외 옮김, 『'일본'에서 싸운 한국전쟁의 날들: 재일조선인과 스이타사건』, 논형, 2020, 83쪽.
60) 니시무라 히데키 지음, 심아정 외 옮김, 『'일본'에서 싸운 한국전쟁의 날들: 재일조선인과 스이타사건』, 논형, 2020.
61) 「히라카타사건」, 세계한민족문화대전(http://www.okpedia.kr), 참조.

의로 기소하였다. 기소 이후 오사카지방 재판소는 1959년 11월 29일
피고인 57명 가운데 6명을 제외한 51명에게 유죄 판결을 내렸다. 그리
고 공폐창 폭파사건으로 7명에게 실형 판결을 내렸다. 재판은 최고 재
판소에서도 심의되었지만 1967년 9월 16일 42명의 상고를 기각하고
형이 확정되었다.

히라카타(枚方)사건과 관련하여 긴 기간의 법정 공판이 있은 이후 관
련자는 유죄 판결을 받았다. 한국전쟁의 본질과 별도로 제도적 장치에
의해 당시 참가자들은 법적인 책임을 당했다. 이렇게 일본 사회는 국민
의 저항권을 정당하게 보지 않았다. 당시 일본 사회와 검찰의 히라카타
(枚方)사건 관련자의 법적 처리는 인권의 문제를 논의하게 만드는 역사
를 기록하고 있다.

IV. 맺음말

일제강점기 이후 최근까지 재일조선인은 존재하고 있다. 이들의 문제
는 일본과 한국 사회 속에서 제노사이드, 트라우마적 존재임은 분명하
다. 단순히 위안부, 강제연행, 소수자 차별의 문제 등을 언급하지 않아도
이것은 역사적 사실이다. 이들 재일조선인은 식민지적 상황에서 경험하
게 된 제노사이드와 1945년 패전 이후 일본 내 존재하는 국가 통치 아래
발생하는 각종 트라우마, 제노사이드를 경험했다.
특히 남북한의 분단은 현재 재일조선인 사회를 규정하는 왜곡의 틀로
작용하고 있다. 아울러 일본의 국가 폭력에 의한 트라우마와 한국, 북한
정부에 의한 트라우마가 공존하는 것이 재일조선인이 처한 현실이다.

이런 재일조선인에 대한 차별은 한반도, 한국, 한국 사람과 무관한 것이 아니었다. 그리고 이런 사건은 한민족 전체에 대한 멸시와 차별의식으로 귀결되고 있다.

역사적으로 볼 때, 온정 어린 생각과 행동, 비폭력, 배움을 통해 얻는 지식에 대해서 책임 의식을 가져야 한다. 이렇게 인간이 인식할수록 트라우마에 맞서는 노력은 효과를 더할 수 있다고 생각한다.[62] 이런 관점에서 필자는 재일조선인 재난의 일상과 민족교육의 역사를 넘어 한국전쟁 속에서 트라우마를 인식하는 것은 진정으로 유의미하다고 생각한다.

실제로 인간의 삶에는 트라우마를 넘는 현실의 죽음과 전쟁, 이런 이중적 정치 구조는 분명 유의미하게 존재한다. 이런 가운데 인간은 존재함으로 자신의 자존적 가치가 있다고 할 수 있다. 인간은 살아가는 것이 그 무엇보다 중요하다. 트라우마가 아닌 전쟁은 죽음이었다. 인권을 넘은 생존권의 문제가 전쟁 속에 기록되어 있다. 이런 가운데 한국전쟁에 참전한 재일조선인은 전장의 죽음을 경험했다.

한국전쟁에 참전하는 재일조선인도 존재했고, 참전에 반대하는 사람도 있었다. 참전을 희망하는 사람은 도쿄, 오사카, 규슈 지역에서 학생들을 중심으로 모였다. 신체검사 등을 통해 최종 선발된 642명이 선발되었다. 이들은 1진부터 5진까지 나뉘어 한국전쟁에 참전했다. 재일학도의용군 중에는 일본으로 돌아갈 기회가 있었지만, 마지막까지 조국 전선에 남아 싸우기를 원했던 사람도 있었다. 전쟁을 반대, 참전이 아닌 반대한 사람들이 존재했다.

스이타시에서 한국전쟁 기간인 1952년 6월 24~25일 일본 노동자와 학생, 재일조선인이 전쟁에 협력하는 것에 반대했다. 당시 '조선동란 2주

---

62) 폴 콘티 지음, 정지호 옮김, 『트라우마는 어떻게 삶을 파고드는가』, 푸른숲, 2022, 326쪽.

년 기념 전야제·이타미기지 분쇄, 반전·독립의 밤'이 열렸다. 이후 시위대는 군수 열차를 타격했다. 이 사건을 일본 최고 재판소는 1972년 3월 17일 상고를 기각, 재판은 19년이 걸렸다.

같은 1952년 6월 24일 일본 오사카 히라카타시에 있는 육군 조폐창을 일본 공산당과 재일조선인이 습격이 습격했다. 잘못된 테러로 피해를 보는 사람이 발생한 히라카타사건은 1967년이 되어서야 관련자의 형이 확정되었다.

인권이 유린된 속 제노사이드가 발생했던 전쟁 중인 한반도를 바라보며 전쟁을 반대하던 재일조선인과 일부의 진보적 일본 사회는 법정 공방을 벌렸다. 그것은 이후 일본 사회의 치부를 보여주는 또 하나의 모습이라고 생각한다.

재일조선인은 일본 사회 속 소수자로서 차별의 상징이었다. 역사적 사실의 나열이 아니라 개인적인 경험과 통찰을 통해 재일조선인에 대한 차별이 일본에서 일상화되어 재난을 경험했고, 또한 여기에는 한반도 정치와 한반도의 정치적 변화가 작용했다. 트라우마와 제노사이드를 경험한 재일조선인은 사회적 유대와 자유도 다소나마 느끼기도 했던 것은 부정할 수 없다.[63] 한국전쟁은 바로 확인되는 트라우마와 제노사이드 역사이다. 재일조선인은 트라우마와 죽음을 경험하고 현재도 존재하고 있다.

---

63) 레베카 솔닛 지음, 정해영 옮김, 『이 폐허를 응시하라』, 펜타그램, 2017, 125쪽.

참고문헌

1. 저서

국제고려학회일본지부 재일코리안사전편집위원회 저, 정희선 · 김인덕 · 신유원 역, 『재일코리안사전』, 선인출판사, 2012.

김광열, 『한인의 일본이주사 연구』, 논형, 2010.

김덕룡, 『바람의 추억』, 선인, 2009.

金時鐘, 『朝鮮と日本に生きる』, 岩波書店, 2015.

김인덕, 『재일조선인 민족교육 연구』, 국학자료원, 2016.

김인덕 외 저, 『역시 한국사』, ㈜지엔피에듀, 2018.

김인덕, 『재일조선인의 역사와 일상』, 선인, 2020.

김성훈 외, 『재난 시대의 철학』, 역락, 2022.

남기정, 『기지국가의 탄생: 일본이 치른 한국전쟁』, 서울대학교출판문화원, 2016.

니시무라 히데키 지음, 심아정 외 옮김, 『'일본'에서 싸운 한국전쟁의 날들: 재일조선인과 스이타사건』, 논형, 2020.

레베카 솔닛 지음, 정해영 옮김, 『이 폐허를 응시하라』, 펜타그램, 2017.

西村秀樹, 『大阪で鬪った朝鮮戦争: 吹田 · 枚方事件の青春群像』, 岩波書店, 2004.

이임하, 『전염병 전쟁』, 철수와 영희, 2020.

재일본대한민국거류민단, 『민단40년사』, 재일본대한민국거류민단, 1987.

재일학도의용군동지회, 『재일학도의용군 6 · 25전쟁 참전사』, 재일학도의용군동지회, 2020.

전갑생, 『한국전쟁과 분단의 트라우마: 새로운 자료, 다른 시각』, 선인, 2012.

최선애 지음, 박창희 옮김, 『내 나라를 찾아서: 어느 지문 날인 거부의 파문』, 지성의샘, 2005.

토다 키요시 저, 김원식 옮김, 『환경학과 평화학』, 녹색평론사. 2003.

폴 콘티 지음, 정지호 옮김, 『트라우마는 어떻게 삶을 파고드는가』, 푸른숲, 2022.

2. 논문

김인덕, 「일제시대 재일조선인사 속의 '탄압과 박해'에 대한 연구」, 『강원인문논총』 (15), 강원대학교 인문학연구소, 2006. 6.

김인덕, 「재일조선인 민족교육 운동에 대한 연구: 재일본조선인연맹 제4·5회 전체대회와 한신(阪神)교육투쟁을 중심으로」, 『사림』(26), 수선사학회, 2006.

김인덕, 「일본 우익과 재일코리안의 역사: 제노사이드와 트라우마를 통해 보기」, 『일본학연구』(36), 동국대 일본연구소, 2013. 5.

金太基, 「戰後'在日朝鮮人問題の起源: SCAPの對在日朝鮮人政策 1945~1952年」, 一橋大學大學院 博士論文, 1996.

김태우, 「제노사이드의 단계적 메커니즘과 국민보도연맹사건」, 『동북아연구』(40), 조선대학교 동북아연구소, 2015.

구대열, 「인간과 전쟁: 정치학자가 본 전쟁」, 『전쟁과 의학』, 허원미디어, 2013.

린메이마오, 「재난에 맞서 철학은 무엇을 하는가?」, 『재난인문학 연구 어떻게 할 것인가?』, 역락, 2021.

엄찬호, 「역사와 치유: 한국현대사의 트라우마를 중심으로」, 『인문과학연구』(29), 강원대 인문과학연구소, 2011. 6.

윤건차, 「식민 지배와 남북 분단이 가져다준 분열의 노래」, 한일민족문제학회 엮음, 『재일조선인 그들은 누구인가』, 삼인, 2003.

이 성, 「한일회담으로 보는 박정희 정권의 재일동포정책: 귀화와 영주권을 중심으로」, 『성대사림』 33, 2009. 6.

진희관, 「재일동포의 '북송'문제」, 『역사비평』(61), 역사비평사, 2002. 겨울.

정호석, 「재일학도의용군은 어떻게 기억되는가」, 『일본학』 55, 동국대학교 일본학연구소, 2021.

3. 기타

세계한민족문화대전(http://www.okpedia.kr)

재일학도의용군 나라사랑기념관 홈페이지(http://www.koreansvjmemo.or.kr/)

생명 존중 공동체 확립을 위한
간호윤리 중요성

한국전쟁을 중심으로

정 은 영

I. 머리말

전쟁은 우리의 생존을 위협하는 중대한 사건이자 인류의 역사 기록에
서 나타난 일종의 사회현상이다. 이러한 역사적 기록 안에서 발생되어
진 잔인한 만행과 그로 인한 참혹한 결과로 인하여 전쟁이 인류에게 비
극적인 재앙이라는 것에는 이견이 없다.[1] 이러한 이유로 전쟁은 피하거
나 막아야 할 부도덕한 일로 인식되는 것이 일반적이다. 반면에 전쟁은
차라리 윤리와 무관한 것으로 해석되어야 한다는 주장도 있다. 전쟁은
철저히 정치적 행위로 이해되어야 하며 윤리적인 면과는 무관하다는 주
장인 것이다.[2] 이러한 주장이 내포하는 의미는 전쟁은 정치적 입장에서
해석 되어야 하며 윤리적 입장에서 해석되는 것이 옳지 않다는 의미일

---

1) 김진만, 「전쟁의 윤리적 인식과 정당화 가능성」, 『윤리연구』 109, 2017, 281~312쪽.
2) 윤갱오, 「전쟁에서의 윤디적 원칙에 관힌 고릴」, 『국민윤리연구』 59, 2005, 113 140

것이다. 위 견해와는 다르게 전쟁을 윤리적으로 정당화할 수 있다고 보는 견해도 있다. 주로 자신들이 일으키거나 수행하는 전쟁의 명분을 내세우면서 주장하는 입장들에 대하여 보편화 시켜 설명하면서 그에 따른 논리적 근거를 제시하는 경우가 많다. 과연 전쟁이 본질 자체로부터 도덕적 논의의 대상이 될 수 있는지 혹은 없는지에 관한 논의가 전쟁 윤리에서 가장 우선적으로 제기되는 딜레마일 것이다.

다음으로 전쟁을 윤리적 영역에서 인식하고 논의 대상으로 삼는다고 하더라도 그와는 별개로 현실에서 발생하는 실제의 전쟁을 어떤 기준과 범위 내에서 도덕적으로 용인할 수 있을 것인가의 문제가 제기되기도 한다.3)

좋은 간호사가 되는 것과 좋은 사람이 되는 것의 의미가 본질적인 측면에서 동일한 것이기 때문에 간호와 윤리의 본질은 동일하다.4) 즉 간호와 윤리의 핵심이 동일하다는 의미로 해석될 수 있다. 이러한 현상을 설명하는 간단한 예로 간호에 적용되는 '좋은'과 '윤리적'이라는 용어는 동의어라는 것을 제시할 수 있다. 간호와 윤리에 담겨있는 유의성은 동일한 목적을 공유한다. 삶의 윤리적인 목적은 좀 더 나은 세상을 만들어 가는 것이며 간호의 목적도 동일 하다. 즉, 좋은 간호사, 윤리적 간호사는 좀 더 나은 세상을 위해 일을 하고 있으며 이에 좀 더 나은 세상을 만들어가는 것이 간호의 궁극적인 목적인 것이다.5) 이러한 간호의 고유한 특성에 따라 어떤 상황에서나 간호 윤리를 실천하는 것은 당연하다. 또한 간호 윤리적 맥락에서는 환자에 대한 존중과 직무에 대한 책임을 강조하게 된다. 존중과 책임은 간호 윤리의 핵심 가치라 할 수 있다. 간

---

3) 김진만, 「전쟁의 윤리적 인식과 정당화 가능성」, 『윤리연구』 109, 2017, 281~312쪽.
4) Gooddrich. A, 『The social and ethical significance of nursing』, New Heaven, 1932.
5) 김진만, 「전쟁의 윤리적 인식과 정당화 가능성」, 『윤리연구』 109, 2017, 281~312쪽.

호는 환자를 존중하는 행위이다. 간호의 근본 이념은 인간 생명의 존엄성과 기본권을 존중하고 옹호하는 것이다.[6] 간호 현장에서 만나는 환자는 신체적, 정신적 어려움을 직접적으로 경험하고 있다. 간호사는 그 환자를 돌보는 행위자이다. 따라서 전쟁 현장이라고 해서 간호 윤리가 다른 개념으로 적용되는 것은 아니다.[7] 전쟁에 대한 양극단적 논의의 사이에서 전쟁 현장에서 본인의 직무를 위해 최선을 다했던 간호사의 윤리적 입장에 대한 타협점을 찾을 때 다양한 윤리적 딜레마에 직면하게 된다. 전쟁에서 생존을 위한 돌봄의 근거로서 요구되는 간호윤리의 필요성은 이미 그 자체로 윤리적 당위성을 강하게 입증할 수 있게 하지만 동시에 다른 이면의 윤리적 원리나 근거를 위협하기도 한다.

따라서 본 연구는 우리의 행위를 결정하는 기준으로서 나타나는 몇 가지 도덕적 원칙을 전쟁이라는 특수한 현장에 접목하여 살펴봄으로써 생명존중 공동체 확립에 대한 간호에 대한 윤리적 함의를 살펴보고자 한다.

II. 전쟁에 대한 윤리적 접근

물리적 폭력이나 폭력 사용의 위협을 통해 사회의 문제들을 해결하려는 것은 역사 이래 동물적 속성을 지닌 인간의 기본적인 행동 양식 중

---

6) 이나경, 황지인, 「응급실 간호사의 도덕적 고뇌 대응 경험」, 『한국간호교육학회』 26(2), 2020, 176~184쪽.
7) 안성희, 「간호윤리교육의 미래, 윤리적 간호사를 전망해 본다」, 『한국간호윤리학회』 1(1), 2021, 1~11쪽.

하나이다. 이러한 동물적 속성에서 자유로울 수 없는 인간의 본성 때문에 인류의 역사는 전쟁사라고 할 수 있다.[8] 전쟁은 인류의 생존을 위협하는 재난이지만 지진이나 홍수 등과 같은 자연 재난이나 환경오염, 감염병 등 같은 사회 재난과는 다른 차원에서 이해되어야 할 문제이다. 전쟁을 어떤 관점에서 이해하느냐에 따라 그것에 대한 우리의 관념과 판단은 변할 수 있다. 만약 전쟁을 역사적 숙명론이나 필연론 같은 불가피한 자연 재난으로 생각하거나 인간의 한계나 과로로 인해 발생하는 사회 재난으로 생각했다면 윤리적 차원에서 논의하는 의미가 없다. 왜냐하면 이러한 인식적 입장에서 전쟁은 자연적 현상이며 인간의 의지가 배제된 사건이기 때문에 윤리적 가치와는 별개의 문제이기 때문이다.[9] 그러나 전쟁은 인간의 힘으로 예방 가능하다고 생각하는 사람들 입장에서는 철저하게 윤리적 문제로 인식된다.[10] 이 입장에서 전쟁은 그것을 경험하는 사람들에게는 커다란 재난이고 참사이지만 자연이 주는 천재지변처럼 필연적이거나 불가항력이라고 볼 수 없다는 점이 강조될 것이다. 또한 전쟁의 시작과 종결은 인간에 의해 결정되고 그 수행의 주체도 인간이라는 점에서 다른 재난들과는 확연히 구별된다. 그뿐만 아니라 전쟁은 다른 재난들에 비하여 그 원인에서부터 결과에 이르기까지 정치, 경제, 사회, 문화 등 인간이 만들어 낸 여러 다양한 사회현상과 복합적으로 작용하면서 전개되기 때문에 출발점이 다르다. 즉 전쟁은 인간의 문제이고 또한 인간의 생존 과정에서 나타난 실천과 관련되며 그로 인하여 시공을 넘는 다양한 문제점들을 가지고 있다. 따라서 전쟁은 윤리에

---

8) 이종원, 「정당전쟁론에 대한 윤리적 탐구」, 『철학탐구』 23(0), 2009, 147~173쪽.
9) 윤경호, 「전쟁에서의 윤리적 원칙에 관한 고찰」, 『국민윤리연구』 59, 2005, 113~143쪽.
10) 김진만, 「전쟁의 윤리적 인식과 정당화 가능성」, 『윤리연구』 109, 2017, 281~312쪽.

대한 어느 정도의 보편성을 가지고 있다. 결국 전쟁에 대한 윤리적 논제가 갖추어야 할 필요조건을 갖고 있기 때문에 이와 관련된 논의가 가능하다고 판단된다.

III. 간호윤리

간호에서 돌봄의 윤리는 간호의 도덕적 이상이자 간호의 정체성, 그리고 간호사들의 존재론적 근거 기반을 설명하는 핵심개념이라 할 수 있다.[11]

오랜 역사를 통해 발전해 온 간호의 역사가 곧 돌봄의 역사 이면서 고통 받고 아픈 사람들을 돌보는 간호행위는 그 행위 자체로 윤리적이고 도덕적인 정체성을 부여받는다.

또한 현대사회에서 간호는 과학적이고 전문적인 학문으로 인식되었고, 의사의 일방적인 지시를 따르던 과거를 지난 현재 자율적인 판단과 그 판단에 따른 책임이 강조되고 있다.

따라서 현재 간호의 중요한 핵심개념은 바로 돌봄에 대한 윤리적 접근일 것이다.

이러한 간호의 윤리적 가치 의미는 나이팅게일선서의 내용을 살펴보면 찾아볼 수 있다.[12]

---

11) 고희선, 「孟子 心性論을 중심으로 한 간호에서의 돌봄의 윤리에 대한 철학적 탐색」, 『의철학연구』 24(0), 2017, 3~38쪽.
12) http://www.koreanurse.or.kr/about_KNA/nightingale.php, May, 17(2023).

나는 일생을 의롭게 살며 전문 간호직에 최선을 다할 것을 하나님과 여러분 앞에 선서합니다. 나는 인간의 생명에 해로운 일은 어떤 상황에서도 하지 않겠습니다. 나는 간호의 수준을 높이기 위하여 전력을 다하겠으며 간호하면서 알게 된 개인이나 가족의 사정은 비밀로 하겠습니다. 나는 성심으로 보건의료인과 협조하겠으며 나의 간호를 받는 사람들의 안녕을 위해 헌신하겠습니다.

간호사가 돌보는 인간은 다양한 현장에서 다양한 문제점을 가지고 있는 취약계층을 의미하고 있다. 간호사는 이러한 인간의 취약함을 돌보는 과정에서 Beauchamp과 Childless[13)]가 제기한 4개의 생명윤리 원칙을 적용하고 있다.

첫 번째 생명윤리 원칙은 자율성 존중의 원칙이다. 자율성은 인간이 의사결정에서 자유롭게 선택할 수 있는 권리를 의미하며 자율성을 행사하기 위해서는 충분한 정보와 의사결정 능력이 필요하다. 물론 이러한 자율적인 자기결정권은 타인에게 피해를 주지 않는 범위 내에서 인정받을 수 있다. 자율성존중의 원칙이란 인간이 자신의 자율성 뿐 아니라 타인의 자율적인 자기결정을 존중해야 한다는 윤리원칙이다.[14)]

두 번째 윤리 원칙은 무해성의 원칙이다. 무해성의 원칙은 타인에게 의도적으로 해를 입히거나 타인에게 해를 입히는 위험을 금지하는 것이다. 그러나 치료과정에서 부득이하게 악행을 행할 수밖에 없는 상황이 존재하게 된다. 예를 들면 신장이식수술에서 기증자의 신장을 떼어내는 것은 기증자에게 악행을 행하는 것이나 다른 환자를 살리기 위해서 불가피한 일이 된다. 또한 환자의 건강회복을 위해 수술로 인한 부작용을

---

13) Beauchamp. T, L & Childress, J, F, 『Principles of biomedical ethiscs』, Oxford University Press, 2013.
14) 김상득, 「간호윤리의 본질에 관한 윤리학적 고찰: 간호사와 의사의 관계를 중심으로」, 『한국의료윤리학회』 17(2), 2014, 172~186쪽.

감수하면서도 수술을 불가피하게 시행하는 경우에 수술은 정당화될 수 있다.[15]

세 번째 생명윤리의 원칙은 선행의 원칙이다. 선행이란 일반적으로 친절한 행위, 동정적 행위, 이타주의적 행위 등을 말한다.[16] 선행의 원칙이란 타인의 선을 적극적으로 증진시키는 윤리원칙으로서 타인에게 해를 입히지 말아야 하는 소극적인 의무와 타인을 도와주어야 하는 적극적인 의무를 말한다. 선행의 원칙은 악행금지의 원칙을 넘어서 해악의 예방 및 제거와 적극적인 선의 실행을 요구한다. 선의의 간섭주의는 적극적인 선을 실행하기 위해서 환자의 자율성을 무시하는 경우로서 이득과 손실의 균형을 요구한다. 임상에서 선의의 간섭주의를 적용하기 위해서 Dworkin[17]이 제시한 조건은 다음 3가지이다.

첫째, 대상자가 관련된 정보를 모르거나 합리적 사고 능력에 장애가 있을 경우(자율성의 조건)

둘째, 대상자를 제지하지 않으면 반드시 손상을 입을 수 있는 경우(해의 조건)

셋째, 대상자가 합리적인 사고 능력이 회복되거나 좀 더 많은 지식을 가지게 될 경우(승인의 조건)

마지막 생명윤리의 원칙은 정의의 원칙이다. 간호 대상자가 여러 명인데 물리적 한계로 인해 모두 돌볼 수 없는 상황에서 간호사는 '누구를 먼저 돌보아야 하는가' 하는 문제에 대한 답의 제시를 위한 윤리적 원칙이다.

---

15) 공병혜, 「간호사의 윤리적 딜레마:생명의료 윤리학과 간호」, 『생명의료윤리와 간호』 0(0), 2001, 1~19쪽.

16) 고희선, 「孟子 心性論을 중심으로 한 간호에서의 돌봄의 윤리에 대한 철학적 탐색」, 『의철학연구』 24(0), 2017, 3~38쪽.

17) G. Dworkin, The nature of autonomy, Nordic Journal of Studies in Educational Policy (2015), Vol.1, No.0, pp.1~14.

즉 정의의 원칙은 공평한 분배에 대한 윤리적 원칙을 말한다. 의료자원이 한정 되어 있는 경우에 환자를 선택하는 기준에서 어떻게 자원을 공평하게 분배하는가에 대한 문제이다.[18] 다양한 윤리적 표준들이 윤리학적인 바닥은 되어 줄 수 있으나 지향할 천장이 되지 못한다. 하지만 간호사가 현장에서 경험하는 이러한 윤리 이론에 대한 지식과 실천 상의 간격을 좁혀주고 실천에 따르는 고충을 극복하는 노력이 절대적으로 필요하다.[19]

IV. 한국전쟁 시 간호사의 역할

한국 간호의 역사는 어머니가 아픈 가족을 돌보는 것에서부터 시작되었다. 이러한 간호는 전장의 의무시설 내에만 머무르지 않고 전쟁으로 고통 받는 일반 시민의 심리적 안정과 정서적 위로에도 큰 힘을 발휘하게 하였다. 그러나 안타깝게도 현재 6 · 25 전쟁 3년 동안에 이루어진 간호장교의 활동 내용은 간호병과사 등에서 십여 페이지에 걸쳐 단편적으로 다루어지고 있으며 관련 연구도 미미한 실정이다.[20]

18) Beauchamp. T, L & Childress, J, F, 『Principles of biomedical ethiscs』, Oxford University Press, 2013.
19) 엄영란, 강소영, 노원자, 「간호윤리 상황극을 통한 병원 간호사의 긍정 윤리과 변화」, 『임상간호연구』 18(1), 2012, 1~12쪽.
20) 지연옥, 『6 · 25 전쟁간호 교재 개발 연구』, 『군진간호연구』 24(1), 2006, 1~5쪽.

1. 전쟁 현장에서의 간호사의 역할

6 · 25 전쟁은 1950년 6월 25일부터 1953년 7월 27일 휴전협정이 이루어지기 까지 길고도 참혹했던 동족상잔의 비극이었다.[21] 약 3년간 진행된 이 전쟁은 우리 민족 최대의 비극을 가져온 전쟁이었으며 우리 민족에게 씻을 수 없는 상처와 수 많은 피해를 준 역사 속의 전쟁이었다. 한국전쟁은 개전 초인 1950년 6월 25일부터 6월 28일 까지 3일간은 북한군의 기습 작전으로 패전의 혼란 상태를 면치 못해 아군은 막대한 병력의 손실과 전상환자가 속출하게 되었다.[22] 이에 따라 개전 초 의무부대는 인원과 장비 시설 등 제반 여건이 미비한 가운데서도 급격히 증가하는 전상환자 치료를 위해 노력하였다. 또한 간호병과도 1948년 창설 이후 빠른 시일 내에 군 간호사업을 정착시키기 위하여 인원 보충 및 시설과 장비 기구 및 위생재료 등을 확보하고 노력하였다. 이러한 노력 중 한국전쟁은 수난기를 맞게 되었으나 가능한 모든 의료 시설에서 전상 환자의 치료와 안전 후송을 위해 최선을 다하였다.[23] 전쟁 초기 계속되는 전상자 수용을 위해 시설과 인력 보충을 계속하여 휴전 협정 시에는 육군 병원 15개, 정양 병원 3개, 이동 외과 병원 8개로 총 43,600개를 보유하게 되었다. 이 기간 동안 일일 평균 입원 환자는 22,800명이었고 최고 52,500명까지 입원하기도 하였다.[24] 이러한 의무부대 상황에 투입되어 전쟁 초부터 휴전에 이르기 까지 눈부신 활약을 한 간호장교들의 희생과 충

21) 정유미, 유정아, 김미정, 김명자, 「6 · 25 전쟁기 외국군 간호장교 참전활동 고찰: 미국 및 영연방 국가를 중심으로」, 『군사연구』 0(145), 2018, 141~178쪽.
22) 지연옥, 『6 · 25 전쟁간호 교재 개발 연구』, 『군진간호연구』 24(1), 2006, 1~5쪽.
23) 엄영란, 강소영, 노원자, 「간호윤리 상황극을 통한 병원 간호사의 긍정 윤리와 변화」, 『임상간호연구』 18(1), 2012, 1~12쪽.
24) 국방부 군사편찬연구소, 『한국전쟁사의 새로운 연구』, 국방부 군사편찬 연구소, 2002.

정이 있었기에 의무부대의 역할을 다할 수 있었다고 판단한다. 또한 한국전쟁 기간 동안 행해진 간호는 그 기간과 투여된 인원을 고려하였을 때 참전 간호의 근간을 이루었다고 볼 수 있다. 총체적인 간호, 통합적인 사고, 인류애, 헌신 등을 기본으로 하는 간호교육의 특성으로 전장에서의 간호활동은 부상 장병의 회복과 건강에 긍정적 영향을 발휘하였다. 전쟁에 참여한 군인은 언제 죽을지 모르는 두려움, 함께 생활했던 전우들의 부상과 죽음의 목격 등을 경험하면서 인간이 경험할 수 있는 가장 극한 정신적 심리적 육체적 스트레스를 경험하게 된다.[25] 이러한 전쟁을 경험한 군인들의 부상 경험을 연구한 천희숙[26]의 연구결과에 따르면 열악한 환경 및 죽음에 대한 극심한 두려움 속에서 생활하였을 때 의료시설에서 간호사들이 자신을 개별적인 존재로 대해주고 상황에 맞게 돌봄을 제공해줄 때 감사함과 만족감을 느끼게 되었다고 하였다.

> "환자가 많아서 잘 못해줘요. 환자가 적어야 잘해주시오. 그 뭐뭐뭐 어떻게 잘 해 줘요. 바라는게 있나요. 아파서 중환자들이야. 말로 할 수 없지 죽는게 낫지. 그래도 잘해준 편은 못되어오 그래도 잘해줬다고 생각하고 있어 나는…."
>
> "이제 살았다는 생각이 나요. 설마 당신네들이 부상병 놔두고 도망가겠느냐 그런 안도감이 들어가더라고 그래서 잤어요. 졸음이 와서 잤어요. 바로 지금 1군 비행장 있는데 거기 야전병원이 있다고 미군이 천막 쳐 놓고 눈을 꿈쩍 거리고 있으라니깐 미국 위생병이 오더라고… 그래서 우선 먹어야 하니까 내가 지금 생각하니깐 한끼도 못 먹은 거 같다. 배리 헝그리 그러니깐 엉터리 영어라도 단어 하나라도 통하니깐 좋아서 뭐 갖다 주더라고…"
>
> "부상당했다고 하지 인민군들은 총을 쏘고 있지 펑펑 소리가 나는 거야 내가 부상당했다고 고함도 지르고 그러니깐 그래도 싸우니라고

25) 천희숙, 「한국전 참전 군인의 부상경험」, 『군진간호연구학회』 21(0), 2003, 71~92쪽.
26) 천희숙, 「한국전 참전 군인의 부상경험」, 『군진간호연구학회』 21(0), 2003, 71~92쪽.

나한테 관심이 없어. 확 쓰러지는데 우리 중대장이 나를 끌어 안드라고. 그런데 뭐 나 하나 살리겠다고 중대원을 나 몰라라 할 수도 없는 거고…"

전장에 참여 했던 군인들의 참전 경험을 토대로 해석 할 때 3년간의 한국전쟁으로 인하여 수많은 인명 피해와 대부분의 생산시설의 파괴로 국토는 초토화가 되었다.[27] 이러한 전쟁 현장에서 간호사들은 부상 경험에 대한 공감을 통해 부상자를 간호하고 치료하면서 의료지원 체계를 구축하고 관리 방안을 수립하기 위해 많은 노력을 하였다.

전쟁 현장에서 전염병 발생은 자연스러운 현상이었다. 왜냐하면 전쟁 현장은 깨끗한 물 공급과 적절한 영양 공급이 어려워서 면역력이 저하되었기 때문이다. 또한 단체 생활을 하면서 먼 거리를 자주 이동하게 되면서 감염병 발생은 자연스러운 현상이었다. 간호사는 이러한 감염병 예방 및 관리를 위해서도 늘 최선을 다하였다. 한국전쟁 당시 사망자는 단순히 전투로 인해 발생했던 것이 아니라 전염병 특히 발진티푸스 때문에 사망한 사람들도 많았다.[28]

전쟁 현장에서 발생 되고 있는 전염병에 대한 대처는 유엔군사총사령부 산하 미8군이 조직한 유엔 민간원조 사령부(United Nations Civil Assistance Corps Korea, 이하 UNCACK)에서 담당하였다. UNCACK에서 발진티푸스 관리를 위한 공중 보건과 위생에 신경 쓴 이유는 전염성이 강한 전염병이기 때문에 한국 부대 뿐 아니라 미군 부대까지 영향을 미칠 것이라고 예상했기 때문이다. 뿐만 아니라 더 나아가 이러한 전염병은 전쟁의 승

27) 김은경, 「한국전쟁 후 재건윤리로서의 '전통론'과 여성」, 『아시아여성연구』 45(2), 2006, 7~48쪽.
28) 이임하, 『전염병 전쟁: 한국전쟁과 전염병 그리고 동아시아 냉전 위생 지도』, 철수와 영희, 2020.

패의 중요한 요소가 될 것이라고 판단했기 때문이다.

전염병 예방을 위한 주된 활동은 예방접종과 살충제 중 하나인 DDT 살포였다. 이러한 활동을 하기 위해 UNCACK 내에서 팀을 만들어 운영하였고 팀의 구성원은 의사와 간호사, 보조원으로 구성되었다. 운영 예산의 부족, 관련된 법제도의 미비, 훈련된 전문인력과 설비의 결여 등으로 어려움을 겪었지만 많은 시행 착오를 통해 근대적인 공중보건이 자리잡을 수 있는 중요한 배경이 될 수 있었다.[29]

2. 한국전쟁 시 일반인을 위한 간호사의 역할

한국전쟁 동안 유엔군사령부는 전쟁의 피해로부터 국민을 보호하기 위해 "질병 그리고 기아와 불안을 예방"이라는 슬로건을 걸고 구호와 원조를 담당하였다.

유엔 구호의 첫 번째 조직은 유엔한국재건단, 유엔민간원조사령부, 유엔아동기금 등이었다. 특히 유엔민간원조사령부는 한국 전쟁 기간 동안에 행정, 정시, 사법, 경제, 사회, 보건 위생을 위해 다양한 업무를 담당하였다. 그중 하나의 사업으로 상대적 취약계층인 어린아이들과 여자를 돌보기 위한 조산사 교육을 실시하였다.[30] 왜냐하면 전쟁으로 인하여 전체 간호사와 조산사의 1/3 가량이 행방불명된 상태에서 군인을 돌보는 전장에서 뿐 아니라 일반인을 돌보는 간호사 및 조산사의 양성이 중요하였기 때문이다. 전쟁 현장에서 간호사는 그들의 손길을 필요 하는

29) 이임하,『전염병 전쟁: 한국전쟁과 전염병 그리고 동아시아 냉전 위생 지도』, 철수와 영희, 2020.
30) 이임하,『1950년대 여성 전문인력으로서의 조산사의 양성』,『사회와 역사』111(2016), 2016, 185~218쪽.

이들을 돌보기 위해 조산사 면허증을 취득하여 그들이 필요한 곳에서 최선을 다하였다.[31]

　이러한 역할에 선두적인 역할을 했던 대표적 간호사로써 이금전, 한신광 간호사가 있다. 역사에는 이 두 사람에 대해 다음과 같이 기록하였다.[32)33)]

　이금전 간호사는 한국전쟁 중에 피난지 부산에서도 대한간호협회 활동을 지속하면서 조산사 양성을 위해 많은 노력을 하였다. 또한 간호사 면허 시험이 시행되는 상황에서 지속적으로 간호사의 수준을 높일 수 있는 방법을 함께 강구하였다. 그 결과 전쟁으로 간호사에 대한 수요가 증가 되는 상황에서 질적인 면을 함께 고려하기 위해 중앙에서 국가시험으로 시행함으로써 수준을 통일하고 체계적인 관리가 이루어질 수 있도록 정부에 진정하는 방법을 강구 하였다.[34]

　한신광은 한국전쟁이 시작되면서 피난민이 많이 몰린 부산에서 부녀사업 과장으로 근무하였다. 이 시점에 그녀는 피난민 수용소에 있는 어린이와 의지할 곳 없는 부녀자 백여 명을 모아 모자원을 설립하여 피난민 위문사업 공로 표창을 받기도 하였다.[35]

　한국정부는 한국전쟁 초기에 군사적 충돌보다는 후퇴를 선택하면서 전국적인 대규모의 피난민이 발생하게 되었다.[36] 1차 피난은 전쟁 발발

---

31) 이임하, 『피난지 부산에서의 조산사 양성: 일신부인병원을 중심으로』, 『향도부산』 43(0), 2022, 1~36쪽.

32) 이꽃메, 『한국 지역사회간호의 선구자 이금전에 관한 역사적 고찰』, 『지역사회간호학회』 24(1), 2013, 74~86쪽.

33) 이꽃메, 『한신광: 한국 근대의 산파이자 간호부로서의 삶』, 『한국의료역사학회』 15(1), 2006, 107~119쪽.

34) 이꽃메, 『한국 지역사회간호의 선구자 이금전에 관한 역사적 고찰』, 『지역사회간호학회』 24(1), 2013, 74~86쪽.

35) 이꽃메, 『한신광: 한국 근대의 산파이자 간호부로서의 삶』, 『한국의료역사학회』 15(1), 2006, 107~119쪽.

부터 인천상륙작전 전까지로 서울과 경기지역의 민간인들이 부산과 대구 등으로 피난한 시기이다. 2차 피난은 1950년 10월 25일 중공군의 참전 그리고 1·4 후퇴로 인해 발생한 대규모 피난을 말한다. 이 때 북한 지역과 서울, 경기, 충청 지역 민간인들이 함께 피난을 시작하면서 약 500만 명의 이동이 있었다고 추정된다.[37] 피난민은 생활 터전 파괴, 식수 부족, 먼 거리 이동, 영양실조 등으로 인해 면역력이 감소되면서 전염별 발생률이 높아졌다.[38] 피난민의 이동은 정부에게 구호와 통제라는 이중의 부담을 줄 수밖에 없었다.[39]

왜냐하면 피난민은 전쟁 수행을 위해 필요한 인적 자원이자 남한의 우위를 북한에 선전하기 위해 반드시 구호해야 할 존재였다. 하지만 다른 한편으로는 군의 작전에 방해가 되는 존재로 인식되면서 통제할 수밖에 없기 때문이다.[40] 이렇게 피난민에 대한 존재에 대한 혼돈의 감정 속에서 무엇보다 그들에게 발생한 전염병은 시급하게 해결해야 할 문제점이었다.[41]

1951년 발생한 1급 감염병의 발생자수는 전년 대비 15배, 사망자수는 30배 정도 증가하였다.[42] 특히 의료진이 없는 면 단위에서 발생률이 급증하였다. 전쟁이 시작되면서 감염병 관련 발생률이 꾸준히 증가하기

---

36) 엄영란, 강소영, 노원자, 「간호윤리 상황극을 통한 병원 간호사의 긍정 윤리과 변화」, 『임상간호연구』 18(1), 2012, 1~12쪽.

37) 이창영, 「한국전쟁기 급성전염병의 발생과 정부의 대책」, 동아대학교 석사학위논문, 2018, 1~36쪽.

38) 장세권, 『전쟁 속 전염병에서 전염병과의 전쟁으로」, 『민족문학사연구』 75(-), 2021, 437~446쪽.

39) 육군본부 간호병과, 『대한민국 간호병과 60년사: 1948~2008』, 육군본부, 2009.

40) 강성현, 『한국전쟁기 유엔군의 피난인 인식과 정책」, 『사림』 33, 2009, 77~119쪽.

41) 박두호, 「6·25 전쟁의 실상과 우리군의 자세」, 『국방저널』 0(342), 2002, 34~37쪽.

42) 이임하, 『전염병 전쟁: 한국전쟁과 전염병 그리고 동아시아 냉전 위생 지도』, 철수와 영희, 2020.

때문에 이를 관리하기 위해 UNCACK의 공중보건부는 전염병 관련 역학 조사 결과를 토대로 관리를 위해 1951년 2월부터 '전 한국인에게 접종', '전 한반도의 DDT화'를 선포하였다.[43] 이러한 계획을 실시하기 위해서 전국적으로 보건진료소를 중심으로 활동하였다. 보건소는 의사 1명, 공중보건 간호사 1명, 위생 검사원 5~6명, 간호사 또는 산파 10~12명으로 구성되면서 대부분의 인력이 간호사로 이루어졌다.[44]

당시 간호사의 역할에 대한 자세한 기록은 찾기 어려웠으나 이 시기에 실시 되었던 보건진료소는 추후 근대적인 공중보건이 자리 잡을 수 있는 중요한 배경이 되었다.[45] 이러한 시대적 흐름을 지나 현재까지 간호사는 보건진료소에 중추적인 역할을 하고 있다. 또한 한국전쟁 당시 감염병 중 하나인 결핵 통제와 치료를 위한 교육과 훈련에 의사와 간호사가 함께 참여하여 투베르쿨린 검사와 BGC 접종에 참여 하였다.

민간인을 위한 감염병 관리를 위한 팀별 접근에 참여한 간호사의 노력으로 인해 감염병의 발생률과 사망률을 감소시킬 수 있었다.[46] 간호사는 한국전쟁 당시 피난민을 보호하기 위해 정부와 협력하여 다양한 활동을 했을 뿐 아니라 대한적십자사와 협력하여 보건의료 활동을 실시하기도 했다. 한국전쟁 때 피난민을 위해 많은 간호사를 파견하여 환자들을 관리하였다. 특히 감기, 기관지염, 폐질환 관리에 노력을 하였다.[47]

43) 이임하, 『한국전쟁기 유엔민간원조사령부(UNCACK)의 보건위생 정책: 급성전염병을 중심으로』, 『사회와 역사』 0(100), 2013, 325~358쪽.
44) 이임하, 『전염병 전쟁: 한국전쟁과 전염병 그리고 동아시아 냉전 위생 지도』, 철수와 영희, 2020.
45) 이창영, 「한국전쟁기 급성전염병의 발생과 정부의 대책」, 동아대학교 석사학위논문, 2018, 1~36쪽.
46) 이임하, 『한국전쟁기 유엔민간원조사령부(UNCACK)의 만성 전염병 관리』, 『사림』 0(49), 2013, 291~311쪽.
47) 유상수, 『한국전쟁기 대한적십자사의 조직정비와 인도주의 활동』, 『한국민족운동사학회』 0(106), 2021, 141~170쪽.

V. 맺음말

전쟁에서의 윤리적 기준은 최소의 기준이면서도 살상과 무자비의 전쟁에서 윤리적 측면을 지키는 것이 쉬운 일은 아닐 것이다. 전쟁 현장에서 윤리적 원칙들을 지키기 어렵다는 것 뿐 아니라 윤리적 원칙들이 서로 갈등을 빚거나 어쩔 수 없이 원칙을 포기할 수밖에 없는 상황에 놓이기도 한다. 특히 전쟁에서 인간의 생명을 중심으로 놓고 윤리적 입장을 고려할 때는 다양한 문제점들이 더 두드러지게 나타나게 된다.

간호의 근본이념은 인간 생명의 존엄성과 기본권을 존중하고 옹호하는 것이며 이러한 근본이념이 전쟁이라는 특수한 상황에서 어떻게 해석되고 접목되었는지 파악하는 것이 필요하다. 왜냐하면 이러한 결과를 토대로 간호교육의 미래, 윤리적 간호사를 전망하기 위한 간호의 도덕적 특성, 윤리적 간호사의 특성에 반영하여 새로운 윤리교육에 대한 방향을 제시하는 것이 필요하기 때문이다.

본 연구에서는 추후 전쟁과 간호의 윤리에 대한 관계성에 대한 과거의 현상 분석 뿐 아니라 미래에 예상되는 상황에서 어떻게 적용할 수 있는지 기본에 대한 연구를 실시하고자 한다.

간호사는 자신의 취약함을 맡기고 의지하는 사람들에게 가장 가까운 곳에서 돌봄을 실천하는 전문직이다. 따라서 다른 전문직과의 차별적 윤리관을 가지고 전쟁 현장에서 어떻게 윤리적으로 다가갈 것인지 과거 사건을 토대로 미래의 청사진을 그려보는 것은 의미가 있다고 판단된다.

역사의 흐름 안에서 간호가 필요한 곳이 어떤 곳인지 구분하지 않고 가장 먼저 합류했던 간호사는 무엇보다 윤리적 접근에서의 돌봄을 실시한 전문직이다.

간호가 여성의 대표적 전문직으로서의 주체성을 가지고 다학제적 학문 속에서 고융한 힘을 발견하고 키워나가는 것이 앞으로 중요한 과제가 될 것이다.

또한 분업화되고 전문화되면서 세분화 되어 가고 있는 간호의 개념이 윤리적으로 어떻게 표현되어야 하는지 지속적으로 탐구해야 할 필요가 있다.

참고문헌

1. 자료

http://www.koreanurse.or.kr/about_KNA/nightingale.php, May, 17(2023).

2. 저서

국방부 군사편찬연구소, 『한국전쟁사의 새로운 연구』, 국방부 군사편찬 연구소, 2002.
육군본부 간호병과, 『대한민국 간호병과 60년사: 1948~2008』, 육군본부, 2009.
Beauchamp. T, L & Childress, J, F, 『Principles of biomedical ethiscs』, Oxford University Press, 2013.
Gooddrich. A, 『The social and ethical significance of nursing』, New Heaven, 1932.

3. 논문

강성현, 「한국전쟁기 유엔군의 피난인 인식과 정책」, 『사림』 33, 2009, 77~119쪽.
고희선, 「孟子 心性論을 중심으로 한 간호에서의 돌봄의 윤리에 대한 철학적 탐색」, 『의철학연구』 24(0), 2017, 3~38쪽.
공병혜, 「간호사의 윤리적 딜레마: 생명의료 윤리학과 간호」, 『생명의료윤리와 간호』 0(0), 2001, 1~19쪽.
김상득, 「간호윤리의 본질에 관한 윤리학적 고찰: 간호사와 의사의 관계를 중심으로」, 『한국의료윤리학회』 17(2), 2014, 172~186쪽.
김은경, 「한국전쟁 후 재건윤리로서의 '전통론'과 여성」, 『아시아여성연구』 45(2), 2006, 7~48쪽.
김진만, 「전쟁의 윤리적 인식과 정당화 가능성」, 『윤리연구』 109, 2017, 281~312쪽.
박두호, 「6·25 전쟁의 실상과 우리군의 자세」, 『국방저널』 0(342), 2002, 34~37쪽.
안성희, 「간호윤리교육의 미래, 윤리적 간호사를 전망해 본다」, 『한국간호윤리학회』 1(1), 2021, 1~11쪽.
엄영란, 강소영, 노원자, 「간호윤리 상황극을 통한 병원 간호사의 긍정 윤리과 변화」, 『임상간호연구』 18(1), 2012, 1~12쪽.

유상수, 『한국전쟁기 대한적십자사의 조직정비와 인도주의 활동』, 『한국민족운동 사학회』 0(106), 2021, 141~170쪽.

윤경호, 「전쟁에서의 윤리적 원칙에 관한 고찰」, 『국민윤리연구』 59, 2005, 113~ 143.

이꽃메, 『한국 지역사회간호의 선구자 이금전에 관한 역사적 고찰』, 『지역사회간 호학회』 24(1), 2013, 74~86쪽.

이꽃메, 『한신광: 한국 근대의 산파이자 간호부로서의 삶』, 『한국의료역사학회』 15(1), 2006, 107~119쪽.

이나경, 황지인 「응급실 간호사의 도덕적 고뇌 대응 경험」, 『한국간호교육학회』 26(2), 2020, 176~184쪽.

이임하, 『전염병 전쟁: 한국전쟁과 전염병 그리고 동아시아 냉전 위생 지도』, 철수 와 영희, 2020.

이임하, 『1950년대 여성 전문인력으로서의 조산사의 양성』, 『사회와 역사』 111(2016), 2016, 185~218쪽.

이임하, 『피난지 부산에서의 조산사 양성: 일신부인병원을 중심으로』, 『향도부산』 43(0), 2022, 1~36쪽.

이임하, 『한국전쟁기 유엔민간원조사령부(UNCACK)의 보건위생 정책: 급성전염병 을 중심으로』, 『사회와 역사』 0(100), 2013, 325~358쪽.

이종원, 「정당전쟁론에 대한 윤리적 탐구」, 『철학탐구』 23(0), 2009, 147~173쪽.

이창영, 「한국전쟁기 급성전염병의 발생과 정부의 대책」, 동아대학교 석사학위논 문, 2018, 1~36쪽.

정유미, 유정아, 김미정, 김명자, 「6·25 전쟁기 외국군 간호장교 참전활동 고찰: 미국 및 영연방 국가를 중심으로」, 『군사연구』 0(145), 2018, 141~178쪽.

장세권, 『전쟁 속 전염병에서 전염병과의 전쟁으로』, 『민족문학사연구』 75(-), 2021, 437~446쪽.

지연옥, 『6·25 전쟁간호 교재 개발 연구』, 『군진간호연구』 24(1), 2006, 1~5쪽.

천희숙, 「한국전 참전 군인의 부상경험」, 『군진간호연구학회』 21(0), 2003, 71~92쪽.

Beauchamp T, L. Childress J, F, 『Principles of biomedical ethiscs』, Oxford University Press, 2013.

Dworkin G. "The nature of autonomy," *Nordic Journal of Studies in Educational Policy* 1(0), 2015, 1-14.

독일 나치정권의 식량정책과 생명정치

통곡물빵(Vollkornbrot) 정책을 중심으로

나 혜 심

I. 머리말

최근 도입된 대화형 인공지능 서비스 "Chat Gpt"에 독일 통곡물빵[1]에 대한 정보를 요청하면 다음과 같은 답변을 받을 수 있다. "폴코른 브로트(Vollkornbrot)는 독일의 전통적인 빵으로, 온전한 곡물을 사용하여 만들어집니다. 밀의 밀기울, 배아를 모두 빼고 갈아 만든 흰 빵과 달리 곡물 전체를 활용하여 만들어집니다. 이로 인해 더 많은 식이섬유, 비타민, 미네랄 및 기타 영양소를 함유하고 있습니다." 오늘날 독일 식탁에서 일상적으로 소비되는 이 빵은 Chat Gpt의 설명대로 일반인에게도 "건강한 빵"으로 인식되고 있는데 이는 국내에서도 마찬가지다.

---

1) 우리나라 언론에도 통곡물빵은 몸에 좋은 것으로 자주 소개된다. 예를 들면 "'저탄' 열풍에 빵도 포기? … '이런 빵'은 드셔도 돼요"라는 제목의 기사에 "몸에 좋은 '통곡물빵', 통밀·호밀·귀리빵 추천이라는 부가 설명이 달려있다. 이에 대해서는 『헤럴드경제』 2023.07.01 (http://news.heraldcorp.com/view.php?ud=20230630000674),

유사한 짙은 색의 빵들과 함께 독일 전통식에 속하는 것으로 알고 있지만 그 전통은 그리 긴 역사를 갖고 있지는 않다. 사회적으로 비중 있는 일상식이 된 것은 나치시기를 거치면서이다. 이를 가능하게 했던 것은 1939년 "제국통곡물빵위원회(Reichsvollkornbrotausschuss)"의 설립과 이를 중심으로 하는 독일 나치정권의 섭취권장정책이다. 이 위원회 활동 개시가 독일의 폴란드 공격 시기와 맞물리기 때문에 위원회 설립 목적이 마치 전쟁대비 정책의 일환 인것처럼 보인다. 무기나 전투병력 관리 못지않게 중요한 것이 식량이기 때문에 이런 판단은 상당히 자연스럽다. 하지만 식량 중에 왜 하필 통곡물빵이었을까? 통곡물빵을 통한 나치의 식량 개입은 이 정치 권력 성격의 어떤 면을 드러내는 것일까? 이에 대한 궁금증으로 본 연구는 시작되었다.

국민 식생활에 대한 정치권 개입은 인류 역사에 언제나 있었을 듯하다. 시민이자 군인인 스파르티아테(Spartiate)의 먹거리를 위해 경작 가능한 토지를 분배하고 공식단 제도를 운용했던 고대 폴리스 스파르타의 경우는 말할 나위도 없고, 로마시대 곡물과 토지 분배 불균형 해소를 위한 호민관 형제 그락쿠스의 개혁 역시 그 일환으로 볼 수 있다. 전쟁기에 식량 조달과 배급 역량 확보는 무기 못지않게 중요한 고려대상이다. 이런 이유에서 2차 대전 시작 시점에 식량 관리 전담 위원회를 만든 것이 그리 이상한 일은 아니다. 그러나 하필 통곡물빵 섭취 관리에 나섰다는 점이 상당히 흥미롭다.

19세기 말 독일 사회에는 일종의 생활개혁 운동이라 불릴만한 변화의 움직임이 있었다. 생활환경뿐만 아니라 치료방식, 그리고 섭생 부분의 변화가 문화 운동 차원으로 확산되었는데 이때 빵에 대한 개혁 역시 시도되었다. 자연에 가까운 조리방식이기도 했지만 20세기 들어 비타민의 중요성 등 영양학적 정보로 이 빵 섭취의 이유가 더 홍보되기도 했었다. 그렇지만 나치집권 전까지 통곡물빵은 독일인들에게 그리 선호되지 않았다. 오히려 나치 패전 후 통밀빵 섭취 비중은 더 증가했고 오늘날 이는 건강한 빵이라는 이미지와 함께 독일빵의 대명사쯤으로 세계에 인식되고 있다.

음식과 같은 일상적 문화는 혁명이나 개혁, 정치적 강압 등의 상황 속에서도 변화되지 않는 특성을 갖는 아비투스(Habitus)의 영역이다. 그렇지만 그 아비투스의 영역인 빵의 선호도는 나치시기를 지나면서 국민음식으로 독일식탁에 자리잡았다.[2] 이것은 단지 나치의 강압정책의 결과일까?

의식주는 페르낭 브로델의 분류에 의하면 아주 장기적인 변화 주기를 가진 영역이다. 바다 아주 밑에 흐르는 물처럼 변화하기 어렵다. 그러므로 단순히 강력한 군사 권력 행사와 강압적 정책의 직접적인 결과로만 이 장기지속 현상의 변화를 설명하기는 쉽지 않다. 또한 왜 하필 나치 정권은 기구까지 만들어가며 일상적 삶의 영역에 변화를 가져오려 했던 것일까? 일상, 특히 음식습관을 변화시킨다는 것은 나치 정권의 정치적 목적과 어떤 연관성이 있었을까? 일상의 영역 변화에는 나치의 강압에 가까운 정책 이외에 또 무엇이 작용했을까?

---

2) Facebook의 AfD Heusenstamm라는 ID를 사용하는 이는 "Das Vollkornbrot ist ein Erbe der Nazis"라는 제목으로 1933년 히틀러의 홍보사진과 가족이 모여 통곡물빵 먹는 그림을 나란히 배치한 신문형식의 자료를 첨부했다. 그 홍보사진은 제국통곡물빵위원회가 통곡물빵 소비 촉진을 위해 만들었던 것이었다.

II. 식량정책과 나치정권의 생명정치: 연구사

통곡물빵(Vollkornbrot)은 밀이나 호밀, 또는 귀리와 같은 곡물을 90% 이상 활용해 만든다.[3] 배아나 속껍질 등이 포함되는데 곡물 모양 그대로를 유지하는 빵도 있지만, 가루를 만들어 그것을 반죽해 굽는 경우도 있다. 중요한 것은 전체 곡물의 일정한 양을 포함하는지 여부이다. 호밀이나 귀리의 경우 빵 반죽의 어려움 때문에 밀가루를 소량 사용해야 하지만 도정과정을 많이 거친 밀로 대부분 만들어진 흰 빵과 비교해 색이 짙기 마련이다. 하지만 흰 빵 원료인 밀도 겉껍질을 포함해 통곡물빵으로 만들어질 수 있다. 중요한 것은 도정의 정도이며 대체로 껍질이 포함되어 있어 색은 짙은 편이다.

통곡물빵은 17세기경부터 베스트팔렌 지역민이 섭취하던 품퍼니켈(Pumpernickel)이라는 빵에서 유래하는 것으로 알려졌지만 지역의 농업적 특성이 먹거리에 반영되는 것이 일반적이므로 특정 지역에서는 더 이른 시기부터 소비되었을 가능성이 높다.[4] 또한 식량 부족기에는 먹을 수 있는 양을 늘려야 했기에 덜 도정한 식품 소비가 불가피했을 수 있다. 하지만 어떤 경우라도 그 빵이 가진 거친 식감과 곡물 특유의 강한 맛으로 인해 그리 선호되지는 않았을 것이고 대체로 가난한 이들 식탁 위에 놓였을 것으로 보인다.

역사적으로 일정한 문화적 환경 속에서 통곡물빵이 선호된 경우도 있

---

3) Deutsches Lebensmittelbuch(DLMB)의 규정에 따른 기준이다.
4) 품퍼니켈은 검은빵이라고도 알려진 것으로, 통곡물을 거칠게 빻은 가루에 물과 소금을 넣고 치대어 증기로 쪄내는 빵이다. 이에 대해서는 우어줄라 하인첼만 저, 김 후 역, 『독일의 음식문화사』, 니케북스, 2021, 457쪽 참조.

었는데 19세기 후반 경이다. 이 시기는 전체 빵(Ganzmehlbrot)이라는 표현으로 지시되었는데 이는 더 많은 횟수의 가공처리를 마친 일반 빵(Mehrbrot)과 구분을 위해서였다.5) 그 시기 독일 부르주아 계층을 중심으로 자연에 가까운 삶을 향한 지향이 확산되고 있었기에 자연 상태에 더 가까운, 덜 가공한 이 빵에 대한 관심이 그 지향성 속에서 더불어 증가했던 것이다.

역사 속의 어떤 다른 정권과 비교한다고 해도 식량문제에 대한 나치 정권의 관심과 정책 개입은 강력했다. 예상과 달리 장기화하면서 소위 "순무의 겨울"로 묘사되는 극심한 기아를 경험했던 1차 대전의 암울함이 나치운동에 지지세를 증가시켰다. 정권 장악과 동시에 가장 먼저 농업정책 정비에 나섰고, 노동자와 '농민'의 나라를 미래 독일로 그렸으며 농업 생산역량 확장 명분으로 "생활공간" 확보를 정당화했던 나치 정권이었기 때문에 식량문제는 관심의 중심에 있었다.

나치즘에 관한 연구는 그 전체 규모와 맥락을 파악하기 어려울 만큼 많이 축적되었다. 그중 한국사회에는 역사적 사회과학에 관한 관심 속에서 나치와 근대성의 연관을 다룬 1960년대 이후 연구가 널리 알려져 있다. 1970년대에 중반 이후 역사학 전반에 등장한 문화, 일상에 관한 연구 관심 속에서 일상사 맥락의 중요한 성과들도 나타났다. 나치에 대한 국민의 지지와 수용, 나치 정권이 적어도 표면적으로 이룬 것처럼 보이는 경제발전이나 사회정책 성과, 그리고 인종주의와 홀로코스트 문제라는 주요 연구 주제들이 역사학의 관심사와 연구방법의 변화들 속에서 연구성과로 이어졌다. 이 연구들 속에서 일상과 체제 사이의 관계에 대

---

5) Uwe Spiekermann, "Vollkorn für die Führer. Zur Geschichte der Vollkornbrotpolitik im 〉〉Dritten Reich〈〈", Zeitschrift für Sozialgeschichte des 20. und 21. Jahrhunderts 16(1), 2001, p. 92.

한 탐구결과는 갈등이나 저항 못지않게 수용, 열광 등에 관해서도 함께 발견하게 한다.[6]

일상사 성과를 정리한 포이케르트는 일상사가 역사연구대상에 더 가까이 다가가면서 지역적, 특수한, 작은 사람에 주목하게 되고, 그 과정에서 전체적인 조망이 불가능할 정도의 다양성이 드러나면서 다의적 결론이 발생했고 때로 어쩌면 도덕적 가치 기준조차 흔들리게 하는 현상마저도 나타난다고 강조했다.[7] 한나 아렌트가 주목한, 평범한 사람들이 일상에서 보여주는 평범해 보이기조차 하는 악의 양상이나 도서『어느 독일인의 삶』에서 보이는, 정치에는 무관심한 채, 자신의 일상을 '그저 성실히 살아갔을 뿐인' 사람들 등 대부분의 일상에 관한 관심이 여전히 포이케르트 저서의 제목처럼 "순응, 저항, 인종주의(Anpassung, Ausmerze und Aufbegehren)" 주제의 범주 가까이 있는 것처럼 보이게 한다.

본 고의 연구관심 역시 이 범주를 크게 벗어나지는 않지만, 그동안 적어도 한국학계에서 크게 관심을 기울이지 않았던 나치 정권기의 식량정책, 그리고 그로 인한 나치시기 일상의 한 부분에 접근해보려고 한다. 나치 시대에 관한 다른 연구와 비교했을 때, 서구 학계의 연구성과도 상대적으로 늦게 나타났지만, 국내의 경우, 이 주제에 관한 연구성과를 거의 찾아보기 어렵다. 먹거리와 같은 일상문화가 역사 연구 대상이 된 것은 일상사나 문화사 등이 시작된 1970~1980년대부터였기 때문이기도 하지만 나치 이념이나 권력의 폭력성 등, 그 자체의 성격에 대해 다루는 다소 무거운 주제들과 달리 나치 권력 분석수단으로서도 주변적 위치에

---

6) 연구사적 변화에 대해서는 신명훈, 「독일 복지국가 담론의 역사:나치의 민족공동체 이데올로기와 사회정책」, 『독일연구』 29, 2015, 156~157 쪽 참조.
7) 데틀레프 포이케르트 지음, 김학이 옮김, 『나치시대의 일상사』, 개마고원, 2016, 10쪽 참조.

있었던 것 같다. 나치 정권의 식량정책을 기아(Hunger)정책으로 명명했던 게하르트(Gesine Gerhard)는 자신이 책, *Nazi Hunger Politics*를 출간한 2015년 이전에는 나치 정권이 장악한 시기의 식량문제를 다루는 책이 전혀 없었다고 이야기할 정도였다.[8] 나치즘이 궁극적으로 노동자와 농민으로 이루어진 농업생산 사회를 지향했고, 농업정책을 비롯해 식생활과 관련된 적지 않은 정책기구를 운영했던 점을 생각하면 이는 다소 의외이다. 이런 상황에서 식생활과만 연관된 것은 아니지만 20세기 초 이래로 독일 정권들이 중요하게 여기고 정책적 대응에 나섰던 지방(Fett와 Öl) 부족 사태를 다룬 권형진의 연구는 이 주제와 비교적 가까운 연구성과이다.[9] 또한 나치 정권장악 직후 진행된 아인토프(Eintopf) 섭취와 이를 종용하는 제도를 연구한 성과도 극히 드문 관련 국내 연구이다.[10]

나치 정권의 먹거리 정책에 관한 해외 연구 역시 상대적으로 적기는 하나, 몇몇 눈에 뜨이는 것들이 있다. 예를 들면, 독일뿐만 아니라 이탈리아 파시즘 정권의 식량정책 분석이 있는데 그 연구에서는 식량정책이 계급, 젠더, 그리고 민족별로 어떻게 진행되었는지를 분석하여 독재 권력의 매커니즘을 이해하고자 했다.[11] 주로 정권 강화과정에서 경제, 정치적 기회를 획득하기 위한 동기가 이 정책과 연관되어 있다는 점, 이 정책이 국민들의 식생활 습관을 변화시킨 결과를 초래했다는 점이 강조

---

8) Gesine Gerhard, *Nazi Hunger Politics:A History of Food in the Third Reich,* Rowman & Littlefield; London, 2015, p. 9 참조
9) 권형진, 「현대식 상업포경의 확대와 나치독일의 남극해 포경」, 『독일연구』 41, 2019.
10) 박상욱, 「나치의 대중 행사 포스터에 나타나는 프로파간다 이미지 1933~39」, 『역사와 경계』 9, 2015.
11) Patrizia Sambuco & Lisa Pine, "Food Discourses and Alimentary Policy in Fascist Italy and Nazi Germany: A Comparative Analysis, *European History Quarterly* 53(1), 2023, pp. 135~155.

된다.[12) 또한, 사회적 계급에 따른 불평등한 식량정책이 진행되었음을 드러냈다.

본 고는 나치의 식량정책 자체를 주 연구대상으로 하지는 않는다. 그 중 통곡물빵 정책의 정치적 의미를 밝히는 것에 집중하는데 그런 면에서 나치의 통곡물빵 권장정책에 관한 스피커만(Uwe Spiekermann)의 연구들은 상당히 유효한 정보를 제공한다. 스피커만은 통곡물빵이 20세기 중반에 만들어진 일종의 문화적 생산물이라고 본다. 인위적인 정책 대상이 되었기에 이 빵의 소비확산을 위한 많은 영양학적 선전이 이루어졌지만 이 정책의 목적은 경제적, 또는 건강정책적 배려가 아니라 전쟁수행을 위한 섭생 준비 차원의 그것이라고 강조한다.[13) 나치독일 하에서 여성 대상의 먹거리 교육을 통해 나치가 계획했던 섭생효과 실현을 기대했기 때문에 나치정권 하의 여성 활동 연구성과 중 일부도 관련 연구에 포함 시킬 수 있다.[14) 나치권력의 먹거리 정책이 자연식 강조를 통해 근대적이고 산업적 먹거리와 거리를 두는 것처럼 보이지만 그것의 운용방식에서는 근대성 범주에서 벗어나지 못했다는 트라이텔(Corinna Treitel)의 연구도 주목할 만하다.[15)

대부분 전쟁 수행 목적과 연관해 식량정책을 해석한 이들 연구에서도 왜 하필 통곡물빵이 중요한 수단이 되었는지에 대해서는 알려주지 않

---

12) Patrizia Sambuco & Lisa Pine, "Food Discourses and Alimentary Policy in Fascist Italy and Nazi Germany: A Comparative Analysis, *European History Quarterly* 53(1), 2023, p. 136 참조

13) Uwe Spiekermann, "Vollkorn für die Führer. Zur Geschichte der Vollkornbrotpolitik im 〉〉Dritten Reich〈〈", Zeitschrift für Sozialgeschichte des 20. und 21. Jahrhunderts 16(1), 2001, p. 114.

14) 예를 들면 Lisa Pine, "German Women and the Home Front in the Second World War: Daily Life, Work and the Impact of War," *Women's History Review* 26(4), 2017, pp. 634~646.

15) Corinna Treitel, "Nature and the Nazi Diet", *Food and Foodways* 17(3), 2009.

다. 본 고는 나치의 식량정책 중에서 통곡물빵에 더 집중하고자 하는데 그 이유는 식량 확보와 보급이 인간의 신체를 유지하고 회생시키는 수 단이라는 점에서 나치의 생명을 다루는 정책 영역과 불가분의 주제라는 점에 주목했기 때문이다. 통곡물빵 섭취 권장과 관련 정책은 단순히 식 량제공의 의미를 넘어 나치가 생명을 다루는 방식을 보여주는 중요한 접근 경로라고 판단한다.

인간 신체를 대상으로 한 무자비한 폭력으로 자연 생명을 인위적으로 관리하고 통제하며, 심지어 괴멸시키려던 나치의 행태는 수용소 운영을 통해 가장 상징적으로, 그리고 가장 극악하게 드러난다. 학자들은 이를 생명정치의 한 방식이라고 명명한다.[16] 생명정치란 미셸 푸코에 의해 처음 사용되었는데, 그는 사람들의 생명, 생명체인 인간, 종으로서의 인 간을 향해 행사되는 권력 기술을 인간종에 관한 생명정치라고 규정한 다.[17] 전근대기 최고권력은 신민의 생사여탈을 좌우하는, 이른바 죽음 지배를 통해 인간의 육체를 경영하고 생명을 타산적으로 관리했다고 한 다.[18] 18세기 후반, 관료제를 비롯한 의료기관, 경찰, 학교 등 각종 관리 기구 발전, 그리고 인간을 비롯한 생물학 연구 발전과 의학 지식의 축적 은 정치권력으로 하여금 통치 정당화를 위해 생태계의 생물은 물론, 인 간의 신체를 정치의 대상으로 삼도록 했다. 즉 인간의 생물학적 특성이 정치적 대상이 되었으며 바로 이것이 생명정치이다.[19] 미셸 푸코가 가

---

16) 나치 수용소의 생명정치적 의미에 대해서는 김용우, 「나치 집단수용소와 생명정치」, 『대구사학』 98, 2010, 283~305쪽 참조.
17) 김성우, 「푸코와 생명정치」, 『시대와 철학』, 33(3)(통권 100호), 2022, 45쪽 참조.
18) 미셸 푸코 저, 이규현 역, 『성의 역사 I』, 나남, 1976, 15~16쪽 참조.
19) 최승기, 김대영, 「인류세 시대의 생명정치와 음식생산시스템」, 『문학과 환경』 18(1), 2019, 9쪽 참조.

장 대표적 생명정치 권력으로 보았던 독일 나치정권 시기에는 국가의 매커니즘 안에 인종주의를 기반으로 하는 인간 신체 정치가 작동했던 것이다.[20]

이렇게 보면 생명정치라는 주제를 통해 절멸 목적을 가진 살상 행위만 주목하는 것처럼 보이지만 그의 논리 속에, 영위할 가치가 있는 것으로 판단해서 진행하는 '생명 관리'도 포함된다. 생명정치는 생명 증진의 미명 아래 생명을 구분하고 행정을 통해 생명을 관리하는 것이기 때문이다. 생명정치는 생물로서의 인간에 대한 과학적 정보 발달의 상황과 관련이 있는데, "인간이라는 종의 근본적으로 생물학적 요소를 정치, 정치적 전략, 그리고 권력의 일반전략 내부로 끌어들이는 매커니즘의 총체"인 생명관리권력의 행사를 의미하기 때문이다.[21]

이렇게 본다면, 유대인 절멸이라는 목표와 함께, 아리안 독일인의 치유, 건강증진이라는 목표설정과 이를 위한 정책 수행 역시 생명정치이다. 질병, 정신질환 등 이른바 "건강치 못한" 생명에 대한 처리 지식이 생명권력이 되어 나치의 생명정치를 가능하게 했던 것처럼 그 반대로 건강하게 만드는 지식과 건강하게 만들려는 정치 역시 생명정치의 한 부분이 된다. 아인토프(Eintopf) 정책으로부터 2차 대전기의 식량배급정책에 이르기까지 생명유지와 강화와 관련된 생물학적 지식들은 독일인의 일상에서 특히 먹거리를 통해 정치가 개입하는 것을 가능하게 했다. 그리고 그것은 생명정치로 이어졌다.

의식주와 같은 일상 문화 형성에서 오랫동안 기후나 토양 등, 살아

---

20) 전혜림, 「한나 아렌트의 자유주의 비판: 아렌트의 '사회적인 것의 개념과 푸코의 생명정치 개념을 중심으로」,『인문과학』 81, 2021, 167쪽 참조.
21) 인용은 미셸 푸코 저, 오트르망 역,『안전, 영토, 인구』, 난장, 2011, 17쪽 참조.

가고 있던 주변 환경은 핵심적 요인이다. 물론 같은 환경에서도 문화 향유자의 경제, 사회적 위치는 그 내부적 차이를 또 발생시킨다. 브로델의 연구에 의하면 프랑스 혁명 전야의 부르고뉴 지방에서 꽤 유복한 집에서는 혼합밀이나 호밀을 먹었고, 가장 가난한 사람들은 보리와 귀리를 먹었다. 먹거리는 식재료뿐만 아니라 식사 유형도 결정하기 마련이어서 부유한 사람들은 빵을, 그리고 가난한 사람들은 빵이나 죽을 먹었는데 가난한 사람들의 빵에는 "작은 밀기울"이 포함되어 있었다고 한다.[22]

하지만 물류소통이 원활치 않았던 과거에 먹거리는 비단 경제적 여력 만이 아니라 역사적인 습관이나 기후 그리고 문화적 특징과도 연관되며 발전했다. 일상과 문명 저변에 흐르는 장기적인 시간에 주로 주목한 브로델은 그의 『물질문명과 자본주의』에서 밀이나 호밀 등의 먹거리와 더불어 쌀이나 옥수수 등 인간의 일상적 먹거리 공급 방식에 주목하며 이에 영향을 주는 지리적 요소에 대해 서술했다.[23] 일상의 많은 것들은 오랜 시간 동안 축적되어온 것들이며 특히 식량문화는 공동의 토양과 기후조건 속에서 거주 지역 안에 음식문화 공유 공동체를 만들어간다.

일정한 공동체적 양상을 형성하기는 하지만 식문화는 사적인 영역이기도 하므로 외부 개입은 그리 쉽지 않다. 게다가 개인의 먹기 행위는 신체적 욕구에 지배받으며 이 욕구는 몸의 모든 감각기관을 통해 끊임없이 자극받는, 감정적 영역이기 때문에 이런 개입이 늘 성공할 수도 없

---

22) 페르낭 브로델 저, 주경철 역, 『물질문명과 자본주의 1-1』, 까치, 1997, 181쪽 참조.
23) 페르낭 브로델 저, 주경철 역, 『물질문명과 자본주의 1-1』, 까치, 1997, 제2장 일상의 양식; 빵 편 참조.

독일 나치정권의 식량정책과 생명정치 **371**

다.[24] 국가의 정책적 장악력이 갖추어지는 근대세계에서도 이는 마찬가지여서 국가의 식생활 개입에는 이를 정당화하는 근거가 있어야 했다. 예를 들면 전쟁 상황이 그것이다.[25] 또는 과학이라는 이름의 정당화 방식도 있는데, 대개 영양학적 지식이 그것이다.[26] 예를 들면 1970년대에 칼로리 과잉 섭취로 인해 국민 내 성인병 발병을 막는다는 명분으로 미국에서 '건강한 삶을 위한 식생활 가이드'가 만들어지기도 했다.[27] 질병 유발 가능성에 대한 담론은 상당히 유효한 수단으로 활용된다. 다른 한편 건강하고 행복한 삶이라는 '희망'의 키워드도 일종의 감정정치를 통한 식생활 개입을 가능하게 하기도 한다.[28]

나치의 식생활 개입정책에도 역시 이 두 가지 요소가 실행되었는데 그리 길지 않는 나치 통치 기간을 지나며 통곡물빵은 마치 오랜 식습관처럼 독일인의 식탁에 자리 잡게 되었다.[29] 1936년까지도 통곡물빵 소비는 전체 빵소비에서 단지 6% 정도 밖에 되지 않았었다.[30] 개인적 욕구의 영역이자 감정의 영역인 빵 식사 습관은 어떻게 이 짧은 기간을 지나며 변화되었으며 그 과정에서 곡물빵이 독일의 대표적인 식문화로 자리 잡게 되었을까?

---

24) 박형신, 「음식과 먹기의 감정정치」, 『사회와이론』 통권 35, 2019, 145쪽 참조.
25) 영국의 경우, 대략 19세기 후반부터 시작되었다고 본다, 박형신, 「음식과 먹기의 감정정치」, 『사회와이론』 통권 35, 2019, 143~144쪽 참조.
26) 박형신, 「음식과 먹기의 감정정치」, 『사회와이론』 통권 35, 2019, 145쪽 참조.
27) 박형신, 「음식과 먹기의 감정정치」, 『사회와이론』 통권 35, 2019, 145쪽 참조.
28) 박형신, 「음식과 먹기의 감정정치」, 『사회와이론』 통권 35, 2019, 146쪽 참조.
29) 음식과 맛에 대한 기호는 체화된 취향으로서의 아비투스적인 성격을 갖고 있다. 이에 대해서는 오명석, 「말레이시아에서의 돼지고기 소비와 종족관계, 『동남아시아연구』 14(2), 2004, 2쪽 참조.
30) Uwe Spiekermann, Vollkornbrot in Deutschland, Regionalisierende und nationalisierende Deutungen und Praktiken Während der NS-Zeit, Comparativ 11, 2001, p. 33.

III. 나치정권의 식단개입과 식량정책

1. 아인토프(Eintopf)와 통곡물빵(Vollkornbrot) 권장정책

나치 정권의 국민 먹거리 개입 중 가장 널리 알려진 것은 아인토프 섭취 권장과 의무 취식 정책이다. 아인토프는 감자나 당근, 소세지, 햄 등을 한꺼번에 조리하고 섭취하므로 조리과정은 물론 먹는 시간도 간결 해서 이전부터 독일인의 식탁에 종종 오르던 메뉴였다.

나치 정권은 권력 장악 직후, 이 음식 섭취를 권장하고 다양한 방식으로 홍보했다. 히틀러나 괴벨스 등 나치 수뇌부의 식사장면을 담은 포스터가 제작되었으며 1933년 10월 이후에 한 달에 한 번, 두 번째 일요일은 '아인토프일요일(Eintopfsonntag)'로 정해 취식여부 감독까지 했다. 그러나 아인토프의 경우에는 빈곤층 지원 목적을 띤 일종의 절식 행사였다. 간단한 식사로 절약된 돈을 기금화하여 집권 직후부터 고민거리였던 식량 부족과 빈곤 증가 해소를 의도했던 것이었다.

나치 집권기는 국내외적으로 경제적 어려움의 시기였다.[31] 집권하던 1933년은 미국 경제공황 여파가 여전했기에 식량의 자유를 확보(Nahrungsfreiheit)한다는 기치를 내건 4개년 경제계획이 수립되었다. 이 조치로 독일시민은 "정치적 위장(political stomach)이 발달하도록 요구받았다고 평가된다.[32] 전간기라는 점을 감안하면 물론 이는 독일만의 상황은 아니었다.

---

31) 박상욱, 「나치의 대중 행사 포스터에 나타나는 프로파간다 이미지 1933~39」, 『역사와 경계』 9, 2015, 151쪽 참조.
32) Patrizia Sambuco & Lisa Pine, "Food Discourses and Alimentary Policy in Fascist Italy and Nazi Germany: A Comparative Analysis, *European History Quarterly* 53(1), 2023, p. 145.

1934년 "독일민족-독일노동(Deutsches Volk-Deutsche Arbeit)"라는 제목의 전시회가 열렸는데 특별 전시의 한 부분에 "오늘도 과거처럼: 부엌의 개조(Heute wie einst: Umstellung der Küche)"라는 제목의 광고물이 4개년 계획 전후의 식탁과 비교되어 등장했다. 고기와 치즈, 그리고 케익으로 장식된 과거 식단은 물고기와 감자로 이루어진 '희망 식단'에 중심 자리를 내주었다. 프리드리히 대왕의 군사적 성공 이유를 곡물 대신 감자섭취의 공으로 돌리는 그림도 그 하단에 배치되었다.

전시회 그림을 통해 나치 정부는 국민의 그간 식습관이 동물성 식품에 치우쳐 있다고 말하려 했고 1차 대전과 기아를 연결함으로써 패배와 기아를 연관시키려 했다. 트라이텔(Corinna Treitel) 역시 나치 식량정책에 대한 연구에서 1차 대전 기아의 경험과 패전, 그리고 혁명 발생까지도 연관되어 있음을 설명한다.[33] 이런 권장과 홍보 활동 영향 때문이었는지 고기를 대체하는 생선 소비가 1932~38년 사이에 40% 정도 증가했다.[34] 생선 어획량 증가를 위해 선박 출항 스케줄을 조절하고, 공급 위한 국내 유통망 확보에 노력하는 한편, 생선살 냉동기술까지 지원되었다.[35]

식자재 구매와 요리를 주로 담당하던 여성들에 대한 교육은 나치정권의 식량정책에서 자연스럽게 부수되었다. 1933년 조직된 독일여성동맹(Deutsches Frauenwerk)와 1931년, 국가사회주의당 하부의 여성조직으로 출발했던 국가사회주의여성동맹(NS-Frauenschaft)의 공동행사인 제국어머니행동(Reichsmütterdienst) 등을 중심으로 한 여성 모임들에서는 대체식품에 대한 정보와 요리방법, 음식 보존과 활용 방법을 교육했다. 여성

---

33) Corinna Treitel, "Nature and the Nazi Diet", *Food and Foodways* 17(3), 2009, p. 140.
34) Patrizia Sambuco & Lisa Pine, "Food Discourses and Alimentary Policy in Fascist Italy and Nazi Germany: A Comparative Analysis, *European History Quarterly* 53(1), 2023, p. 146.
35) Patrizia Sambuco & Lisa Pine, "Food Discourses and Alimentary Policy in Fascist Italy and Nazi Germany: A Comparative Analysis, *European History Quarterly* 53(1), 2023, p. 146.

잡지에서도 유리병 개봉법, 빈 병 닦는 방법, 잼 만들기와 과일 보존 등을 가르쳤다.[36] 충분할 때 염장 또는 당장 형태로 보관함으로써 섭취기간을 늘리기 위함이었다. 이탈리아 파시즘 정권하에서도 이런 정책은 진행되었다. 하지만 통곡물빵 권장은 이탈리아에서는 국민식습관으로 정착되지 못했다. 이는 오직 독일에서만 가능했다.

그러나 통곡물빵이 나치 집권 시기에 처음으로 권장된 것은 아니다. 지역적 조건에 따라 빵 재료는 다양하기 때문이다. 또한 19세기 후반의 '자연으로의 복귀' 문화에서도 빵 개혁 움직임이 있었다. 1910년대에는 발견된 비타민 등 영양소와의 연관성이, 1920년대에는 치아질환 예방과 연관해서 권장되었다. 하지만 나치정권 등장과 함께 통곡물빵은 적극적으로 홍보, 권장되었고 1939년에는 제국곡물빵위원회(Reichsvollkornbrotausschuss)라는 기구도 설립되었으며 정책적으로 소비 촉구 내지는 강제되었다. 또한 독일인에 한정된 음식물이 되기도 했다.

영양학과 건강정보 관리 및 홍보를 위한 기구의 등장과 활동은 이를 위한 전제가 되기도 했다. 제국건강국(Reichsgesundheitsamt), 민족영양관리를 위한 제국노동공동체(Reichsarbeitsgemeinschaft für Volksernährung), 그리고 이를 기반으로 해서 라이터(Hans Conrad Julius Reiter)가 1935년 설립한 "독일영양연구학회 Deutschen Gesellschaft für Ernährungsforschung(DGEF)"가 그것이다.[37] 라이터는 의사이자 나치 정치인으로서 통곡물빵이 가진 건강상의 이익을 강조하며 나치 정권의 '영양과 건강 정책'의 중심부에서

---

36) Patrizia Sambuco & Lisa Pine, "Food Discourses and Alimentary Policy in Fascist Italy and Nazi Germany: A Comparative Analysis, *European History Quarterly* 53(1), 2023, pp. 148~149.

37) Hans Conrad Julius Reiter(1881~1969)는 독일 내과의사였다. 1차 대전 후 로스톡(Rostock)에서 위생 분야 활동 경력이 있다. 1차 대전 후 히틀러 측근이 되었다.

활약했다. 통곡물빵은 밀을 포함하여 호밀, 귀리, 보리 등 다양한 곡물로 만들어질 수 있는데 이때 권장되는 빵의 중요요건은 흰 빵이 아니라 검은 빵의 범주에 들어가는 '어두운 색'이어야 한다는 점이다. 실제로 라이터는 1937년, 밀가루를 흰색으로 만드는 것을 금지하기도 했다.[38]

1936년부터 정부영양부(Ernährungsministerium)는 빵 산업이나 복지기구 시스템 그리고 의사협회 등과 협력하여 적극적인 통곡물빵 권장 사업을 진행했다. 이 사업의 주도적 업무를 담당한 사람은 제국의사회 장인 바그너(Gerhard Wagner)였다. 그는 1935년에 빵제조업자들에게 통곡물빵 생산을 명령했고 소비 촉진 캠페인도 진행했다. 명분은 독일국민 건강증진이었다. 당시 나치정권에게 식생활 문제나 영양 문제는 개인이 어떻게 먹고사는지의 문제 차원이 아니라 전체 인민이 무엇을 먹느냐의 문제였다. 그러니까 국민 개인이 아닌, 독일민족 먹거리로서의 통곡물빵 위상이 먹거리 관리의 정책 속에서 강조되었던 것이다.

통곡물빵 권장을 위한 영양학적 정보 제공이 학문적 기반에서 제공되었으며 섭취 촉진을 위한 프로모션도 진행했는데, 지역별 담당자를 선정해 관리하고 언론매체나 영화를 통해 영양학적 장점을 홍보했다. 슈바벤(Schwaben) 지역에서 유치원이나 산모, 어린이 등을 위한 건강한 먹거리를 논의하는 과정에서 밀빵 이외에 통곡물빵의 보급이 제대로 이루어지지 않는 문제에 대한 논의가 진행되기도 했다. 그때는 1937년이었다. 1938년 작센에서 캠페인이 진행되기도 했다.[39] 이 행사는 통곡물빵 섭취 권장과 확산을 위한 하나의 경험적 사례로 작용했다.

---

38) Patrizia Sambuco & Lisa Pine, "Food Discourses and Alimentary Policy in Fascist Italy and Nazi Germany: A Comparative Analysis, *European History Quarterly* 53(1), 2023, p. 140.

39) Uwe Spiekermann, Vollkornbrot in Deutschland, Regionalisierende und nationalisierende Deutungen und Praktiken Während der NZ-Zeit, Comparativ 11, 2001, p. 38.

이 과정에서 통곡물빵 섭취를 전국적으로, 제도적으로 진행할 기구가 만들어졌는데 그것이 제국통곡물빵위원회(Reichsvollkornbrotausschuss)였다. 이 위원회에서 전국적으로 통용될 제빵기준을 만들고 적절한 배합률 기준을 맞춘 빵에 붙일 표식도 만들었다. 그 이외에 제빵 현장에서 실물을 심사하는 절차도 만들고 실제 심사가 진행되기도 했다.

〈그림 1〉 제국통곡물빵위원회가 만든 인증 표식[40]

짙은 색이나 단단한 빵 수요는 통곡물빵 수요와 더불어 1938년부터 증가의 조짐이 있었다. 통곡물빵 소비 권장은 제국의회의 논의 거리로 1937~1938년 사이에 다루어졌다. 기구의 설립 이전부터 정치적으로 섭취를 강제하기 위한 제도를 준비하고 있었다는 의미이다. 이 정책은 제국의사회(Reichsärzte)의 장인 의사 바그너(Gerhard Wagner)가 주도했다는 점은 주목할 필요가 있다. 영양 전문가라는 점 때문이기도 하지만 의사가 식량, 특히 통곡물빵 소비 진작을 위한 정책을 주도한다는 것은 이

40) 출처: Reichsvollkornbrotausschuss in Wikipedia 10.08.2023(https://de.wikipedia.org/wiki/Reichsvollkornbrotausschuss)

빵이 나치정권의 의식에서 에너지를 주고 영양을 보급하는 식사 이상의, 어떤 의미를 갖는다는 것이기 때문이다.

이 위원회 주도하에 빵 원료와 배합률이 정해지고 규정에 맞는 빵에 붙일 인증표가 만들어졌으며 빵 제조업자 교육, 구워진 빵 검사 등이 진행되면서 통곡물빵의 생산과 소비는 확대되었다. 1939년에 전체 독일 제빵사의 1.25%만이 규정에 따른 통곡물빵을 구웠지만 1943년 말에는 22.8% 제빵사가 이 방식에 따라 빵을 생산했다.[41] 1941년에 전국에 20,000개 빵집에서 규격에 맞는 빵을 구웠고 1943년에는 전 제빵소의 23%가 인증을 받아 영업했다. 이런 활약으로 통곡물빵 생산 빵집은 크게 증가했는데, 1939년에 2,420개였지만 1943년에는 27,454개가 되었다.[42] 이런 정책은 2차대전이 종식되기 수개월 전인 1945년 4월까지 진행되었다.

1차대전 이래로 나치 집권까지 지속된 식량 부족으로 껍질을 포함한 빵 생산은 생산량 증가는 물론 소화의 어려움으로 인해 위장에 더 오래 머무는 효과까지 있어 이 빵 소비 자체만으로도 효과적인 식량 대비책이라고 볼 수 있다. 그렇지만 이를 소비시키기 위한 정부 선전 내용은 주로 건강에 좋다는 점을 향해 있었다. 소비 진작을 위한 단순 홍보수단으로 이 선전 내용을 활용했다는 것은 분명하지만 이는 단지 거기에 그치지 않는 더 큰 의미를 내포한다.

1941년 3월 21일에 제국건강국(Reichsgesundheit)의 수장인 레오나르도 콘티(Leonardo Conti)는 라디오 연설을 통해 통곡물빵의 장점을 선전했다. 민족의 건강과 힘 증가를 위해 흰빵 대신 통곡물빵 전환이 좋겠다는

---

41) Uwe Spiekermann, "Vollkorn für die Führer. Zur Geschichte der Vollkornbrotpolitik im 〉〉Dritten Reich〈〈", Zeitschrift für Sozialgeschichte des 20. und 21. Jahrhunderts 16(1), 2001, p. 117.

42) Patrizia Sambuco & Lisa Pine, "Food Discourses and Alimentary Policy in Fascist Italy and Nazi Germany: A Comparative Analysis, European History Quarterly 53(1), 2023, p. 152.

취지였다. 의학도 이런 류의 선전에 동참했는데 그 한 예로 의사회지 (Deutsches Ärzteblatt)를 통한 통곡물빵 섭취 권장 글 게재가 그것이다.[43]

통곡물빵(Vollkornbrot)은 의미상으로는 모든 곡물로 만들어질 수 있지만 대체로 밀보다는 호밀이나 귀리가 활용되며 그래서 검은빵(Schwartsbrot) 종류로 불리기도 한다. 호밀은 발틱지역으로부터 유럽에 유입되었으며 페르낭 브로델은 근대 초 유럽 사회의 곡물 연구 중 '밀과 잡곡들'이라는 분류를 통해 호밀이나 보리는 밀과 구분해 '잡곡'으로 분류했다. 이런 구분을 통해서 볼 때, 오랜 시간 동안 유럽 역사에서 호밀이나 귀리로 만든 빵은 식량으로서 그리 선호되지 않았음을 짐작할 수 있다. 실제로 18세기까지 잡곡은 밀 부족 지역의 대안 곡물이었을 뿐이며, 1702년 프랑스 한 의사는 "호밀빵은 밀빵보다 영양가가 낮으며 사람의 배고픔을 약간 완화해줄 따름이다…"라고 말했다. 결론적으로 호밀로 만든 빵은 오래전부터 전해져오고는 있으나 별로 선호되지 않는, 특히 가난한 지역의, 가난한 사람들의 음식이었던 것이다.[44]

나치 집권기 동안 통곡물빵은 호밀로 만든 경우를 지칭하는 경우가 많았으며 사실상 나치 집권기 동안 독일은 "호밀의 땅"으로 그 정체성이 묘사되기도 했다. 이런 정체성 묘사를 통해 여성스럽고(effeminate), 소비적이며(wasteful), 약한(weak) 밀빵의 나라인 영국과 프랑스와 대비되는 이미지로 활용되기도 했다.[45] 통곡물빵은 건강하고, 독립적이며 오염되지 않은 민족(Volk)를 위한 이상적인 은유이며 독일인의 땅에서 나온 독일적인 빵인 셈이다.

---

43) Loenardo Conti, "Mehr Vollkornbrot! Aufruf zur Mitarbeit an der Vollkornbrotaktion," *Deutsches Ärzteblatt* 70, 1940, p. 310.
44) 페르낭 브로델 저, 주경철 역,『물질문명과 자본주의 1-1』, 까치, 1997, 142~144쪽 참조.
45) Alice Weinreb, Blood and Soil: The Food Economy and the Nazi Racial State, in *Modern Hungers:Food and Power in Twentieth-Century Germany,* Oxford Uni.Press, 2017, p. 61.

2. 전쟁과 식량정책

통곡물빵을 적극 권장하기는 했지만, 전체적으로 나치는 영양이나 섭생의 문제에 앞서서 식량 공급에 예민하고 적극적이었다. 왜 나치 정권에서 식량은 이렇게 중요했을까? 그것은 다른 무엇보다도 전쟁(1차 대전)을 기준으로 한, 기억, 그리고 승리(2차 대전)를 위한 준비 문제와 긴밀하게 관련되어 있었다. 실제로 그 기아의 기억을 기반으로 나치 정권 장악이 가능했던 바이기도 하다.

1) 1차대전의 기억과 식량정책

통곡물빵은 무엇보다 전쟁, 그리고 기아와 연관되어 있다. 정확하게는 식량에 대한 관심과 정책이지만 그 안에서 통곡물빵은 또 다른 의미로 이 상황과 연관된다. 1차 세계대전 발발 초기, 독일인들은 '신속한' '승리'를 예상했다. 하지만 기대했던 슐리펜 계획(Schlieffen Plan)은 실현되지 않았고 전장에 향했던 젊은이들의 죽음과 가족의 고통이 전 사회를 절망의 분위기로 만들었다. 길어진 전쟁으로 물자는 부족했으며 그래서 겪게 된 기아는 독일인들이 감당하기 버거운 것이었다.

단기간의 전쟁으로 예상했기에 식량 계획은 소홀했고 그래서 기아는 전장의 군인은 물론 후방의 민간인에까지 고통을 주었다. 제국과 지방정부의 물자 보급이 원활하지 않았던 것도 있지만 이 어려움은 19세기 말부터 식량의 많은 양을 수입에 의존하던 구조에서도 기인했다. 1차 대전 기에 식량의 1/3가량이 수입에 의존했고 단백질은 전체 소모량의 약 27%, 지방은 42%가량 수입으로 해결하고 있었다.[46] 전쟁이 장기화로 농촌인력의 전장투입은 농업 생산성 감소를 심화시켰지만, 이 어려움을 결정적으로 가중시킨 것은 영국의 봉쇄정책이었다. 굶주림으로 독일 군사력 약화를 의도했던 이 봉쇄정책은 전쟁에 관계하는 선박은 나포할 수 있다는 국제법 조항을 확대해석해서 식량 실은 배의 독일입항을 막는 방식으로 작동했다. 캐나다와 아르헨티나로부터 수입되던 많은 식량은 독일 항구에 도착하지 못했고 전선의 병사들은 물론 국민까지 배급으로 연명해야 했다.[47] 1916~1917년에 이르면 배추순무로 버텨야 하는 겨울(Kohlrübenwinter)을 경험하게 된다. 이 상황에서 약 75만 명이 기아나 그와 연관된 결과로 인해 사망했다. 1917년 겨울에만 26만 명의 민간인이 기아로 사망했다.[48]

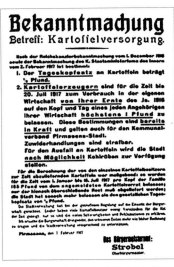

〈그림 2〉 감자배급에 대한 공지사항[49]

46) Gesine Gerhard, *Nazi Hunger Politics: A History of Food in the Third Reich,* Rowman & Littlefield; London, 2015, pp. 20~21.
47) 후지하라 다쓰시 저, 최연희 옮김, 『전쟁과 농업』, 따비, 2020, 58~59쪽 참조.
48) 하겐 슐체, 『새로 쓴 독일역사』, 지와사랑, 2000, 207쪽 참조.

위 공고문은 1917년 감자 부족으로 인한 배급제한을 고지한다. 배추 순무가 독일인의 주요 식량인 감자를 대신했고 이는 독일인에게 끔찍한 기아의 기억을 남겼다.

이 경험은 나치 집권 직후 중앙 정부 차원에서 식량정책이 수립되는데 영향을 미친다. 1933년 4월 법령으로 제국기름및지방관리국(Reichsstelle für Öle und Fette)이 설치되고 기름 및 지방 생산 기업에 대한 국가의 직접 관리가 시작되었다.[50] 1934년부터 시작된 자급자족 정책의 핵심은 식량 전량의 국내 감당에 있었으나 이 밖에도 경제운용에 필요한 모든 종류의 해외 원료 수입 중단 의도도 함께했다. 대표적으로, 국내 생산 곡류인 호밀과 감자(Roggen und Kartoffel) 소비 증가와 수입 물품 대체 사업을 들 수 있다. 당시 독일 곡물의 해외 의존도는 대략 20% 정도였다. 이는 1914년에도 그러했고 1934년에도 수치는 거의 변화하지 않고 있었다.[51]

나치 집권 이후에도 식량 증산은 좀처럼 실현되지 않았다. 1934년, 자급자족 정책 시작에도 불구하고 1936년 이르러서도 독일은 식량문제에서 자유를 획득하지 못했다. 전체 식량 필요량의 많은 부분을 수입에 의존할 수밖에 없었다. 예를 들면 지방의 경우 59.4%를 수입에 의존했고 곡식의 18.4%도 수입되었다, 자연스러운 결과이지만 당시 국민 건강상태는 전반적으로 좋지 않았고 사망률은 높았으며, 아이들 성장 속도는 저조했기에 경제학자들의 고민이 깊었다.[52]

---

49) Bekanntmachung der Karteffelrationierung, Pirmasens 1917. "Steckrübenwinter" in Wikipedia (https://de.wikipedia.org/wiki/Steckr%C3%BCbenwinter 10.08.2023)
50) 권형진, 「현대식 상업포경의 확대와 나치독일의 남극해 포경」, 『독일연구』 41, 2019, 119쪽 참조.
51) Corinna Treitel, *Eating Nature in Modern Germany: Food, Agriculture and Environment, c.1870 to 2000*, Cambridge Uni. Press, 2017, p. 189.

2) 2차대전 승리목적과 식량정책

1932년 2월 24일 프로이센 지방선거 캠페인에는 "Arbeit, Freiheit und Brot"라는 구호가 등장했다. 한 농업노동자로 보이는 남성이 한쪽 어깨를 가로지르는 거대한 곡식 자루를 둘러메고 씨를 밭에 뿌리는 그림과 함께였다. 알브레이트(Felix Albrecht)라는 작가 작품이라 소개된 이 포스터에는 실업률 감소, 베르사이유 체제로부터 자유를 의미하는 구호가 빵이라는 단어와 함께 등장했다. 여기서 주인공은 농민이다. 1933년 제국의회 포스터도 한 남성이 각기 다른 크기의 글씨체로 빵, 자유, 노동이라 쓰인 상자에 기대어 새로운 미래 개혁을 기대하는 이들을 내려다보는 그림이 등장한다.

농업노동자의 강인함을 포스터에 등장시켰던 것처럼, 농업은 최우선적 정책 대상이었기에 어떤 행정기구보다 앞서서 다레(Walther Darre)를 중심으로 정비되었다.[53]

국민에게 물자 부족 상황을 알리며 협조 부탁은 물론 이를 위한 여성 역할을 강조하기도 했다. 1936년 헤쓰(Rudolf Hess)는 다음과 같이 연설한다.

> "열심히 일하고 효율적인 가정주부는 현재의 물자 부족의 상황을 극복하기 위해서 위대한 독일가족들, 독일국민을 위해서 무엇을 해야 하는지를 잘 알고 있다. 그들은 위대한 독일가족의 이익에 합당한 정도만을 구입한다"[54]

---

52) Gesine Gerhard, *Nazi Hunger Politics:A History of Food in the Third Reich*, Rowman & Littlefield; London, 2015, pp. 50~53.
53) 나치 집권 직후 가장 먼저 정책적 정비를 마친 분야는 농업 분야였다. 마르틴 브로샤트 저, 김학이 역, 『히틀러국가』, 문학과지성사, 2016, 256쪽 참조.

장보기에서 물자 부족 상황 고려를 나치 정부가 목적으로 하는 바는 1차 대전기와 같은 기아 반복을 막거나 정권 장악 직후의 정치적 장악력 굳히기만은 아니었다. 그것은 전쟁 수행과도 관련 있었다.

처음부터 나치정권의 식량 계획은 전쟁 수행 과정 일환이었다. 1차 대전의 기아 경험은 전쟁승리와 식량 준비의 연관성을 교훈으로 주었고 더 나아가 2차 대전 중, 점령지마다 식량 약탈행위의 당위성으로 이어졌다. 나치가 점령했던 동유럽 지역의 거주자들은 마치 유대인이 농업에 적당치 않다고 나치 정권이 규정했듯이 마찬가지로 농업에 부정당한 인종이라는 명분으로 곡식을 갈취당했다. 역사가 부륵하르트(Lochar Burchardt)에 는 이 시기, 정복지에서 갈취한 식량이 없었다면 나치 독일의 식량공급은 1차 대전 때 수준을 밑돌았을 것이라고 계산했다.[55] 1943년 스탈린그라드에서 독일군이 패배한 것은 전쟁의 전환점이었다.

전쟁준비에서 나치정권이 식량 확보 문제를 얼마나 중요시했는지에 대해서는 2차 대전 중 동유럽 지역에서 나치가 저지른 끔찍한 기아정책을 통해서도 파악할 수 있다. 1940년 7월경, 소련에 대한 공격이 결정되고 독일군은 레닌그라드를 봉쇄했다. 이는 레닌그라드 시민의 식량 접근 제한을 의미했고 결국 이 일로 약 65만 명의 아사자가 발생했다. 소위 기아계획(Hunger Plan)이라고 부르는 기획 결과 중 하나였다. 기아계획은 1940~1941년 사이에 우크라이나, 러시아, 그리고 슬라브인들 약 3,000만 명을 조직적으로 아사시키고 그렇게 해서 남는 잉여 곡식을 나치 군대와 후방에 있는 독일 시민에 제공하려는 것이었다. 이를 제안한

---

54) Patrizia Sambuco & Lisa Pine, "Food Discourses and Alimentary Policy in Fascist Italy and Nazi Germany: A Comparative Analysis, *European History Quarterly* 53(1), 2023, p. 139.
55) Alice Weinreb, Blood and Soil: The Food Economy and the Nazi Racial State, in *Modern Hungers:Food and Power in Twentieth-Century Germany*, Oxford Uni.Press 2017, p. 70.

자는 바케(Herbert Backe, 1896~1947)였다.

이 계획은 1925년 히틀러가 감옥에서 그의 저술『나의 투쟁』에서 작성 때 생각했던 "미래의 토지정책"이라고 묘사한 "생존공간" 실현태라고 평가된다.[56] 기획단계에서 이미 2,000만 명~3,000만 명 아사가 예상된 정책이었다. 기아계획 수행에서 나치 정권이 주장한 바는, 굶어 죽어 마땅한 "열등 인종" 슬라브인들이 거기 살기 때문이었다.[57]

전쟁이 이어지며 식량 확보를 위한 나치정권 폭력은 더 잔인해졌다. 1942년 11월, '회복 불가능한 환자들을 위한 식사법'이라는 주제의 컨퍼런스가 개최되었고 그 환자 대한 지방과 단백질 회피한 식사가 결정되었다. 결국 그 환자들은 약 3개월에 걸쳐 죽음에 이르렀고 아동 210명을 포함해 1,200~1,600명이 사망하기에 이른다.[58] 강제노동에 동원되었던 폴란드인, 우크라이나인에 대한 희생적 곡식 배당도 이런 차원에서 진행되었다.

전쟁에서의 식량 배급제나 섭생 대상과 방법을 결정하는 것은 2차 대전 승리의 목적을 향한 것이었다. 기아는 1차 대전 패배로, 식민지 상실로, 베르사이유 협정에 의한 배상, 그리고 최종적으로는 나치가 부정했던 공화국과 인과적으로 연결되었고 그 모든 과정의 재현 저지가 히틀러의 머리를 채우고 있었음은 너무나 명확하다. 이런 강박은 동유럽 정복지에서의 인종별 아사와 방임이라는 극단적인 정책으로 이어졌다. *Nazi Hunger Politics*를 쓴 게르하르트는 이런 이유에서 기아계획과 홀로코스트는 별개의 현상이 아니며 식량 확보정책과 연동되어 있다고 보았다.[59]

56) Carlisle Ford Runge & Linnea Graham, "Viewpoint: Hunger as a weapon of war: Hitler's Plan, Native American resettlement and starvation in Yemen", *Food Policy* 92, 2020, p. 1.
57) 후지하라 다쓰시 저, 최연희 역,『전쟁과 농업』, 따비, 2020, 99~102쪽 참조.
58) 후지하라 다쓰시 저, 최연희 역,『전쟁과 농업』, 따비, 2020, 57쪽 참조.
59) 후지하라 다쓰시 저, 최연희 역,『전쟁과 농업』, 따비, 2020, 105쪽 참조.

비록 홀로코스트 현상과 동일시는 어렵지만, 특정 인종을 '열등한' 존재로 규정하고 기아에 몰아넣는 인위적 섭생관리를 하는 것이 생사결정의 폭력이라는 것은 말할 나위도 없다. 하지만 독일 시민 식단개입정책역시 전쟁을 우선 순위에 둔다는 점에서 시민적인 소비 취향을 향한, 그에 반하는 정책일 수밖에 없었다.[60] "죽어 마땅한 존재"의 설정만큼이나살아야 할 신체로 규정된 독일시민들 역시 그들의 생명정치 대상인 것은 마찬가지였기 때문이다.

IV. 통곡물빵과 나치정권의 생명정치

1. 식량정책을 통한 생명관리

제국통곡물빵위원회는 1939년부터 업무를 시작했는데 이는 2차대전을개시하는 독일의 폴란드 침공과 맞물려있다. 그래서 나치의 통곡물빵 권장은 전쟁과 연관된 기능을 갖는다. 또한 이 과정은 전시 식량 배급 정책과도 연관되었는데, 독일이나 점령지역에서 인종, 민족들에 대한 식량 배급 차등화가 이루어졌다. 인종 간의 차등화, 줄 세우기에서 그 대상이 "민족공동체(Volksgemeinschaft)" 일원인지 여부가 중요했고 그에 따라 식량배급 기준이 정해졌다. 강제수용소 수감인이나 강제노동자들, 전쟁포로에서 소비에트 등 점령지의 사람들에 이르는 식량 감량도 진행된다.[61]

---

60) 나치 경제정책이 시민적 소비 이해와 상충된다는 주장은 Nancy Reagin, 'Tischkultur: Food Choices, Cooking and Diet in Nazi Germany', in Lisa Pine, ed., Life and Times in Nazi Germany, London, 2016, p. 22.

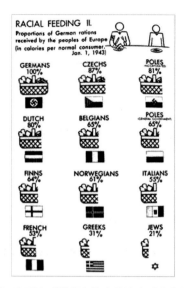

〈그림 3〉 1943년 나치정권 하의 인종별 식량배급 기준[62]

　배급 시작 후 가장 신성시된 음식인 통곡물빵은 공식적으로 아리안의
인종적 공동체 구성원에게 한정된 빵이 되었다.[63] 인종적 특징이 신성
화된 빵과 연결된 것이다. 그에 반해 유대인은 식량배급 부분에서 가장
차별받았다. 시간이 지나며 이들이 가진 카드로 구입할 수 있는 품목들
은 급격히 줄어들었다. 1940년에는 사과나 배를 구입할 수 없었고, 몇 달
뒤에는 오렌지와 귤도 받지 못한다. 1942년 늦가을에는 유대인이 고기,

---

61) Joachim Drews, Die 》Gleichschaltung im Stullenverzehr《. Ernährungspsychologie im
　　》Dritten Reich《, Werkstatt Geschichte 32, Ergebnisse Verlag; Hamburg 2002, p. 82.
62) Boris Shub, Zorah Warhaftig, and Institute of Jewish Affars, Starvation over Eurpe: A
　　Documented Record 1943. New York: Institute of Jewish Affairs of the American Jewish
　　Congress and World Jewish Congress, 1943, 48, Alice Weinreb, Blood and Soil: The Food
　　Economy and the Nazi Racial State, in Modern Hungers:Food and Power in Twentieth-
　　Century Germany, Oxford Uni.Press 2017, p. 71에서 재인용
63) Alice Weinreb, Blood and Soil: The Food Economy and the Nazi Racial State, in Modern
　　Hungers:Food and Power in Twentieth-Century Germany, Oxford Uni.Press 2017, p. 78.

계란, 밀가루, 우유(Vollmilch), 또는 저지방 신선우유를 받지 못하게 되었다.[64]

식량 배급과정에서 제국곡물빵위원회가 빵 자체를 인종의 힘과 문화의 근원이 되는, 신성한 가치가 있는 것으로 규정했다는 점이 주목할만하다. 즉 빵의 정체성 자체가 단순히 끼니를 해결하기 위한 것이 아니라 문화의 토대이자 인종적 가치 구현의 통로라고 보았다는 것이다. 그런 중요한 수단의 의미를 갖는 통곡물빵은 당연히 구성적으로 일정한 질적 면모를 갖추도록 요청되었다.

전쟁이 본격화되면서, 1차 대전에서와 같은 식량 위기 재현을 방지하기 위해 식량 소비 기회를 제한하게 되는데 그 자체만으로도 인간 신체에 대한 국가적 강제조치이며 폭력임은 물론이다. 거기에 배급량을 인종별로 차등하는 것이나 통곡물빵을 아리안에게만 제한한 점, 그리고 유대인에 대한 과격한 식량 배급 제한 조치는 전쟁 성공을 위한 대비이자 인종적 차별의 표현임은 말할 나위 없다.

이 모든 과정에는 집권 이후 4개년 계획에서부터 섭생에 대한 개입을 정당화했던 담론이 활용되었고 영양학 지식도 동원되었다. 대부분 과학이라는 이름으로 정당성을 부여받았으며 이 부분에서 의사의 역할이 컸다는 점은 주목할 만하다.[65] 1936년에 만들어져 영양학 지식을 기반으로 식량 정책 결정에 영향을 준 제국국민영양업무연합회(Reichsarbeitsgemeinsschaft für Volksernährung)의 기관장 역시 의사였다. 이곳에서 발간하던 잡지인 *Zeitschrift für Volksernährung*의 편집 담당 주필인 빈켈(Max Winckel) 옆에도 의사들이 포진해 있었다. 1933년 중반 이래로 이 잡지에는 생물학

---

64) Alice Weinreb, Blood and Soil: The Food Economy and the Nazi Racial State, in *Modern Hungers:Food and Power in Twentieth-Century Germany*, Oxford Uni.Press 2017, p. 78.
65) 박형신, 「음식과 먹기의 감정정치」, 『사회와이론』 통권 35, 2019, 145쪽 참조.

적 테마가 전면에 등장했으며 경제적 상황의 어려움을 근거로 주부를 겨냥해 장보기, 식재료 선택하기와 보관하기 등의 내용을 실었다.[66]

위의 잡지를 창간한 빈켈은 1차 대전을 경험하면서 국민 영양에 관심을 갖게 되었고 1925년 11월부터 잡지 발간을 시작했다.[67] 이렇게 본다면 20세기 전반에 건강과 질병에 대한 관심이 사회 내에 이미 증가하고 있었다고 할 수 있다. 전문가들이 식량 조절 정책에 참여함으로써 19세기 후반 이후 급격하기 증가하던 의학적 지식을 기반으로 대중들에게 건강한 몸에 대한 과학적 정보와 지식을 제공하는 역할을 했던 것이다.

그럼에도 불구하고 개인의 일상인 의식주가 국가의 개입만으로 드라마틱하게 변화하는 것은 쉬운 일은 아니다. 거기에는 19세기 후반 이래 독일 사회에 확산되고 있던, '자연에 가까운 삶'에 대한 낭만주의적이고 민족주의적 입맛'은 식생활의 아비투스를 변화시키는데 중요한 배경이 되었다. 나치의 생명정치가 정책을 통해 수행되는 과정을 통해 국민의 삶을 관통하면서 새로운 아비투스로 자리잡을 수 있는 문화적 기반인 '자연과 가까운 삶'에 대한 문화적, 정신적 기반이 작용하고 있었다.

2. 자연적 삶, 낭만주의 그리고 반문명의 식탁

19세기 후반 독일 교양부르주아 층을 중심으로 확산된 정서 중 하나는 인종주의와 신고전주의를 기반으로 한, 고대 그리스를 향한 열정이

---

66) Dirk Reinhardt and Uwe Spiekermann. "Die 'Zeitschrift für Volksernährung' 1925-1939: Geschichte und bibliographische Erschließung." A. BODENSTEDT et alii (ed.), Materialien zur Ermittlung von Ernährungsverhalten, Karlsruhe, 1997, p. 82.

67) Dirk Reinhardt and Uwe Spiekermann. "Die 'Zeitschrift für Volksernährung' 1925-1939: Geschichte und bibliographische Erschließung." A. BODENSTEDT et alii (ed.), Materialien zur Ermittlung von Ernährungsverhalten, Karlsruhe, 1997, p. 75 참조.

었다. 이 열풍의 중심지는 영국과 독일이었고 이 분위기 속에서 문명과 야만은 백색과 칼라로 나뉘어 인식되었다.[68] 하지만 백색 피부로 공유되는 인종적 동질감에도 불구하고 독일인은 그리스를 향한 열정 속에 계몽, 문명성과 대비되는 원초성, 순수성에 대한 집착과 프랑스에 대한 민족적 거부감을 저장하고 있었다.

독일 계몽주의는 프랑스적인 방식과 거리를 두고 교양과 개혁을 선택하였다. 19세기 후반, 비이성적이고 과거지향적인 사상의 지도자로 등장해 독일인에게 타민족에 대한 적대감을 심어주는데 지대한 영향을 준 리하르트 바그너의 존재감을 이 시기 독일인의 삶에서 분리하기 어렵다. 이 시기 저술가 라가르드(Paul de Lagarde)와 랑벤(Julius Langbehn)에게서도 그런 경향은 쉽게 발견할 수 있다. 이 둘은 당시 청년들에게 많은 영향을 주었는데, 라가르드 같은 경우는 점차 기울어가는 독일 민족의 삶을 염려하며 다시 태어나야 할 것을 촉구했다. 그를 저자로『교사로서의 렘브란트(Rembrandt als Erzieher)』를 썼던 랑벤은 19세기 후반 독일 인종주의적 색채를 강하게 띠며 종족주의적(Völkische) 운동을 이끌었다.

당시 청년세대에게서 독일의 정신적 삶이 회복되기를 기대하고 모색했던 랑벤에게 물질주의, 지성주의, 학문, 근대성은 독일문화를 파괴하는 것이었다. 이런 이유에서 공격 대상은 이런 가치들을 당시 유럽사회에서 선도적으로 이끌고 있던 프랑스적 문화, 그리고 그들의 문명성이었다.[69] 랑벤 등은 소위 우파모더니스트로 분류되고 그들의 정신적 가

68) 염운옥,『낙인찍힌 몸』, 돌베게, 2019, 55~57쪽 참조.
69) "화류계(Demimonde)와 (…) 민주주의 (…)는 모두 독일로 들이닥친 프랑스의 질병이다. 그것들과 죽을 때까지 싸워야 한다. 역시 파리를 고향으로 하는 세 번째 요소들, 즉 인생의 적인 학문 제도, 영혼 없는 스콜라 철학 역시 마찬가지이다, 이에 대해서는 Julius Langbehn, *Rembrandtdeutsche als Erzieher. Von einem Deutschen* 43. Aufl., Leipzig 1893, p. 344.

치는 나치의 사상적 기원으로 평가된다.[70] 이점은 자연친화적인 삶과 나치즘과의 연관성을 의심하게 하는 이유가 되기는 하지만 그것 못지않게 반프랑스적인 정서의 요소 역시 간과할 수 없다. 프랑스인들의 식탁을 채우던 흰 빵과 대비하여 독일적인 짙은 빵, 더구나 호밀을 재료로 한 통곡물빵은 비단 자연 친화라는 요소만이 아닌 민족주의적, 또는 반프랑스적 감정을 일상에서 드러나게 하는 매개체가 될 수 있다. 이 '반문명'의 식탁을 통해 나치는 독일적 가치를 일상에서 대중들에게 각인시키고자 했다.[71]

1923년 프랑스와 벨기에 군대의 루르 점령으로 프랑스인에 대한 독일인의 민족감정에 불이 붙었을 때, 그 감정의 극단이 히틀러의『나의 투쟁』을 통해 표출되었다. 베르사이유 조약의 '사악한 강압'에 대한 비난이 그 중심에 있다.[72] 프랑스에 대한 기본적인 반감과 더불어 계몽과 문명화가 초래한 산업화, 기술화, 기계화 등이 히틀러에게는 독일을 꼼짝없이 몰아대고, 전래의 정신적 가치를 상실하게 하는 것들로 여겨진 것이다.[73] 이에 대한 저항이 덜 정제된 가루로 만든, 덜 기계화된 빵에 대한 요구로 이어진 것으로 보인다.

프랑스에 대한 이와 같은 적대감은 비단 반문명의 기치, 1차 대전과 베르사이유 체제에 대한 적의성 뿐만 아니라 2차 대전기 전쟁 승리에 대한 목표의식과 연결되었다. 즉 "프랑스를 섬멸하는 것은 우리 민족을 다

---

70) 나인호,「제1차 세계대전과 독일 우파의 평화사상:에른스트 헤켈(Ernst Haeckel)의 사례」,『독일연구』, 26, 2013, 141쪽 참조.
71) 여기서 반문명은 야만의 반대어라기보다는 프랑스를 문명으로 보는 반프랑스적 감정을 의미한다.
72) 라파엘 젤리히만 저, 박정희, 정지인 역,『집단애국의 탄생, 히틀러』, 생각의 나무, 2008, 102쪽 참조.
73) 라파엘 젤리히만 저, 박정희, 정지인 역,『집단애국의 탄생, 히틀러』, 생각의 나무, 2008, 84쪽 참조.

른 지역으로 진출시킬 수단이 된다는 전제하에서만" 의미를 갖는다는
그의 생각을 보았을 때 그러하다.[74] 생활공간 확장을 위한 독일의 동유
럽 진출을 훼방하는 존재로서의 모습까지도 프랑스에 부여했던 것이다.
더구나 프랑스는 독일과 달리 밀 생산이 많고 그래서 흰 빵을 먹는 나라
에 속했다는 점도 주목할 만하다.

통곡물빵은 시골(도시에 반하는gegen stadt), 산업화에 대항하는 자연
적 상태를 상징한다. 산업화된 세계로 이전하는 것에 거부감을 드러내
는 방식이 먹거리를 통해 표출되는 셈이다. 20세기로 넘어가면서 기계
로 정제한 밀로 만든 빵이 더 많이 시장을 채우자 그런 빵의 생산과 소
비에 대한 저항감이 독일 사회에 나타나기 시작한다. 밀기울 등이 포함
된 빵이 더 많은 영양소가 들어있다는 점은 이 맥락에서 강조되었고, 더
많이 가공한 것은 자연에 반할 뿐 아니라 원래 갖고 있었던 곡물의 자연
적 가치를 빼앗는다는 이런 사고는 덜 갈린 가루로 만든 빵을 건강과 안
녕과 연결시키게 했다.[75]

나치추종자들이 자연식을 선호했다거나 친환경적이었다는 주장은 최
근 학자 간 논쟁이 된 바 있다. 더 나아가 이런 논쟁은 독일의 친환경적
다양한 문화나 운동들이 친나치적인지 여부를 논쟁거리로 만들기도 했
다. [76] 이런 논의의 시발점이 될 법한, 19세기 후반의 자연친화적 삶 지
향성, 덜 정제된 식사 선호 현상의 사회적 확산에도 불구하고 여전히 해

---

74) 라파엘 젤리히만 저, 박정희, 정지인 역, 『집단애국의 탄생, 히틀러』, 생각의 나무,
    2008, 104쪽 참조.

75) Uwe Spiekermann, "Vollkorn für die Führer. Zur Geschichte der Vollkornbrotpolitik im
    〉〉Dritten Reich〈〈", Zeitschrift für Sozialgeschichte des 20. und 21. Jahrhunderts 16(1),
    2001, p. 95.

76) 홀로코스트의 문제와 같은 독일의 보수주의적 사조와 친환경적 운동 사이의 유사성
    을 묻는 연구자들의 논의에 대해서는 고유경, 「파우스트의 계약:나치즘과 환경주의
    의 위험한 결합」, 『역사와 경계』 67, 2008, 271~302쪽 참조.

결되지 않는 문제는 왜 하필 통곡물빵인가이다. 밀이나 호밀, 귀리 등의 겉껍질까지 모두 포함된 이 빵은 소화에 그리 유리하지 않고 거칠다. 더구나 기아계획(Hunger Plan)으로 인해 아리안 독일인들의 식량 사정이 그리 나쁘지 않았던 2차 대전 초기에도 이 빵은 오직 독일인에게만 먹을 권리가 주어졌다. 이 태도는 무엇을 의미하는가?

3. 신체 치유, 전체(Ganz, Voll)로 치유되는 신체 그리고 생명정치

히틀러에게 비교적 확고했던 '민족적인 흙과 농민' 이데올로기는 현실과 간극이 있지만, 오히려 그것이 이 두 가지를 연결하게 한다는 브로샤트의 주장은 상당히 주목할만하다. 현실과 간극이 커질수록 이루지 못한 그 '피와 흙' 이데올로기에 그가 매달렸고 이 연결은 결국 1939년, 독일 국경을 넘어서 정복을 통해 확보할 농업적인 거대 공간이라는 유토피아적 미래에 투사되었다는 것이다.[77]

2차대전 이후 발견된 히틀러의 『나의 투쟁 II』 제16장 "민족의 건강한 피와 살"이라는 제목의 장에는, '동부 지역에서 민족의 영토 부족 사태 해결의 길을 찾을 수 있'음이 언급된다. 이렇게 되면, 독일의 자유 농민을 정복한 토지에 정착시키고 이를 기반으로 독일 산업 발전에 필요한 국내 수요를 확보할 수 있다는 것이다.

> "생활하고 있는 민족을 위해, 육체와 피의 유지를 위해 이루어진다는 원칙이(국가사회주의 운동) 확인되어야 한다. 그리고 신체가 건강한 결과로서 정신적으로도 건강할 수 있기 위해 일상의 빵이 부족해서는 안 되는 것이다".[78]

---

77) 마르틴 브로샤트 저, 김학이 역, 『히틀러국가』, 문학과지성사, 2016, 268~269쪽 참조.

여기서 히틀러가 이야기하는 빵은 물론 일용할 양식 전반을 의미하는 것일 가능성이 높지만 독일민족의 종족적인 순수성과 강건함 유지 수단이며동시에 치유 방편의 의미로도 읽힌다. 그것은 아리안이라는, 신화화된 독일인의 신체관리라는 생명정치의 수단으로서이다.

생명정치는 푸코에 의해 처음 언급되었다.[79] 그에 의하면 전근대적인 국가권력이 국민의 생사여탈을 쥐고, 주로 생명을 빼앗는 권력을 실행하는 정치적 특징을 갖고 있었다면, 절대왕정 이후 정치권력은 인민의 생명을 죽이는 데에서 생명을 관리하는 권력으로 변화되었다. 대체로 18세기 이후, 생명 관리를 가능하게 하는 다양한 제도, 예를 들면 행정, 의료제도, 경찰, 구호소 등이 생명을 죽이는 것뿐만, 아니라 살리는 권력을 행사하게 되었다는 것이다. 푸코는 근대 정치에서 규율, 질서교육 등 시행으로 지식이 권력화하는 문제에 집중해왔다. 대상을 관리하는 지식이며 동시에 권력화하는 지식 중에서 의학 분야의 생명정치화 부분은 특히 이 글의 논의를 위해 중요하다.

의학사적으로 18세기 이후 임상의학 등장과 함께 인구 증가와 감소에 영향을 미치는 질병과 건강관리에 국가 개입이 가능해졌다.[80] 이는 기본적으로 새로운 행정 시스템 정비나 각종 통제기구 등장으로 가능해지기도 했지만, 인간의 생물학적 특성과 질병의 원인을 파악해가는 의과학적 발전도 거기에 일조했다. 19세기에 유럽 전역을 괴롭히던 콜레라 등 전염병 극복 과정 속에서 사회의학은 발전했고 국민 건강을 목적으로 국가가 개입하는 일은 당위로 여기게 된다.[81] 인간의 종간 특징을 규

---

78) 아돌프 히틀러 저, 황성모 역, 『나의 투쟁 Mein Kampf』, 동서문화사, 2014, 1052~1053쪽 참조.

79) 신체를 인간-종의 방향으로, 즉 종별로 나누고 그 안에서 생사여탈에 대한 정치가 진행됨을 의미한다. 이에 대해서는 미셸 푸코, 저, 김상운 역, 『사회를 보호해야 한다』, 난장, 2015, 291쪽 참조.

80) 이을상, 「몸의 생의학적 의미와 생명정치」, 『철학논총』 62, 2010, 337쪽 참조.

정하는 인종주의나 뒤이은 우생학의 등장은 종으로서 인간의 특징을 생물학적으로 규정하며 퇴화와 진보라는 어느 한편으로 인간의 생물학적 본질을 구분하고 갈라놓게 하였다.

우생학은 각기 이를 받아들인 나라마다 다양하게, 그러나 궁극적으로는 사회진보를 실현한다는 목적하에 정책적으로 활용되었었고 각각의 편의나 이념에 따라 다양한 형태로 실천되었다.[82] 퇴화관념과 함께 생물학적 통제에 집중하게 되므로 이 점에서 우리는 그간 나치권력이 행하던 유대인에 대한 절멸의 이념적 기반을 우생학에서 찾는다. 유대인의 인종적 특징 자체를 질병원으로 규정하고, 그런 이유에서 그들이 아리안 독일인과 섞일 가능성을 차단하는 것이 국가의 임무가 되며 유대인의 절멸은 이렇게 정당성을 확보해갔다.[83] 이런 기반 위에서 실행된 유대인의 홀로코스트 역사는 나치정권 국가 개입과 폭력행사로 대중과 학계의 관심을 받아왔다.

하지만 생명관리에는 퇴화될 인종에 대한 절멸 사명만이 아니라 진보에 기여할 인종 치유와 강건함 유지라는 목표도 존재했고 생명정치는 그렇게도 작동했다는 점에 대해 우리는 크게 주목하지 못했다. 바로 그 인종이란 아리안 독일인이며 나치의 생명정치는 그들의 치유와 강건함을 관리하는 방향으로도 나타났다.

생명정치의 목적 중 하나가 인구 조절에 있었다는 점은 인구감소와 그로인해 죽어가고 있는(strebendes) 독일인의 치유를 위한 나치의 생명관리 양상을 생명정치로 명명하기에 부족함이 없도록 한다. 다만 나치

---

81) 이을상, 「몸의 생의학적 의미와 생명정치」, 『철학논총』 62, 2010, 338쪽 참조.
82) 김호연, 「우생학, 국가, 그리고 생명정치의 여러 형태들, 1865~1948」, 『동국사학』 66, 2019, 271쪽 참조
83) 이을상, 「몸의 생의학적 의미와 생명정치」, 『철학논총』 62, 2010, 339쪽 참조.

의 생명관리의 방식에는 독일사회가 19세기 이래로 경험해오고 있던 자연치유술 방법에 대한 주목 없이 정확하게 이해하기 어려운 부분이 있다. 건강은 질병의 예방과 치료를 통해 지켜지는데 그 예방과 치유의 방법은 나치시기 통곡물빵 정책과 긴밀한 의미 연관성을 갖고 있고 이는 '자연을 통한 치유'의 독일적인 전통 위에서 이해 가능하기 때문이다.[84]

2014년 독일의사지(Deutsches Ärzteblatt)에는 나치와 동종요법(Homöopathie) 사이에 긴밀한 공조관계가 있었다는 오랜 소문의 진상을 해명하려한다는 언급과 함께 한 기고문이 등장한다. 이 글에 의하면 1933년 5월 21일 동종요법협회 회의에서 남독일협회장 볼프(Immanuel Wolf)의 중요 발표가 있었다. 장차 제3제국에서 동종요법이 (학교의학과 마찬가지로) 의술로써 인정받고 동등하게 대접받게 될 것이라는 요지였다. 그러나 그의 발표와 달리 이 기고문에 의하면, 나치집권기 대부분의 의료기관에서 동종요법은 의학치료 분과로 인정받지 못했고 치유활동에 필요한 병상도 확보받지 못했다고 한다. 이어서 기고문은 독일의 전통의술인 자연치유술이 나치정권 하에서 실질적인 측면에서 그 존재감을 인정받지 못했다고 한다. 그런 상황에도 불구하고 자연치유술이 몇몇 나치 정치지도자에게 주요관심거리였다는 것은 널리 알려져있다.[85] 동종요법전문가들은 또한 1936~1939년 사이에 다수의 병원으로부터 의약품 약효 검사를 의뢰 받아 수행하기도 했다.[86] 자연치유술에 필요한 다양

---

84) 건강을 위한 '의료'(medicine)의 발달은 국가로 하여금 생의학적 배려를 제공하게 했고 국가는 이 과제를 수행한다는 명분으로 국민의 신체를 지배하는 새로운 길을 열었다. 이에 대해서는 이을상, 「몸의 생의학적 의미와 생명정치」, 『철학논총』 62, 2010, 336쪽 참조.

85) 예를 들면 제3제국 초반에 자연건강(Naturheikunde)를 추종하는 이들에 Rudolf Hess, Walther Darre, Gerhard Wagner 등이 있다.

86) Robert Jütte, "Homöopathie und Nationalsozialismus. Letztendlich keine Aufwertung der Homöopathie", Deutsches Ärzteblatt Jg.111.Heft 8, Feb. 2014, pp. 304~305.

한 식물이나 기타 자연재료의 약성에 대한 이들의 전문성 때문이었을 것으로 보인다.

1차대전 종식 후 독일 사회에는 환자치유 방식을 둘러싼 이해갈등이 표출되었다. 전통적인 자연치유술과 근대식 학교의학 사이 갈등이 그것이다.[87] 물론 그런 갈등은 19세기 중반부터 나타나고 있었지만, 사회적으로 주목할 만한 양상이 된 것은 1차 대전이 끝나면서이다. 전통적 방식 그대로, 다양한 천연자원에서 치유 효과를 발견하고 이를 판매해왔던 자연치유술과 소위 학교의학(Schulmedizin)시스템을 거쳐 양성된 근대적 의술 직업군 사이의 갈등이었는데 당시 학교의학 이수 의사들은 상황적으로 상당히 불만이 많았던 것 같다. 당시 이 갈등의 중심에 있던 의사들에 의하면 동종요법 등 자연치유술로 환자들이 몰려가는 현상이 목격되곤 했다.[88]

자연치유술은 중세 수녀이며 성인으로 추대된 성 힐데가르트 빙엔 (Heilige Hildegard von Bingen)에서 연원하는 것으로 알려졌는데 그 발원 자체는 독일 신비주의 범주 안에 있다. 따라서 신비주의 전통 위에 전개된 루터류의 종교개혁 성과를 기반으로 한 19세기 독일 문화 속에서 이 자연치유술은 상당히 뿌리 깊고 널리 퍼진 치료 문화였을 것으로 보인다.

이 자연치유술 중, 18세기 말 이래로 비중 있는 치유방식으로 인정받은 것은 1700년대 말에 활동한 독일 의사 사무엘 하네만(Samuel Hahnemann) 에서 유래한 동종요법이 있다. 그 이외에 크나이프(Kneipp)의 물치료술

---

87) 당시 자연치유술사는 제도적인 교육이 아닌, 개별적인 관계와 경험을 통해 배출되었기 때문에 자연과학과 의학 발전의 성과 위에서 정식 의학교육을 받는 의학을 학교의학(Schulmedizine)이라고 구분해서 불렀다.

88) 1차대전 직후의 시점에서 진행된 논쟁이기 때문에 아마도 1차 대전을 거치는 동안에 발생한 환자들의 상당수가 자연치유로 회복을 시도했다는 의미로 보인다. 이 내용에 대해서는 Roswitha Haug, Die Auswirkungen der NS-Doktrin auf Homöopathie und Phytotherapie, Diss. Uni.Braunschweig, 2009, pp. 1~2.

에 이르기까지 자연치유술은 정식의학교육을 통해 육성되는 근대의학자와 자연과학 발전에 의해 추동되는 의약품 수준의 발전과 상호적 연관 관계를 유지하며 살아남아 있었다. 자연치유술에서는 신선한 공기나 개인위생, 영양식, 운동 등을 통해 병을 치유 할 수 있다고 주장한다.

앞서 2014년 독일의사지(Deutsches Ärzteblatte)의 기고문에 언급되었듯이 나치와 이 자연치유술과의 연관성은 오랫동안 의심되어왔다. 거기에는 독일의사 릭(Erwin Liek)의 위상이 미친 영향도 무시하기 어렵다. 우생학 추종자이기도 했던 그는 원래 자연치유사가 아니라 학교의학 수료자(Schulmediziner)였다.[89] 하지만 근대의학교육이수자이면서도 자연치유술에 친화적 경향을 보이면서 이 두 치유 방식의 종합을 꿈꾸었다. 특히 우생학에 대한 추종으로 인해 나치와 자연치유술의 연관성을 의심받게 하는데 기여한 인물이기도 하다.

그러나 그는 나치정권이 드레스덴의 한 병원(Rudolf-Heß-Krankenhaus) 운영자의 역할을 릭에게 제시했을 때, 건강상의 이유를 들면서 거부하였으며 나치당에 가입한 경력은 없었다.

전통적 자연치유술사와 의학자를 구분하며 릭은 암 발병을 막기 위해서는 핵심적으로 음식 조절이 필요하다는 점을 주장했다. 그는 1928년 통일 의료(자연치유술과 근대의학) 의지에 따라 일반의학, 의학사, 동종요법, 심리학자 및 초자연 현상 연구자들을 통합하는 *Hippokrates*라는 의학 저널 발간을 시작했다. 이 저널은 동종요법과 건강한 식단에 치유 방식으로서의 긍정적인 시선을 보내고 있었다. 그러니까 전통적인 자연치유와 의학적 행위의 통합을 시도한 셈이다.[90] 의학분야 변화를 위한

---

89) 학교의료인(Schulmediziner)이라는 것은 전통적인 자연치유술자들에 의해 1830년대 이후에 사용되기 시작했다. 의학 발전에 의해 만들어진 의학교육 시스템 하에서 교육받은 의사들을 일컫는 말이다.

릭의 노력은 1933년 이후 나치당에 의해 의료계의 혁신을 위한 기초로 간주되었다. 1936년 4월 9일부터 *Hippokrates* 저널은 신독일의학연구협회 (Reichsarbeitsgemeinschaft für eine Neue Deutsche Heilkunde)의 공식 기관 지가 되었다. 그의 생각과 시도는 자신의 의사와 별개로 나치정권의 통치 원칙과 결합되면서 신체정치를 위한 제도 형성의 기반이 되었던 셈이다.

릭이 발간한 잡지명이 『히포크라테스』였던 것은 기원전 4세기 의학자 로서 히포크라테스가 대자연의 치유능력을 인정하던, 자연치유의 시작 점에 있었던 것과 연결된다. 19세기 후반, 독일사회에 불어닥친 신고전 주의 열풍 역시 그의 소환과 긴밀한 관련이 있는 것으로 볼 수 있다. 히 포크라테스가 자연이 인간을 치유해준다고 생각하고 있었듯이 릭 역시 섭생, 영양 등의 치료효과에 대해 깊은 신뢰를 갖고 있었다.[91] 실제로 나치의 의사들에 대해 '히포크라테스의 자식'이라는 평을 하고 있는 것 도 나치의 정치이념과 이런 치유방식 사이의 연결고리가 있었음을 간접 적으로 보여주고 있다.[92] 최근 한 학위논문에서는 나치정권의 시스템 형성과정에서 자연치유술을 담당하는 의사들의 역할이 있었고 이런 이 유에서 의사의 역할은 질병 치유만이 아니라 건강을 증진하고 신체를

---

90) 실제로 나치집권 시기 의사협회 회장이었던 바그너는 1933년 독일의사지(Deutsches Ärzteblatt)에 건강을 회복시키는 일이 학교의학에만 제한되어서는 안되고 자연치유를 지향하는 치유사들도 이를 위해 조직화 되어야한다고 주장한 바 있다. 이런 이유에서 그의 생각은 릭(Liek)의 사유와 비슷한 것으로 판단할 수 있다. 바그너는 그 생각을 이룰 목적으로 1935년 Die "Arbeitsgemeinschaft für eine Neue Deutsche Heilkunde"를 만 들었다. 그러나 두 치료 관행의 실질적인 조화는 이루어지지 못했으며 그 조화를 위 해 만들었던 위 조직은 1937년 해체된다.

91) 이와 같은 자연치유방법의 유행은 당시 발전하고 있던 의학계와 갈등을 보일 수밖에 없었고 실제로 미국에서는 이 자연요법 중 동종요법에 반대하기 위한 '미국의학학회' 가 만들어지기도 했다. 이문필, 강선주 외 편저, 『의학콘서트』, 빅북, 2017, 349쪽 참조.

92) Jack S. Boozer, "Children of Hippokrates:Doctors in Nazi Germany", The Annals of the American Academy of Political and Social Science 450, 1980, pp. 83~97 같은 연구성과를 예로 들수 있다.

강화시키는 것에도 있게 되었음을 주장하는 내용이 서술되기도 했다.[93] 실제로 나치 집권 초기, 인구가 감소하고 있는 상황은 당시 집권자들에게 독일민족이 죽어가고 있는("strebendes") 상태라는 인식이 있었고 이런 인식은 1933년 10월 21일 베를린에서 열린 한 제약자들 협회 모임에서 샤아프(A Schaaf)가 한 다음과 같은 연설에서도 읽을 수 있다.

> "독일 약사들! 당신들은 현재 독일이 죽어가는 민족들로 있음을 아는가? 약사들이 유감스럽게도 (독일이) 평균아동수에 있어 최저의 수준을 갖고 있다는 그 슬픈 명성을 스스로 주장하는 직업군에 속한다는 사실을?"[94]

이제 이런 배경 위에서 통곡물빵이 나치시대의 건강을 유지하는 자연 치유 음식으로, 아리안 독일인의 건강을 위한 음식으로 권장되었던 이유를 이해할 수 있다. 1939년 제국통곡물빵위원회의 장이 된 비르츠(Wirz)는 "민족과 인종의 존립"을 지속하기 이것의 "번성함과 강건함"도 유지해야 함을, 그리고 이를 위해서 독일인은 그들이 속해있는 자연으로부터 나온 산물로 만든 음식을 먹어야 함을 주장했다.[95] 이와 관련해서, 자연 치유술을 주장하는 이들이 통곡물빵의 가치를 강조하며 적극적으로 이를 권장했던 것도 주목해야 한다.[96] 결국 유대인 절멸을 시도하던 다른

---

93) Roswitha Haug, Die Auswirkungen der NS-Doktrin auf Homöopathie und Phytotherapie, Diss. Uni.Braunschweig, 2009, p. 117.

94) Roswitha Haug, Die Auswirkungen der NS-Doktrin auf Homöopathie und Phytotherapie, Diss. Uni.Braunschweig, 2009, p. 228

95) Reichsvollkornbrotausschuß, Kampf ums Brot. Stimmen und Zeugnisse zur Vollkornbrotfrage, Dresden & Planegg: Mullersche Verlagshandlung, 1939, 11, Corinna Treitel, "Nature and the Nazi Diet", Food and Foodways 17(3), 2009. p. 145에서 재인용.

96) Geoffrey Cocks, Psychotherapy in the Third Reich:The Goering Institute, Oxford Uni. 1987, p. 58.

한 편에서 통곡물빵은 아리안 독일인의 회복과 건강한 신체로 변화시키려는 나치의 생명정치 수단으로 활용되었던 셈이다.

또한 생명정치는 국민 관리라는 목적을 갖고 있기 때문에 1차 대전의 참혹함에 대한 기억과 승리해야만 하는 2차대전의 목표는 다시, 프랑스나 영국의 인종으로부터 독일인을 구분하는 태도를 초래한다. 그것은 흰색의 빵이 아니라 귀리, 호밀 등으로 만든 검은 색의 통곡물빵을 먹음으로서 가능한 것이었다.

1936년에 나치정권은 영양학과 섭생 연구를 본격화한다. 식량과 건강문제 전문가 모임(Sachverstaendiger Beirat für Volksgesundheit bei der Reichsleitung der NSDAP)은 의사나 일반 생활개혁운동가들을 연결하며 이전 생활개혁운동의 잘못된 부분을 정비하고, 근대적인 영양과학(modern nutrition science)을 기반으로 독일인의 미래를 위한 올바른 길("correct road")로 이끈다는 명분에서이다. 자연치유를 위한 빵은 당연히 자연치유의 사유에서 기본이 되는, 몸 전체의 조화와 균형을 고려하는 것이어야 했다. 자연치유와 자연친화의 분위기 속에서 빵은 전체빵(Ganzbrot)여야 했고 이는 Vollkornbrot의 다른 이름이었다. 지방 3.5%에 불과한 우유에 붙이는 Vollmilch라는 용어에서 '완전함'의 의미는 '가공'하지 않은 자연상태의 우유였다.[97] 곡물 전체를 모두 사용한, 덜 가공된, 원초적인 빵이라는 의미로서 통곡물빵(Vollkornbrot)이 권장되었던 것도 이런 맥락에서였다. 의학발전이 몸에서 분리된 균에 집중하고 세분화된 과학적 탐구를 통해 치료술을 발전시켜 나가는 것에 대해 반대하며, 거대한 자연적인 힘과 조화를 이루는 전체(Whole person)로서 인간을 살피는 전통적 치유에 가

---

97) Voll은 자연에 좀 더 가깝다는 의미로 음식에 붙여졌다. 이에 대해서는 Uwe Spiekermann, "Vollkorn für die Führer. Zur Geschichte der Vollkornbrotpolitik im 》〉Dritten Reich〈〈", Zeitschrift für Sozialgeschichte des 20. und 21. Jahrhunderts 16(1), 2001, p. 93.

까이 가는 방식은 곡물 전체를 다 사용한 먹거리 주장을 이해할 수 있게 한다.[98)]

거기에 추가해야할 것은 통곡물빵 원료인 호밀이 갖는 의미이다. 모든 인간은 거주 지역에서 생산되는 곡물을 섭취해왔다. 프랑스에서 많이 생산되는 밀은 그들에게 밀로 만든 음식을 섭취하게 했으며, 독일인은 호밀이나 귀리 등을 식량으로 활용하도록 했다. 특히 토질의 특수함으로 석회질 지역에서는 호밀이 많이 생산되었다. 베스트팔렌 지역에서는 귀리를 많이 재배했기에 이곳에서는 곡물이라는 단어와 귀리는 동의어로 사용되었다.[99)] 북독일의 황무지에서도 '영원한 호밀재배'가 진행되었다.[100)] 이렇게 생산된 곡식은 곧 그곳에 사는 사람들을 의미하는 것이 되었는데 예를 들면, 이탈리아어로 호밀은 grano germano, 즉 독일사람의 곡물이었던 것도 그런 이유이다. 호밀은 실제로 바이에른, 뵈멘과 그 인근에서 빵 이외에 크뇌델(Knoedel) 등의 재료도 사용되었다. 호밀로 만든 빵은 색이 어둡기 때문에 흰 밀가루 빵에 비해 고급스럽지는 않지만, 호밀은 가장 태초의 곡물이었으리라는 인상이 생겨나는 이유가 되었다고 한다.[101)]

통곡물빵은 가장 인종적으로 독일인과 잘 결합된 음식으로 여겨졌다. 나치시기 동안 독일의 역사적 정체성은 "rye land"였다. 이는 '약해빠진' 흰 빵의 나라인 프랑스와 영국과 비교하기 위한 것이었다. 흰빵은 독일인의 인종적 적합성에 반하는 빵이었다.[102)] 이렇게 본다면 통곡물빵을

---

98) Geoffrey Cocks, *Psychotherapy in the Third Reich:The Goering Institute*, Oxford Uni. 1987, p. 570.
99) 한스외르크 퀴스트 저, 송소민 역, 『곡물의 역사』, 서해문집, 2016, 218쪽 참조.
100) 한스외르크 퀴스트 저, 송소민 역, 『곡물의 역사』, 서해문집, 2016, 218쪽 참조.
101) 한스외르크 퀴스트 저, 송소민 역, 『곡물의 역사』, 서해문집, 2016, 211쪽 참조.
102) 우어줄라 하인첼만, 『독일의 음식문화사』, 니케북스, 2021, 477쪽 참조.

통한 독일의 생명정치에서는 인종주의적이면서 동시에 게르만적 우월주의의 상징으로 통곡물빵이 활용되었고 특히 1차 대전으로 독일인에게 많은 고통을 가져다 준 근원인 프랑스에 대한 적대감을 담은 민족주의 의식의 수단으로 이 빵은 의미가 있었다. 게다가 독일땅에서 자라서 독일인의 신체를 건강하게 하면서 동시에 주변 강대국으로부터 독립성을 가져다주는, 독일인의 회복 음식으로 2차 대전의 준비 상황에서 상징성을 담고 있었다.[103]

푸코는 17세기 이래로 전개된 이 생명정치는 찬탈적인 성격과 함께 생산적 측면도 갖고 있다고 보았는데 이를 기반으로 본다면, 나치의 경우, 독일민족을 위해서 후자 의미의 생명정치를 실행했음을 알 수 있다.[104] 이탈리아의 파시즘 정권 역시 통곡물빵을 권장하고 홍보했으며 정책적으로 섭취 권장했지만 이탈리아 국민들은 이를 강력하게 거부했다는 점, 하지만 독일사람들은 이를 '민족공동체'의 음식으로 수용했다는 연구결과는 나치의 정책과 그것의 목표에 담긴 의식뿐만 아니라 자연치유의 문화와 같은 독일 사회의 생활전통이 나치 정책과 갖는 의미를 생각해보게 한다.[105]

자연에 가까운 삶에 대한 지향이나 자연치유요법의 문화적 기반 위에 나치 독일이 있음을 인식한다면, 식량은 단순히 영양을 공급하고 생명을 유지하게 하는 것에 머물지 않는다. 먹거리는 그 자체가 자연치유의

---

103) Alice Weinreb, Blood and Soil: The Food Economy and the Nazi Racial State, in *Modern Hungers:Food and Power in Twentieth-Century Germany*, Oxford Uni.Press, 2017, p. 60.

104) 생명정치에 대한 생각은 푸코에게 있어, 주권과 생명권력으로 나뉜다, 전자는 찬탈적 성격이나 후자는 생산적인 성격을 갖고 있다는 점을 언급한 연구성과로는 김용우, 「나치 집단수용소와 생명정치: 프리모 레비와 조르조 아감벤의 논의를 중심으로」, 『대구사학』 98, 2010, 287쪽 참조.

105) Patrizia Sambuco & Lisa Pine, "Food Discourses and Alimentary Policy in Fascist Italy and Nazi Germany. A Comparative Analysis, *European History Quarterly* 53(1), 2023, p. 143.

의미를 가질 수 있기 때문이다. 호밀의 구체적인 영양학적인 요소들, 예를 들면 비타민이나 미네랄, 또는 섬유질 등이 아니더라도 통곡물로 만드는 원시적인, 또는 게르만적인 방식의 음식은 게르만의 땅과 동일시되어 독일인의 질병치료와 건강을 돕는 것이 된다. 그렇기 때문에 나치 정권 하에서 의사들이 영양학과 섭생의 관리에 활용되었던 것이며 이런 이유에서 아인토프에 대한 정책과는 달리 생명권력으로서의 나치의 성격을 이 통곡물빵 권장 정책은 드러내고 있다.[106] 더구나 1차대전 패전, 공화국, 경제공황 등을 겪으며 생명의 기운을 상실해가고 있는, 그렇다고 나치정권이 파악한 당시 독일인들의 치유를 위해 통곡물빵은 신화적 의미를 갖는 것이었다.

> "나치국가는 생물학적으로 정비하고 보호하고 보증하고 풍요롭게 하는 생명의 장과 이와 동시에 누군가를, 타인 뿐만 아니라 주변사람들까지도 죽이는 주권적 권리를 절대적으로 공존하게 만든다"[107]

통곡물빵 정책은 나치 생명정치의 수단으로서 시행되었던 것이다.

V. 맺음말

슈피겔 인터넷 판 2019년 2월 28일자에는 "Wie Hitler die deutsche

---

106) 푸코는 의사경찰, 사회의학 등 등장과 관계해서 생명관리권력의 탄생을 설명하며 이 권력의 관리 범주에 식량에 대한 관리도 포함되어 있다고 보았다. 이에 대해서는 미셸 푸코 저, 오트르망 옮김, 『안전, 영토, 인구』, 난장, 2011, 490쪽 참조.
107) 인용은 미셸 푸코, 『사회를 보호해야한다』, 난장, 2015, 310~311쪽 참조.

Küche eroberte"라는 제목의 글이 게재되었다.[108] 다양한 견제정치기구의 파괴, 노동의 파괴, 강력한 감시기구의 활약 등, 나치의 권력과 관련된 많은 강압적 기구들이 나치가 행한 폭력적 통제의 상징처럼 이야기된다. 하지만 나치의 권력장악이 대중적인 지지와 합법적인 권력이양에 의해 가능해졌던 것은 정권장악 이전부터 나치의 이데올로기와 프로파간다에 동의하는 많은 사회문화적 기반이 있었기 때문이다. 파시즘의 독일적 특징으로 흔히 이야기 되는 인종주의적 성격은 이런 사회문화적 기반 없이 만들어지거나 나타날 수 없다.[109] 마찬가지로 통곡물빵의 섭취는 독일의 오랜 자연회복 의료가 만든, 섭생을 통한 치유라는 문화, 자연에 가까워지려는 경향, 영양학적 판단에 의한 빵 개선운동처럼 사회적으로 확산된 식문화 바탕 속에서 일상에 스며드는 결과로 이어질 수 있었다.

인종주의적 문화는 유대인 절멸 목적의 생명정치를 펼치게 하는 기반이 되었다면 인간의 신체에 대한 지식을 권력 삼아 아리안 독일인의 몸을 치유하고 강화하기 위한 수단으로 통곡물빵을 권장하고 강요하는 다른 방식의 생명정치가 진행되었던 것이다. 통곡물빵은 독일인이 먹지 않을 수 없었던 그 땅의 곡식으로 만든, 성장의 음식이며 치유의 음식이었다. 나치집권 이전에 빵 소비 비중의 6% 미만 정도를 차지했던 통곡물빵은 나치 종식 후에도 지속적으로 소비되고 결국 독일인을 상징하는 빵이 되었다. 이를 두고 통곡물빵이 나치의 유산이라는 주장이 없지는 않으나 이는 단순한 이분법적 판단에 불과하다. 자연친화적, 낭만주의

---

108) "Wie Hitler die deutsche Küche Eroberte" aus *SPIEGEL* Geschichte 1/2019
109) 이미 1912/13년 베를린에서는 정신과의사인 Ewald Stier에 의해 인종위생 개념을 담은 강의(Vorlesung)가 진행되었다. 우생학 담당 첫 대학교수로 Fritz Lenz가 뮌헨에서 1923년 활동하기 시작했다. 이에 대해서는 Thomas Maibaum, "Die Führerschule der deutschen Ärzteschaft Alt-Rehse", Diss. Uni.Hamburg, 2007, p. 1.

적 경향은 나치정권이 생명정치를 실현하는데 유용한 문화적 기반이 되었던 것이며 이런 역사문화적 기반은 나치시기를 지나면서도 생명의 회복과 강인함을 지향하는 식습관으로 오히려 정착하는 이유가 되었다. 그렇다 하더라도 독일 시민의 신체는 유대인 절멸과 그 목적을 달리할 뿐인 생명정치의 대상이 되었던 것은 부인하기 어렵다.

참고문헌

1. 자료

아돌프 히틀러 저, 황성모 역, 『나의 투쟁 Mein Kampf』, 동서문화사, 2014.

Conti, Leonardo, "Mehr Vollkornbrot! Aufruf zur Mitarbeit an der Vollkornbrotaktion" *Deutsches Ärzteblatt* 70, 1940.

Jütte, Robert, "Homöopathie und Nationalsozialismus. Letztendlich keine Aufwertung der Homöopathie", *Deutsches Ärzteblatt*, Jg.111.Heft 8, Feb. 2014.

Langbehn, Julius, *Rembrandtdeutsche als Erzieher. Von einem Deutschen* 43. Aufl., Leipzig, 1893.

Treitel, Corinna *Eating Nature in Modern Germany:Food, Agriculture and Environment, c.1870 to 2000,* Cambridge Uni. Press, 2017.

2. 저서

데틀레프 포이케르트 지음, 김학이 옮김, 『나치시대의 일상사』, 개마고원, 2016.

라파엘 젤리히만 저, 박정희, 정지인 역, 『집단애국의 탄생, 히틀러』, 생각의 나무, 2008.

마르틴 브로샤트 저, 김학이 역, 『히틀러국가』, 문학과지성사, 2016.

미셸 푸코 저, 이규현 역, 『성의 역사 I』, 나남, 1976.

미셸 푸코 저, 오트르망 역, 『안전, 영토, 인구』, 난장, 2011.

미셸 푸코, 저, 김상운 역, 『사회를 보호해야 한다』, 난장, 2015.

우어줄라 하인첼만 저, 김 후 역, 『독일의 음식문화사』, 니케북스, 2021.

이문필, 강선주 외 편저,『의학콘서트』, 빅북, 2017.

페르낭 브로델 저, 주경철 역, 『물질문명과 자본주의 1-1』, 까치, 1997.

한스외르크 퀴스트 저, 송소민 역, 『곡물의 역사』, 서해문집, 2016.

후지하라 다쓰시 저, 최연희 역, 『전쟁과 농업』, 따비, 2020.

Cocks, Geoffrey, *Psychotherapy in the Third Reich: The Göring Institute,* Oxford Uni. 1987

Drews, Joachim, *Die 》》Gleichschaltung im Stullenverzehr《《. Ernährungspsychologie im 》》Dritten Reich《《*, Werkstatt Geschichte 32, Ergebnisse Verlag, Hamburg 2002.

Gerhard, Gesine *Nazi Hunger Politics: A History of Food in the Third Reich*, Rowman & Littlefield, London 2015.

3. 논문

고유경, 「파우스트의 계약:나치즘과 환경주의의 위험한 결합」, 『역사와 경계』 67, 2008.

권형진, 「현대식 상업포경의 확대와 나치독일의 남극해 포경」, 『독일연구』 41, 2019.

김성우, 「푸코와 생명정치」, 『시대와 철학』, 33(3)(통권 100호), 2022.

김용우, 「나치 집단수용소와 생명정치」, 『대구사학』 8, 2010.

김호연, 「우생학, 국가, 그리고 생명정치의 여러 형태들, 1865~1948」, 『동국사학』 66, 2019.

나인호, 「제1차 세계대전과 독일 우파의 평화사상: 에른스트 헤켈(Ernst Haeckel)의 사례」, 『독일연구』 26, 2013.

박상욱, 「나치의 대중행사 포스터에 나타나는 프로파간다 이미지 1933~39」, 『역사와 경계』 9, 2015.

박형신, 「음식과 먹기의 감정정치」, 『사회와 이론』 통권 35, 2019.

신명훈, 「독일 복지국가 담론의 역사: 나치의 민족공동체 이데올로기와 사회정책」, 『독일연구』 29, 2015.

염운옥, 『낙인찍힌 몸』, 돌베개, 2019.

오명석, 「말레이시아에서의 돼지고기 소비와 종족관계, 『동남아시아연구』 14(2), 2004.

이을상, 「몸의 생의학적 의미와 생명정치」, 『철학논총』 62, 2010.

전혜림, 「한나 아렌트의 자유주의 비판: 아렌트의 '사회적인 것'의 개념과 푸코의 생명정치 개념을 중심으로」, 『인문과학』 81, 2021.

최승기, 김대영, 「인류세 시대의 생명정치와 음식생산시스템」, 『문학과 환경』 18(1), 2019.

Haug, Roswitha Die Auswirkungen der NS-Doktrin auf Homöopathie und Phytotherapie, Diss. Uni.-Braunschweig, 2009.

Pine, Lisa "German Women and the Home Front in the Second World War: Daily Life, Work and the Impact of War," *Women's History Review* 26(4), 2017.

Reagin, Nancy, 'Tischkultur: Food Choices, Cooking and Diet in Nazi Germany', in Lisa Pine, ed., Life and Times in Nazi Germany, London 2016.

Reinhardt, Dirk and Uwe Spiekermann. "Die 'Zeitschrift für Volksernährung'1925~1939: Geschichte und bibliographische Erschließung." A. BODENSTEDT et alii (Ed.), Materialien zur Ermittlung von Ernährungsverhalten, Karlsruhe, 1997.

Runge, Carlisle Ford & Linnea Graham, "Viewpoint: Hunger as a weapon of war: Hitler's Plan, Native American resettlement and starvation in Yemen", *Food Policy* 92, 2020.

Sambuco, Patrizia & Lisa Pine, "Food Discourses and Alimentary Policy in Fascist Italy and Nazi Germany: A Comparative Analysis, *European History Quarterly* 53(1), 2023.

Spiekermann, Uwe, Vollkorn für die Führer. Zur Geschichte der Vollkornbrotpolitik im 〉〉Dritten Reich〈〈, Zeitschrift für Sozialgeschichte des 20. und 21. Jahrhunderts 16(1), 2001.

Uwe Spiekermann, Vollkornbrot in Deutschland, Regeionalisierende und nationalisierende Deutungen und Praktiken Während der NZ-Zeit, Comparativ 11, 2001.

Treitel, Corinna, "Nature and the Nazi Diet", *Food and Foodways* 17(3), 2009.

Weinreb, Alice, Blood and Soil: The Food Economy and the Nazi Racial State, in *Modern Hungers: Food and Power in Twentieth-Century Germany*, Oxford Uni.Press 2017.

▌이 책에 실린 논문의 출처 ▌

1부 '전시체제'의 의료와 건강

- 1930년대 민중보건운동의 굴절과 전시체제기 사회체육 _최재성
  :『동학학보』 66, 동학학회, 2023.

- 전시체제기 국민체력관리와 건민운동 _최규진
  :『역사연구』 47, 역사학연구소, 2023.

- 전시체제기 식민지 조선의 '총후' 여성과 프로파간다: 잡지 『방송지우(放送之友)』를 중심으로 _황익구
  :『일어일문학』 98, 대한일어일문학회, 2023.

- 김승수의 삶을 통해 본 일제강점기 한지의업면허제도 _최규진
  :『한일민족문제연구』 45, 한일민족문제학회, 2023.

- 1946년 부산·경남 지역의 콜레라 발병·만연과 아시아: 아시아-태평양 전쟁 종전 직후 동아시아 국제 정치
  _임종명
  :『역사와 경계』 126, 경남사학회, 2023.

2부 전쟁과 생명정치

- 전시체제기 조선인의 신체 동원과 죽음의 미학: 내선일체와 프로파간다를 중심으로 _성주현
  :『동학학보』 66, 동학학회, 2023.

- 재일조선인 역사 속 한국전쟁의 재난적 성격 검토: 재일조선인의 심신의 건강과 관련하여 _김인덕
  :『동학학보』 66, 동학학회, 2023.

■ 생명 존중 공동체 확립을 위한 간호윤리 중요성: 한국전쟁을 중심으로 _정은영
  :『International Journal of Advanced Culture Technology』2, 국제문화기술진흥원,
  2023.

■ 독일 나치정권의 식량정책과 생명정치: 통곡물빵(Vollkornbrot) 정책을 중심으로 _나혜심
  :『독일연구』53, 한국독일사학회, 2023.

┃ 찾아보기 ┃

▌저자 소개 (집필순) ▐

■ **최재성**(청암대학교 재일코리안연구소 연구교수)

저서로는 『식민지 조선의 사회경제와 금융조합』(경인문화사, 2006), 『계몽의 기획과 신체』(공저, 도서출판 선인, 2019) 등이 있다. 논문으로는 「조선총독부 발행 1930~40년대 교과서의 보건·위생론」(『사림』 73, 2020), 「일제 경찰기구의 위생 선전」(『한일민족문제연구』 40호, 2021), 「일제 경찰의 강압적 위생 취급」(『한국독립운동사연구』 77호, 2022), 「전시체제기 일제의 병력 동원 정책과 학교체육」(『역사연구』 제45호, 역사학연구소, 2022) 등이 있다.

■ **최규진**(청암대학교 재일코리안연구소 연구교수)

저서로는 『조선공산당 재건운동』(독립기념관, 2009), 『근대를 보는 창 20』(서해문집, 2007), 『근현대 속의 한국』(공저, 방송통신대학출판부, 2012), 『쟁점 한국사: 근대편』(공저, 창비, 2017), 『일제의 식민교육과 학생의 나날들』(서해문집, 2018), 『이 약 한번 잡숴 봐!: 식민지 약 광고와 신체정치』(서해문집, 2021), 『포스터로 본 일제강점기 전체사』(서해문집, 2023) 등이 있다. 논문으로는 「근대의 덫, 일상의 함정」(『역사연구』 25, 2013), 「노동하는 신체와 '국민되기'」(『역사연구』 36, 2019), 「전시체제기 '멸사봉공'의 신체, 일본정신과 무도」(『역사연구』 44, 2022) 등이 있다.

■ **황익구**(동아대학교 일본학과 조교수)

저서로는 『交錯する戦争の記憶: 占領空間の文学』(春風社, 2014), 『일제침략기 사진그림엽서로 본 제국주의의 프로파간다와 식민지 표상』(공저, 민속원, 2019), 『재일코리안의 이주와 정주 코리안타운의 기억과 지평』(도서출판 선인, 2021), 『재일코리안의 문화예술과 위상 기억을 위한 소묘』(도서출판 선인, 2021) 등이 있다. 논문으로는 「전후 일본의 『주간소국민(週刊少国民)』: 발신하는 담론과 연속하는 프로파간다」(『일본어문학』 94호, 2022), 「전후 일본의 히로뽕을 둘러싼 담론과 이미지의 변용」(『일어일문학』 96호, 2022) 등이 있다.

■ **최규진**(인하대학교 의과대학 부교수)

저서로는 『세상의 배경이 된 의사』(건강미디어협동조합, 2018), 『광장에 선 의사들』(이데아, 2017), 『의료, 인권을 만나다』(건강미디어협동조합, 2017, 공저), 『의료 붕괴』(이데아, 2017, 공저), 『한국 보건의료운동의 궤적과 사회의학연구회』(한울, 2016), 『역사 속의 질병, 사회 속의 질병』(솔빛길, 2015, 공저) 등이 있고, 번역서로 『누구나 알지만 아무도 모르는 731부대』(건강미디어, 2020, 공역), 『콜레라는 어떻게 문명을 구했나』(메디치미디어, 2012, 공역) 등이 있다.

■ **임종명**(전남대학교 사학과 교수)

논문으로는 「종전/해방 직후 남조선의 반전 반파쇼 평화운동」(『기억과 전망』 49, 2023), 「해방 직후(1945~1948) 남한의 한국사 중등교과서와 전사형(戰士型) 국민 구성」(『역사연구』 48, 2023), 「종전/해방 직후(1945.08~1950.05) 남한 담론 공간과 전후 독일·독일인 상(像)」(『사이間SAI』 33, 2022), 「대한민국의 지리산 지구 대(對)유격전(1948.10~1950.5) 재현과 스펙터클」(『역사연구』 45, 2022), 「종전/해방 직후 남한, 인종 중심적 미국상과 反패권적 약소민족 인민 연대의 상상」(『한국사학보』 78, 2020), 「아시아-태평양 전쟁기, 식민지 조선의 인종 전쟁 담론」(『사총』 94, 2018) 등이 있다.

■ **성주현**(청암대학교 재일코리안연구소 연구교수)

저서로는 『근대 신청년과 신문화운동』(모시는사람들, 2019), 『관동대지진과 식민지 조선』(선인, 2020), 『일제강점기 종교정책』(공저, 동북아역사재단, 2021), 『남양주 독립운동 재조명』(공저, 선인, 2022), 『인물로 본 부안 동학농민혁명과 동학정신』(공저, 선인, 2023), 『서울의 국채보상운동』(공저, 서울역사편찬원, 2023), 『관동대지진 100년간의 기억과 기록』(공저, 한국독립운동사연구소, 2023) 등이 있다. 논문으로는 「천도교소년회의 지방조직과 활동」(『방정환연구』 5, 2021), 「해방 후 복간 『개벽』을 통해 본 3·1운동의 인식」(『동학학보』 58, 2021), 「전시체제기 동원체제와 종교계의 대응」(『동학학보』 63, 2022) 등이 있다.

■ **김인덕**(청암대학교 간호학과 교수 / 재일코리안연구소 소장)

저서로는 『한국현대사와 박물관』(국학자료원, 2018), 『오사카 재일조선인의 역사와 일상』(선인출판사, 2020), 『갈등과 화합의 재일코리안 단체의 역사』(선인출판사, 2021) 등이 있다. 논문으로는 「역사 속 재일조선인 의료와 복지의 한계」(『한일민족문제연구』 40, 2021), 「역사박물관 전시 보기를 전제로 살펴본 대한민국역사박물관 한국근대사 전시 개편」(『현대사와 박물관』 4, 2021) 등이 있다.

■ **정은영**(청암대학교 간호학과 부교수)

논문으로는 「근대(1876~1945) 한국사회의 전염병 인식과 간호사의 융합적 역할」(『The Journal of the Convergence on Culture Technology』 6, 2020), 「Story Telling Problem Based Learning(ST-PBL): A Program for Rural Elderly with Chronic Diseases」(『Journal of Problem Based Learning』 9, 2022), 「Story Telling Problem Based Learning(ST-PBL): A Program for Rural Elderly with Chronic Diseases」(『Journal of Problem Based Learning』 9, 2022), 「The role of Nurses in the Korean War」(『International Journal of Advanced Culture Technology』 10, 2022) 등이 있다.

■ **나혜심**(성균관대학교 동아시아역사연구소 선임연구원)

저서로는 『독일로 간 한인여성』(산과글, 2012), 『박정희시대와 파독한인들』(선인, 2013), 『기록으로 보는 해외 한인의 역사(유라시아편)』(국가기록원, 2015), 등이 있다. 논문으로는 「독일로 간 한인 여성노동자의 난민성」(『역사문제연구』, 20-1, 2016), 「A Study of South Korean Migrant Nurses in West Germany from the Perspective of the Catholic Church in Germany」(『독일연구』 37, 2018), 「횡단적 삶의 방식인 이주 그리고 재독 한인의 삶」(『사림』 59, 2017), 「돌봄 노동 이주의 역사적 기원」(『서양사론』 144, 2020), 「19세기 후반 독일 청년운동과 신체문화」(『독일연구』 47, 2021) 등이 있다.